Menschenbildung

in einer globalisierten Welt

Clara Steinkellner

Menschenbildung in einer globalisierten Welt

Perspektiven
einer zivilgesellschaftlichen
Selbstverwaltung unserer Bildungsräume

EDITION IMMANENTE

Überarbeitete und erweiterte Diplomarbeit, verfasst 2011
im Rahmen des Diplomstudiengangs *Internationale Entwicklung*
an der Universität Wien unter der wissenschaftlichen
Betreuung von Dr. Helmuth Hartmeyer.
Mit einem Geleitwort von Prof. Dr. Ulrich Klemm.

1. Auflage

© 2012 EDITION IMMANENTE, Berlin

Alle Rechte vorbehalten. Auch der auszugsweise Abdruck
bedarf der Zustimmung der Autorin.

Satz und Umschlaggestaltung: Ulja Novatschkova
unter Verwendung einer Zeichnung von Lora Vanetti

Druck und Bindung: CPI - Ebner & Spiegel, Ulm

ISBN: 978-3-942754-20-0

www.edition-immanente.de

INHALT

Zur Veröffentlichung 8
Bildungsreform ist immer Gesellschaftsreform! –
Geleitwort von Prof. Dr. U. Klemm 10

„Wer macht Schule?" – Einleitung und Fragestellung
    Vorwort 17
    Fragestellung und These 20
    Der Bezug zur Internationalen Entwicklung 22
    Zum Aufbau der Arbeit... 23

I. Historischer und thematischer Hintergrund

I.1. Geschichtlicher Abriss 29
    Vom religiösen zum naturwissenschaftlichen Weltbild –
    die Welt im Wandel 29
    Zur Einführung der staatlichen Pflichtschule 34

I.2. Protagonisten eines selbstverwalteten Schulwesens 41
    JOHANN HEINRICH PESTALOZZI (1746 – 1827) 43
    WILHELM VON HUMBOLDT (1767 – 1838) 46
    N. F. S. GRUNDTVIG (1783 – 1872) 52
    MAX STIRNER (1806 – 1856) 56
    KARL MAGER (1810 – 1858) 60
    LEO N. TOLSTOI (1828 – 1910) 65
    RUDOLF STEINER (1861 – 1925) 69
    IVAN ILLICH (1926 – 2002) 74
    JOHN TAYLOR GATTO (*1935) 80
    GUSTAVO ESTEVA (*1936) 83

I.3. Grundlegende Fragestellungen zu Erziehung und Bildung 87
    Ohne Bildung hört der Mensch auf, Mensch zu sein 87
    Erziehung als Selbsterziehung 91
    Erziehung und Bildung zwischen individuellen und
    gesellschaftlichen Ansprüchen 93

II. Das Bildungswesen im Spannungsfeld staatlicher und wirtschaftlicher Interessen

II. 1. **Das Schulsystem als Sortiermaschine – Wer erteilt hier Selektionsaufträge?** 101
Schulnoten als „organisatorisches Artefakt" 103
Vom „Rassismus der Intelligenz" 109
Lernen ohne Noten?! 113

II. 2. **Globale Standardisierung im Bildungswesen – Fortschritt oder Sackgasse?** 117
Die PISA-Studie als McDonaldisierungs-Phänomen 121
Fordert die komplexe Weltgesellschaft standardisierte Bildung? 131

II. 3. **Die Krise der sozialen Marktwirtschaft** 142

III. Freie Schulen für Alle! – Bildungsorganisation als Aufgabe der Zivilgesellschaft

III. 1. **Die Zivilgesellschaft als Organ gesellschaftlicher Sinnstiftung** 153
Die Ursprünge der Zivilgesellschaft 154
Die Möglichkeiten der Zivilgesellschaft 161
New Public Management als ‚Karikatur' einer lebendigen Zivilgesellschaft 172

III. 2. **Entstaatlichte Bildung: Initiativfreiheit im gesetzlichen Rahmen** 174
Zuallererst: Kein Mensch ist „trivial" 177
Von der Verfassungswidrigkeit des staatlichen Lehrplans 179
Vielfalt der Bildungswege statt Schulzwang! 181
Ist autonome Selbstverwaltung im Schulwesen gesellschaftlich zu verantworten 189
Braucht es staatlich anerkannte Abschlüsse? 194
Bildung: kein Projekt nationaler Parteipolitik 197

III. 3. **Freie Bildungsräume – Aspekte zivilgesellschaftlicher Selbstverwaltung** 199
Erziehung im zweckfreien Raum – mit welchem Menschenbild? 200
Unabhängige pädagogische Berufe 209
... und die pädagogische Dimension der Berufswelt 211

Zur globalen Relevanz zivilgesellschaftlich
selbstverwalteter Bildung 213
Universität als gesellschaftlicher Forschungs- und
Begegnungsraum 220

III. 4. Schlüsselfrage Finanzierung: Auf dem Weg zu einer solidarischen Wirtschaftskultur 226

Kostenlose Pflichtschulen – eine Form der ‚Zwangsbeglückung'? 227
Der Bildungsgutschein – ein Lösungsmodell mit Haken 230
Exkurs: Staatssubvention und kritisches Denken 234
Privat? Staatlich? – Öffentlich! 237
Von der Steuerfinanzierung des Gemeinwesens zur
solidarischen Wirtschaft 238
Von der „Zwangsschenkung" zur Bildung freier solidarischer
Beziehungen 244
Beispiele einer freien Bildungs- und Kulturfinanzierung 254

„Und was heißt das jetzt?" – Zusammenfassung und Ausblick 261

Beantwortung der Forschungsfragen 267
Grundlegend-Methodisches zum Aufbau eines freien Bildungswesens ... 270
Die Freie Bildungsstiftung – das Projekt zum Buch 276

Anhang

Wissenschaftliches Gutachten von Dr. Helmuth Hartmeyer 281
English Abstract – Zusammenfassung auf Englisch 282
Namensregister 284
Abkürzungsverzeichnis 287
Quellenverzeichnis 288

Zur Veröffentlichung

*„Für eine Welt in den Händen der Menschen,
nicht in den Händen der Banken und Politiker!* [1]
SLOGAN DER OCCUPY-BEWEGUNG

Es waren vielerlei anregende und angeregte, begeisterte und kritisch-konstruktive Rückmeldungen, die ich auf meine im April 2011 abgeschlossene Diplomarbeit zu den *Perspektiven einer zivilgesellschaftlichen Selbstverwaltung der Bildungsräume* erhalten hatte. Sie ermutigten mich, den Text noch einmal gründlich zu überarbeiten und als Buch herauszugeben. Die *Edition Immanente* erschien als freier ‚Grassroot-Verlag' für dieses Vorhaben wie gemacht – dennoch war der Prozess vom Diplomarbeitsskript bis zum vorliegenden Buch ein langer und intensiver, der von zahlreichen Menschen mit viel Engagement mitgetragen wurde.

Den inhaltlichen Überarbeitungsprozess haben die weltpolitischen Ereignisse der letzten Monate begleitet – vor dem Hintergrund der aktuellen Finanz- und Schuldenkrise erschien die Zeitforderung eines lebendigen zivilgesellschaftlichen Begegnungsfeldes umso deutlicher: Immer mehr kommt es darauf an, dass wir gesellschaftliche Entscheidungen nicht mehr einer abgekoppelten polit-wirtschaftlichen Elite überlassen, sondern als individuelle Menschen Verantwortung übernehmen und neue Zusammenhänge aufbauen. Hier liegt für mich auch die Bedeutung der *Menschenbildung*: dass wir in lebendigen Zusammenhängen denken, empfinden und handeln lernen. Dass gerade dies in den staatlichen Bildungssystemen immer weniger möglich ist, ist ein Aspekt der hier diskutierten These: im Bildungswesen sollen nicht

---

[1] vgl. http://wirsinddie99prozent.tumblr.com/page/3

anonyme Systemmechanismen und vorgegebene Standards, sondern unmittelbare menschliche Präsenz und im Dialog entwickelte Gestaltung erfahrbar werden.

Gewiss – die Vorstellung einer entstaatlichten Bildung stellt sich diametral gegen die gängigen Denk- und Lebensgewohnheiten. Wer konkrete Möglichkeiten einer zivilgesellschaftlich selbstverwalteten Bildung ins Auge fasst, kann nur auf wenige Vorbilder zurückgreifen und ist auf die *Phantasie* als Zukunftskraft angewiesen. Phantasie für frei gestaltete Bildungslandschaften anzuregen, ist auch ein wesentliches Ziel des vorliegenden ‚argumentativen Rundumschlags'. Auch wenn manches skizzenhaft bleiben musste, so hoffe ich doch, dass die Dimension des hier beschriebenen *Paradigmenwechsels* erlebbar werden kann und dass das Buch Interesse für diese schlüsselhafte – und letztlich uns alle betreffende – Frage zu wecken vermag.

Clara Steinkellner

Berlin, im Februar 2012

Bildungsreform ist immer Gesellschaftsreform!

Über das Scheitern der deutschen Bildungspolitik und
die Notwendigkeit einer Entschulung und Entstaatlichung

Geleitwort von Prof. Dr. Ulrich Klemm

Bildungspolitik und -planung kranken in der BRD seit den 1960er Jahren an einer besonderen Art der Halbherzigkeit und Scheinheiligkeit. Bis Anfang der 1960er Jahre war Bildungspolitik geprägt durch einen Willen zur Restauration, d.h. durch den Standpunkt, dass alles gut ist wie es ist. Diese Politik schien auch zunächst aufzugehen: Das so genannte „Wirtschaftswunder" der 1950er Jahre bescherte der BRD einen beispiellosen Wohlstand. Das Erwachen aus dem bildungspolitischen Dämmerschlaf kam erst in den 1960er Jahren, als der gesellschaftliche Wandel zu ersten Krisenphänomenen führte: fehlende Facharbeiter durch den Mauerbau 1961 einerseits und erste Massenentlassungen durch einen Wechsel in der Energiepolitik von Kohle auf Öl andererseits.

In dieser unruhigen Situation wirkte eine Artikelserie von Georg Picht 1964 in der Zeitschrift *Christ und Welt* mit dem Schlagwort von der „Bildungskatastrophe" wie ein Donnerschlag auf die versteinerte Bildungsplanung. Ralf Dahrendorf ergänzte diese Sichtweise ein Jahr später mit einer bildungssoziologischen Analyse der Schnittstelle von Bildung und Demokratie.

Mehr noch als Picht stellt Dahrendorf den Aspekt der Chancengleichheit in den Mittelpunkt seiner Analyse und betont das Grundrecht auf Bildung. Dieses muss zu einem Bürgerrecht und nicht zu einer

Bürgerpflicht in einer offenen Gesellschaft werden. 1972 fragt schließlich die Bildungspolitikerin Hildegard Hamm-Brücher nach der „Unfähigkeit zur Reform" und stellt ihr Scheitern fest. Die erste international vergleichende OECD-Studie zum deutschen Bildungssystem Ende der 1960er Jahre bescheinigt der Bundesrepublik ein „mangelhaft".

Seit den 1970er Jahren ist die bildungspolitische Situation zunehmend mehr durch eine Antinomie von Markt und Aufklärung gekennzeichnet, d.h. sowohl die Marktorientierung als auch der Aufklärungsgedanke erheben über unterschiedliche Interessengruppen einen Geltungsanspruch für Bildung und Erziehung als prägende Leitidee. In den 1980er Jahren findet dieser Spannungsbogen in der BRD erstmalig einen bildungspolitischen Niederschlag in der Erwachsenenbildung in Form einer so genannten „Qualifizierungsoffensive". Dieser Spannungsbogen, der typisch für die Bildungskultur der 1980er Jahre ist, wird von dem Erziehungswissenschaftler Gerhard Strunk 1988 als „Bildung zwischen Qualifizierung und Aufklärung" analysiert.

Zwei Grundtendenzen bestimmen in diesem Sinne bis heute die Bildungspolitik und -struktur: Erstens finden wir seit vielen Jahren eine deutliche Tendenz zur Deregulierung der Bildungsstruktur, d.h. Bildung erhält einen Warencharakter in einem sich selbst regulierenden Markt von Angebot und Nachfrage. Und zweitens sind intensive Bestrebungen zur Definition einer neuen Lernkultur im Gange, die sich durch die Dimensionen lebenslang, informell, selbstgesteuert und global auszeichnet.

Eine sich seit den 1990er Jahren abzeichnende zweite „Bildungskrise" – nach jener aus den 1960er Jahren – wird in der Bildungsdiskussion durch folgende Merkmale definiert:

- Die abnehmende Qualität der Schulbildung erfordert eine stärkere „Nachbesserung" von Grund- bzw. Elementarbildung: Es geht um die These, dass ein sinkendes „Wissen und Können der Schulabgänger" die Versorgung der Gesellschaft mit einem hochqualifizierten Nachwuchs gefährdet und zu ökonomischen Wettbewerbsnachteilen im globalen Kampf um Märkte führt.

- Der Abstand zwischen den Bevölkerungsgruppen, die den Anforderungen an die Informations- und Wissensgesellschaft gewachsen sind und denen, die ausgeschlossen sind, wird größer.

- Es findet ein „Wandel der Lernkulturen" statt. Bedingt durch Entwicklungen der Informations- und Kommunikationstechnologie, durch neue gesellschaftliche Anforderungen wie Flexibilität, Individualität und Globalisierung sowie durch neue Erkenntnisse in der Lehr-Lern-Forschung (Stichwort: Gehirnforschung), rücken Konzepte des lebenslangen, selbstorganisierten und globalen Lernens noch stärker in den Vordergrund.

- Als gesellschaftlich resonanzfähiges „Wissen" werden praktische (Schlüssel-)Qualifikationen erwartet, die über eine hohe ökonomische Verwertbarkeit verfügen. Gefragt sind in diesem Sinne fachliche, soziale und methodische Kompetenzen. Der Erwachsenenpädagoge Rolf Arnold spricht dabei seit den 1990er Jahren von einer „Kompetenzwende".

Ende 2000 wurde die Bundesrepublik erneut durch das Gespenst einer Bildungskatastrophe im Mark getroffen und dies führte zu heftigen Reaktionen in der Öffentlichkeit und in Fachkreisen. Mit den drei PISA-Studien der OECD von 2000, 2003 und 2006 wurde die bislang umfassendste internationale Vergleichsstudie zur Schullandschaft und zum Wissensstand von Schülern in Industriestaaten vorgelegt. Im Mittelpunkt des öffentlichen und politischen Interesses an PISA stehen dabei die Ergebnisse der Ranglisten zu den drei Kompetenzbereichen Lesen, Mathematik und Naturwissenschaften, in denen Deutschland deutlich schlecht abschneidet. So ist z.B. der Anteil derjenigen SchülerInnen, die nur das unterste Kompetenzniveau beim Lesen erreichen bzw. sogar noch darunter liegen, wesentlich größer als bei vielen anderen OECD-Staaten. Knapp 10 Prozent aller SchülerInnen erreichen nicht das unterste Kompetenzniveau. Im OECD-Durchschnitt sind dies 6 Prozent.

Mit diesen Defiziten wird nicht nur die desolate Verfasstheit der bundesrepublikanischen Bildungs- und Schulrealität beschrieben, sondern auch auf einen prägenden Zustand hingewiesen, der sich seit 1945 wie ein „roter Faden" durch die Geschichte der Republik zieht: Die Situation der Chancenungleichheit im Bildungswesen ist konstituierend für die Bildungsstruktur der BRD. Obgleich vor allem in den 1960er Jahren die Bildungsreform mit dem Anspruch auf Herstellung von Chancengleichheit angetreten war, ist davon bis heute nur wenig realisiert worden. Gründe für dieses Scheitern wurden bereits früh erkannt, eine entsprechende Reform wurde jedoch nur zögerlich verfolgt, da dies auch Konsequenzen für das politische System der Bundesrepublik insgesamt gehabt hätte – denn: Eine Bildungsreform ist immer auch eine Gesellschaftsreform. Hier liegt ein entscheidendes Dilemma deutscher Bildungspolitik. Bildung als ein wesentlicher Teilaspekt gesellschaftlicher Realität der Neuzeit kann sich nur in dem Maße verändern, wie die Gesellschaft insgesamt bereit ist, sich zu verändern. Die Unfähigkeit zur Bildungsreform bedeutet in diesem Sinne vor allem eine Unfähigkeit zur Gesellschaftsreform. Die Frage der Chancengleichheit und sozialen Gerechtigkeit wird hierbei zum zentralen Gradmesser für Erfolg und Misserfolg einer Bildungsreform. Solange die Chancengleichheit nicht auf gesamtgesellschaftlicher Ebene realisiert werden kann, solange kann sie auch nicht im Bildungssystem erwartet werden.

Der Zusammenhang von sozialer Schichtung und Bildungschancen ist in Deutschland in besonderer Weise feststellbar. Im Umkehrschluss bedeutet dies, dass es der BRD seit den 1960er Jahren nicht gelungen ist, soziale Ungleichheit gesamtgesellschaftlich abzubauen und scheinbar „schwächere" Schüler stärker zu fördern. Hier hebt sich Deutschland deutlich von vergleichbaren Staaten negativ ab. Die bildungspolitische Idee einer kompensatorischen Funktion von Schule zum Abbau von gesellschaftlicher Chancenungleichheit aus den 1960er Jahren hat in der BRD nicht gegriffen bzw. ist in einem Reform- und Politikdschungel des Bundes und der Länder bis heute stecken geblieben. Nach wie vor gilt: Bildungsreform bedeutet immer auch Gesellschaftsreform.

Hier setzt die Studie von Clara Steinkellner an, die nach Möglichkeiten einer „Befreiung" des Bildungssystems aus einer selbstverschuldeten staatlichen Bevormundung und einer vordemokratischen Verfasstheit fragt. Es geht um eine zivilgesellschaftliche Bildungsstruktur, d.h. um eine Struktur, die durch Selbstbestimmung und -verwaltung geprägt ist. Ein Bildungswesen, dass im Spannungsfeld von staatlichen und wirtschaftlichen Interessen steht, wird nur durch eine starke Autonomie ihrer Institutionen und Beteiligten – Schüler, Lehrer, Eltern – Emanzipation erlangen können. Dies bedeutet politisch die Entstaatlichung von Bildung und pädagogisch die Entschulung von Lernen.

„Wer macht Schule?"

Einleitung und Fragestellung

Vorwort

Die in der vorliegenden Diplomarbeit behandelten Fragen sind eng mit meiner persönlichen Suche nach tragfähigen Grundbegriffen einer ökologisch wie sozial nachhaltigen Gesellschaftsgestaltung verbunden. Anlass zur wissenschaftlichen Ausarbeitung des Themenfeldes „Staat und Schule" war mein Interesse für konkrete Ansätze einer Bildungsorganisation durch die Zivilgesellschaft, das unter anderem in der Mitbegründung der Initiative *Freie Bildungsstiftung* seinen Ausdruck fand.

Wie eng das bestehende Bildungssystem mit den ökonomischen Herrschaftsverhältnissen verknüpft ist, wurde mir während meines *Freiwilligen Sozialen Jahres* in einem Sozialzentrum in der rumänischen Metropole Bukarest deutlich erlebbar. Ich traf Kinder und Jugendliche, die ein abenteuerliches und gefährliches, aber unabhängiges Leben zwischen Obdachlosigkeit und karitativen Einrichtungen führten. Eine Integration in die Gesellschaft war für sie oft nur durch den mühsamen und wenig verlockenden Wiedereinstieg in das autoritäre Schulsystem bzw. in die unterste Stufe des Arbeitsmarktes möglich.

Mit großen Fragen an die strukturellen Zusammenhänge der auseinanderfallenden Weltgesellschaft begann ich mein Studium der *Internationalen Entwicklung*[1]. Mit den Worten „Wir bilden keine Entwicklungshelfer aus, aber bei uns kann man kritisch denken lernen!" wurde ich gemeinsam mit sechshundert anderen Erstsemestrigen vom „Afrikanisten" Prof. Walter Schicho begrüßt. Ich fühlte mich angesprochen.

Später erinnerte ich mich angesichts der diskursiven Schaukelpartie zwischen Kapitalismus und Kommunismus an das von Rudolf Steiner ausgearbeitete Gesellschaftskonzept der *Sozialen Dreiglie-*

---

[1] Internationale Entwicklung (IE), ein in dieser Art in der akademischen Landschaft einzigartiger Studiengang an der Universität Wien, der seinen Schwerpunkt auf die transdisziplinäre Analyse und kritische Reflexion globaler Ungleichheitsverhältnisse legt und sich mit Theorien und Ansätzen sozialer, politischer, wirtschaftlicher und kultureller Entwicklungen in internationaler Perspektive befasst, vgl. http://ie.univie.ac.at/

*derung*², das ich vierzehnjährig in einer Zeitgeschichte-Epoche an der *Karl-Schubert-Schule Graz* kennengelernt hatte. Dann fuhr ich nach dem ersten Studienjahr ins unbekannte Ostdeutschland zur *Freien Sommeruniversität Cottbus*, die vom Kunstpädagogen und Autor Thomas Brunner initiiert worden war, und auf der auch die Dreigliederung Thema sein sollte. Mich erwarteten tage- und nächtelange Diskussionen über Schillers *Ästhetischen Staat* und Nietzsches *Übermenschen*, über Gramscis Zivilgesellschaftsbegriff und Steiners *Ethischen Individualismus*. „Was man das *Gute* nennt, ist nicht das, was der Mensch *soll*, sondern das, was er *will*, wenn er die volle wahre Menschennatur zur Entfaltung bringt."³ Der denkende Mensch wird zum Hauptakteur der gesellschaftlichen Entwicklung. Der Freie Geist, nicht anonyme Systemmechanismen, sollen das soziale Leben gestalten! Angesichts der „brennenden Zustände" um uns ein (letzter?!) Ausweg: Wir sind die, auf die wir warten. Die Freie Waldorfschule war nie als Oase im bestehenden Schulsystem gedacht, sondern wäre, so Steiner, auf gut österreichisch „für die Katz"⁴, wenn sich nicht zugleich auch gesamtgesellschaftlich etwas bewegt.

Diese Fragen ließen mich nicht mehr los. Sie warfen ein besonderes Licht auf die Studieninhalte, auf die Finanzkrise, auf die Uni-Proteste. Wenngleich auch vieles unvermittelt nebeneinander stehen blieb: In den Seminaren mit Karin Schönpflug zu *Feministischen Wirtschaftsutopien* oder in Aram Ziais *Einführung in die Post-Development-Theorie* eröffneten sich Zusammenhänge. Mit Begeisterung nahm ich an Seminaren zur *Qualitativen Sozialforschung* bei Andreas Novy teil, der uns – inspiriert von Paolo Freire – zur Erkundung gesellschaftlicher Entwicklungen vor den eigenen Wiener Haustüren einlud.

---

[2] Freiheit im Bildungs- und Kulturleben > gesellschaftliche Solidarität wird möglich (Gleichheit unterdrückt kulturelle Vielfalt)
Gleichheit im Rechtsleben > gesellschaftliche Freiheit wird möglich (Solidarität ist in Rechtsfragen unangebracht – „Seilschaften")
Solidarität im Wirtschaftsleben > gesellschaftliche Gleichheit wird möglich (Freiheit führt die Wirtschaft in die Krise)
vgl. Steiner 1988 bzw. 1996

[3] aus der *Philosophie der Freiheit*, Steiner 1962, S. 233

[4] vgl. Steiner 1983, S. 249f

Er organisierte eine langfristige Zusammenarbeit zwischen Hochschule und Hauptschule.[5]

Schon hatte ich Lust bekommen, in das Diplomand/innen-Kolleg des Projekts einzusteigen – doch dann entschied ich mich, im Rahmen der Diplomarbeit meiner ganz individuellen Fragestellung auf den Grund zu gehen: Ist ein für die Bürgerinnen und Bürger kostenloses, flächendeckend ausgebautes, nach neuesten pädagogischen Erkenntnissen gestaltetes Bildungssystem prinzipiell wünschenswert? Entstaatlichung des Schul- und Bildungswesens, ohne dessen Ökonomisierung voranzutreiben? Ist radikale Selbstbestimmung in Bildungsfragen denkbar? Formulierbar? Argumentierbar?

Ein erster Versuch liegt hiermit vor. Er möchte die aktuelle Bildungsdebatte erweitern und durch die anfängliche Ausarbeitung eines neuen Theorieangebotes einen Beitrag zur transdisziplinären Entwicklungsforschung leisten.

Ohne ein wohlwollendes und empfängliches Umfeld hätte diese Arbeit nicht gelingen können – herzlich danken möchte ich daher meiner lieben Familie für die vielfache und bedingungslose Unterstützung, Janina Ferrari und Alexa Kuenburg fürs Mit-Denken und Korrekturlesen, Ulja Novatschkova für die graphische Umsetzung der Schaubilder und Thomas Brunner für den an inhaltlichen Anregungen reichen und immer wieder ermutigenden Dialog während des langen und keineswegs krisenfreien Schreibprozesses. Mein besonderer Dank gilt Dr. Helmuth Hartmeyer für seine Offenheit gegenüber ‚unkonventionellen' Fragestellungen und für die kompetente wissenschaftliche Betreuung!

Nun bleibt mir noch, den geschätzten Leserinnen und Lesern eine spannende Lektüre des hier versammelten – und ja nicht unumstrittenen – Stoffs zu wünschen! Und: Über kritische Fragen und weiterführende Anregungen freue ich mich.

Wien, im März 2011

---

[5] näheres: http://www.pfz.at/index.php?art_id=712 bzw. http://ungleichevielfalt.at/

Fragestellung und These

Wer gestaltet, verwaltet und verantwortet eigentlich unsere Schulen? Haben Sie sich diese Frage schon einmal gestellt? Dass das Schulwesen in Europa Sache der Kirche war, bevor ein Staat nach dem anderen die Schulpflicht einführte und ein nationales Bildungssystem aufbaute, das dürfte den meisten Leserinnen und Lesern bekannt sein. Dass schon seit Jahrhunderten immer wieder pädagogisch Tätige, denen die gedeihliche Entwicklung der ihnen anvertrauten Kinder ein Anliegen war, dem Staat gegenüber ein distanziertes Verhältnis eingenommen haben, vielleicht weniger. Immer wieder wurde auch die Frage gestellt, ob die heutige Schule dem eigentlichen *Lernen* nicht eher im Wege steht – und trotzdem wird wohl kaum eine Institution heute mit größerer Selbstverständlichkeit betrachtet als sie.

Warum diese Fragen gerade im 21. Jahrhundert, in dem viele gesellschaftliche Fundamente, die über Jahrhunderte getragen haben, einzubrechen drohen, von Bedeutung sind, und warum eine zivilgesellschaftliche Selbstverwaltung unserer Bildungsräume eine tragende Säule für ein neues, zukunftsfähiges Fundament wäre, das soll in der vorliegenden Arbeit diskutiert werden.

Folgende *Forschungsfragen* liegen den Ausführungen zu Grunde:

1. Inwieweit kann die Konzeption, dass der Nationalstaat das Bildungswesen für seine Bürgerinnen und Bürger organisiert, vor dem Hintergrund der Herausforderungen einer globalisierten Welt als Anachronismus bezeichnet werden?

2. Wo lassen sich ideengeschichtlich Konzepte einer zivilgesellschaftlichen Selbstverwaltung der Bildungsräume finden, die sowohl die Ökonomisierung des Bildungsbereichs als auch die staatliche Zuständigkeit für Bildungsfragen überwinden wollen?

3. Welche Vorteile haben Formen der Bildungsorganisation, die sich auf freie, dezentrale zivilgesellschaftliche Initiativen stützen, angesichts der Herausforderungen der globalisierten Weltgesellschaft?

Und die folgende *These* steht ihnen gegenüber:

Um allen Menschen eine aktive Teilhabe an einer nachhaltigen Weltgesellschaft zu ermöglichen, ist eine Weiterentwicklung des Bildungswesens notwendig. Eine ganzheitliche und emanzipatorische Bildung braucht Freiheit. Für die Lernenden, weil ein Lernen mit Zwang die freie Entfaltung der Persönlichkeit stört, und für die Lehrenden, weil ein Eingehen auf die individuellen Bedürfnisse des jeweiligen Schülers bzw. der jeweiligen Schülerin autonome Entscheidungsfreiheit über Lerninhalte und -methoden erfordert. Damit diese Freiheit im Bildungswesen gewährleistet werden kann, muss die gesellschaftliche *Zuständigkeit* für den Bildungsbereich vom Staat (der seinem Wesen nach nur generell und nicht individuell entscheiden kann) an die Zivilgesellschaft übergehen. Es geht demnach um die aktive Gestaltung der Bildungsräume durch die jeweils Betroffenen selbst; sowie um eine klare Aufgabenteilung zwischen Staat und Zivilgesellschaft. Dabei sind durch den Staat die Rechtsgrundlagen demokratisch festzulegen, die Bildungsinhalte und -wege hingegen werden durch die Bürgerinnen und Bürger selbst bestimmt und gestaltet. Das impliziert einen gesellschaftspolitischen *Paradigmenwechsel* von der zentral ‚geführten' zur ‚sich selbst organisierenden' Gesellschaft. Ein wesentlicher Schritt zur Verwirklichung dieser ‚Bildungsfreiheit' ist die Entwicklung einer solidarischen Wirtschaftskultur, die freie Finanzierung von Bildungsprojekten jenseits der staatlichen Steuermittel möglich macht.

Der Bezug zur Entwicklungsforschung

Die transdisziplinäre Entwicklungsforschung analysiert Prozesse, Strukturen, Institutionen und Akteure der sozialen und wirtschaftlichen Entwicklung. Sie beschäftigt sich mit den globalen, nationalen und lokalen Kontexten gesellschaftlicher, kultureller und wirtschaftlicher Veränderungen, wobei diese Kontexte durch die Gegenüberstellung von so genannten *entwickelten* bzw. *unterentwickelten* Regionen bestimmt werden. Die *Post-Development-Bewegung* problematisiert diese Gegenüberstellung dahingehend, dass das ‚Entwickelte' nicht automatisch die Norm für das ‚Unterentwickelte' sein kann. Das übliche „Entwicklungs-Paradigma" wird also mit den folgenden Argumenten abgelehnt:

„1. Die Entwicklungs-Prozesse haben nicht zu einem Aufholen, sondern zu einer immer größer werdenden Kluft zwischen ‚entwickelten' und ‚weniger entwickelten' Ländern [...] geführt [...].
2. Es kann kein überkulturell gültiges Modell einer Zielvorstellung gesellschaftlicher Entwicklung geben. Die Idee einer einheitlichen, universellen gesellschaftlichen Entwicklung ist ein Konstrukt, in dem eine bestimmte, dem westlichen Kulturkreis entstammende Vorstellung einer guten Gesellschaft kurzerhand verallgemeinert und die unendliche Vielfalt der Lebensweisen in anderen Kulturen pauschal als einheitlich traditionell (vormodern), defizitär (unterentwickelt) und minderwertig definiert wurde.
3. Dieses Konstrukt diente zu Aufrechterhaltung, Ausbau oder Etablierung neokolonialer wirtschaftlicher und politischer Herrschaftsstrukturen im Interesse der Staaten und Unternehmen des Nordens." (Ziai 2001, S. 8)

Voraussetzung für ein Handeln im Sinne nachhaltiger und endogener Entwicklung ist demnach eine permanente kritische Reflexion der angewandten Maßstäbe, Modelle und Zielsetzungen. Vor diesem Hintergrund, vor der Annahme, dass es „keine entwickelten und unterentwickelten, sondern nur unterschiedlich fehlentwickelte Länder" gibt (vgl. Seitz 2002, S. 374), liegt die globale Relevanz der oben angeführten These in der *Dekonstruktion der Normalität* des staatlichen Bildungsmonopols und Pflichtschul-Modells. Dadurch können neue Möglichkeitsräume einer *endogenen*, autonom entworfenen und verantworteten Entwicklung im Bildungsbereich in den Blick genommen werden.

Zum Aufbau der Arbeit

Die Arbeit gliedert sich in drei Hauptteile. Diese widmen sich der geschichtlichen und philosophischen *Grundlage*, der *Analyse* des gegenwärtigen Schulwesens sowie der Darstellung von *Alternativen* durch eine zivilgesellschaftliche Selbstverwaltung.

Im *ersten* Teil wird der *historische und thematische Hintergrund* deutlich gemacht. Einem kurzen historischen Abriss im ersten Kapitel folgen zehn Portraits von Persönlichkeiten, deren Lebenswerk von (ideen-) geschichtlicher Relevanz für die hier entwickelte Fragestellung ist. Darunter befinden sich Klassiker wie PESTALOZZI und HUMBOLDT; ‚Überraschungskandidaten' wie TOLSTOI und der unbekannte KARL MAGER; der, gerade für den Selbstverwaltungsansatz zentrale STEINER; der „Entschulungs"-Theoretiker ILLICH und der mexikanische Grassroot-Aktivist ESTEVA. Die Biographien sind chronologisch geordnet und dürfen nach Lust und Laune erkundet werden. Grundlegende Fragen zum Bildungsbegriff und zur gesellschaftlichen Aufgabe der Erziehung runden den ersten Teil ab.

Der *zweite* Teil beschäftigt sich mit dem gegenwärtigen Schulsystem im *Spannungsfeld staatlicher und wirtschaftlicher Interessen*. Im ersten Kapitel werden die Schulnoten und die Selektion im Bildungswesen kritisch hinterfragt, im zweiten folgt eine Besprechung der aktuellen Standardisierungsbestrebungen, auch grundsätzliche Überlegungen zu Sinn und Unsinn von Standards für die Entwicklung unserer menschlichen Fähigkeiten haben Platz. Ebenso werden die gegenwärtigen Veränderungen im Bildungswesen durch verstärkte Einflussnahme der globalen Wirtschaft (Stichwort: PISA) besprochen. Die System-Analyse bleibt jedoch nicht beim Schulwesen stehen; ein drittes Kapitel nimmt unsere gesamtgesellschaftlichen Herausforderungen wie das Auseinanderdriften der Arm-Reich-Schere und die steigende Staatsverschuldung in den Blick, in dem die krisenhafte Beziehung zwischen Markt und Staat in der neoliberalen Dialektik genauer beleuchtet wird.

Im *dritten* Teil werden die Perspektiven einer zivilgesellschaftlichen Selbstverwaltung (*Freie Schulen für alle!*) konkretisiert. Am Anfang steht die spannende Frage: Was heißt Zivilgesellschaft überhaupt? Im zweiten Kapitel folgt eine Auseinandersetzung mit der Rolle des Staates im gegenwärtigen und zukünftigen Bildungswesen, mit der deutschen Schulpflicht und der österreichischen Bildungspflicht, und mit dem Widerspruch einer „weltbürgerlichen" Erziehung in den Schulen des Nationalstaates. Warum sich gerade die Zivilgesellschaft des Bildungswesens annehmen soll, inwiefern sich diese Kernthese der Arbeit auf alle Länder unserer globalisierten Welt anwenden lässt und wieso die zivilgesellschaftliche Selbstverwaltung auch den Universitäten neue Perspektiven eröffnet, erläutert das dritte Kapitel. Das letzte, vierte Kapitel widmet sich der *Schlüsselfrage Finanzierung* – wie Staatssubventionen und kritisches Denken zueinander stehen, welchen ‚Haken' der Bildungsgutschein hat und weshalb der Aufbau eines freien Bildungswesens mit der Entwicklung einer solidarischen Wirtschaftskultur einhergehen muss.

Diesen drei Teilen folgt, unter dem Motto *Und was heißt das jetzt?*, eine Zusammenfassung, in der die drei oben gestellten Forschungsfragen beantwortet werden und, nach grundlegenden Überlegungen zur Methodik gesellschaftlicher Entwicklung, die *Freie Bildungsstiftung* als zivilgesellschaftliche Initiative zur weiteren wissenschaftlichen und sozialen Entwicklung der diesem Buch zu Grunde liegenden These vorgestellt wird.

Die Arbeit folgt also einem gesamten Argumentations-Bogen. Die kleineren Kapitel sollen jedoch den Überblick erleichtern und so Neueinsteiger/innen und sowie ‚alteingesessenen' Expert/innen der Bildungsfreiheit den Weg zu den für sie jeweils interessanten Stellen erleichtern. Ein Namensverzeichnis am Ende soll außerdem der eigenständigen Orientierung im vorliegenden ‚Kompendium' dienen.

Eine Anmerkung bleibt noch zu machen:

Die Kernthese dieser Arbeit bezieht sich auf einen *möglichst weit gefassten* Begriff des Bildungswesens: Sowohl schulisches und außerschulisches, informelles und nonformelles Lernen als auch die höhere Bildung und Wissenschaft finden, so die These, in der zivilgesellschaftlichen Selbstverwaltung förderliche Bedingungen vor. Dennoch sind die staatlichen Reglementierungen im Bereich des Pflichtschulwesens besonders ausgeprägt, weshalb beispielsweise die „Protagonisten" als Vertreter eines selbstverwalteten *Schul*wesens angeführt werden – obwohl einige davon ja dezidiert von einer *Entschulung* sprechen. Hier soll der Begriff der *Schule* als Ort der *Muße* (auf die das griechische Wort σχολή – scholé mit seiner Ursprungsbedeutung „freie Zeit", „Nichts tun", „Muße" hinweist), als Ort des gemeinsamen Lernens nicht gänzlich verworfen werden, wenngleich deutlich zur *kreativen Zerstörung* der klassischen Vorstellung von Schule eingeladen werden wird.

I.

Historischer und thematischer Hintergrund

I. 1. Geschichtlicher Abriss

Vom religiösen zum naturwissenschaftlichen Weltbild – die Welt im Wandel

Das ganze europäische Mittelalter hindurch bis ins 17. Jahrhundert hinein war Bildung eng mit der Institution der Kirche verbunden. Das Erlernen des Lesens und Schreibens stand in direktem Bezug zur Heiligen Schrift. Was der Einzelne lernte, war durch seinen jeweiligen Stand im sozialen Gefüge bestimmt. Das Ausbildungswesen der handwerklichen Zünfte war streng organisiert, die einzelnen Berufe wurden innerhalb der Familie über Generationen vererbt. Bauern blieb der Zugang zu Bildung zumeist gänzlich verwehrt, denn die feudale Gesellschaftsordnung beschränkte eine umfassende Allgemeinbildung auf den Adel und den Klerus. Eine Veränderung kam nur langsam, noch GOETHE ließ seinen *Wilhelm Meister* 1795 über die Schranken zwischen den Ständen klagen:

„Wenn der Edelmann im gemeinen Leben gar keine Grenzen kennt, wenn man aus ihm Könige oder königähnliche Figuren schaffen kann, so darf er überall mit einem stillen Bewusstsein vor seinesgleichen treten; er darf überall vorwärtsdringen, anstatt dass dem Bürger nichts besser ansteht als das reine, stille Gefühl der Grenzlinie, die ihm gezogen ist. Er darf nicht fragen: ‚Was bist du?' sondern nur ‚Was hast Du? Welche Einsicht, welche Kenntnis, welche Fähigkeit, wie viel Vermögen?' Wenn der Edelmann durch die Darstellung seiner Person alles gibt, so gibt der Bürger durch seine Persönlichkeit nichts und darf nichts geben." (Goethe 1982, S. 302)

Der Beginn der Neuzeit stellt eine markante Umbruchsphase in der europäischen Geschichte dar, die zu ganz neuen weltweiten Verflechtungen führte. Diesen Sachverhalt beschreibt der Historiker JÜRGEN OSTERHAMMEL in seiner *Geschichte der Globalisierung* folgendermaßen:

„Es gab in der älteren Geschichte immer wieder *Globalisierungsanläufe*, die aber stets irgendwann einmal abbrachen. Daher kann man sie als *Vorgeschichte* der Globalisierung betrachten. Wir folgen Immanuel Wallerstein, indem wir einen neuerlichen Globalisierungsanlauf, der mit dem Aufbau der portugiesischen und spanischen Kolonialreiche seit der Zeit um 1500 begann, als den Anfang einer im Prinzip irreversiblen weltweiten Vernetzung verstehen. Entdeckungsreisen und regelmäßige Handelsbeziehungen setzten erstmals Europa, Afrika, Asien und Amerika in einen direkten Kontakt, aus dem bis zur Mitte des 18. Jh. eine stabile multilaterale Interdependenz geworden war." (Osterhammel 2007, S. 25)

Mit diesem neuzeitlichen Umbruch seit etwa 1500 wurde das einheitliche Weltbild der mittelalterlichen Fürstentümer und die festgelegten Gesellschaftsformen des Feudalismus brüchig; neue Erkenntnisse, Entdeckungen und Erfindungen revolutionierten die gesellschaftlichen Strukturen und das Lebensgefühl des Einzelnen. Die osmanische Eroberung von Konstantinopel im Jahr 1453 erschütterte das Selbstbewusstsein des christlichen Abendlandes – und bewirkte die Flucht vieler Gelehrter nach Italien und das dortige Aufblühen der Renaissance. Stark durch diese geistige ‚Wiedergeburt' beeinflusst, entwarf ERASMUS VON ROTTERDAM seinen der Welt zugeneigten Humanismus. Der Buchdruck ermöglichte eine exakte Reproduktion des Wissens in bisher unbekanntem Ausmaß und die strukturierte Buchform mit Titelblatt und Seitenzahlen, wie wir sie heute kennen, kam auf. Schrittweise verließ das Schrifttum den Schutzraum der Klostermauern und eine allgemeine Alphabetisierung begann. Zur gleichen Zeit forschte KOPERNIKUS im Stillen über die Kugelform und die kosmische Stellung der Erde. Die koloniale Expansion nahm ihren Anfang, und mit der ‚Entdeckung' neuer Kontinente begann die gewaltsame Eroberung und wirtschaftliche Ausbeutung Afrikas, Nord- und Südamerikas. Der daraus resultierende wirtschaftliche Aufschwung brachte die feudale Gesellschaftsordnung nun auch ökonomisch aus dem Gleichgewicht (vgl. Seitz 2002, S. 305f).

Mit der 1517 durch MARTIN LUTHERS ‚Thesenanschlag' eingeleiteten Reformation verlor die Katholische Kirche ihre Allmacht; der päpstlich verwaltete Geist wurde vom persönlichen Glauben verdrängt. Ein enormer Aufbruch des Bildungslebens war die Folge. Die von PHILIPP MELANCHTON verfassten Lehrbücher für Latein und Griechisch, aber auch für Physik, Geschichte und Geographie fanden große Verbreitung.[6]

---

[6] Philipp Melanchton (1497-1560), der „Praeceptor Germaniae" (= Lehrer Deutschlands) genannte Gelehrte war mit Martin Luther befreundet und lektorierte dessen Bibelübersetzung.

Der böhmische Gelehrte COMENIUS wollte *allen alles allseitig* lehren, „Omnes, Omnia, Omnino" war sein Wahlspruch. Der Bildungswissenschaftler KLAUS SEITZ fasst zusammen:

„Die Inklusion aller Menschen in ein universales Bildungsprojekt, die Erschließung eines Welthorizontes und die Abstraktion von der beengenden Unmittelbarkeit der lebensweltlichen Erfahrung sind für den neuzeitlichen Bildungsbegriff geradezu konstitutiv." (Seitz 2002, S. 300f)

Mit dem Beginn der Neuzeit war auch die Entwicklung des intellektuellen Denkens verbunden, das sich von religiösen Offenbarungsinhalten ablöste und von der Kirche emanzipierte. Dies führte einerseits im *Empirismus* zur modernen Naturwissenschaft (FRANCIS BACON u.a.) und bildete somit die Grundlage der modernen Technik und der gesamten industriellen Revolution. Andererseits führte dieses neue „Verstandesdenken" im *Rationalismus* in die Aufklärung. Diese große Befreiungsbewegung stellte sich gegen die „selbstverschuldete Unmündigkeit" und den Aberglauben, und rief allen sozialen Schichten IMMANUEL KANTS berühmtes „Sapere Aude – Wage zu wissen!" zu (vgl. Brunner 2009c). Der Mensch wurde nun nicht mehr als für seinen Ort im sozialen Gefüge prädestiniert gedacht. Vielmehr wurde aus naturwissenschaftlichen Erkenntnissen und philosophischen Spekulationen ein neues Menschenbild erschaffen, das jedem Menschen grundsätzlich die Begabung zur Vernunft zusprach und daraus Konsequenzen für die Rechtsordnung zog. So mündete die Aufklärung in die gesellschaftliche Vorstellung, dass *alle Menschen vor dem Recht gleich gestellt* sind. Zunehmend wurden die feudalen Ordnungen der „Naturstaaten" (FICHTE) revolutionär bekämpft und durch rational entworfene bürgerliche Gesellschaftsordnungen ersetzt. Gipfelpunkt dieser Entwicklung war die Französische Revolution 1789.

Bereits im 18. Jahrhundert wird aber auch von einer anderen, einer *inneren* Revolution gesprochen, die sich (in gewisser Weise als eine erste *Dialektik der Aufklärung*) von der rationalen, die Welt entzaubernden Wissenschaft und ihrer abtötenden Gleichschaltungstendenz abwendet: JEAN-JAQUES ROUSSEAUS „Zurück zur Natur!" fand breiten Widerhall. „Tout est bon qui sort des mains du créateur de la nature, tout dégénère dans les mains de l' homme" – „Alles ist gut, wie es aus den Händen des Schöpfers kommt, alles entartet unter den Händen des Menschen" (Rousseau 1995, S. 538), mit diesen Worten lässt ROUSSEAU seinen Bildungsroman *Émile* beginnen. Das Kind ist dem Göttlichen näher als wir, der technische Fortschritt kann ‚ausarten'. Die revolutionären Gedanken ROUSSEAUS wurden vor allem im deutschsprachigen Raum (beispielweise von HERDER, PESTALOZZI und GOETHE) intensiv rezipiert. Schrittweise bildete sich die Anschauung einer seelisch-geistigen Entwicklung aus, die zu einem – über ROUSSEAU hinausgehenden – umfassenden *individuellen* Bildungsbegriff führte.

Dessen ungeachtet strebten die neuen Rechtsvorstellungen zu einem radikalen Umbau der sozialen Ordnung, die Individuen wurden als gleichgestellte Bürger in die neuen Staatsgemeinschaften eingeordnet, es kam zur „konkurrenzlosen Durchsetzung des Nationalstaates" als Gesellschaftsmodell (vlg. Seitz 2002, S. 315). Parallel dazu stieg die Wirtschaft zu einer eigenständigen Macht neben den sich etablierenden Nationalstaaten auf – die industrielle Revolution ermöglichte die Anhäufung von Reichtum und damit auch von gesellschaftlicher Macht. ‚Industriefürsten' stellten sich neben die politischen Lenker, die gerade entstehende Rechtsordnung der Gleichheit wurde dadurch unterminiert. Ganz neue gesellschaftliche Stände formierten sich: Unternehmer, Staatsbeamte, Proletarier. Zunehmend wurde der Staat genötigt, sich gegenüber den aufstrebenden Wirtschaftsmächten zu erhalten – und die individuell-menschheitlich orientierten Ziele eines GOETHE, SCHILLER, HUMBOLDT oder NOVALIS traten in den Hintergrund. So kippten die liberal impulsierten National*staats*bestrebungen der ersten Hälfte des 19. Jahrhunderts in die nationalwirtschaftlich zentralisierten der Bismarck-Ära. Nahezu das ganze folgende Jahrhundert mit den beiden Weltkriegen und der daraus folgenden Ost-West-Blockbildung kann in diesem Sinne als national*wirtschaftlich* geprägt gekennzeichnet werden. In ihrer Schrift *Dialektik der Aufklärung* zogen HORKHEIMER und ADORNO 1947 ein vernichtendes Resümee aus einer Zivilisationsentwicklung, die den einzelnen Menschen zunehmend durch die Instrumentalisierung der Rationalität auszulöschen droht:

„Seit je hat Aufklärung im umfassendsten Sinn fortschreitenden Denkens das Ziel verfolgt, von den Menschen die Furcht zu nehmen und sie als Herren einzusetzen. [...] Das Programm der Aufklärung war die Entzauberung der Welt. Sie sollte die Mythen auflösen und Einbildung durch Wissen stürzen. (...) Aber die vollends aufgeklärte Erde strahlt im Zeichen triumphalen Unheils." (Horkheimer/Adorno 1996, S. 9)

Mit dem Zusammenbruch des Ostblocks und dem Ende des kalten Krieges 1989 begann sich die Wirtschaft vermehrt aus der staatlichen Umklammerung zu lösen, und die Marktkräfte werden in nie geahnter Beschleunigung entfesselt. Die neuen Medien ermöglichten es den Unternehmen in völlig neuer Form, ihre Standortgebundenheit zu überwinden und sich zu transnational operierenden Konzernen zu entwickeln. So verlieren die Staaten zunehmend ihre Besteuerungsmacht, was unter anderem zu einer Krise der staatlichen Sozialsysteme führt (siehe Kapitel II.3.). Zugleich erwacht eine globale Zivilgesellschaft, die immer mehr die Menschheit und die ganze Erde als Einheit erlebt.

„Globalisierung hat zwei Bedeutungen. Der Begriff kann auf unsere universale Menschlichkeit hinweisen, auf die Kulturen des Mitgefühls und der Solidarität, auf unsere gemeinsame Identität als Erdenbürger. Ich nenne diese Globalisierung Erd-Demokratie. Die vorherrschende Bedeutung und Form der Globalisierung ist jedoch die wirtschaftliche Globalisierung oder Unternehmensglobalisierung. Das ist die Globalisierung des kapitalistischen Patriarchats – in welchem alles und jedes eine Ware ist, alles käuflich, und der einzige Wert, den eine Sache hat, der Preis ist, den sie auf dem Weltmarkt bringen kann." (Shiva 2006, S. 218)

Zur Einführung der staatlichen Pflichtschule

Die Annahme, dass der gesellschaftliche Bereich der Bildung grundsätzlich in den Verantwortungsbereich des (National-)Staates fällt – und zwar sowohl dem gesellschaftlichen Grundverständnis als auch der faktischen Ausgestaltung nach – ist heute weit verbreitet. Das Einschulungsalter, die Lehrinhalte und -methoden, die Fächeraufteilung, die Prüfungsverfahren, die Zeiteinteilung, die Gestaltung der Räumlichkeiten, in denen Unterricht stattfindet, die Anforderungen zur Erlangung verschiedener Bildungsabschlüsse – all das ist gesetzlich geregelt. Die Lehrpläne werden im jeweils zuständigen staatlichen Ministerium geschrieben, Reformvorschläge dort diskutiert und umgesetzt bzw. abgelehnt. Auch die Aus- und Weiterbildung der Lehrkräfte ist weitgehend staatlich organisiert. Unterrichten darf nur, wer eine entsprechende Berechtigung dafür erworben, d.h. z.B. ein Staatsexamen bestanden hat.

Diese scheinbaren Selbstverständlichkeiten sind geschichtlich gesehen noch relativ jung. Man schrieb das Jahr 1792, als im *Allgemeinen Preußischen Landrecht* die Schule zur „Veranstaltung des Staates" erklärt wurde. Was bisher nur für Kasernen und Gefängnisse gegolten hatte, wollte der aufstrebende Nationalstaat nun auch auf die Volksbildung ausweiten und diese damit dem Einflussbereich der Geistlichkeit entzogen wissen. Die Zeit der kleinen Fürstentümer, die sich in Machtfragen mit der Kirche arrangierten, war vorbei. Der moderne Staat vereinte ganze Nationen unter seinem herrschaftlichen Schirm. Das dafür nötige stehende Söldnerheer brauchte nicht nur gut ausgebildeten Nachwuchs, sondern auch technisch hoch entwickelte Waffenmanufakturen und Kriegsakademien. Naturwissenschaftliche Forschungseinrichtungen wurden gegründet, die ebenfalls gezielte Ausbildungen erforderten (vgl. Leber 1990, S. 141). Außerdem garantierte die einheitliche staatliche Pflichtschule eine gemeinsame Sozialisation des Staatsvolkes, zu dessen Gunsten die unterschiedlichen regionalen Kulturen eine Nivellierung erfuhren (vgl. Seitz 2002, S. 103).

Auch in Österreich hatte man sich nach der Niederlage gegen Preußen 1749 zu einer, den Ständestaat zentralisierenden, Verfassungs- und Verwaltungsreform entschieden. 1760 wurde die *Studien-Hof-Kommission* als Vorläufer einer zentralisierten Unterrichtsverwaltung eingesetzt (vgl. Sohm 1996, S. 22). Zehn Jahre später bekräftigte MARIA THERESIA im *Streit zu Wolfsberg*, der darüber geführt würde, ob der Schulmeister der weltlichen oder der kirchlichen Macht unterstünde, abermals: „das Schulwesen aber ist, und bleibet allzeit ein Politikum." (zit. n. Sohm 1996, S. 1, Fußnote 5) „Es entbehrt nicht einer gewissen Pikanterie, dass sich MARIA THERESIA im Januar 1774 an FRIEDRICH II von Preußen, ihren früheren großen Widersacher und Erzfeind, mit dem Wunsch wandte, seinen Untertan J. I. FELBINGER für einige Zeit nach Wien zu schicken" (Sohm 1996, S. 22f) – und zwar als Berater in Bildungsfragen! So haben protestantisch-preußische Modelle die Neuordnung des österreichischen Primarschulwesens beeinflusst. Die Worte des Staatskanzlers MARIA THERESIAS, Fürst WENZEL KAUNITZ-RIEDBERG, können als Signum für diese Epoche gelten:

„Da der Fürst die Köpfe wie die Arme und Geldsäckel seiner Untertanen benötigt und für seine Pläne, Absichten, Anschauungen und Gesetze nicht auf zu deren Ausführung geeignete Instrumente verzichten kann, ist vielleicht nichts wesentlicher, als solche zu besitzen und finden zu können; nichts ist auch geeigneter, sie zu formen, als die Erziehung [...] Das Herz formen, bevor man den Geist entwickelt, den Staatsbürger Sitten lehren, bevor man Dienste von ihm verlangt, ihn über seine Pflichten aufklären, bevor man ihre Erfüllung fordert, das sind ebenso unerlässliche Erfordernisse, wie es das Bearbeiten der Felder und die Aussaht sind, bevor man die Früchte ernten kann." (Engelbrecht 1984, S. 483f)

Preußen war also Vorreiter, was den Aufbau eines zentralistischen staatlichen Bildungswesens anging. Die anderen europäischen Nationalstaaten zogen mit der Zeit nach. Dennoch ist es keineswegs selbsterklärend, weshalb der Staat einen so direkten Einfluss auf das Bildungswesen nahm – denn z.B. in England wurde das Bildungswesen noch lange, während es in Preußen und Österreich bereits verstaatlicht war, als Aufgabe der Bürger angesehen. So gesehen kann die große Veränderung der Lebenswelt durch die hereinbrechende Moderne nicht als Sachzwang für die staatliche Organisation der Erziehung gesehen werden (vgl. Seitz 2002, S. 316f). Im Zentrum der kolonialen Weltmacht Groß-Britannien entwickelte sich neben der industriellen Warenproduktion auch ein *freies* (zum Teil kirchliches) Schulwesen, und zwar erstaunlich schnell[7]. 1861 besuchten bereits 95 Prozent aller Kinder eine Schule, und das unter minimaler Beteiligung der staatlichen Stellen (vgl. Bartholomew 2006). Diese Schulen gingen, wie JAMES BARTHOLOMEW beschreibt, vielfach auf die Initiative Einzelner zurück: Da war der Schuster JOHN POUDS[8], der die Nachbarskinder Lesen lehrte, oder der Pfarrer RICHARD DAWES[9], der in einem kleinen Dorf selbst ein Schulhaus stiftete und Eltern wie Kinder für die Welt der Kunst und Wissenschaft begeisterte. Die Einführung der flächendeckenden staatlichen Schulpflicht und Schulaufsicht im Jahre 1880 in England (also ein Jahrhundert nach Preußen und Österreich) beurteilt BARTHOLOMEW wie folgt: „Der Staat übernahm in zunehmendem Maße Besitz, der über Jahre hinweg von Armen- und Privatschulen aufgebaut worden war. Die lokalen Schulbe-

---

[7] Besuchten 1818 etwa eine halbe Million englische Kinder (7 Prozent der Gesamtbevölkerung) eine Schule, so waren es 1834 schon 1,3 und 1858 mit 2,5 Millionen Kindern bereits 13 Prozent der Gesamtbevölkerung (vgl. Bartholomew 2006,7f).

[8] John Pounds „Schuster aus Portsmouth, der sich über die allerärmsten Jungen in seiner Nachbarschaft Sorgen machte. Man erzählte sich, dass er sie mit heißen Kartoffeln in seine Werkstatt lockte und ihnen das Lesen beibrachte, während er weiter seiner Arbeit nachging. Im ganzen Land entstanden ähnliche Initiativen, die allgemein als *Lumpenschulen* bekannt wurden. Lord Shaftesbury nahm die spontane Bewegung 1843 unter seine Fittiche, und bis 1849 waren 82 Lumpenschulen mit 8.000 Schülern entstanden. Sie wurden von über 1000 Lehrern unterrichtet, von denen neun von zehn diese Arbeit ehrenamtlich taten. Zwanzig Jahre später hatte sich die Zahl dieser Schulen vervielfältigt. Es gab 204 Tagesschulen, 207 Abendschulen und 226 Sonntagsschulen. Insgesamt hatten sie 26.000 Schüler aller Altersgruppen." (Bartholomew 2006, S. 12f)

[9] „Pfarrer Richard Dawes war Mitglied des *Downing College* in Cambridge, und hatte vielleicht einmal gehofft, Rektor zu werden. Leider wurde er übergangen, er wurde stattdessen Pfarrer in King's Somborne, einem Dorf in Hampshire mit 1.125 Einwohnern. Dort gab es keine Schule, also gründete er eine. Er überredete die Gutsherrin ein Gelände zu stiften. Um ein Gebäude zu errichten, spendete Dawes 500 Pound von seinem eigenen Geld, in jenen Tagen eine beträchtliche Summe, und bekam einen entsprechenden Zuschuss von der Regierung. Aber die Schule sollte sich finanziell selbst tragen. Er bestand darauf, dass die Eltern, von denen viele weitaus ärmer waren als die meisten aller Eltern heutzutage, alle bezahlen sollten – und zwar unverzüglich. [...] Der Betrag war ihren jeweiligen finanziellen Verhältnissen angepasst. Tagelöhner u.ä. zahlten ein paar Penny die Woche, während jene, die höhere Einkommen hatten, sechs bis zehn Schilling im Vierteljahr zahlen mussten – was wohl in etwa viermal so viel war. Die Schule hatte anfangs 38 Schüler, wuchs aber schnell. Am Ende des vierten Jahres waren es 158 Schüler." Die Pädagogik wird als anschaulich und begeisternd beschrieben, Dawes führte seine Schüler/innen sowohl in die englische Lyrik als auch in naturwissenschaftliche Experimente ein: „Während ich in meinem Arbeitszimmer schrieb, hörte ich glückliche Stimmen, die von einem halben Dutzend Jungs herrührten, die nach den Schulstunden gekommen waren, um meine Rasenwalze zu vermessen. Sie wollten üben, wie man das Gewicht eines Zylinders mithilfe seiner Abmessungen und des spezifischen Gewichts seines Materials berechnet." schrieb er selbst (zit. nach Bartholomew 2006, S. 9ff).

hörden zerstörten nach und nach das unabhängige Schulsystem, außer für die Reichen." (Bartholomew 2006, S. 17) Bezeichnenderweise war diese Entwicklung in England ursprünglich gar nicht als solche intendiert, der Verstaatlichungsprozess war vielmehr ein schleichender, der durch ursprünglich ‚gut gemeinte' Unterstützung zu immer stärkerer Bürokratisierung und letztendlich zu staatlicher Administration führte:

„Am Beginn standen im Jahr 1833 die ersten staatlichen Zuschüsse für Armenschulen der Kirchen. Man wollte einfach nur ein bisschen helfen, aber nun war ein Grundsatz geschaffen worden. Der Staat konnte in Fragen der Bildung ‚aushelfen'.
Der nächste Schritt war im Jahr 1839 die Ernennung von Inspektoren, um Schulen zu überprüfen. Denn wenn staatliche Gelder für bestimmte Schulen ausgegeben werden sollten, dann mussten die Schulen auch geeignet sein, diese Gelder zu erhalten. Wie sollte man ohne Inspektionen wissen, ob die Schulen die Unterstützung wert waren? [...] Der große Schritt kam 1870 mit W.E. Forsters Gesetz zur Grundschulbildung, dem *Elementary Education Act*. [...] Er führte das staatliche Schulwesen mit großer Vorsicht, ja sogar Bedenken ein. Er sagte 'wir müssen aufpassen, dass wir das bestehende System nicht zerstören'. [...] Er wäre entsetzt darüber gewesen, wie sein eigenes Gesetz und die sich daraus ergebenden ‚späteren logischen Schritte', die u.a. Lloyd George, Winston Churchill und R.A.B. Butler unternahmen, Schulen schufen, die von der zentralen Regierung dominiert wurden und für alle gebührenfrei waren." (Bartholomew 2006, S. 5f)

Entscheidend ist, dass BARTHOLOMEW nachweist, dass zu dem Zeitpunkt, als in England über die Verstaatlichung des Schulwesens nachgedacht wurde, der Bedarf an Schulbildung (auch für ländliche und ärmere Regionen) bereits weitgehend durch vielfältige freie Initiativen und auch finanzielles bürgerliches Engagement gedeckt war.

Auch in Deutschland wurde die Begeisterung für die Staatsschule nicht von allen geteilt. Der argumentative Kampf KARL MAGERS für ein „Selfgouvernement" des Schulwesens wird im Weiteren dargestellt. Und in einer begeisternden Rede vor der Revolutionsversammlung 1848 in der Frankfurter Paulskirche plädierte THEODOR PAUR für die Freiheit des Bildungswesens:

„Die Schule, wenn sie recht ihren Zweck erfüllen soll, muss den Menschen frei aus der Urquelle heraus entwickeln, ehe er in seinem Geiste, seinem Leben lebendig fühlt. Soll die Schule dieses Ziel erreichen, so muss sie in einer freien Lebensatmosphäre atmen dürfen, die frei ist von jedem Nützlichkeitsprinzip, die frei ist von einem kirchlichen Prinzip und frei ist von einem vorausgestellten staatlichen. [...] Das Erziehungswerk und das Unterrichtswesen, wenn sie richtig aufgefasst werden, haben einzig und allein Grund und Boden, dass der Lehrer im Stande ist, sein frei entwickeltes inneres Selbst der Jugend vorzuführen. [...] In diesem Sinne wünsche ich, dass die Schule in einer reinen Lebensatmosphäre erhalten werde. Wenn sie die Freiheit des Volkes wollen, schaffen Sie in diesem Sinne freie Schulen." (Theodor Paur, 1848 in der Paulskirche, zit. n. Leber 1990, S. 142)

Auch im Verfassungsentwurf der National-Versammlung von 1848 wurde im § 154 die Initiativfreiheit zur Schulgründung befürwortet, die staatliche Bildungshoheit jedoch schon festgeschrieben: „Unterrichts- und Erziehungsanstalten zu gründen, zu leiten und an solchen Unterricht zu erteilen, steht jedem Deutschen frei, wenn er seine Befähigung der betreffenden Staatsbehörde nachgewiesen hat. Der häusliche Unterricht unterliegt keiner Beschränkung." (zit. n. Leber 1990, S. 143) Nach damaligem Recht durfte also jeder Bürger eine Schule gründen, die Zulassung war nicht, so wie heute in Deutschland, von der Prüfung des ‚Bedarfs' für eine Privatschule in dem jeweiligen Gebiet abhängig.[10] Außerdem war der Hausunterricht erlaubt.

Der historische Übergang der Schulaufsicht von der Kirche an den Staat kommt einem Paradigmenwechsel gleich. Die Kernthese der vorliegenden Arbeit spricht von einem weiteren solchen Paradigmenwechsel, der nun, gut zweihundert Jahres später, die Verantwortlichkeit für das Bildungswesen aus den Händen des Staates in die der Zivilgesellschaft legt. In diesem Zusammenhang mag es erhellend sein, dass einige Bildungswissenschaftler das historische Moment der Verstaatlichung als ein zwiespältiges beschreiben, das zwar als Übergang seine Berechtigung hatte, gleichzeitig aber das Bildungswesen in neue Abhängigkeiten gebracht hat.

MARTIN HEINRICH merkt in seiner 2006 erschienenen Studie über die *vergessenen ideengeschichtlichen Quellen der Schulautonomie-Debatte der 1990er* an,

---

[10] „Im Primarbereich ist die Errichtung von Schulen in freier Trägerschaft nur unter engen Voraussetzungen (Art. 7 Abs. 5 Grundgesetz) möglich, nämlich dann, wenn die Schulverwaltung ein besonderes pädagogisches Interesse anerkennt oder – auf Antrag von Erziehungsberechtigten – wenn sie als Gemeinschaftsschule, als Bekenntnis- oder Weltanschauungsschule errichtet werden sollen und eine öffentliche Schule dieser Art in der Gemeinde nicht besteht." (Eurydice Deutschland 2009/2010, S. 104)

„dass die Frage der pädagogischen Autonomie bei der Verschiebung von der theologischen hin zur naturrechtlichen Legitimationsfigur prekär bleibt. Zwar führt dies in der Folge zu einem anhaltenden Emanzipationskampf der Pädagogik gegen die kirchliche Definitionsmacht. Doch an die Stelle der kirchlichen Hegemonie in pädagogischen Fragen tritt zunehmend die des Staates, dem gegenüber nun die Pädagogik ihr Streben nach Eigenständigkeit durchfechten muss. Die Zahl der ‚KonkurrentInnen', gegenüber denen sich die Pädagogik mit ihrem Emanzipationsstreben abgrenzen muss, ist damit nur um einen weiteren – zugleich sehr Mächtigen – angestiegen." (Heinrich 2006, S. 203)

Im Weiteren beschreibt HEINRICH das ambivalente Verhältnis der freiheitlich gesinnten Lehrerschaft zur sich etablierenden staatlichen Bildungshoheit:

„Bemerkenswerterweise plädierten die meisten BefürworterInnen der pädagogischen Autonomie im historischen Fortgang letztlich doch für eine Staatsschule, da sie in einer solchen einen weltanschaulich neutralen Träger des Schulwesens wähnten. So schlossen die PädagogInnen, die vormals ein differenziertes Verhältnis zu staatlichen Regularien hatten, da sie in ihnen eine Beschränkung der pädagogischen Freiheit erblickten, sich schließlich doch mit eben diesem Gegner zu einer Allianz gegen die Konfessionellen zusammen." (Heinrich 2006, S. 208)

Auch KURT SOHM sieht in der engen Anbindung der Schule an den Staat keine befriedigende, dauerhafte Lösung. Er schreibt in seiner Dissertation *Staat und Schule*:

„der Gegner (war) zunächst die kirchliche Orthodoxie und die Stoßrichtung lautete, das niedere Schulwesen aus der kirchlichen Schulaufsicht herauszulösen und es auf das allgemeine Projekt der Volksaufklärung zu verpflichten. Die Vorstellungen des ‚pädagogischen Jahrhunderts' kulminierten also mit dem Versuch, Schulreformpolitik als Gesellschaftspolitik mit pädagogischen Argumenten unter der Schirmherrschaft der weltlich-aufgeklärten Obrigkeit gegen die Kirche zu betreiben. Damit war man aber – auf längere Sicht gesehen – vom Regen in die Traufe gefallen." (Sohm 1996, S. 261)

Während des gesamten 19. Jahrhunderts gab es immer wieder Bestrebungen, die Verantwortung für die Schule näher an die Bürgerschaft heranzutragen. Der Herbartianer F. W. DÖRPFELD unterbreitete beispielsweise Vorschläge einer Gründung von *Schulgemeinden*, von freien Bürgerzusammenschlüssen, welche über Schulfragen entscheiden sollten (vgl. Weßler 1969, S. 159). Insgesamt blieb jedoch, so STEFAN LEBER,

„das preußische Muster, nämlich die Abhängigkeit vom Staat, für die weitere soziale Entwicklung vorbildgebend, und es scheint unabhängig von der sachbezogenen Kritik aller Kenner doch der politisch zu gestaltenden Mehrheitsauffassung zu entsprechen, jener Mehrheit, die einerseits durch das Machtinteresse des Staates, andererseits vom Bürgertum vertreten wird." (Leber 1990, S. 143)

I. 2. Protagonisten eines selbstverwalteten Schulwesens

Wo gibt es bereits Ansätze einer zivilgesellschaftlich selbstverwalteten Bildung? Nur dort, wo individuelle Menschen die Initiative ergriffen haben! In diesem Sinne sollen im folgenden zehn ausgewählte Persönlichkeiten portraitiert werden, die sich, jeweils auf ihre ganz individuelle Art und Weise, für eine freie Bildung einsetzten. Allen gemeinsam ist, dass sie ebenso leidenschaftliche Theoretiker wie Praktiker waren – sie waren also mit konkreten pädagogischen Prozessen verbunden und gleichzeitig um die sozialwissenschaftliche Reflexion rund um die Bildungsfrage bemüht.

Ein Anspruch auf Vollständigkeit besteht nicht[11]; vor allem angesichts der auffälligen und keineswegs rühmlichen Tatsache, dass hier eine reine Herrenrunde versammelt ist, wo doch die Erziehungsarbeit in der Menschheitsgeschichte wohl maßgeblich von Frauen geleistet wurde! Deshalb sei an dieser Stelle vor allem die indische Ökofeministin und Zivilgesellschafts-Aktivistin VANDANA SHIVA erwähnt, die sich ökologischen und planetarisch-demokratischen Fragen widmet[12] und

---

[11] Der früh verstorbene italienische marxistische Philosoph Antonio Gramsci (1891-1937) beispielsweise hat in seinen *Gefängnisheften* seine zukünftige Vorstellung von Bildung beschrieben, die durchaus Züge einer zivilgesellschaftlichen Selbstverwaltung hat: Nicht in abgeschlossenen Anstalten, sondern selbst in den Fabriken sollen Bildungsprozesse möglich werden (vgl. Gramsci 2004). Die Grenzen zwischen Staat und Zivilgesellschaft im Hinblick auf die Bildungsorganisation bleiben bei Gramsci jedoch fließend.
Der brasilianische Befreiungspädagoge Paolo Freire (1921-1997) hat sich ebenso ein Leben lang für eine Erziehung zur Mündigkeit engagiert und eine *Pädagogik der Unterdrückten* entwickelt, die alle ermächtigen soll, nicht nur ihr Leben in die eigene Hand zu nehmen, sondern auch Mitgestalter/in an den gesellschaftlichen Verhältnissen zu sein. Kritik an einer staatlichen Bildungsorganisation als solcher findet sich bei Freire jedoch gleichfalls nicht.

[12] „Lebendige Kulturen nähren das Leben; sie verbreiten nicht Tod und Zerstörung, Furcht und Unsicherheit. Lebendige Kulturen entwickeln sich aus unserer Verbundenheit mit allem Leben. Alle Kultur beruht auf Identität. Doch die Wirtschaftsglobalisierung und die Fundamentalismen reduzieren unsere Identitäten. Als Teil der Erdfamilie sind wir Erdenbürger und haben Erd-Identitäten, welche beides umfassen: die spezifische Identität eines einzelnen Ortes und die globale planetarische Identität. Als Teile von Ländern haben wir ein Bürgerrecht. Als Mitglieder von Gemeinschaften haben wir mehrere Gemeinschaftsidentitäten – durch das, was wir tun, was wir essen, was wir tragen, was wir sagen. Diese Diversen, mehrfachen Identitäten formen unser Selbst und wer wir sind. Und diese Identitäten sind nicht unvereinbar mit unserer gemeinsamen Menschlichkeit. Ohne Vielfalt haben wir keine Menschlichkeit." (Shiva 2006, S. 219)

auch für eine selbstbestimmte, ganzheitliche Bildung eintritt:

„We've moved from wisdom to knowledge, and now we're moving from knowledge to information, and that information is so partial – that we're creating incomplete human beings."[13]

---

[13] „Wir sind von der Weisheit zum Wissen und vom Wissen zur Information fortgeschritten – aber nun ist diese Information so einseitig, so partiell, dass wir verkümmerte Menschen erziehen" Übersetzung: C.S., http://schoolingtheworld.org/people/vandana/

JOHANN HEINRICH PESTALOZZI (1746 – 1827)

> *„Unser Geschlecht bildet sich wesentlich nur von Angesicht zu Angesicht, nur von Herz zu Herz menschlich. Es bildet sich wesentlich nur in engen, kleinen, sich allmählich in Anmut und Liebe, in Sicherheit und Treu ausdehnenden Kreisen also. Die Bildung zur Menschlichkeit, die Menschenbildung und alle ihre Mittel sind in ihrem Ursprung und in ihrem Wesen ewig die Sache des Individuums und solcher Einrichtungen, die sich eng und nahe an dasselbe, an sein Herz und an seinen Geist anschließen."* [14]
>
> J. H. PESTALOZZI

Wohl kaum ein anderer Autor unter den Klassikern der Pädagogik hat eine so umfangreiche Rezeptionsgeschichte aufzuweisen als der pädagogische Autodidakt JOHANN HEINRICH PESTALOZZI. Das enorme Interesse an seiner Person kann vielleicht darauf zurückgeführt werden, dass er ein phänomenal vielseitiges schriftstellerisches Werk hinterlassen hat (die 1996 vollendete Gesamtausgabe umfasst 46 Bände, mit ca. 300 Texten und über 6000 Briefen), das nicht nur pädagogische, sondern auch philosophische, soziologische und politische Themen umfasst und in seiner Vielschichtigkeit bereits Kriterien einer ganzheitlichen Pädagogik vorzeichnet (*Herz – Hand – Kopf*)[15], die durch gegenwärtige entwicklungspsychologische, sinnesphysiologische und neuronale Forschungen weitreichend bestätigt werden.[16]

PESTALOZZI ist ein wahrer Exponent eines lebenslangen *Learning by doing*. Geboren wurde er 1746 in einer kleinbürgerlichen züricher Familie. Als er sechs Jahre alt war, starb sein Vater. Dass er nun nur noch von seiner Mutter und der Magd *Babeli* erzogen wurde, erschien ihm selbst später als Ursache seiner träumerischen Natur. Als Jugendlicher wollte er Pfarrer werden, begann dann aber ein Jurastudium, das er jedoch bald abbrach, um als Landwirt tätig zu sein. Bereits mit 22 Jahren gründet er

---

[14] Pestalozzi 1946, S. 18

[15] Bezeichnend ist, dass Pestalozzi selbst immer in dieser Reihenfolge von den drei zu bildenden Bereichen sprach.

[16] vgl. *Pestalozzis Lernverständnis und Bezüge zu aktuellen lernpsychologischen Ansätzen*, http://www.heinrich-pestalozzi.de/de/dokumentation/index.htm

mit seiner Frau ANNA einen Bauernhof, den *Neuhof*. Bald jedoch ging das Landwirtschaftsunternehmen pleite und er funktionierte den Hof in ein Erziehungsheim um. Als auch diese Unternehmung scheiterte, begann er zu schreiben und wurde bereits mit seinem ersten Roman *Lienhart und Gertrud* ein europaweit bekannter Autor. In den folgenden 18 Jahren war er vor allem Schriftsteller. Zuerst befassen sich seine Schriften mit pädagogischen Fragen, wie sie sich ihm auf dem *Neuhof* praktisch ergaben; doch schrieb er in den Jahren nach der Französischen Revolution von 1789 (zu deren Ehrenbürger PESTALOZZI im August 1792 als einziger Schweizer von der französischen Nationalversammlung ernannt wurde) vermehrt politische und sozialwissenschaftliche Texte.

1799, PESTALOZZI war bereits über 50 Jahre alt, wurde ihm erneut die Möglichkeit geboten, seine Erziehungsideale in die Praxis umzusetzen. Von den vielen Besuchern der Erziehungsanstalt in Iferten wird z.B. MADAME DE STAEL ihre begeisterten Eindrücke festhalten: „Das ist wohl die erste Schule, die ihre 150 Schüler weder durch Wetteifer noch durch Furcht zusammenhält." (Pestalozzi 1993, S. 307) Als PESTALOZZI, fast 82 jährig, 1827 in Brugg im Kanton Aargau stirbt, lag eine noch etwa dreißig Jahre währende Zeit als praktischer Pädagoge – mit allen Höhen und Tiefen – hinter ihm.

Als philosophisches Hauptwerk gilt die (insbesondere von J. G. HERDER herausragend gewürdigte) 1797 erschienene Schrift *Meine Nachforschungen über den Gang der Natur in der Entwicklung des Menschengeschlechts*. In diesem Werk entfaltet PESTALOZZI ein großes Panorama der Menschheitsgeschichte und kristallisiert dabei drei Stufen heraus: das Leben im „Naturstand", den „gesellschaftlichen Stand" und den „sittlichen Zustand", den der Mensch nur sich selbst geben kann. Determiniert ist der Mensch im Sinne PESTALOZZIS, also auf zweifache Weise: durch die Triebe im „Naturzustand", durch die „Pflichtgebote" im „gesellschaftlichen Stand"; frei ist er hingegen in seiner individuellen sittlichen Verantwortung.

„Also bin ich ein Werk der Natur, ein Werk meines Geschlechts und ein Werk meiner selbst. Diese drei Verschiedenheiten meiner selbst aber sind nichts anderes als einfache und notwendige Folgen der drei verschiedenen Arten, alle Dinge dieser Welt anzusehen, deren meine Natur fähig ist. Als Werk der Natur stelle ich mir die Welt als ein für mich selbst bestehendes Tier vor. Als Werk meines Geschlechts stelle ich mir dieselbe als ein mit meinem Mitmenschen in Verbindung und Vertrag stehendes Geschöpf vor. Als Werk meiner selbst stelle ich mir dieselbe unabhängig von der Selbstsucht meiner tierischen Natur und meiner gesellschaftlichen Verhältnisse, gänzlich nur in dem Gesichtspunkt ihres Einflusses auf meine innere Veredelung vor. Ich habe daher als Werk der Natur eine tierische, als Werk des Geschlechts eine gesellschaftliche und als Werk meiner Selbst eine sittliche Vorstellung von Wahrheit und Recht." (Pestalozzi 1993, S. 188)

Also nicht von ‚außen' können dem Menschen die ‚Beweggründe' für sein Handeln gegeben werden, sondern *gut* wird sein Handeln erst dann sein können, wenn er in seinem eigenen Inneren einen sittlichen Impuls ausbildet.

„Rein sittlich sind für mich nur diejenigen Beweggründe zur Pflicht, die meiner Individualität ganz eigen sind. Jeder Beweggrund zur Pflicht, den ich mit anderen teile, ist es nicht, er hat im Gegenteil insoweit für mich immer Reize zur Unsittlichkeit, das ist: zur Unaufmerksamkeit auf den Trug meiner tierischen Natur und das Unrecht meiner gesellschaftlichen Verhärtung in seinem Wesen." (Pestalozzi 1993, S. 108)

Auf diese philosophisch-anthropologische Betrachtung baut seine Pädagogik auf: das Wesentliche kann die Lehrerin, der Lehrer niemandem beibringen, sondern nur anregen. Die Lernenden können ihre menschliche Entwicklung nur selbst, in sich, durch *Selbsttätigkeit* (ein Schlüsselbegriff bei Pestalozzi) ergreifen. Deshalb war er Zeit seines Lebens ein scharfer Kritiker aller staatlich normierten Bildung, denn:

„die kollektive Existenz unseres Geschlechts kann es nur zivilisieren, sie kann es nicht kultivieren. Auch lenkt die Tendenz der Zivilisation an sich durchaus nicht zur Veredelung unseres Geschlechts hin. Sie stellt zwar das zaumlose Leben unseres wilden Zustands mit Gewalt still, aber sie tötet seinen Geist nicht, sie gibt ihm nur eine andere, eine bürgerliche Gestalt." (Pestalozzi 1946, S. 68)

In diesem Sinne unterscheidet er zwischen den Sphären der *individuellen Existenz* (der er die Kirchen, die Schulen und das Armenwesen zurechnet) und der *kollektiven Existenz* (der er alle rein staatlichen Bereiche, wie Justiz, Polizei und Militär zuordnet). Und konsequenter Weise fordert er eine Gesetzgebung, die diese Unterscheidung berücksichtigt:

„Je mehr daher eine Gesetzgebung in einem Land die Bande [...] aller sich nahestehenden Menschen verbindet und aller physischen Gewalt das Übergewicht über das Recht erschwert [...], desto mehr wird die Gemütsstimmung der Bürger, die ihrer inneren Veredelung wesentlich ist, in einem Lande begünstigt." (Pestalozzi 1993, S. 185)

WILHELM VON HUMBOLDT (1767 – 1838)

> *„Der wahre Zweck des Menschen – nicht der, welchen die wechselnde Neigung, sondern welchen die ewig unveränderliche Vernunft ihm vorschreibt – ist die höchste und proportionierlichste Bildung seiner Kräfte zu einem Ganzen. Zu dieser Bildung ist Freiheit die erste und unerlässliche Bedingung. Allein außer der Freiheit erfordert die Entwickelung der menschlichen Kräfte noch etwas anderes, obgleich mit der Freiheit eng verbundenes: Mannigfaltigkeit der Situationen. Auch der freieste und unabhängigste Mensch, in einförmige Lagen versetzt, bildet sich minder aus."* [17]
>
> WILHELM VON HUMBOLDT

Bildung braucht *Freiheit*, denn Zwang in jeder Form behindert nachhaltige individuelle Entwicklungsprozesse. Und: der Kontakt mit vielfältigen sozialen Welten, mit verschiedenen Gedanken, Persönlichkeiten und Kulturen, kurz, das Erleben *mannigfaltiger Situationen* ‚provoziert' Reflexionsprozesse und ermöglicht Lernen. – Vor über zweihundert Jahren hat WILHELM VON HUMBOLDT diese beiden Prinzipien zur Grundlage seines Bildungsideals gemacht.

Geboren 1767 in Potsdam, wuchs er gemeinsam mit seinem jüngeren Bruder ALEXANDER unter der Obhut seiner Mutter und ausgewählter Hauslehrer in Tegel bei Berlin auf. Die Familie HUMBOLDT war erst seit zwei Generationen adelig und stammte ursprünglich von Handwerkern und einfachen Bürgern ab, weshalb HUMBOLDT sich nie nur *einem* gesellschaftlichen Stand zugehörig erlebte:

„Mir haben viele zusammenkommende Umstände vieles gegeben, das mich ewig von allen andren Menschen unterscheiden wird. Dies ist eigentlich bei allen Menschen der Fall, da jeder originell in sich ist. Aber das Individuelle meiner Individualität ist, dass sie so am Tage liegt." (Humboldt 1952, S. 80)

Seine sprachliche Begabung zeigte sich früh und bald bewegten ihn auch gesellschaftspolitische Fragen: Der junge HUMBOLDT „reist durch verschiedene Länder, besucht verschiedene Persönlichkeiten und zeigt

---

[17] Humboldt 1967, S. 22

schon sehr früh ein besonderes Interesse für die jeweiligen sozialen Verhältnisse, denn ihn interessiert gar nicht so sehr nur die Hochkultur, sondern ihn interessieren besonders die Menschen am Rande der Gesellschaft, weshalb er Gefängnisse, Krankenhäuser und Irrenanstalten aufsucht." (Brunner 2009c, S. 23) Ab 1788 ging er nach Göttingen und setzte sein in Frankfurt/Oder begonnenes Jura-Studium fort, widmete sich aber auch mit großer Begeisterung der Philosophie, den Alten Sprachen[18] und der Literatur.

In Göttingen lernte er auch seine spätere Frau CAROLINE kennen, die ihm, „wahlverwandt und ebenbürtig"[19], bis zu ihrem Tod 1829 eine kongeniale Partnerin war – eine 7-bändige Briefausgabe gibt Zeugnis ihrer oft für längere Zeiträume getrennten, doch stets genauso innigen wie freiheitlichen Verbundenheit. Das Paar hatte acht Kinder (drei von ihnen starben früh) und ihr Haus war – ob anfangs in der Nachbarschaft zu SCHILLER in Jena, ob in Paris, Rom oder Wien, wo Humboldt als preußischer Diplomat in Diensten war, oder später im ausgebauten Schloss Tegel in Berlin – stets Zentrum eines regen Gesellschaftslebens.

HUMBOLDT ist heute vor allem als Gründer der *Berliner Universität* und für seinen Einsatz als preußischer Schulreformer bekannt, der *allen* Bürgern eine umfassende *allgemeine Menschenbildung* ermöglichen wollte:

> „Alle Schulen aber, deren sich nicht ein einzelner Stand, sondern die ganze Nation, oder der Staat für diese annimmt, müssen nur allgemeine Menschenbildung bezwecken. Was das Bedürfnis des Lebens oder eines einzelnen seiner Gewerbe erheischt, muss abgesondert und nach vollendetem allgemeinen Unterricht erworben werden." (Humboldt 1999b, S. 147)

Seiner Tätigkeit im Kultusministerium ging jedoch eine jahrzehntelange intensive Beschäftigung sowohl mit der individuellen Bildungsfähigkeit des Menschen als auch mit der Organisation von Wirtschaft,

---

[18] Die Sprachwissenschaft sollte ein wichtiges Anliegen bleiben, er beherrschte nicht nur die meisten europäischen Sprachen (auch ungarisch und baskisch), sondern sein „globales" Interesse spiegelte sich auch in seiner wissenschaftlichen Beschäftigung mit dem Sanskrit (der *Bhagavat Gita* beispielsweise widmete er ausführliche Studien), dem Chinesischen, Japanischen und Birmanischen, aber auch mit den indigenen Sprachen Amerikas wieder.

[19] So der Titel der kürzlich erschienenen und hervorragend recherchierte Doppelbiographie der beiden von Hazel Rosenstrauch, vgl. Rosenstrauch 2009

Recht und Kultur innerhalb des modernen Nationalstaates voraus. Als er 1789 von den Ereignissen in Frankreich hörte, machte er sich (gemeinsam mit seinem revolutionsbegeisterten vormaligen Lehrer JOACHIM HEINRICH CAMPE) sofort auf den Weg und traf 14 Tage nach dem Sturz der Bastille in Paris ein. Seine ambivalenten Eindrücke beschrieb er noch im selben Jahr in einem offenen Brief (*Ideen über die Staatsverfassung, durch die neue französische Konstitution veranlasst*, vgl. Humboldt 1999a, S. 183f): HUMBOLDT hatte ein gespaltenes Verhältnis zu den Bestrebungen der „constituirenden Nationalversammlung", die alles soziale Leben unter den ‚Plan der bloßen Vernunft' stellen wollte. Er befürchtete ‚unerwünschte' und destruktive Nebenwirkungen dieser rigiden gesellschaftlichen Neugestaltung, die mit dem Anspruch auftrat, die *eine* absolut richtige soziale Ordnung zentral zu beschließen und von oben einzuführen.

„Bereits in dieser kleinen, ersten politischen Schrift Humboldts scheint etwas aus den gerade begonnenen Gesprächen mit Schiller durchzudringen. [...] Die Frage ist, wie kann das, was in der *zeitlichen* Aufeinanderfolge an Einseitigkeiten der Staatsverfassungen durch ‚weise Gesetzgeber', Kriege etc. immer wieder ausgeglichen und korrigiert wurde, wie kann diese Notwendigkeit als Prinzip in die gegenwärtige Staatsverfassung selbst eingehen. So nähert sich Humboldt der Einsicht, die gesellschaftlichen Bereiche zu *gliedern*." (Brunner 2005; S. 44f, Herv. d. A.)

HUMBOLDTS Auseinandersetzung mit der „Staatsmacht" gipfelte in seiner 1792[20] erschienenen Schrift *Ideen zu einem Versuch, die Grenzen der Wirksamkeit des Staates zu bestimmen*. Unter diesem sachlich ganz treffenden Titel stellte der 25-Jährige grundlegende philosophische und sozialwissenschaftliche Überlegungen an und arbeitete sich mit dem Leitmotiv der Bestimmung der Grenze staatlicher Machtbefugnisse durch alle wichtigen gesellschaftspolitischen Felder wie Sicherheit, Familie, Bildung, Wirtschaft, Religion und Kultur. An eine Veröffentlichung der Schrift war unter der preußischen Zensur jedoch nicht zu denken. SCHILLER druckte zwar einen Teil in seiner Zeitschrift *Die Horen*, vollständig erschienen sind die „Grenzen" aber erst 1851, also 13 Jahre nach HUMBOLDTS Tod.

---

[20] 1792: das Preußische Landrecht erklärte eben die Schule zur „Veranstaltung des Staates", siehe auch Kapitel I.1.

„Gerade die aus der Vereinigung mehrerer entstehende Mannigfaltigkeit ist das höchste Gut, welches die Gesellschaft gibt, und diese Mannigfaltigkeit geht gewiss immer in dem Grade der Einmischung des Staats verloren. Es sind nicht mehr eigentlich die Mitglieder einer Nation, die mit sich in Gemeinschaft leben, sondern einzelne Untertanen, welche mit dem Staat, d.h. dem Geiste, welcher in seiner Regierung herrscht, in Verhältnis kommen, und zwar in ein Verhältnis, in welchem schon die überlegene Macht des Staates das freie Spiel der Kräfte hemmt.
Gleichförmige Ursachen haben gleichförmige Wirkungen. Je mehr also der Staat mitwirkt, desto ähnlicher ist nicht bloß alles Wirkende, sondern auch alles Gewirkte. Auch dies ist gerade die Absicht der Staaten. Sie wollen Wohlstand und Ruhe. Beide aber erhält man immer in dem Grade leicht, in welchem das Einzelne weniger miteinander streitet. Allein was der Mensch beabsichtet und beabsichtigen muss ist Mannigfaltigkeit und Tätigkeit. Nur dies gibt vielseitige und kraftvolle Charaktere, und gewiss ist noch kein Mensch tief genug gesunken, um für sich selbst Wohlstand und Glück der Größe vorzuziehen. Wer aber für andere so räsoniert, den hat man, und nicht mit Unrecht, in Verdacht, dass er den Menschen misskennt und aus Menschen Maschinen machen will." (Humboldt 2002, S. 31)

Hier werden sozio-psychologische Rückwirkungen der gesellschaftlichen Strukturen auf den Einzelnen reflektiert, wie sie später in ähnlicher Weise zum Beispiel durch ERICH FROMM in seinen Vorlesungen zur *Pathologie der Normalität* besprochen wurden (vgl. Fromm 2005). HUMBOLDT geht es in seiner Argumentation nicht um diesen oder jenen konkreten Nationalstaat, sondern er charakterisiert die soziale Sphäre des Staatlichen im Unterschied zu freien (zivilgesellschaftlichen) „Verbindungen". Staatsmacht, das bedeutet *Gewaltmonopol* (der Staat ist bekanntlich das einzige Subjekt, das rechtmäßig Gewalt ausüben darf). Das bedeutet *institutionalisierte Verantwortung*, d.h. einmal festgelegte Gesetze stehen höher als das Urteil eines Einzelnen. Deswegen ist HUMBOLDT so erpicht darauf, über die *Grenzen der Wirksamkeit des Staates* nachzudenken, denn ‚gewaltsame Führung' (und staatliche Gesetzgebung ist letztlich nichts anderes) scheint ihm, wenn sie Überhand nimmt, für die gedeihliche Entwicklung einer Gesellschaft kontraproduktiv zu sein.

HUMBOLDTS Ausführungen sind von einem Grundvertrauen in die Bildungsfähigkeit des individuellen Menschen getragen. Diese Bildung ist ihm jedoch nie Selbstzweck, sondern zugleich die Voraussetzung für das Gelingen einer sozial integrativen Gesellschaft. Er proklamiert freiwillige Verbindungen zwischen den Bürgen, die sich ebenso durch ihre Freiwilligkeit wie durch ihre Verbindlichkeit auszeichnen:

„Der bildende Nutzen solcher Verbindungen beruht im Grunde immer auf dem Grade, in welchem sich die Selbständigkeit der Verbundenen zugleich mit der Innigkeit der Verbindung erhält." (Humboldt 1999, S. 196)

Dass HUMBOLDT heutzutage oft einseitig als einer der Stammväter des Liberalismus bezeichnet wird[21], berücksichtigt seine bis ins Konkrete gehenden politisch-wirtschaftlichen Vorschläge zur Stärkung des Gemeinwesens viel zu wenig (vgl. Spitta 2006, S. 81f). Und die Ansicht, HUMBOLDT hätte seine Ideale eines staatsunabhängigen Bildungswesens später als preußischer Kultusminister aufgegeben, hat u.a. der Humboldtforscher DIETRICH SPITTA widerlegt (vgl. Spitta 2004, S. 55ff). Er gibt zu bedenken, dass HUMBOLDT die Aufgabe der Neuordnung des preußischen Schulwesens nur zögernd annahm, wohl auch deshalb, weil seine Gestaltungsfreiheit diesbezüglich von Anfang an eingeschränkt war. Dennoch sah HUMBOLDT in dieser Aufgabe die Möglichkeit, seine Fähigkeiten fruchtbar in den Neuaufbau Preußens nach der Niederlage gegen Napoleon einzubringen – er selbst hatte dem König aus Rom mit dem Angebot zur Mitarbeit in Berlin geschrieben. Außerdem erinnert SPITTA daran, dass HUMBOLDTS Reformen das deutsche Schulwesen vor allem aus seinen bis dahin immer noch starken kirchlichen Bindungen herausholten und somit den Grundstein zu einer selbstständigen Entwicklung gelegt wurden. Die „Berlinische Universität" gründete HUMBOLDT sogar mit dem Bemühen um größtmögliche akademische Freiheit und der ausdrücklichen Zielsetzung, sie bürgerschaftlich und nicht staatlich verwalten und finanzieren zu lassen – ein Bestreben, das allerdings durch den preußischen König FRIEDRICH WILHELM III. zunichte gemacht wurde (siehe auch Kapitel III.5.).

Daraufhin reichte Humboldt sein Abschiedsgesuch ein, übergab im Juni 1810 die Amtsgeschäfte und nahm eine Stelle als preußischer

---

[21] Die Zeitschrift *Merkur* hat beispielsweise kürzlich ein Sonderheft *Über Freiheit und Paternalismus* herausgegeben, das Humboldts „Grenzen" im Titel zitiert und ihn in einer Reihe mit wirtschaftsliberalen Denkern wie Milton Friedman und Friedrich August von Hayek bespricht, vgl. Scheel 2010

Gesandter in Wien an. CAROLINE, die mit den Kindern in Rom geblieben war, bezog nun mit ihm ein Haus am Minoritenplatz. Beim Wiener Kongress setze er sich dann erfolgreich für die Bürgerrechte der Juden und, allerdings weniger erfolgreich, für die Freiheit des Bildungswesens ein. Es folgte die Tätigkeit als Gesandter in London. 1820 wurde die Familie in Berlin sesshaft und baute Schloss Tegel zur (bis heute) öffentlich zugänglichen Kunstgalerie aus. Nach CAROLINES Tod 1829 führte HUMBOLDT dort ein zurückgezogenes, aber von Sprachstudien ausgefülltes Leben. 1838 starb er und wurde im Familiengrab im Tegeler Schlossgarten beigesetzt.

In all seinem Wirken, ob als Privatmann oder als Leiter des Ministeriums, war HUMBOLDT stets um die Unmittelbarkeit menschlicher Begegnung bemüht. Er war für seinen kollegialen und dialogischen Führungsstil bekannt; ihm ging es nie darum, mit Macht seine Interessen durchzusetzen. Dass Menschen sich wirklich *verstehen* können, davon ging er aus:

„Denn das Verstehen ist kein Zusammentreffen der Vorstellungsweisen in einem unteilbaren Punkt, sondern ein Zusammentreffen von Gedankensphären, von welchen der allgemeine Teil sich deckt, der individuelle überragt. Dadurch wird das geistige Fortschreiten des Menschengeschlechts möglich, indem jede gewonnene Erweiterung des Denkens in den Besitz anderer übergehen kann, ohne in ihnen der Freiheit Fesseln anzulegen, welche zur Aneignung und zu neuer Erweiterung notwendig ist." (Humboldt 1999c, S. 418f)

N.F.S. Grundtvig (1783 – 1872)

> *„Frihed for alt hvad der stammer fra Aand,*
> *Som ikke aendres men arges ved Baand."*
> *„Freiheit für alles, was vom Geiste stammt,*
> *das durch Bande nicht geändert, sondern geärgert wird."* [22]
>
> N. F. S. Grundtvig

In Dänemark haben freie Schulen Tradition. Seit 1849 ist durch den Verzicht auf eine staatliche Schulpflicht zu Gunsten einer Unterrichtspflicht[23] die Gründung freier Schulen möglich, an denen Lehrerinnen und Lehrer – auch ohne staatliche Anerkennung – nach eigenem Lehrplan und eigenen didaktischen Methoden unterrichten. Seit 1856 können solche Freischulen außerdem um staatliche Unterstützung ansuchen. Heute kommen auf die fünf Millionen Einwohnerinnen und Einwohner Dänemarks weit über 500 Freie Schulen, rund ein Viertel aller Kinder besuchen eine Schule in freier Trägerschaft.

Diese Entwicklung geht maßgeblich auf die Wirksamkeit des bis heute in Dänemark – nicht nur von bekennenden ‚Grundtvigianern' – hochverehrten Nicolaj Frederik Severin Grundtvig zurück. Während seines langen Lebens (1783-1872) kämpfte er als Volksaufklärer und Theologe unermüdlich für die Bildung, Selbstermächtigung und den sozialen Zusammenhalt seiner Mitmenschen. Er machte sich als Erforscher und Übersetzer der nordischen Mythologie einen Namen, hinterließ ein immenses schriftstellerisches Werk, gründete eine landesweite Schul- und (Volks-) Hochschulbewegung und war Zeit seines Lebens ein leidenschaftlicher Prediger, der das lebendige Wort der Evangelien stets höher achtete als die weltliche Institution der Kirche[24] (vgl. Hollesen 1990).

---

[22] Grundtvig, aus der *Mythologie des Nordens* von 1832, zitiert nach Lerche-Petersen 1990, S. 47

[23] § 76. Alle Kinder im schulpflichtigen Alter haben Anspruch auf unentgeltlichen Unterricht in der Volksschule. Eltern oder Vormünder, die selbst dafür sorgen, dass die Kinder einen Unterricht erhalten, der den im allgemeinen an den Volksschulunterricht gestellten Anforderungen entspricht, sind nicht verpflichtet, die Kinder in der Volksschule unterrichten zu lassen. http://www.verfassungen.eu/dk/

[24] Seine Demispredigt hielt er 1810 mit dem provokanten Titel: „Warum ist des Herren Wort aus seinem eigenen Hause verschwunden?", (Lerche-Petersen 1990, S. 49) und 1831 war sein Antrag auf Austritt aus der Staatskirche zur Gründung einer eigenen „historisch-christlichen Kirche" abgelehnt worden. (ebd. S. 51)

Aufgewachsen in einem frommen Pfarrhaus, kam er mit 14 Jahren auf ein Internat in Aarhus, das er selber „die schwarze Schule" nannte. Als nur mäßig begeisterter Theologie-Student in Kopenhagen (die Dreieinigkeit nannte er eine „Ausgeburt der Dummheit und Karikatur der Arithmetik") hörte er die Vorlesungen seines Vetters HENRIK STEFFENS über die deutschen Idealisten. Als sich GRUNDTVIGS mit 21 Jahren als Hauslehrer tief und unglücklich in die adelige Mutter seines Zöglings verliebte, da erwachte ein „Lebenswille[n] in ihm, der den Rationalismus völlig besiegte und seinen Ausdruck in den Gedanken von SCHELLING, FICHTE und GOETHE fand. [...] Sein Ich fühlte sich sogar so kräftig und stark, dass er meinte, dass er jetzt das ganze dänische Volk aus seinem Geistesschlaf wecken müsste." (Lerche-Petersen 1990, S. 48) So beschreibt ihn sein Biograph LERCHE-PETERSEN. GRUNDTVIGS überaus produktivem und entbehrungsreichen Leben scheint jedenfalls ein umfassender Impuls zu Grunde zu liegen, aus seinen Texten spricht ein wortgewaltiger und überzeugter Mensch:

„So denkt man immer, das [die Schule] muss doch ein literarisches Arbeitshaus sein, wo man Regeln eingeprägt und eingeschärft bekommt, nach denen man das Leben richten, verbessern und im Grunde genommen ganz und gar umschaffen soll. [...] Diese hochdeutsche Einbildung, dass das Leben sich erklären lassen kann und muss, bevor es gelebt wird, dass es sich nach den Köpfen des Gelehrten umschaffen lassen kann und muss, diese Einbildung muss alle Schulen, die sie gründet, zu Werkstätten der Auflösung und des Todes machen, wo die Würmer satt auf Kosten des Lebens leben." (Grundtvig, zitiert nach Hollesen 1990, S. 61)

Stattdessen solle die Schule „das Leben so nehmen, wie es wirklich ist" (ebd.) und im lebendigen Gespräch auf ein lebenslanges Lernen einstimmen. Weder die Kirche (die Religion sei Sache des Elternhauses), noch der Staat sollten einen direkten Einfluss auf den Unterricht geltend machen, einzig die freie Beziehung zwischen Erwachsenen und Kindern solle den Entwicklungsverlauf des Heranwachsens begleiten, wobei zuerst die *Phantasie*, dann das *Gefühl* (das vor allem durch Geschichten und Lieder gebildet werden soll, derer GRUNDTVIGS selbst Hunderte verfasste), erst später der *Verstand* und zuletzt die *Erfahrung* wichtig sind (ebd. S. 62). Gemeinsam mit dem Lehrer KIRSTEN KOLD machte sich GRUNDTVIG für eine Alternative zur damals gerade erst aufkommenden staatlichen Volksschule stark, in der das stupide Auswendiglernen, Zensuren und körperliche Züchtigung den Ton angaben. Beide sprachen sich in den neuen Freischulen, die oft am Land in Bauernstuben organisiert wurden, bevor sie eigene Räume bekamen, gegen jegliches Abfragen und Prüfen des Unterrichtsinhaltes aus – die Kinder sollten das Aufgenommene „verdauen" und nicht „wieder heraushusten". Einzig das lebendige Gespräch sei dazu da, um den Unterrichtenden eine Rückmeldung darüber zu geben, ob auch alles „angekommen" sei (ebd. 71). Die „lebendige Wechselwirkung" zwischen allen Beteiligten, auch zwischen den Lernenden (inspiriert durch den „gegenseitigen Unterricht", bei dem ältere Schüler jüngere unterrichten und den GRUNDTVIGS in England kennengelernt hatte) ist ein weiterer Zentralbegriff der Grundtvigianischen Pädagogik.

Nach der damals siebenjährigen Unterrichtspflicht wurde in der *Efterskole*, der „Nachschule", in längeren Internatsaufenthalten während der Wintermonate die Bildung weitergeführt. Bis heute gibt es diese (Internats-) Schulform, an der Dänisch, Fremdsprachen, Kunst und Naturwissenschaften gelehrt werden und die Schüler die Zeit zwischen der gemeinsamen neunjährigen Pflichtschulzeit und dem dreijährigen Gymnasium oder einer Berufsausbildung verbringen. Die Lehrkräfte der Freischulen waren zum Teil universitär gebildet bzw. kamen vom staatlichen Lehrerseminar, aber auch Autodidakten waren darunter.

1844 gründete GRUNDTVIGS auf Wunsch einiger Freunde eine erste freie Hochschule in Rödding, um auch mit Erwachsenen an wissenschaftlichen, künstlerischen, geschichtlichen und politischen Themen zu arbeiten. Diese Schulen waren und sind bis heute ebenfalls Internate, in denen Lehrer aus verschiedenen Bereichen mit interessierten Menschen aus allen Schichten zusammenleben und -lernen. Aus dieser Volkshochschulbewegung gingen bald die typisch dänischen landwirtschaftlichen Genossenschaften hervor, in denen man „nach Köpfen und nicht nach Rindviechern abstimmte" (Hollesen 1990, S. 74). Durch sie konnten auch kleinere Betriebe von der technischen Entwicklung und der Nachfrage des Weltmarktes nach dänischem Käse und Fleisch profitieren. Diese kleinteilig vernetzten Strukturen sind bis heute erhalten.

FLEMMING TRANAES, langjähriger Rektor der bis heute überaus erfolgreich arbeitenden *Freien Lehrerschule* in Ollerup/Dänemark[25], die sich pädagogisch auf GRUNDTVIGS und KOLD beruft, sagte 1990 in einem Interview: „Die Verhältnisse haben sich zwar geändert, aber Grundtvigs Haltung, der Respekt für das Volk, für den einfachen Menschen und der Sinn für die Wechselwirkung zwischen Theorie und Praxis, ist heute genauso wichtig wie es damals der Fall gewesen ist." (Hollesen 1990, S. 68) Dem ist auch im Jahr 2012 nichts hinzuzufügen – und obwohl GRUNDTVIGS Wirken auf Dänemark beschränkt war, so kann die Stoßrichtung seiner Bemühungen auch für andere Zusammenhänge beispielhaft sein.

---

[25] *Den frie Lærerskole Ollerup*, www.dfl-ollerup.dk, die Studierenden eine fundierte, 5jährige Lehrerausbildung bietet. Es gibt keine (staatlich) festgeschriebenen Curricula, die Studienpläne werden individuell gestaltet. Das dritte Studienjahr ist ein Praxisjahr, d.h. begleiteter Unterricht an einer freien Schule, das Abschlusszeugnis besteht aus einem mehrseitigen Portfolio mit Beschreibungen der erworbenen Kompetenzen.

MAX STIRNER (1806 – 1856)

> *„Das* Wissen *muss sterben, um als* Wille *wieder aufzuerstehen und als freie* Person *sich täglich neu zu schaffen."*[26]
> *„Ich hab mein Sach' auf* Nichts *gestellt."*[27]
>
> MAX STIRNER

MAX STIRNER gehört zu den großen Hintergrundgestalten der deutschen Geistesgeschichte. JOHANN CASPAR SCHMIDT, wie er mit bürgerlichem Namen hieß, erblickte 1806 in Bayreuth als Sohn eines „blasenden Instrumentenmachers" das Licht der Welt. Kurz nach seiner Geburt starb sein Vater, die Mutter heiratete bald darauf erneut und die Familie zog ins preußische Kulm im heutigen Polen um. Zwölfjährig kehrte STIRNER nach Bayreuth zurück, um bei seinen Pateneltern zu wohnen und das von GEORG ANDREAS GABLER (einem Anhänger und späteren Berliner Nachfolger HEGELS) geleitete Bayreuther Gymnasium zu besuchen. Er war ein fleißiger und guter Schüler. 1826 ging er an die Berliner Universität, wo er u.a. bei HEGEL und SCHLEIERMACHER studierte.

Nach einer ersten, sehr engagierten Studienzeit verblasste die Begeisterung. Er wechselte nach Erlangen und begab sich auf eine längere Reise, worüber allerdings kaum Dokumente erhalten sind. Erst 1833 kam er wieder nach Berlin, um sein Studium zu beenden. 1834 schrieb er seine noch hegelianisch geprägte Examensarbeit *Über Schulgesetze* und erhielt eine bedingte *facultatas docendi* (Lehrberechtigung) für Gymnasien. Nach dem er nach einer Probezeit an einer staatlichen Schule nicht übernommen wurde, unterrichtete er von 1839-44 an einer privaten Erziehungsanstalt für höhere Töchter in Berlin.

Ab dieser Zeit verkehrte er bei den *Freien*, einem losen Intellektuellen-Zirkel um den Theologen und Philosophen BRUNO BAUER. Seiner hohen Stirn wegen wurde er von seinen Mitstreitern im Kreis der *Freien* bald MAX STIRNER genannt, wenn diese Herleitung seines Pseudonyms nicht nur eine schöne Erfindung seines späteren Biographen JOHN

---

[26] Stirner 1997, S. 37
[27] Stirner 1972, S. 412

HENRY MACKAY sein sollte (vgl. Stirner 1997, S. 51). In der von KARL MARX redigierten *Rheinischen Zeitung* erschienen u.a. Stirners Aufsätze über *Das unwahre Prinzip unserer Erziehung und über Kunst und Religion*. Im Kreis der *Freien* lernte er auch seine zweite Frau MARIE DÄHNHARDT kennen (seine erste Frau und sein Kind hatte er 1838 durch das Kindbettfieber verloren), die ihm durch ihr Vermögen für einige Zeit eine gewisse finanzielle Unabhängigkeit ermöglichte. 1844 erschien sein Hauptwerk *Der Einzige und sein Eigentum*, das nach einem kurzen Aufsehen jedoch bald kaum mehr beachtet und 1848 durch die Zensur verboten wurde. Seine Versuche durch wirtschaftliche Unternehmungen ein gewisses Auskommen zu erzielen scheiterten und so starb MAX STIRNER am 25. Juni 1856 verarmt und nahezu vergessen in Berlin.

Wie kaum ein anderer Denker ist STIRNER für eine restlose Selbstbestimmung der Individualität eingetreten. Sein radikales Hauptwerk *Der Einzige und sein Eigentum* hat jedoch nur eine sehr verhaltene Rezeption erfahren, zu einseitig erschien seine Position. Zumeist wird MAX STIRNER als der „Philosoph des Willens" aufgefasst, der sich in all seinen Schriften gegen die normierenden Allgemeinheiten überkommenen Wissens zur Wehr gesetzt hatte und für die radikale und „egoistische" Selbstbemächtigung des Individuums (des „Eigners") eingetreten war. Bei näherer Betrachtung erweist sich STIRNERS Denken jedoch durchaus als hochkomplex und erstaunlich geistorientiert. So geht es ihm nicht einfach um die willentliche Macht des physisch Stärkeren, sondern vor allem um die Tiefe der Erkenntnisbildung, d.h., um die Frage, ob Urteile nur oberflächlich übernommen oder eigenständig gebildet werden.

Deshalb galt STIRNERS besonderes Interesse der Erziehung der Kinder und der gesamten Schulbildung. Ging er in seiner Examensarbeit *Über Schulgesetze* noch von der Darstellung allgemeiner Entwicklungsgesetze des Ichs aus, um zugleich die staatliche Schulpflicht zu betonen[28], so vertrat er in seinem Aufsatz *Das unwahre Prinzip unserer Erziehung – oder der Humanismus und Realismus* schon eine radikal individualistische Anschauung:

---

[28] „Dass den Kindern die Schule als eine notwendige Lebensstufe überhaupt nicht vorenthalten werde, dafür sorgt der Staat; dass auch innerhalb ihrer keine Hemmungen durch Eltern, Vormünder und u.s.f. eintreten, ist gleichfalls des Staates Sorge, dem die Schule Anzeige zu machen hat." (Stirner 1834, S. 20)

„Bildet man unsere Anlage, Schöpfer zu werden, gewissenhaft aus oder behandelt man uns nur als Geschöpfe, deren Natur bloß eine Dressur zulässt? Die Frage ist so wichtig als es eine unserer sozialen nur irgend sein kann, ja sie ist die wichtigste, weil jene auf dieser letzten Basis ruhen. Seid etwas Tüchtiges, so werdet ihr auch etwas Tüchtiges wirken; sei ‚jeder vollendet in sich', so wird eure Gemeinschaft, euer soziales Leben, auch vollendet sein. Darum kümmern wir uns vor allem darum, was man aus uns macht in der Zeit unserer Bildsamkeit; die Schulfrage ist eine Lebensfrage." (Stirner 1997, S. 19, Herv. d. A.)

In den Zielen des *Humanismus* sieht er das Bestreben, den Menschen an die Inhalte der Vergangenheit zu binden, und andererseits kritisiert er den *Realismus*, der den Menschen auf die Zwänge der Gegenwart zurückwerfe:

„Nur ein formelles und materielles Abrichten wird bezweckt, und nur Gelehrte gehen aus den Menagerien der Humanisten, nur ‚brauchbare Bürger' aus denen der Realisten hervor, die doch beide nichts als unterwürfige Menschen sind. Unser guter Fond von Ungezogenheit wird gewaltsam erstickt und mit ihm die Entwicklung des Wissens zum freien Willen. Resultat des Schullebens ist dann das Philistertum." (ebd. S. 31)

STIRNER geht es darum, die Herrschaft des Stoffes, gleichwie die Herrschaft der Zeitbedingtheiten zurückzudrängen, um ganz die Selbstentwicklung des Schülers ins Zentrum zu stellen. Der Schüler ist ihm nicht mehr der Untergebene des Lehrers, sondern er ist gleichfalls ein Freier, der Lehrer sein „Mitarbeiter" am beide verbindenden Freiheitsprojekt (vgl. Stirner 1997, S. 31). Der Stoff dient ihm nicht dazu, dem Schüler ein Fremdes als bloßes Wissen von außen zu vermitteln. Denn jeglicher Stoff habe nur dann einen Wert, wenn „die Kinder lernen, etwas damit *anzufangen*, ihn zu *gebrauchen*." (ebd. S. 25, Herv. d. A.) Er will dem Schüler Stolz und Freimut nicht durch autoritäre Macht nehmen oder gar seinen Trotz durch das Erzeugen von Furcht brechen, sondern ihm in der Begegnung mit einem Lehrer, der um Freiheit ringt, Selbstentwicklung ermöglichen.

„Wird darum die Bildung vernachlässigt werden? Gerade so wenig, als wir die Denkfreiheit einzubüßen gesonnen sind, indem wir sie in die Willensfreiheit eingehen und sich verklären lassen. Wenn der Mensch erst seine Ehre darein setzt, sich selbst zu fühlen, zu kennen und zu betätigen, also in Selbstgefühl, Selbstbewusstsein und Freiheit, so strebt er von selbst, die Unwissenheit, die ihm ja den fremden, undurchdrungenen Gegenstand zu einer Schranke und Hemmung seiner Selbsterkenntnis macht, zu verbannen." (Stirner 1997, S. 32)

Wenn sich der Schüler nicht ‚selbst fühlen lernt', wird er in sich auch nicht den Wahrheitstrieb entwickeln, der in ihm alles Wissen zur Erkenntnis werden lässt, die er mit seiner Person unmittelbar verbunden fühlt.

Denn „nicht der Wille ist von Haus aus das Rechte, wie uns die Praktischen gerne versichern möchten, nicht überspringen darf man das Wissenwollen, um gleich im Willen zu stehen, sondern das Wissen vollendet sich selbst zum Willen, wenn es sich entsinnlicht und als Geist, ‚der sich den Körper baut', sich selbst erschafft." (ebd. S. 29)

Und STIRNER fragt sich, welcher Name *seiner* Pädagogik neben der des Humanismus oder der des Realismus zukommen müsste, und er kommt zum Begriff der *Sittlichkeit* (den schon PESTALOZZI als Zentralbegriff seiner Pädagogik verwendete),

„da ihr Endzweck die sittliche Bildung ist. Doch kommt dann freilich gleich der Einwand, dass diese wieder positive Sittlichkeitsgesetze werden ausbilden wollen, und dass das im Grunde schon bisher immer geschehen sei. [...] wir brauchen fortan eine persönliche Erziehung (nicht Einprägung einer Gesinnung). Will man diejenigen, welche diesem Prinzip folgen, wieder -isten nennen, so nenne man sie meinetwegen *Personalisten*." (ebd. S. 26, Herv. d. A.)

Obwohl STIRNER seine Gedanken zur Pädagogik nicht mehr weiter konkretisierte und in Beziehung zu den einzelnen Entwicklungsphasen des Kindes setzte, so birgt sein Werk doch eine weitreichende Anregung zu einer pädagogischen und bildungspolitischen Neubesinnung. Denn die Keime der Stirner'schen Entwicklungspsychologie deuten auf einen Erziehungsraum, der im radikalen Widerspruch zu aller staatlichen Normierung der Lernprozesse steht. In diesem Sinn resümiert ULRICH KLEMM zu MAX STIRNER:

„Er ist kein pädagogischer oder anti-pädagogischer Denker und gelangt auch nicht zu einer anti-pädagogischen Theorie. Er hat vielmehr eine Brille für das Generationenverhältnis und für die Entwicklung von Kindern angeboten – allerdings nicht aus der Sicht einer Pädagogik oder eines Pädagogen. Er wendet sich gegen eine Pädagogisierung und Institutionalisierung." (Klemm 2002, S. 35)

KARL MAGER (1810 – 1858)

> „Erst, nachdem er [schreibt Mager über sich selbst] wiederholt die Beobachtung gemacht, dass Staatsschulen selten, fast nie gedeihen, und nachdem er die weitere Beobachtung gemacht, dass Siechtum der Staatsschulen nicht auf Zufälligkeiten (z. B. schlechte Lehrer) beruht, sondern organisch ist, und Staatsschulen nur ausnahmsweise, nur durch einen glücklichen Zufall gut sind: Erst da hat er die herrschende Theorie anzuzweifeln und in den Tiegel der Analysen zu werfen gewagt, und ist dann, nach wiederholten Analysen, zu dem Resultate gekommen, dass die herrschende Theorie falsch ist und der Staat [...] von der [...] Schule die Hand lassen soll."[29]
> KARL MAGER

KARL WILHELM EDUARD MAGER ist wohl der am wenigsten bekannte unter den hier dargestellten Pädagogen[30], doch ist gerade sein Leben beispielhaft mit der Frage nach dem Verhältnis zwischen Schule und Staat verknüpft. Als Schüler des großen Philosophen G. W. HEGEL stand es für ihn lange Zeit außer Frage, dass der Staat quasi der natürliche Verwalter des Schulwesens sei. Er schreibt von sich selbst, er sei „radical gewesen, als irgend ein deutscher Regierungsrath oder Minister es sein kann (radical in dem Verstande, wo es den Glauben an die Omnipotenz des Staates bedeutet, den Glauben an das Hegelsche Wort, dass der Staat das sittliche Universum [sei])" (zit. nach Weßler 1969, S. 131) – bis seine eigene pädagogische Tätigkeit und ausgedehnte Reisen durch die Schweiz, Österreich und Frankreich, durch Nord- und Süddeutschland, auf denen er hunderte von Dorfschulen, Gymnasien und andere Bildungsstätten besuchte (MAGER betrieb sozusagen empirische, qualitative Sozialforschung) ihn zu grundsätzlichen Überlegungen und schließlich zur oft wiederholten Forderung veranlassten, man solle die „Volksschule zur Volkssache" machen. Im Zuge der 1848er Revolution trat er auf der Frankfurter Nationalversammlung wie kein Zweiter gegen die Verstaatlichung und für das *Selfgovernment*, die Selbstver-

---

[29] Aus der *Pädagogischen Revue*, Karl Mager, zitiert nach Weßler 1969, S. 131f

[30] In der Erziehungswissenschaft taucht sein Name in Verbindung mit dem Begriff „Sozialpädagogik" auf, den er, allerdings zum heutigen Gebrauch leicht abgewandelt, als „Social-Pädagogik" prägte. Er meinte damit eine dialektische Vermittlung zwischen Kollektiv-Pädagogik und Individual-Pädagogik.

waltung des Bildungswesens durch die bürgerliche Gesellschaft, ein (vgl. ebd., bzw. Müller 2005).

Geboren am Neujahrstag 1810 im niedersächsischen Dörfchen Gräfrath, begann er mit 18 Jahren in Bonn seine überaus vielseitigen wissenschaftlichen Studien: Mathematik und Naturwissenschaften, Zoologie und Biologie interessierten ihn ebenso sehr wie Sprachen und Literatur. Bei einem Aufenthalt im belgischen Löwen hörte er Vorlesungen von JEAN JACOTOT.[31] Ein einjähriger Studienaufenthalt an der Pariser Sorbonne erschloss ihm das französische Geistesleben, später veröffentlichte er umfangreiche Betrachtungen der nachrevolutionären französischen Gesellschaft. Seine naturwissenschaftlichen Studien schloss er 22-jährig mit seiner Dissertation in Berlin ab. Die daran anschließende Zeit als Privatlehrer eröffnete ihm die Welt des Pädagogisch-Didaktischen, die ihn zunehmend in ihren Bann zog – er absolvierte das Staatsexamen als Gymnasiallehrer, studierte pädagogische Schriften und besprach sich mit dem großen Berliner Pädagogen und „Pestalozzianer" ADOLPH DIESTERWEG[32] (1790-1866), mit dem ihm eine lebenslange Freundschaft verband. Auch mit anderen bedeutenden berliner Zeitgenossen war er in regem Austausch, er besuchte HEGELS Vorlesungen und begleitete 1835 ALEXANDER VON HUMBOLDT auf eine Reise nach Moskau und Sankt Petersburg. 1836 scheiterte sein Wunsch, eine eigene Zeitschrift zu pädagogischen Fragen zu gründen, an der preußischen Zensur: „Mit Januar 1837 sollte die Zeitschrift beginnen, es kam aber anders, denn der Deutsche denkt und die Polizei lenkt." (Mager, zit. nach Weßler 1969, S. 64) Es zog ihn in die liberalere Schweiz, wo er in Genf und dann (nach einem weiteren Aufenthalt

---

[31] Jean Josesph Jacotot (1770-1840), französischer Gelehrter, der mit seiner Methode des Universalunterrichts hervortrat. Seine Grundsätze „Alle Menschen haben gleiche Intelligenz" und „Alles ist in Allem", vor allem aber sein Sprachunterricht haben Mager beeinflusst, bei dem Jacotot kein „Trockentraining" losgelöst vom sachlichen Inhalt betreibt und analytisch vorgeht, d.h. vom Ganzen ausgeht. http://www.worldlingo.com/ma/dewiki/de/Jean_Joseph_Jacotot

[32] (1790-1866) Diesterweg war selbst in verschiedenen deutschen Städten unterrichtend tätig gewesen und setzte sich dann als liberaler Schulpolitiker für eine Professionalisierung des Lehrerstandes und eine relative Autonomie des Schulwesens von Kirche und Politik ein. Als Herausgeber der *Rheinischen Blätter für Erziehung und Unterricht* (ab 1827) war er landesweit bekannt. 1850 wurde er aus politischen Gründen aus dem Staatsdienst in den Ruhestand versetzt, was ihn jedoch nicht davon abhielt, mit dem 1851 begründeten *Jahrbuch für Lehrer- und Schulfreunde* weiterhin seine Erziehungsziele zum mündigen und kritischen Staatsbürger zu vertreten. Diese Festsetzung des Erziehungszieles gibt den pestalozzianischen Grundsätzen der Menschenbildung (und eben nicht Staatsbürgerbildung) eine gewisse politische Einfärbung. Vgl. http://de.wikipedia.org/wiki/Adolph_Diesterweg

in Stuttgart, wo ihm 1840 die Gründung der *Pädagogischen Revue*[33] gelang) in Aarau als Gymnasiallehrer tätig wurde. Sein langjähriger Freund und Nachfolger in der Herausgabe der *Pädagogischen Revue*, WILHELM LANGBEIN, beschrieb seine didaktische Gabe als Französischlehrer[34]: „Er verstand es, ohne den Schüler zu übereilen, durch rasche und treffende Fragen ihn von dem Unbestimmten und Halben oder Falschen der Antworten auf das Richtige hinzuführen. Überall drang er auf Bestimmtheit und Deutlichkeit der Begriffe und Ausdrücke und war unerschöpflich in augenblicklicher Hervorbringung von Beispielen zur Verdeutlichung." (Langbein, zitiert nach Weßler 1969, S. 23) In dieser Zeit distanzierte sich MAGER zunehmend von der Philosophie HEGELS und entdeckte HERBART als pädagogischen Denker.

1844 heiratete MAGER die wohlhabende MATHILDE AUGUSTE VON HELDREICH (die Ehe wird als sehr glücklich beschrieben) und zieht nach Zürich um. Er widmet sich nun hauptsächlich der Herausgabe der *Pädagogischen Revue*, die in Frankreich, Schweden, Spanien und Russland, vor allem aber im deutschsprachigen Raum gelesen wird.[35] Die Zeitschrift hat den Anspruch, sich als überparteiliches, überregionales Kommunikationsorgan ausschließlich pädagogischen Fragen in Theorie und Praxis zu widmen, Spiegel für aktuelle Prozesse und Forum für kritische Diskussion zu sein. Kritik solle „intelligent und redlich und dabei durchaus *rücksichtslos*" (zit. nach Weßler 1969, S. 68, Herv. d. A.) geübt werden, um so „vor allem das Bedürfnis derjenigen ihrer Leser, welche praktische Schulmänner sind, zu berücksichtigen und zu befriedigen" (zit. nach Weßler 1969, S. 69). In diesen Blättern bespricht MAGER auch seine zunehmend kritische Sicht zur Verstaatlichung des Schulwesens und philosophiert ausgiebig über die „Natur des Staates".

„Nur ist in den deutschen Staaten der Übelstand hinderlich, dass die Bürger unter einer zweihundertjährigen Vormundschaft der Gouvernements die Gewohnheit, die Kraft, fast sogar den Trieb, und vor allem das Recht, die äußere Möglichkeit verloren haben,

---

[33] Die Texte sind Teil der 8-Bändgen Karl Mager Gesamtausgabe, die Heinrich Kronen von 1984-91 besorgte.

[34] Magers didaktisches „Spezialgebiet", z.B. schrieb er: *Der Unterricht in fremden Sprachen überhaupt*, in: Diesterweg (Hrsg.): *Wegweiser für deutsche Lehrer*. Band 2. Essen 21838, S.258-307.

[35] vgl. http://www.uni-jena.de/Lebensskizzen_ausgewaehlter_Herbartianer.html

in freier Vereinigung irgend etwas Gutes zu Stande zu bringen. Die Gouvernements haben eine allgemeine Bevogtung an sich gerissen, und Jeder lässt sich darum auf sie ein. Könnte der Staat durch seine Organe alles thun, was in der Gesellschaft geschehen muss, so wäre das Unglück nur ein halbes: man könnte denken: nun das Nöthige geschieht, wenn auch nicht auf sachgemäßem Wege; das Unglück ist aber, dass der Staat seiner Natur nach sich ebenso wenig dazu geschickt zeigt, Zwecke der Inneren Sittlichkeit mit Erfolg anzustreben als etwa – Geld zu verdienen." (Mager Bd.8 1989, S. 171)[36]

Dabei setzte MAGER sehr differenziert auseinander, weshalb der staatlichen Verwaltung das *Selfgovernment* (so sein Zentralbegriff) der Bürgerschaft vorzuziehen sei.[37] Schulen seien „nun einmal von zu zarter Natur, um die Behandlung vertragen zu können, die innerhalb der staatlichen Sphäre die Menschen wie die Dinge sich gefallen lassen müssen" (zit. nach Weßler 1969, S. 143). Er entwirft ein Modell für die Selbstverwaltung des Schulwesens, das alle praktischen Fragen seiner Zeit berücksichtigt. In den Gemeinden sollen Schulfonds gegründet werden, die Leitung sollen erfahrene Pädagogen und keine Staatsmänner übernehmen, ein System von zwei verschiedenen Räten organisiert, zu deren größeren auch interessierte Laien zugelassen sind, übt die Kontrollfunktion aus. (vgl. Weßler 1969, S. 151) MAGER war gleichzeitig überall mit Rat und Tat zur Stelle, besuchte mehrere „Realschulmännerversammlungen"[38] in Deutschland und pflegte seine europaweiten Kontakte, unter anderem auch zum PESTALOZZI-Schüler und Mitarbeiter HERMANN KRÜSI. Sobald sich die ersten Anzeichen der Revolution von 1848 bemerkbar mach-

---

[36] Die Ähnlichkeit der Argumentation mit W. v. Humboldts Jugendschrift der „Grenzen" ist frappierend, obwohl diese erst 1851 herausgegeben wurde...

[37] „Bei den Griechen und Römern und später bei den romanischen Nationen hat die Gesellschaft immer eine starke Neigung gehabt, die geistige und sittliche Selbstständigkeit des einzelnen Gliedes der Gesellschaft zum vermeintlichen Vortheil des Ganzen brutal zu confiscieren. Mit Aufnöthigung einer Staatsreligion, d.h. mit der Vernichtung der religiösen Selbstständigkeit der Individuen, hat man angefangen: mit der Vernichtung des Eigentums und der Familie möchte der vorgerückteste Theil des heutigen Socialismus, des sog. Communismus, schließen, womit die Welt wieder um mehr als 2000 Jahre zurückgeworfen und zu Platons absurden Idealen ... zurückgekehrt sein würde. Was in Sparta auf radikalem Weg angestrebt wurde, das wurde im Rom der Cäsaren, in Byzanz und später im heutigen Europa auf absolutistischen Wege angestrebt. ... Der Staat sagte gewissermaßen zu den Menschen: ‚Ich bin der Herr, Dein Gott, du sollst keine anderen Götter haben neben mir', und die Masse ließ sich das gefallen..." (Mager Bd 7 1989, S. 305; Fußn.)

[38] G. Lüttgert erinnert: „Alle Lehrerversammlungen standen damals unter dem Bann der Zauberformel, der Staat müsse Schulanwalt sein. Mager erwiderte, durch diese Abgötterei, der Sünde des Jahrhunderts, werde die Schule aus der Knechtschaft der Bureaukratie in die viel brutalere Knechtschaft der politischen Partei geraten." (Lüttgert, G. (1924): Preußens Unterrichtskämpfe in der Bewegung von 1848. Berlin, S. 52, zitiert nach Müller 2005, S. 144)

ten, brach MAGER von seinem schweizer „Exil" auf und engagierte sich in den Frankfurter Vorparlamenten für ein unabhängiges deutsches Schulwesen.[39] Bitter enttäuscht, dass in der Paulskirchen-Verfassung die Schule nun doch „unter die Vormundschaft des Staates" gestellt wurde[40], zog er sich aus dem politischen Leben zurück und übergab die *Pädagogische Revue* an die Freunde. Die Leserschaft lässt er wissen:

„Als im vorigen März eine der Haupthindernisse eines guten öffentlichen Schulwesens plötzlich aus dem Wege geräumt wurde, da verhehlte ich mir zwar die Gefahren der nunmehrigen Lage nicht, meine Hoffnungen waren aber doch größer als meine Besorgnisse. Die letzten sieben Monate haben meine Hoffnungen eine nach der anderen zerstört – die nähere Auseinandersetzung wird man erlassen [...] unter solchen Umständen folglich kann das Denken und Schreiben über Erziehung und Schule füglich bis auf bessere Zeiten vertagt werden." (zit. n. Weßler 1969, S. 74f)

Er widmete sich konkreten pädagogischen Aufgaben als Direktor des neu gegründeten Realgymnasiums in Eisenach und als Schul-Berater des sächsisch-weimarischen Ministeriums, bis ihn seine angeschlagene Gesundheit in den Ruhestand zwingt. 1858 starb KARL MAGER in Wiesbaden.

---

[39] Seine eigene politische Position lässt sich schwer bestimmen, Carsten Müller betont einerseits seinen liberalen Geist, andererseits seine unermüdlichen pädagogischen Integrationsbemühungen, die auch in seinem Einsatz für eine Social-Pädagogik zum Ausdruck kommen und kommt zum Schluss, Mager stehe jenseits von Links und Rechts. (vgl. Müller 2005) Mager selbst charakterisiert „liberal" so: „Allen diesen Parteien stehen die dünn gesäten wahren Liberalen entgegen, die den Staat weder omnipotent noch impotent sehen wollen, die für alle das gemeine Recht, für jeden eine billige Freiheit, und für die Regierung die Macht begehren, Ordnung zu halten." (Mager Bd. 8, S. 48)

[40] „Es liegt in dem unsinnigen Beschlusse, wenn man ihn nicht unsern sog. Demokraten eingebornen Hass aller reellen Freiheit zuschreiben will, eine aus dem Missverstande der Logik entspringende Einheits- und Gleichheitssucht zu Grunde..." (Mager Bd. 8 1969, S. 30)

LEO N. TOLSTOI (1828 – 1910)

> *„Wir erkennen die ganze Philosophie der Pädagogik nicht an, weil wir nicht zugeben können, dass ein Mensch wissen kann, was ein Mensch wissen muss. [...] Wir wissen, dass unsere Grundüberzeugung darin besteht, dass die einzige Grundlage der Erziehung die Erfahrung und ihr einziges Kriterium die Freiheit ist. Den einen wird das wie eine Trivialität, anderen wie eine unklare Abstraktion, den dritten wie ein unmöglicher Traum erscheinen. Wir hätten es nicht gewagt, die Ruhe der Theoretiker der Pädagogik zu stören, und solche aller Welt entgegen gesetzte Meinung zu äußern, wenn wir genötigt wären, uns auf die Betrachtungen dieses Aufsatzes zu beschränken, aber wir fühlen die Kraft in uns, Schritt für Schritt und Tatsache für Tatsache die Anwendbarkeit und Rechtmäßigkeit unserer so seltsam klingenden Anschauung zu beweisen."*[41]
>
> LEO N. TOLSTOI

LEO N. TOLSTOI oder LEW NIKOLAJEWITSCH GRAF TOLSTOI, wie er mit vollem Namen heißt, zählt zu den Großen der Weltliteratur: In seinen Romanen wie *Krieg und Frieden, Anna Karenina* und *Auferstehung*, oder in seinen Erzählungen wie der *Kreuzersonate* führt er in sprachlicher Schönheit durch das zaristische Russland des 19. Jahrhunderts, durchlebt tiefe zwischenmenschliche Verstrickungen zwischen blinder Leidenschaft und moralischen Appellen und begibt sich auf die Suche nach einem von Mystik und Dogmen befreiten Christentum. Dass der adelige TOLSTOI zudem zu den Vordenkern einer staatskritischen Freiheitspädagogik gehört und als 30-Jähriger selbst drei Jahre lang auf seinem eigenen Gutshof die Kinder seiner leibeigenen Bauern unterrichtete, ist weniger bekannt. Vor allem der Forschung ULRICH KLEMMS ist es zu verdanken, dass die Bedeutung TOLSTOIS als *libertärer Pädagoge* wieder in Erinnerung gerufen wurde. (vgl. Klemm 2002 bzw. 2011)

Für Erziehung im Sinne von Einordnung und Anpassung hatte TOLSTOI wenig übrig, sie war für ihn eine „unmoralische Erscheinung" (Tolstoi 1960, S. 35), „ein zum Prinzip erhobenes Streben nach sittlichem Despotismus" (ebd. 32). Bildung – als freie Auseinanderset-

---

[41] Tolstoi 1985, S. 46 bzw. 49

zung – wünschte er jedoch jedem Kind. In einem Brief beschreibt er die „Unruhe und das Entsetzen", die ihm beim Anblick einer „Menge zerlumpter, schmutziger, ausgemergelter Kinder mit ihren leuchtenden Augen" überkommt, die ihn an Ertrinkende erinnern: „Großer Gott – wie kann ich sie nur herausziehen? Wen zuerst, wen später? [...] Ich will Bildung für das Volk einzig und allein, um die dort ertrinkenden Puschkins [...] zu retten. Und es wimmelt von ihnen an jeder Schule."[42]

Das Eingangszitat, das der von TOLSTOI ein Jahr lang herausgegebenen pädagogischen Zeitschrift *Jasnaja Poljana* entstammt, ist das *Mission Statement* seiner Schule am gleichnamigen Landgut. Der Eröffnung der Schule ging eine langjährige Beschäftigung mit pädagogischen Fragen voraus, in den 1850er Jahren hatte er leidenschaftlich ROUSSEAU studiert und auf seinen Reisen nach Westeuropa hatte er nicht nur CHARLES DICKENS, sondern auch FRIEDRICH FRÖBEL[43] und ADOLPH DIESTERWEG, der sich wiederum in der Nachfolge PESTALOZZIS verstand, besucht. Nach einem Besuch an einer deutschen Schule notierte er in sein Tagebuch, Eintragung vom 29. Juli 1860: „War in der Schule. Entsetzlich. Gebet für König, Prügel, alles auswendig, verängstigte, seelisch verkrüppelte Kinder." (Tolstoi 1978, Bd. 18, S. 273, zit. nach Klemm 2011, S. 70)

Zwang war kein Mittel seiner Bildungsbemühungen, es gab weder Zensuren, Sitzenbleiben noch verpflichtende Hausaufgaben und in der „Freiheit plötzlich vom Unterricht wegzulaufen," sah er „etwas Nützliches und Notwendiges", nämlich „ein Mittel, den Lehrer vor den äußersten und gröbsten Fehlern zu bewahren." (Tolstoi 1980, S. 57) Die kleine Schule beherbergte bis zu 70 Kinder zwischen sieben und zehn Jahren sowie Erwachsene. In drei Klassen wurde vormittags von ihm und anderen Lehrern ungefähr vier Stunden Arithmetik, Geometrie, Grammatik oder Biblische Geschichte unterrichtet. Mittags gingen die Kinder zum Essen und zur Feldarbeit nach Hause. Am Abend kamen sie wieder, und Tolstoi erzählte nun aus der russischen Geschichte, sang Lieder, ließ sie Aufsätze schreiben oder führte physikalische Experimente durch (vgl. Klemm 2002, S. 42).

---

[42] zitiert aus: http://de.wikipedia.org/wiki/Lew_Nikolajewitsch_Tolstoi

[43] 1782-1852, auf ihn geht die Bezeichnung „Kindergarten" zurück, vgl. http://de.wikipedia.org/wiki/Friedrich_Fr%C3%B6bel

„Wo Inhalt ist, finden sich die Formen von selbst" notierte TOLSTOI Jahre später in sein Tagebuch[44], und es scheint, als hätte er seinen ganzen Schulunterricht nach diesem Prinzip aufgebaut. Das Lesenlernen beispielsweise gestaltete sich frei, er merkte bald, dass die damals üblichen mechanischen Vorleseübungen nicht jedem halfen. Er schrieb selbst einfache Texte und stellte die *Nowaja Asbuka*, die *Neue Fibel* zusammen, aus der *alle* Kinder, „die des Zaren und die des ärmsten Bauern" ihre „ersten dichterischen Eindrücke empfangen" sollten. (Tolstoi 1969, S. 118) Ein kleines Beispiel soll hier nicht fehlen:

> Pilze suchen.
>
> Eines Morgens ging Katja sehr früh in den Wald, um Pilze zu suchen. Sie nahm Mascha mit. Mascha war noch klein.
> Auf dem Weg kamen sie an einen Bach – kein Steg weit und breit! Da zog Katja Schuhe und Strümpfe aus, spielte für Mascha das Pferdchen und trug sie durch das Wasser.
> „Sitz nur ruhig, Mascha!" sagte Katja, „und drück mir nicht den Hals zu! Wie soll ich da noch Luft bekommen!"
> Mascha passte auf, und die beiden kamen gut durch den Bach.
>
> (Tolstoi 1968, S. 18)[45]

Das Schulexperiment war nach drei Jahren zu Ende – TOLSTOI wurde Opfer von Denunziationen, man warf ihm anti-zaristische Bestrebungen vor, sein Landgut wurde durchsucht und verwüstet. Ein neuer Lebensabschnitt begann; für die Generation der Bauernkinder, die nun Lesen und Schreiben gelernt hatten, und für Tolstoi selbst, der im selben Jahr (1862) die 18-jährige SOFIA ANDREJEWNA BEHRS heiratete und sich wieder ganz seinen Romanen widmete. Seine freiheitliche Einstellung zur Erziehung behielt er bei und wies jeglichen staatlichen Macht-

---

[44] vgl. http://de.wikiquote.org/wiki/Leo_Tolstoi

[45] Übersetzt wurden diese Geschichten u.a. von Hans Baumann, der schreibt: „Auf Leo Tolstois *Nowaja Asbuka* stieß ich zum ersten mal in einem russischen Dorf am Ilmensee. 1974 entdeckte ich diese Geschichten, mit Maschine geschrieben, in einem Flüchtlingslager bei München und übersetzte sie." (Tolstoi 1969, S. 118)

anspruch in diesem Gebiet zurück: „Ich bin überzeugt, [...] dass die beste Polizei und Verwaltung der Schule darin besteht, den Schülern volle Freiheit zu lassen, ob und wie sie lernen und miteinander verkehren wollen." (Tolstoi 1980, S. 30)

RUDOLF STEINER (1861 – 1925)

> „Für jeden aber, der die Fähigkeit hat, das Denken zu beobachten – und bei gutem Willen hat sie jeder normal organisierte Mensch –, ist diese Beobachtung die allerwichtigste, die er machen kann. Denn er beobachtet etwas, dessen Hervorbringer er selbst ist; er sieht sich nicht einem zunächst fremden Gegenstande, sondern seiner eigenen Tätigkeit gegenüber. Er weiß, wie das zustande kommt, was er beobachtet. Er durchschaut die Verhältnisse und Beziehungen. Es ist ein fester Punkt gewonnen, von dem aus man mit begründeter Hoffnung nach der Erklärung der übrigen Welterscheinungen suchen kann."[46]
>
> RUDOLF STEINER

Der österreichische Philosoph, langjährige Herausgeber der naturwissenschaftlichen Schriften GOETHES und Begründer der anthroposophischen Geisteswissenschaft RUDOLF STEINER ist – so ambivalent sein Werk auch bis heute besprochen wird – einer der wirkungsmächtigsten geistigen Impulsatoren des 20. Jahrhunderts.

Insbesondere die enorme Ausbreitung der Waldorfschulen hat seine Bekanntheit weltweit begründet. In Deutschland gibt es mittlerweile 222 Waldorfschulen, weltweit sind es bereits 998. Dazu kommen noch ca. 1.500 Waldorfkindergärten[47], in Österreich stehen zwölf Waldorfschulen 26 Kindergärten gegenüber.[48] Der Erziehungswissenschaftler HEINER ULRICH stellt fest, dass sich die Waldorfschule „in den letzten Jahrzehnten vom Außenseiter zum Anführer der internationalen reformpädagogischen Schulbewegung entwickelt" hat (Ulrich 1998, S. 423).

---

[46] Steiner 1992, S. 47
[47] Stand Januar 2011, siehe Bund der Freien Waldorfschulen:
http://www.waldorfschule.info/de/schulen/index.html)
[48] www.waldorf.at

Die eigentümliche Sonderstellung des STEINERSCHEN Werkes beruht wohl vor allem darauf, dass er selbst zwar einen staatlich universitären Bildungsweg gegangen ist (Dissertation in Philosophie 1891), seine öffentliche Hauptwirkungszeit dann aber mit tausenden von Vorträgen vor allem in rein zivilgesellschaftlichen Zusammenhängen, in der von ihm begründeten *Anthroposophischen Bewegung*, hatte.

Trotzdem ging es STEINER stets um die volle wissenschaftliche Überprüfbarkeit seiner Erkenntnisse, nur betonte er zugleich – anknüpfend an GOETHE – dass „die für die unorganische Natur tauglichen Verstandesbegriffe erst selbst zu beleben" (Steiner 1973, S. 8) seien, wenn es möglich werden sollte auch Lebendiges, Seelisches oder Geistiges zu erfassen. Er verfolgte also keineswegs einen irgendwie gearteten „mystischen" Weg jenseits des modernen naturwissenschaftlichen Denkens, sondern er sah vielmehr die Notwendigkeit die Exaktheit der naturwissenschaftlichen Denkungsart auch auf Gebiete jenseits der nur physischen Empirie zu erweitern.

In diesem Sinne untertitelt er dann auch seine 1894 geschriebene *Philosophie der Freiheit* mit der Zeile *Seelische Beobachtungsresultate nach naturwissenschaftlicher Methode* (vgl. Steiner 1962). Als Schlüssel zur exakten Erforschung der seelisch-geistigen Bereiche sieht er die „Beobachtung des Denkens" (siehe Eingangszitat). Diese Beobachtung kann gesteigert werden:

„Der Mensch kann in das gewöhnliche bewusste Denken eine stärkere Willensentfaltung einführen, als in diesem im gewöhnlichen Erleben der physischen Welt vorhanden ist. Er kann dadurch vom Denken zum Erleben des Denkens übergehen. Im gewöhnlichen Bewusstsein wird nicht das Denken erlebt, sondern durch das Denken dasjenige, was gedacht wird. Es gibt nun eine innere Seelenarbeit, welche es allmählich dazu bringt, nicht in dem, was gedacht wird, sondern in der Tätigkeit des Denkens selbst zu leben. […] Und wenn die Seele in sich die im gewöhnlichen Leben doch nur in geringem Maße geübte Hingabe an den Gedanken als solchen immer erneut bewirkt – sich auf den Gedanken als Gedanken konzentriert –: dann entdeckt sie in sich Kräfte, die im gewöhnlichen Leben nicht angewendet werden, sondern gleichsam schlummernd (latent) bleiben. Es sind Kräfte, die nur im bewussten Anwenden entdeckt werden. Sie stimmen aber die Seele zu einem, ohne ihre Entdeckung nicht vorhandenen, Erleben." (Steiner 1957, S. 161)

Für ein Verständnis der Pädagogik RUDOLF STEINERS[49] ist diese Erweiterung des Erkenntnisvermögens von ausschlaggebender Bedeutung, denn

„um richtig zu individualisieren, so, wie es befähigt, die besondere Kindesindividualität erzieherisch zu führen, dazu ist nötig, in einer besonderen Geisteserkenntnis den Blick für das erworben zu haben, was nicht als einzelner Fall unter ein allgemeines Gesetz gebracht werden kann, sondern dessen Gesetz erst an diesem Fall anschauend erfasst werden muss. Die hier gemeinte Geist-Erkenntnis führt nicht, nach dem Vorbilde der Naturerkenntnis, zum Vorstellen allgemeiner Ideen, um diese im einzelnen Falle anzuwenden, sondern sie erzieht den Menschen zu einer Seelenverfassung, die den einzelnen Fall in seiner Selbständigkeit schauend erlebt." (Steiner 1975, S. 12)

In diesem Sinne geht es in STEINERS Menschenkunde auch nicht darum durch äußere ‚Forderungen und Programme' den einzelnen Menschen nach einer bestimmten Schablone zu erziehen, sondern darum, dass aus einer „Betrachtung der verborgenen Natur des Menschen überhaupt" (Steiner 1969, S. 312f) die Fähigkeiten zur Wahrnehmung des individuellen Menschen geschult werden, denn „jede Erziehung ist Selbsterziehung, und wir sind eigentlich als Lehrer und Erzieher nur die Umgebung des sich selbst erziehenden Kindes. Wir müssen die günstigste Umgebung abgeben, damit an uns das Kind sich so erzieht, wie es sich durch sein inneres Schicksal erziehen muss." (Steiner 1983, S. 131)

Folgerichtig trat STEINER auch intensiv für eine Selbstverwaltung des gesamten Geisteslebens ein. In seiner Konzeption einer *Dreigliederung des Sozialen Organismus* (vgl. Steiner 1996) fordert STEINER eine Gliederung der Gesellschaft in drei, jeweils aus ihrer eigenen Gesetz-

---

[49] Manfred Schulze hat in seiner Dissertation 1991 den Versuch unternommen, die durch Steiners Erkenntnistheorie ermöglichte pädagogische Dimension des Denkens als das Charakteristikum der Waldorfpädagogik herauszuarbeiten. „Das Subjekt ist Endpunkt der reflexiven Erkenntnisstruktur und Ausgangspunkt des bewussten Handelns. Die Gesetze und Strukturen des Handelns können aber nicht anderer Art sein, als die des Erkennens, weil das Erkennen sich selbst als höchste Form strukturierter produktiver Handlung ausweist und das aufgeklärte Handeln der Erkenntnis folgt. Wenn das erkannt ist, zeigt sich, dass Erkenntnisstruktur und Handlungsstruktur identisch sind. Die Erkenntnis dieser Struktur ist die notwendige Voraussetzung ihrer kreativen Beherrschung und autonomen Nutzung." (Schulze 1991, S. 108) Über die Begegnung mit anderen Menschen schreibt er: „Die Biographie wird so mit dem ihr eigenen Inhalt der menschlichen Begegnung gleichermaßen zum Erkenntnis- und Handlungsfeld pädagogischer Kunst. Dabei lässt sich bis in die Grundhaltung dem anderen Menschen gegenüber eine Umkehrung gewohnter Denkmuster ablesen." (Schulze 1991, S. 210)

mäßigkeit hervorgehende Systeme, denen er eine jeweils eigene Aufgabe im gesellschaftlichen Ganzen zuspricht:

1. dem *Wirtschaftsleben* mit Warenproduktion, Handel und Konsumtion die *solidarisch* (assoziativ) zu gestaltende Bedürfnisbefriedigung (Brüderlichkeit),
2. dem *Staats- oder Rechtsleben* die *demokratische* Gestaltung der Rechtsrahmenbedingungen und die Aufgabe der Ordnung und Sicherheit (Gleichheit) und
3. dem *Geistesleben* die *freie* Selbstverwaltung des kulturellen Lebens, zu dem er die Erziehung, die Wissenschaft, die Kunst etc. zählt. (Freiheit)

Die heutige einseitige Dominanz des Wirtschaftslebens sieht STEINER dabei als wesentliche Ursache der mit der Industrialisierung auftretenden „sozialen Frage":

Man kann das Charakteristische, das gerade zu der besonderen Gestalt der sozialen Frage in der neueren Zeit geführt hat, wohl so aussprechen, dass man sagt: Das Wirtschaftsleben, von der Technik getragen, der moderne Kapitalismus, sie haben mit einer gewissen naturhaften Selbstverständlichkeit gewirkt und die moderne Gesellschaft in eine gewisse innere Ordnung gebracht. Neben der Inanspruchnahme der menschlichen Aufmerksamkeit für dasjenige, was Technik und Kapitalismus gebracht haben, ist die Aufmerksamkeit abgelenkt worden für andere Zweige des sozialen Organismus. Diesen muss ebenso notwendig vom menschlichen Bewusstsein aus die rechte Wirksamkeit angewiesen werden, wenn der soziale Organismus gesund sein soll. (Steiner 1996, S. 51)

Die Befreiung der Schule vom Staat sieht STEINER dabei als eine der wesentlichsten Aufgaben an, um die kapitalistische Dominanz des Wirtschaftslebens auszugleichen. Seine konkrete diesbezügliche Analyse liest sich erstaunlich aktuell:

„Bisher steckte in dieser Schule noch manches, was Zeiten entstammte, in denen der Staat noch nicht Beherrscher des Unterrichtswesens war. Man kann natürlich die Herrschaft des Geistes nicht zurückwünschen, der aus diesen alten Zeiten stammt. Aber man müsste bestrebt sein, den neuen Geist der fortentwickelten Menschheit in die Schule hineinzutragen. Dieser Geist wird nicht darinnen sein, wenn man den Staat in eine Wirtschaftsorganisation umwandelt und die Schule so umgestaltet, dass aus ihr Menschen hervorgehen, die die brauchbarsten Arbeitsmaschinen in dieser Wirtschaftsorganisation sein können." (Steiner 1961, S. 36f)

In vieler Hinsicht leben gerade in der heutigen Zivilgesellschaftsbewegung Bestrebungen auf, wie sie bereits in differenzierter Weise von RUDOLF STEINER angeregt wurden, denn, wie THOMAS WIMMER schreibt:

„Die Dreigliederungsidee ist kein politisches Modell. Sie will nicht die Welt verbessern, indem sie eine neue, "bessere" Ideologie an Stelle einer alten setzt. Sie will den Menschen den Boden bereiten, ihrem Streben nach Freiheit, Gleichheit und Brüderlichkeit gemäß, sich ihre gesellschaftlichen Strukturen so zu gestalten, dass das bestmöglichste – für sie selbst als auch für die Sache – erreicht werden kann. Sie will keine Wahrheit verkünden, sie will den Menschen ermöglichen, ihre Wahrheit selbst zu finden." (Wimmer 1992, S. 116f)

IVAN ILLICH (1926 – 2002)

> *„Die Alternative zur Abhängigkeit von Schulen ist nicht die Verwendung öffentlicher Mittel für irgendeine neue Einrichtung, welche die Menschen lernen ‚macht', sie besteht vielmehr in der Entwicklung eines neuen Stils von bildenden Beziehungen zwischen dem Menschen und seiner Umwelt."* [50]
>
> IVAN ILLICH

Das 1971 in den USA erschienene Buch *Deschooling Society* von IVAN ILLICH hat Grundsatzdebatten ausgelöst. Auch vierzig Jahre und zahlreiche Neuauflagen später besitzt das Werk noch dekonstruktive Kraft und stellt jegliches Nachdenken über Schule auf eine existentielle Basis. Der Bielefelder Reformpädagoge HARTMUT VON HENTIG schrieb 1973 im Vorwort der deutschen Erstausgabe:

„Nur wenn man die prinzipielle Verengung und Veränderung von Bildung durch Schule wahrgenommen hat – was uns allen, die wir Schul-Gebildete sind, schwerfällt – kann man hoffen, sich von ihren Fehlformen zu lösen und Alternativen zu finden. [...] Der Gebildete Ivan Illich, der selber elf Sprachen spricht, der sich in scholastischer Philosophie so gut auskennt wie in moderner Soziologie, der ein Kirchenhistoriker von Gnaden ist und seinen Gästen für ihre Tropenkrankheiten nicht nur die richtigen Medizinen, sondern auch die richtige Erklärung gibt, kann nicht gegen Bildung sein. Aber er will nicht, dass Menschen mit einer gesellschaftlichen Pflichtschulbildung geregelt und gemaßregelt werden. Er will die radikale Trennung von Staat und Erziehung erwirken, so wie man einst die Trennung von Staat und Kirche erwirkt hat. Ja, der Staat ist hier nur die greifbarste Form organisierter Gesellschaftlichkeit: Illich will die unselige Verbindung von ‚abgepackter Bildung' und abgepackten Funktionen in der Gesellschaft auflösen und damit beides, die Bildung des Menschen und seine politische und berufliche Rolle in der Gemeinschaft, befreien. Bildung berechtigt nicht zu..., Bildung befähigt zu... Und wenn dies auch nur einigermaßen stimmt, dann muss ihre Definition unendlich viel weiter sein, als sie es heute in und durch Schulen ist." (Hartmut von Hentig in seinem Vorwort zur „Entschulung der Gesellschaft", Illich 1973, S. 12)

---

[50] Illich 1973, S. 81

Als Sohn eines kroatischen Bauingeneurs und einer jüdischen Unternehmertochter[51] 1926 in Wien geboren, verbrachte IVAN ILLICH seine Kindheit in der großväterlichen *Villa Regenstreif* im Wiener Stadtteil Pötzleinsdorf, bis die Familie 1941 emigrieren musste.[52] Nach dem Abitur in Florenz folgten Studienjahre der Theologie, Geschichte und Philosophie in Rom. 1951 wurde ILLICH zum Priester geweiht und zog nach New York, wo er als Armenpriester mit puertoricanischen Einwanderern lebte und arbeitete.

Bald zog er weiter nach Lateinamerika. Nach vier Jahren Rektorstätigkeit an der katholischen Universität in Poerto Rico gründete er 1960 das *Centro Intercultural de Documentación* (CIDOC) in Cuernavaca, Mexiko. Es war Bildungszentrum für Missionare und Entwicklungshelfer konzipiert, und ILLICH arbeitete intensiv an einer kritischen Reflexion der rasanten und von Abhängigkeiten geprägten sozialen Entwicklung in Lateinamerika. Er kritisierte bürgerliches „Do-Good", jeglichen US-amerikanischen Interventionismus im Namen der Entwicklungshilfe in Lateinamerika aufs Heftigste.[53] „Zentrum der Subversion" wurde das mehrere hundert Studierende umfassende Institut

---

[51] Mütterlicherseits hatte Illich Kontakte zur anthroposophischen Bewegung. Sein Onkel Paul Regenstreif (1899-1981) lernte während des ersten Weltkrieges den Anthroposophen Walter Johannes Stein kennen und hörte 1922 am Wiener Ost-West Kongress Vorträge Rudolf Steiners, später war er selbst als anthroposophischer Vortragsredner tätig. Ivans Mutter Ellen Rose ließ sich als junge Frau von Friedrich Rittelmeyer, einem Begründer der *Christengemeinschaft*, taufen. Ivan Illich selbst war mit den Anthroposophen Guenther Wachsmuth und Ehrenfried Pfeiffer befreundet. (vgl. Buddemeier 2002, S. 9)

[52] „Ich erinnere mich an den Tag, an dem ich für immer vergreist bin. Ich kann die schwarzen Märzwolken in der Abendsonne nicht vergessen, und den Weinberg auf der Sommerheide zwischen Pötzleinsdorf und Salmannsdorf bei Wien, zwei Tage vor dem Anschluss. Bis zu jener Stunde war es mir eine Selbstverständlichkeit gewesen, einmal auf dem alten Turm auf der dalmatinischen Insel Kinder zu zeugen. Seit jenem einsamen Spaziergang schien es mir unmöglich. Die Ausbettung des Körpers aus dem Gewebe der Geschichte habe ich damals als Zwölfjähriger erlebt, noch bevor von Berlin der Befehl ausging, im ganzen Reich die Narren zu vergasen." Illich, in einem Geburtstagsbrief an Hellmut Becker, zit. nach Duden/Samerki 2002

[53] Seine Ansprache an angehende Voluntär/innen zeugt von seiner Radikalität: „If you have any sense of responsibility at all, stay with your riots here at home. Work for the coming elections: You will know what you are doing, why you are doing it, and how to communicate with those to whom you speak. And you will know when you fail. If you insist on working with the poor, if this is your vocation, then at least work among the poor who can tell you to go to hell. It is incredibly unfair for you to impose yourselves on a village where you are so linguistically deaf and dumb that you don't even understand what you are doing, or what people think of you. And it is profoundly damaging to yourselves when you define something that you want to do as "good," a "sacrifice" and "help". [...] I am here to entreat you to use your money, your status and your education to travel in Latin America. Come to look, come to climb our mountains, to enjoy our flowers. Come to study. But do not come to help." (Illich 1968)

genannt. Der brasilianische Befreiungspädagoge PAOLO FREIRE war Mitbegründer und Dozent. Nach zehn Jahren löste ILLICH das CIDOC wieder auf, wissend, dass „die unvergleichbare Aura des Ortes nicht auf Dauer (zu) halten"[54] sein würde.

Nach dem Tod eines ihm wohl gesonnenen Kardinals geriet er in Konflikt mit dem Papst und legte – nach langen Auseinandersetzungen – 1969 sein Priesteramt nieder. Er sprach sich für eine Befreiung der Spiritualität aus den kirchlichen Institutionen aus und verglich diesen Prozess mit der Befreiung der Bildung aus der Institution „Schule". In seinem eingangs erwähnten Werk wird gedanklicher Freiraum für eine blühende Bildungslandschaft geschaffen, die auf den Ruinen der verkrusteten Bildungsinstitutionen erwachsen soll. ILLICH sieht die Arbeit mit der Begründung einiger weniger freier Schulen nicht getan:

„Die Curricula so genannter ‚freier Schulen' ähneln den Liturgien für folkloristische und Rocker-Messen. Die Ansprüche der höheren Schüler, die bei der Auswahl ihrer Lehrer mitreden wollen, klingen ebenso schrill wie die Forderungen von Pfarrkindern, die ihre Hirten selber wählen wollen. Für die Gesellschaft steht freilich mehr auf dem Spiel, wenn eine bedeutsame Minderheit ihren Glauben an die Schulbildung verliert. Das würde den Fortbestand nicht nur der Wirtschaftsordnung gefährden, auf die gleichzeitig die Produktion von Waren und Nachfrage beruht, sondern ebenso der politischen Ordnung, die auf dem Nationalstaat beruht, an den die Schüler von der Schule abgeliefert werden.

Wir stehen vor einer klaren Wahl. Entweder glauben wir weiterhin, dass institutionalisiertes Lernen ein Produkt sei, welches schrankenlose Investitionen rechtfertigt; oder wir entdecken, dass Gesetzgebung, Planung und Investitionen, falls sie im Bildungswesen überhaupt etwas zu suchen haben, hauptsächlich dazu dienen sollten, die Schranken auszureißen, die heute dem Lernen im Wege stehen, das nur eine persönliche Tätigkeit sein kann." (Illich 1973, S. 60f)

ILLICH formulierte vier Hauptziele der Bildungsrevolution (vgl. Illich 1973, S. 109):

1. Freier Zugang zu Bildungsinhalten und Lehrmitteln, Beseitigung der „Kontrolle, die Personen und Institutionen heute über deren Bildungswert ausüben" (Illich 1973, S. 109) und des staatlichen Bildungsmonopols.

---

[54] Information bzw. wörtliches Zitat aus:
http://de.wikipedia.org/wiki/Centro_Intercultural_de_Documentaci%C3%B3n

2. Keine Monopolisierung durch Diplome: Jeder und jede darf Fertikeiten ausüben und auch weitergeben, lehren.

3. Ermächtigung der Individualität, Freilegen der kritischen und schöpferischen Fähigkeiten, alle sollen die Möglichkeit bekommen, Zusammenkünfte einzuberufen und abzuhalten.

4. Freie und kreative Formen der Zusammenarbeit: „Man muss den Einzelnen von der Verpflichtung befreien, seine Erwartungen den Dienstleistungen anzupassen, die von irgendeinem etablierten Berufsstand angeboten werden; zu diesem Zweck muss man ihm Gelegenheit geben, auf die Erfahrungen von seinesgleichen zurückzugreifen und sich dem Lehrer, Führer, Ratgeber oder Heilkundigen seiner Wahl anzuvertrauen." (Illich 1973, S. 109)

Schulkritik ist bei ILLICH gleichzeitig Gesellschaftskritik, er wehrt sich gegen die Institution „Schule" ebenso wie gegen die Abhängigkeiten in der Konsumgesellschaft:

„Die Schule führt auch in den Mythos vom endlosen Konsum ein. Dieser moderne Mythos beruht auf dem Glauben, dass jedes Verfahren unweigerlich Werte schaffe und dass deshalb Produktion notwendigerweise Nachfrage produziere. Die Schule lehrt uns, dass Unterweisung Lernen produziere. Das Vorhandensein von Schulen produziert Nachfrage nach Schulunterricht. Haben wir erst einmal gelernt, dass wir Schulen brauchen, so neigt all unser Tun dazu, die Form von Kundschaftsverhältnissen zu anderen spezialisierten Institutionen anzunehmen. Kommt der Autodidakt in Verruf, so werden alle nicht berufsmäßigen Tätigkeiten verdächtigt. In der Schule lehrt man uns, dass wertvolles Lernen das Ergebnis von Schulbesuch sei; dass der Wert des Lernens mit dem Einsatz steige, und dass sich dieser Wert an Graden und Zeugnissen messen und nachweisen lasse." (Illich 1973, S. 51)

In Zeiten der absoluten Quantifizierung der Bildung durch ECTS & Co. spricht diese Kritik für sich – auch wenn die Wege der Umgestaltung erst mühsam angelegt werden müssen und auch ILLICH keine Patentrezepte bieten kann. Er wirkte als Impulsator und pflegte in seinem großen, die Kontinente umspannenden Freundeskreis jene freien Beziehungen, denen er auch gesellschaftlich zu mehr Gewicht verhelfen wollte. Er reiste als Vortragsredner durch die ganze Welt und lehrte die letzten Jahrzehnte seines Lebens – unterbrochen durch regelmäßige Reisen nach Lateinamerika – als Gastprofessor an verschiedenen deutschen Universitäten. Gemeinsam mit ANDRÉ GORZ, JOCHEN STEFFEN und ERNST ULRICH VON WEIZSÄCKER gehörte ILLICH zum Beraterkreis des damaligen Magazins *Technologie und Politik*. Er prägte den Begriff der *Konvivialität*[55] (von lat. con-vivere: zusammen-leben), um im Ringen um einen menschenwürdigen Einsatz des technischen Fortschritts einen Leitstern zu haben.

Bei ILLICHS wöchentlichen Vorlesungen in Bremen in den 1990er Jahren blieb über Jahre hinweg kein Sitzplatz frei – was ihn nicht an der Verweigerung des Mikrofons hinderte (vgl. Buddemeier 2002, S. 3). 2002 erlag er seinem jahrelangen Krebsleiden.

Einige Freunde aus der damaligen Zeit bemühen sich über die Internet-Plattform *Denken nach Illich*[56] um eine würdige Weiterführung des Impulses. Verschiedene politisch-philosophische Bewegungen, beispielsweise die wachstumskritische, die ökofeministische, die Post-Development-Bewegung berufen sich auf ihn.

Der Medienforscher JENS BUDDEMEIER, der Illich in dessen letzten Lebensjahren sehr nahe stand, hat in einem persönlichen Nachruf einige herausragende Eigenschaften des Freundes beschrieben. Seine Krebserkrankung (einen Tumor am Ohr) hat ILLICH, aus der Überzeugung heraus, dass die Medizin nicht die Aufgabe habe, das Leben um jeden Preis zu verlängern, nicht behandeln lassen und bekämpfte den unbeschreiblichen Schmerz einzig mit dem Rauchen von Opium. „Wie alle, denen Geld nicht wichtig war, ging er großzügig damit um" und war mit Einladungen nicht zimperlich (vgl. Buddemeier 2002, S. 8). Die Tech-

---

[55] „Ich wähle den Begriff ‚Konvivialität', um das Gegenteil der industriellen Produktivität bezeichnen zu können. Er soll für den autonomen und schöpferischen zwischenmenschlichen Umgang und den Umgang von Menschen mit ihrer Umwelt als Gegensatz zu den konditionierten Reaktionen von Menschen auf Anforderungen durch andere und Anforderungen durch eine künstliche Umwelt stehen. Für mich ist Konvivialität die individuelle Freiheit, die sich in persönlicher Interdependenz verwirklicht, und sie ist als solche ein immanenter ethischer Wert. Ich glaube, dass keine noch so hohe industrielle Produktivität in einer Gesellschaft die Bedürfnisse, die sie unter deren Mitgliedern weckt, wirklich befriedigen kann, sofern die Konvivialität unter ein bestimmtes Niveau sinkt. Die heutigen institutionellen Zwecke, die die industrielle Produktivität heiligen – was zu Lasten des konvivialen Wirkens geht –, tragen erheblich zur Gestaltlosigkeit und Sinnentleerung bei, an denen die heutige Gesellschaft krankt." (Illich 1998, S. 28f)

[56] http://www.pudel.uni-bremen.de/100dt_startseite.htm

nik war ihm stets Werkzeug, nie Selbstzweck, weshalb er zum Beispiel das Telefon grundsätzlich nur zur Verabredung von ‚echten' Begegnungen benützte, nicht aber für inhaltliche Gespräche. Und sein Haus war ein lebendiger Ort:

„Meistens war das Haus voll. Es wurde geplaudert, meistens ernsthaft gearbeitet, und es gab immer ein ausgiebiges Spaghettiessen. Bei den Mahlzeiten sorgte Ivan dafür, dass die Schüsseln kreisten und alle satt wurden. [...] In den Arbeitsphasen ging es meistens um Fragen, die mit dem Arbeitsgebiet des Besuchers zusammenhingen. Es konnte noch so abgelegen sein, Ivan war im Bilde, kannte die entsprechende Diskussion und konnte wesentliche Anregungen geben. Er war wirklich ein umfassend gebildeter und umfassend interessierter und engagierter Mensch. Dabei waren alle Themen, mit denen er sich beschäftigte, mit Menschen verbunden, oft mit Freundschaften." (Buddemeier, 2002, S.7)

JOHN TAYLOR GATTO (*1935)

> „Das ökonomische System, unter dem Schulkinder heute erwarten zu leben und zu dienen, würde keine Generation junger Leute überleben, die zum Beispiel kritisches Denken gelernt hätten."[57]
>
> JOHN TAYLOR GATTO

Unter den zahlreichen US-amerikanischen Schulkritikern (wie etwa PAUL GOODMAN, DANIEL GREENBERG, MIMSY SADOFSKI, JOHN HOLT oder PAT FARENGA) ist JOHN TAYLOR GATTO eine besonders interessante Erscheinung. Er war selbst über dreißig Jahre Staatsschullehrer und wurde in dieser Funktion mehrmals zum *Lehrer des Jahres* im Bundesstaat New York gekürt, bevor er sich dann zu einem der stärksten Kritiker staatlich monopolisierter Bildung und der Schulpflicht entwickelte.

GATTOS Kernthese besagt, dass Schule, so wie sie heute zumeist strukturiert ist, nicht primär wirklichen Bildungsprozessen dient, sondern einem *unsichtbaren Lehrplan* folgt, „der die Mythen der Institution Schule und unseres Wirtschaftssystems, das auf einem Kastensystem basiert, verstärkt." (Gatto 2009, S. 15) Die Schule bewirke dadurch „mit brillanter Genauigkeit das, wozu sie ursprünglich entwickelt wurde, nämlich die ‚Bildungs'-Säule einer zentralisierten – auf Massenproduktion angelegten – Wirtschaft zu sein, die von einer Handvoll Kommandozentralen gesteuert wird. [...] Sie braucht Menschen, die darauf dressiert wurden, sich selbst über den Erwerb von Dingen, durch den Besitz von ‚Sachen', zu definieren, und die alles unter dem Gesichtspunkt Bequemlichkeit, Sicherheit und Status betrachten." (ebd. 100f)

Mit Blick auf seine eigene Berufserfahrung schildert GATTO in *Sieben Lektionen des Lehrers* seine Analyse dieses „unsichtbaren Lehrplans":

1. Verwirrung. „Alles, was ich lehre, ist aus dem Zusammenhang gerissen..."

---

[57] Gatto 2009, S. 14

2. Gesellschaftliche Schichtung. „die unentrinnbare Zugehörigkeit zu einer bestimmten Schicht."

3. Gleichgültigkeit. „Sie müssen sich wie ein Lichtschalter an- und ausschalten lassen..."

4. Emotionale Abhängigkeit. Mit „Auszeichnungen, Ehrungen und Strafen bringe ich den Kindern bei, ihren Willen der vorherbestimmten Befehlskette zu unterwerfen."

5. Intellektuelle Abhängigkeit. „Brave Leute warten auf einen Experten, der ihnen sagt, was zu tun ist"

6. Labiles Selbstbewusstsein. „Die Lektion von Beurteilungen, Zensuren und Testergebnissen liegt darin, dass Kinder nicht sich selbst oder ihren Eltern trauen sollten, sondern sich stattdessen auf die Auswertung bevollmächtigter Beamter verlassen."

7. Man kann sich nicht verstecken. „Überwachung ist ein uralter Imperativ, gefördert von bestimmten einflussreichen Denkern. Grundlegende Gebrauchsanweisungen sind niedergelegt in *Der Staat* (Platon), *Vom Gottesstaat* (Augustinus), *Institutio Christianae Religionis* (Johannes Calvin), *Das neue Atlantis* (Francis Bacon), *Leviathan* (Thomas Hobbes) und einer Vielzahl anderer Schriften." (ebd. S. 18-26)

Zusammenfassend merkt er an: „Ein solcher Lehrplan führt zu physischer, moralischer und intellektueller Lähmung und kein inhaltlicher Lehrplan wird ausreichend sein, um seine grässlichen Auswirkungen umzukehren." (ebd. S. 28) Die *Sieben Lektionen* sind für GATTO systemimmanente Bestandteile der Staatsschule, weshalb er sie für nicht reformierbar hält. Zwar arbeiten in der Verwaltung der Schulen „Tausende von menschenfreundlichen, engagierten Menschen, aber die abstrakte Logik der Institution ist stärker als ihre individuellen Beiträge." (ebd. S. 35) Deshalb fordert GATTO eine „intensive landesweite Debatte" um die grundlegenden Prämissen der Beschulung" (ebd. S. 41) zu überdenken. Pädagogischer „Schlüssel" ist dabei die Einsicht, „dass Selbsterkenntnis die einzige Basis für echte Kenntnis ist." (ebd. 42) Wesentlich erscheint ihm dabei, die Kinder „wieder mit der realen Welt in Verbindung" zu bringen, sodass „ihre eigenständige Zeit mit etwas Anderem verbracht werden kann, als mit Abstraktion." (ebd. 44)

Strukturell sieht GATTO die restlose Loslösung vom Staat als notwendig an, er unterscheidet dabei allerdings noch nicht klar zwischen Zivilgesellschaft und Wirtschaft und löst dadurch das Problem eines sozial differenten Schulsystems noch nicht wirklich auf:

„Irgendeine Form von freier Marktwirtschaft in Bezug auf öffentliche Schulen ist der Ort, wo wir am ehesten nach Antworten suchen können, ein freier Markt, wo Familienschulen, private Schulprojekte, weltanschaulich geprägte Schulen, Handwerk- und Landwirtschaftsschulen in großer Zahl existieren und mit dem staatlichen Erziehungssystem konkurrieren." (ebd. 32)

GUSTAVO ESTEVA (*1936)

> „Sucking up the time, energy, and imaginative capacities of children with compulsary classroom attandance as well as homework, schools pose a terrible threat to the agrarian wisdom of the Triqui peoples. They impede the young from accompanying the adults of the community in their cultural practices, including those of working the soil. "[58]
>
> MADHU SURI PRAKASH/GUSTAVO ESTEVA

Der, wie er selbst sagt, „deprofessionalisierte Intellektuelle" und Grassroot-Aktivist[59] GUSTAVO ESTEVA[60] hat nicht nur die entwicklungskritische *Post-Development-Bewegung* maßgeblich geprägt, sondern mit der *Universidad de la Tierra*[61] im mexikanischen Oaxaca einen sozialen Ort initiiert, in dem unterschiedlichste Menschen – frei von staatlichen Abschlüssen und institutionellen Zwängen – miteinander leben und voneinander lernen.

ESTEVAS Leben war stets mit vielen wesentlichen Entwicklungen und Fragen des 20. Jh. verbunden: Geboren 1936 in Mexico City, aufgewachsen zwischen der jesuitischen Bildungstradition des nachkolonialen katholischen Mexiko und der innigen für sein späteres Leben bedeutsamen Beziehung zu seiner indigenen Großmutter (die sein Elternhaus nicht durch den Haupteingang betreten durfte, vgl. Esteva 2002), kam er durch den Tod seines Vaters früh mit der westlichen *Business-World* in Berührung: Fünfzehnjährig begann er als Office-Boy in einer Bank zu arbeiten, um die große Familie zu unterstützen. Wenig später war er, dank der US-amerikanischen Entwicklungsexperten und ihrer

---

[58] Estava/Prakash 1998, S. 10, „Schulen saugen, sowohl mit ihrer verpflichtenden Anwesenheit im Klassenzimmer als auch mit den Hausaufgaben die Energie, die Phantasie- und Vorstellungskraft der Kinder ab und stellen so eine schreckliche Bedrohung für das traditionelle landwirtschaftliche Wissen der Triqui-Bevölkerung dar. Schulen hindern die Jugend daran, die Erwachsenen der Gemeinschaft bei ihren kulturellen und landwirtschaftlichen Tätigkeiten zu begleiten." Übersetzung: C.S.

[59] „Grass-roots movement", bzw. die deutsche Übersetzung „Graswurzelbewegung" gab und gibt ein stimmiges Bild für gesellschaftliche und politische Initiativen ab, die bevölkerungsnah, an der Basis entstehen. Zur Geschichte des Begriffs vgl. http://de.wikipedia.org/wiki/Graswurzelbewegung

[60] vgl. http://gustavoesteva.org

[61] vgl. http://unitierra.org

Bildungsprojekte, der jüngste Manager bei IBM. Als Personalmanager hatte ESTEVA die Aufgabe, zwischen Interessen der Firma und denen der Mitarbeiter zu vermitteln. Die Einsicht in die hier vorliegende, nicht aufzulösende und mit MARX erklärbare Diskrepanz ließ ihn, trotz großem Erfolg, der Geschäftswelt den Rücken kehren. Er nahm einen kleinen Posten im Finanzministerium an (inzwischen war er selbst Vater geworden) und pflegte in seiner Freizeit Kontakte zu seinen marxistischen Freunden. Während die Ereignisse in Kuba gespannt verfolgt wurden, bereitete man auch in Mexiko die Revolution vor und ESTEVA war bald eine Führungsfigur in der Guerilla-Szene.

Die fühlbare Kluft zu den sich ebenfalls erhebenden *campesinos*, den Bauern, aber vor allem die Gewaltbereitschaft seiner Mitstreiter bewegten ihn jedoch (gerade hatte er den friedlichen Weg GANDHIS für sich entdeckt) zum Abschied aus dem links-revolutionären Untergrund. Anfang der 1970er Jahre war er als Koordinator nationaler Hilfsprogramme für die ländliche Bevölkerung und die marginalisierten städtischen Gruppen Mexikos tätig. Obwohl das Programm von 1970 bis 76 unter Präsident ECHEVERRÍA erfolgreich lief, festigte sich ESTEVAS Überzeugung, dass die Logik der staatlichen Interessen sich mit den tatsächlichen Bedürfnissen der Menschen zwar überschneiden, aber nie völlig identisch sein könnte. Er kam zu der Einsicht, dass auch die besten Entwicklungsprogramme und selbst diejenigen, die er selbst entwickelt hatte, schädlich für die betroffenen Menschen waren![62] Er kündigte die Zusammenarbeit mit der Regierung, gründete eine NGO und betrat das Feld der Zivilgesellschaft. Er pflegte viele Kontakte, lokal und international, 1983 begegnete er IVAN ILLICH, eine freundschaftliche Zusammenarbeit begann.

---

[62] „I was convinced of at least two things. First, even the best development programs, like those that we were organizing, were very damaging for their supposed beneficiaries. We knew. We had our own evaluations. We knew what we were doing. Even these beautiful, great, fantastic programs were really damaging for the people. And the second thing that I knew was that the logic of interest in the government and the logic of interest among the people never coincide. They may touch each other, from time to time, but they are two, basically different. I had a very good balcony with Luis Echeverría. I was next to the place where they were taking decisions and I saw very well that the logic of decisions is not the logic of the people or in the interests of the people." Aus dem Interview mit Gustavo Esteva: *The Society of the Different*, http://www.inmotionmagazine.com/global/gest_int_1.html

ESTEVA formulierte seine radikale Kritik gegen Entwicklung, gegen die ökonomische Rationalisierung des Lebens, und sei sie kommunistisch-marxistisch motiviert. Er setzt sich für ein *selbstbestimmtes Gemeinwesen statt Entwicklung* ein (vgl. Ziai 2005).

„Entwicklung ist ein gesellschaftliches Experiment im Weltmaßstab, dass für die Mehrheit der Betroffenen entsetzlich fehlgeschlagen ist. Ihre „Eingliederung" in den Weltmarkt zu fairen und gleichen Bedingungen ist zunehmend undurchführbar, während sich der Abstand zwischen Zentrum und Peripherie konstant vergrößert. [...] Entwicklung ist ein heimtückischer Mythos, dessen bloße Existenz die Mehrheit der Weltbevölkerung bedroht, da er ihre üble Lage in einen chronischen Alptraum verwandelt – das ist die entwürdigende Modernisierung der Armut." (Esteva 1995, 56 ff.)

Dabei unterschiedet er den *Homo Communis*, der seine Zufriedenheit in der Kooperation mit der Gemeinschaft findet, der im Augenblick lebt und sein Leben nicht von ökonomischen Nützlichkeitsprinzipien diktieren lässt, vom *Homo Oeconomicus*, der gleichzeitig immer auch ein Homo Educandus ist und formalisierte Bildung braucht. Diese organisierte Form des Lernens in Schulen identifiziert ESTEVA als destruktive Kraft: Gemeinsam mit der indischen Pädagogin MADHU SURI PRAKASH schrieb er das Buch *Escaping education. Living as learning with the grassroots cultures* (vgl. Estava/Prakash 1998) in dem die Geschichte des kolonialistisch über alle Kulturen verbreiteten staatlichen Schulsystems nachgezeichnet und auf den gewaltige Bruch hingedeutet wird, den die Durchsetzung dieses Schulmodells in sozial intakte Grassroot-Gemeinschaften hineinreißt (siehe Eingangszitat). Die Menschenrechte vergleichen die beiden Autoren mit einer künstlich festgelegten *harten Währung*, die andere moralische Verbindlichkeiten untergräbt. Westliche Erziehung, die Menschenrechte und die Entwicklungspolitik bilden eine mächtige und subtile Front (*Bildung als Menschenrecht* rechtfertigt die Zwangsbeglückung aller mit derselben Pädagogik) gegen alle Menschen, die dem sogenannten „unterentwickelten" Teil der Menschheit angehören. Problematisiert wird ebenso eine interkulturelle Pädagogik, die verschiedene Kulturen ins Klassenzimmer holt und dabei übersieht, dass genau jene Einrichtung des Klassenzimmers schon eine ganz bestimmte Kultur des Lernens darstellt.

Bemerkenswert ist außerdem ESTEVAS Unterscheidung zwischen *Dezentralismus* und *Dezentralisierung*. Während letztere die strategische

Aufteilung der Steuerungszentrale auf mehrere Zentren, in hierarchischen Ebenen geordnet, meint (als Beispiel bringt er die englische Kolonialverwaltung oder die Unternehmensstrukturen von McDonalds), so beschreibt Dezentralismus die radikale Ablehnung von Hierarchie und Machtpositionen. Übrig bleibt das Netzwerk, in dem jede und jeder ein Zentrum bildet.

Er sieht sich deshalb auch niemals als *Berater*, sondern sieht sich als *nomadischer Geschichtenerzähler*, der den Menschen, wenn sie mit Fragen zu ihm kommen, Geschichten erzählt – aus denen sie dann selbst ihre Schlüsse ziehen können. Anknüpfend an GANDHIS Konzept von *Swaraj* ist ihm Autonomie wesentlich: Das geht bis zur Proklamation der Kompost-Toilette, die die ländliche Bevölkerung unabhängig von bürokratischer und teurer Kanalisation machen soll.[63]

Ob ESTEVAS Kritik an *Education* auch für den im Kontext dieser Arbeit entwickelten Begriff der Menschenbildung gilt, und ob der *Homo Communis* das positive Bild gegenüber dem *Homo Oeconomicus* bleiben soll oder die beiden vielleicht sogar auf höherer Ebene vermittelt werden können[64] – das wären spannend zu diskutierende Fragen. Den Bedingungen, in denen ein solch unideologisches und offenes Gespräch zwischen Zeitgenossen stattfinden könnte, hat ESTEVA mit der *Universidad de la Tierra* exemplarisch Ausdruck gegeben.

---

[63] vgl.: Interview mit Gustavo Esteva: *The Society of the Different.* http://www.inmotionmagazine.com/global/gest_int_1.html

[64] Habermas formulierte dazu einmal: „Der motivbildende Gedanke ist die Versöhnung der mit sich selber zerfallenen Moderne, die Vorstellung also, dass man ohne Preisgabe der Differenzierungen, die die Moderne sowohl im kulturellen wie im sozialen und ökonomischen Bereich möglich gemacht haben, Formen des Zusammenlebens findet, in der wirklich Autonomie und Abhängigkeit in ein befriedetes Verhältnis treten; dass man aufrecht gehen kann in einer Gemeinsamkeit, die nicht die Fragwürdigkeit rückwärtsgewandter substantieller Gemeinschaftlichkeit an sich hat." (Habermas 1985, S. 202, zitiert nach Seitz 2002, S. 209)

I. 3. Grundlegende Fragestellungen zu Erziehung und Bildung

Ohne Bildung hört der Mensch auf, Mensch zu sein

„Nichts ist naturgemäßer als Tugend und Bildung – ohne sie hört der Mensch auf, Mensch zu sein."[65] – Diese Worte des ERASMUS VON ROTTERDAM deuten auf die umfassende Dimension hin, die dem in der deutschen Sprache so einzigartigen Begriff der Bildung eigen ist. *Bildunga* hieß das althochdeutsche Wort für Schöpfung, Bildung, Gestalt (vgl. Duden 1989; S. 260). Mit dem mittelhochdeutschen *Bildunge* bezeichnete MEISTER ECKHART die innere Entwicklung des Menschen in der Hinwendung zum Göttlichen (vgl. Mugerauer 2011).

Menschenbildung, freie Entfaltung der Persönlichkeit, ganzheitliche Allgemeinbildung – zahlreich sind die Versuche, Worte zu finden, welche die mit der Bildung verbundene Tiefe und Weite menschlicher Entwicklung fassen können. Bildung ist mehr als die nachprüfbare Aneignung von Fertigkeiten, Bildung ist ein individueller, irreversibler Prozess. „[Bildung] umfasst [...] schlechthin das Programm der Menschwerdung durch die geistige Arbeit an sich und an der Welt", resümiert der in Wien lehrende Philosoph KONRAD PAUL LIESSMANN in seiner 2006 erschienenen *Theorie der Unbildung*. (Liesmann 2006, S. 59)

Im Zuge der aktuellen weltweiten Bestrebung, Bildungsprozesse als „Kompetenz-Erwerb" zu definieren, geht diese den Kern der menschlichen Persönlichkeit berührende Dimension der Bildung nur allzu leicht verloren. Dem Kompetenzkonzept ist jedoch zugutezuhalten, dass es den Fokus vom Unterrichtsstoff, vom Lernprogramm auf die Lernenden selbst verschiebt. Dadurch werden auch außerschulische Lernprozesse sichtbar, und das so genannte *nicht formale* bzw. das *informelle Lernen* erfährt eine neue Wertschätzung (die UNESCO

---

[65] vgl. http://de.wikipedia.org/wiki/Bildung

hat dazu einiges ausgearbeitet, auch in der EU sind diese Dimensionen etabliert[66]). Gleichzeitig werden Kompetenzen allerdings oft verkürzt dargestellt und auf die Aneignung von *Kenntnissen* und *Fertigkeiten* reduziert, sodass die *Fähigkeiten*, die zur Kompetenz dazugehören[67], zu kurz kommen. Die als Antwort auf die PISA-Studie entwickelten Bildungsstandards beispielsweise betreffen fast ausschließlich Kenntnisse und Fertigkeiten, und auch da in einem sehr eingeschränkten Bereich (siehe auch Kapitel II.2.). Die Entwicklung von Fähigkeiten, d.h. der umfassenden individuellen Bildung zur Befähigung selbstständiger Aufgabenerkenntnis und Problemlösung hingegen ist ein sensibleres Gebiet, das sich der quantitativen Messung entzieht. Auch lassen sich beispielsweise ‚Begeisterungsfähigkeit' oder ‚Weltoffenheit' nicht in ein Raster einordnen. WOLFGANG KLAFKI veröffentlichte in den 1980er Jahren zwei intensiv rezipierte Studien, in denen er sich auf die Suche nach einem zeitgemäßen Konzept allgemeiner Bildung begab und die folgenden *Grundfähigkeiten* beschrieb:

„Bildung muss m. E. als selbsttätig erarbeiteter und personal verantworteter Zusammenhang dreier Grundfähigkeiten verstanden werden:

---

[66] „Auf europäischer Ebene gelten folgende Definitionen: Formales Lernen findet üblicherweise an Einrichtungen der allgemeinen oder beruflichen Bildung statt und weist strukturierte Lernziele, Lernzeiten und Lernförderung auf. Aus Sicht des Lernenden ist es zielgerichtet und führt zur Zertifizierung. Nicht formales Lernen findet nicht an einer Einrichtung der allgemeinen oder beruflichen Bildung statt und führt üblicherweise nicht zur Zertifizierung. Es ist jedoch intentional aus Sicht des Lernenden und weist strukturierte Lernziele, Lernzeiten und Lernförderung auf. Informelles Lernen findet im Alltag, am Arbeitsplatz, im Familienkreis oder in der Freizeit statt. Es ist nicht strukturiert und führt normalerweise nicht zur Zertifizierung. Es ist in den meisten Fällen nicht intentional aus Sicht des Lernenden."
Vgl. http://ec.europa.eu/education/lifelong-learning-policy/doc52_de.htm

[67] „Kenntnisse": das Ergebnis der Verarbeitung von Information durch Lernen. Kenntnisse bezeichnen die Gesamtheit der Fakten, Grundsätze, Theorien und Praxis in einem Arbeits- oder Lernbereich. Im Europäischen Qualifikationsrahmen werden Kenntnisse als Theorie- und/oder Faktenwissen beschrieben.

„Fertigkeiten": die Fähigkeit, Kenntnisse anzuwenden und Know-how einzusetzen, um Aufgaben auszuführen und Probleme zu lösen. Im Europäischen Qualifikationsrahmen werden Fertigkeiten als kognitive Fertigkeiten (logisches, intuitives und kreatives Denken) und praktische Fertigkeiten (Geschicklichkeit und Verwendung von Methoden, Materialien, Werkzeugen und Instrumenten) beschrieben.

„Kompetenz": die nachgewiesene Fähigkeit, Kenntnisse, Fertigkeiten sowie persönliche, soziale und methodische Fähigkeiten in Arbeits- oder Lernsituationen und für die berufliche und/oder persönliche Entwicklung zu nutzen. Im Europäischen Qualifikationsrahmen wird Kompetenz im Sinne der Übernahme von Verantwortung und Selbstständigkeit beschrieben.
vlg.: http://ec.europa.eu/eqf/terms_de.htm

- als Fähigkeit zur *Selbstbestimmung* jedes Einzelnen über seine individuellen Lebensbeziehungen und Sinndeutungen zwischenmenschlicher, beruflicher, ethischer, religiöser Art;
- als *Mitbestimmungsfähigkeit*, insofern *jeder* Anspruch, Möglichkeit und Verantwortung für die Gestaltung unserer gemeinsamen kulturellen, gesellschaftlichen und politischen Verhältnisse hat;
- als *Solidaritätsfähigkeit*, insofern der eigene Anspruch auf Selbst- und Mitbestimmung nur gerechtfertigt werden kann, wenn er nicht nur mit der Anerkennung, sondern mit dem Einsatz für diejenigen und dem Zusammenschluss mit ihnen verbunden ist, denen eben solche Selbst- und Mitbestimmungsmöglichkeiten aufgrund gesellschaftlicher Verhältnisse, Unterprivilegierung, politischer Einschränkungen oder Unterdrückungen vorenthalten oder begrenzt werden." (Klafki 1994, S. 52, Herv. C.S.)

So umfassend und am Allgemeinmenschlichen orientiert wie diese Grundfähigkeiten ist auch KLAFKIS Konzept der Allgemeinbildung, die er wie folgt definiert: Sie ist erstens Bildung *für alle*, ohne Unterschied des Geschlechts, des sozialen Milieus, der Begabung, des kulturellen Hintergrundes. Zweitens ist sie Bildung *im Medium des Allgemeinen*, d.h. sie ist auf keine fachliche Spezialisierung ausgerichtet, sondern besteht in der „Aneignung der die Menschen gemeinsam angehenden Fragen und Problemstellungen ihrer geschichtlich gewordenen Gegenwart und der sich abzeichnenden Zukunft und als Auseinandersetzung mit diesen sich abzeichnenden Aufgaben, Problemen, Gefahren." Drittens ist sie die *allseitige* Bildung „aller Grunddimensionen menschlicher Interessen und Fähigkeiten", die auf die freie Entfaltung der Persönlichkeit zielt (vgl. Klafki 1994, S. 53f).

Die Widersprüchlichkeit, die mit einer vermeintlichen allgemeinen Prüfbarkeit der Bildung einhergeht, dass Bildung also einerseits individuelle Urteilsfähigkeit ermöglichen, andererseits aber als Kanon einer „Allgemeinbildung" erfüllt werden soll, hat bereits HEGEL als Entfremdung vom eigentlichen Bildungsbegriff erkannt:

„Eine inhaltlich kanonisierte ‚allgemeine Bildung', die erstrebt wird, um gebildet zu sein und um vor anderen gebildet zu erscheinen, deformiert die Bildung zum Statussymbol."[68]

---

[68] zitiert aus: http://wiki.bildungsserver.de/index.php/Bildungsstandards

In diesem Sinne ist es auch für ASTRID MESSERSCHMIDT unzureichend, Bildung als Vermittlung abstrakter Inhalte aufzufassen:

„Bildungsprozesse bestehen demgegenüber vielmehr aus Irritationen und einer daraus erfolgenden Selbstreflexion, die nicht eine innerpsychologische Selbstreflexion meint, sondern eine Auseinandersetzung mit der eigenen Integration in Herrschaftsverhältnisse." [...] Dabei wird „Herrschaft [...] nicht als etwas Äußerliches verstanden, dem zu unterliegen zwangsläufig erfolgt, sondern als eine Struktur, der bereitwillig entsprochen wird, weil sie denjenigen Vorteile sichert, die ihr entsprechen." (Messerschmidt 2009, S. 69 bzw. 9)

Auch ANTONIO GRAMSCI schildert mit seinem Kulturbegriff gleichzeitig einen aktiven, mit der Gesellschaft in direktem Kontakt stehenden Bildungsprozess:

„Wir müssen uns abgewöhnen und aufhören, die Kultur als enzyklopädisches Wissen zu verstehen, wobei der Mensch nur als ein Gefäß gesehen wird, das mit empirischen Daten angefüllt und vollgepfropft werden muss, mit nackten und zusammenhanglosen Fakten, die er dann in seinem Gehirn wie in den Abschnitten eines Wörterbuchs rubrizieren muss [...] Wirkliche Kultur ist etwas völlig anderes. Kultur ist Disziplinierung des eigenen inneren Ichs, Inbesitznahme der eigenen Persönlichkeit und die Erlangung eines höheren Bewusstseins, mit dem man dazu kommt, den eigenen historischen Wert zu verstehen, die eigene Funktion im Leben, die eigenen Rechte und Pflichten." (Gramsci 2004, S. 15)

Erziehung als Selbsterziehung

> *„Jede Erziehung ist Selbsterziehung, und wir sind eigentlich als Lehrer und Erzieher nur die Umgebung des sich selbst erziehenden Kindes. Wir müssen die günstigste Umgebung abgeben, damit an uns das Kind sich so erzieht, wie es sich durch sein inneres Schicksal erziehen muss."*[69]
>
> RUDOLF STEINER

Anders als die *Bildung*, die ja, wie im letzten Kapitel deutlich wurde, ein *individueller* Prozess ist, impliziert die *Erziehung* ein *zwischenmenschliches* Verhältnis. In der *Erziehung* geht es einerseits um den Aufbau und die Pflege einer dialogischen Beziehung, in der die Welt miteinander erkundet, begriffen und gestaltet werden kann. Andererseits kann diese dialogische Beziehung nur gelingen, wenn beide Partner, Lernender und Lehrender sich einer permanenten Weiterentwicklung und Selbsterziehung nicht verschließen. Eben nicht nur die Schülerinnen und Schüler lernen, sondern selbstverständlich auch die Lehrerinnen und Lehrer, wenn sie den sich wandelnden Lernsituationen gerecht werden und nicht nur ein fertiges Programm aufoktroyieren wollen. Denn oft muss heute wohl gesagt werden: „Nicht die Kinder sind ungeeignet für die Schule, sondern die Schule ist ungeeignet für die Kinder." (Reheis 2007, S.12) D.h., die Beziehung zwischen Lehrenden und Lernenden muss ‚atmen', es geht um wirkliche Fähigkeitsentwicklung, nicht primär um Programmerfüllung.

Bereits der Philosoph IGNAZ PAUL VITAL TROXLER hat zwei Dinge identifiziert, die einem gelungenen pädagogischen Prozess im Wege stehen:

„1. Das Aufdringen von Ansichten von außen, ohne dass sie aus dem Verstande entwickelt worden, bloßes Mitteilen ohne Vorbereitung, wobei das Begreifen unmöglich.
2. Das Erzwingen von Handlungen, ohne dass sie aus dem Willen hervorgehen, bloßes Anhalten ohne Beweggründe, wobei richtige Anwendung unmöglich."
(Troxler 1936, S. 332)

---

[69] Steiner 1983, S. 131

Beides vernachlässigt die Integrität des Kindes, des Lernenden. Diese zu achten und im Bewusstsein zu behalten ist nicht nur ein Anliegen jeder humanen Pädagogik, sondern auch ein wesentlicher Schritt auf dem Weg zu einer Erziehungs*kunst*: Es gibt keinen ‚Nürnberger Trichter', keinen direkten Hebel, mit dem die Gedanken und Empfindungen eines anderen Menschen beeinflusst werden könnten – der Mensch ist eben keine Maschine, sondern ein ‚eigenwilliges' Wesen. „Wenn man individuelle Menschen als Konglomerat autopoietischer, eigendynamischer, nichttrivialer Systeme begreift, gibt es keinen Anlass zu der Vermutung, man könne sie erziehen." (Luhmann 2002, S. 82), so beschreibt selbst NIKLAS LUHMANN diesen Sachverhalt mit systemtheoretischem Vokabular. Und TROXLER fasst seinen pädagogischen Grundsatz folgendermaßen zusammen: „Es kann keiner für den andern wesen und leben, und ebensowenig denken und wollen." (Troxler 1936, S. 344)

Um gute Pädagoginnen oder Pädagogen zu sein, müssen wir uns immer wieder neu klarmachen, dass, um mit PAOLO FREIRE zu sprechen, „Lehren nicht heißt, Wissen weiterzugeben, sondern Möglichkeiten zu erschaffen, Wissen zu erzeugen und zu bilden." (Freire 2008, S. 24) KLAUS HOLZKAMP hat dieses Verhängnis mit dem Namen *Lehrlernkurzschluss* bezeichnet:

„Meine Kritik am ‚Lehrlernkurzschluss', d.h. der Unterstellung, ‚Lehren' würde automatisch ‚Lernen' bei den Belehrten implizieren, das Subjekt der Lernprozesse der ‚Schüler' sei also eigentlich der ‚Lehrer', ist nicht primär ‚antiautoritär' motiviert. Vielmehr versuche ich in den verschiedensten Zusammenhängen zu zeigen, dass die Vorstellung, man könne etwa durch Lehrpläne, Lehrstrategien, didaktische Zurüstungen die Lernprozesse eindeutig vorausplanen, also Bedingungen herstellen, unter denen den Betroffenen nichts anderes übrigbleibt, als in der gewünschten Weise zu lernen, eine Fiktion darstellt: Tatsächlich erzeugt man durch derartige Arrangements über die Köpfe der Betroffenen hinweg vor allem Widerstand, Verweigerung, Ausweichen, wobei – sofern es überhaupt zum Lernen kommt – dieses als ‚defensives Lernen' nicht auf das Eindringen in den Lerngegenstand, ein tieferes Verständnis der Lerninhalte etc. gerichtet ist, sondern lediglich darauf, die Lehrenden zur Abwendung von Sanktionen ‚zufrieden zu stellen', d.h. Lernerfolge zu demonstrieren und vorzutäuschen." (Holzkamp 1996, S. 32)

Wird also erkannt, dass Lernen grundsätzlich nur als selbstgewollter Prozess möglich ist, dann wird die pädagogische Beziehung nicht mehr als ein ‚dressieren' und ‚einpauken', sondern als ein Fördern und Beachten der individuellen Entwicklungsschritte angesehen werden.

Erziehung und Bildung zwischen individuellen und gesellschaftlichen Ansprüchen

> *„Pädagogische Probleme sind nur pädagogisch zu lösen, also weder politisch und organisatorisch noch ökonomisch."*[70]
>
> JOCHEN KRAUTZ

Alle Fragen der Bildung stehen im Spannungsfeld zwischen der *Idee von Allgemeinbildung als Menschenrecht* und der *individuellen Anlage des jeweiligen Menschen* als dem im konkreten Bildungsvorgang zu Berücksichtigenden. Erziehung ist also ein permanenter Vermittlungsprozess zwischen dem Anspruch, jedem Kind Allgemeinbildung zugute kommen zu lassen und der Wahrnehmung der ganz konkreten individuellen Entwicklungsmöglichkeiten des Kindes.

Dieses Verhältnis kann allerdings auch vereinseitigt werden: Einerseits dadurch, dass staatliche (normierende) oder wirtschaftliche (zweckbindende) Tendenzen im Erziehungsprozess vorherrschend werden. Andererseits, indem das Kind sich selbst überlassen bleibt, und dadurch – z.B. durch mangelnde Ansprache – überhaupt nicht angeregt wird, seine Anlagen zu entfalten. Lebendig kann sich das Verhältnis zwischen Schüler und Lehrer nur als ein *partnerschaftliches*, dialogisches entwickeln. D.h. grundsätzlich muss davon abgesehen werden, dass der Lernende ausschließlich als *Befehlsempfänger* behandelt wird. Gerade das wird er aber, wenn von vornherein bereits feststeht, *was* und *wie* er zu lernen hat, wenn er also einem generellen Bildungsplan unterstellt wird, der seine besonderen Anlagen nicht berücksichtigt. Heute stehen die Lernenden vielfach am unteren Ende der Kette: Stoff – Lehrer/in – Schüler/in, wodurch die erste Art der Vereinseitigung gekennzeichnet ist. D.h., nicht nur der Schüler, die Schülerin sind dem Lehrplan unterstellt, sondern die Lehrerinnen und Lehrer gleichfalls den Vorgaben des Bildungsministeriums.

Die zweite Vereinseitigungsform besteht im mangelnden sozialen Ausgleich in der Erziehung. Dies bedeutet mangelnde Zuwendung auf

---

[70] Krautz 2007, S. 95

der einen und Privilegierung auf der anderen Seite. Dass diese Form der Selektion für keine Gesellschaft wünschenswert sein kann, macht MÜNCH deutlich:

> „Man muss bei dieser gezielten ‚Eliteförderung' allerdings in Kauf nehmen, dass sich auf diese Weise an der Spitze der Gesellschaft keine selbstständig denkenden, authentischen Charaktere mehr finden werden, sondern nur noch Reproduktionen von vorgefertigten Schablonen." [...] „Damit fehlt es aber auch in den Spitzenpositionen an eigenständigen Charakteren mit gesellschaftlicher Verankerung. Es mangelt dann den Führungskräften sowohl an Originalität und Kreativität als auch an tief in der Biographie verwurzelter Bindung an die Gesellschaft." (ebd. S. 86 bzw. 89)

ANTONIO GRAMSCI, der ja durchaus eine allgemeinbildende Schule intendierte, ging sogar soweit, dass er den Bildungswert der üblichen Schulen grundlegend anzweifelte, und die Tendenz nachvollziehen konnte, ganz neue Wege der Bildung – zumindest als Übergang – zu suchen:

> „In der Schule [...] lernt niemand mehr irgendwas oder doch noch recht wenig. Es zeigt sich die Tendenz, die Bildungsaufgabe auf anderen Wegen, ohne Zwänge, durch spontane Zusammenschlüsse von Menschen zu realisieren." (Gramsci 2004, S. 23)

Die Ansicht, die davon ausgeht, dass der Staat durch Standardisierung und Bildungsnormen das Erreichen des Bildungsziels zu sichern hat, verkennt, dass Allgemeinbildung gerade dann verhindert wird, wenn sie dem lebendigen Lernprozess entzogen und durch eine vorgegebene Auswahl – denn jegliche als Bildungskanon gefasste „Allgemeinbildung" kann doch nur eine Auswahl sein – ersetzt wird. Deshalb betonte RUDOLF STEINER:

> „Soll man den Menschen mehr erziehen im Sinne dessen, was die Menschennatur selbst fordert, also mehr eine Menschheitserziehung, eine humanistische Erziehung pflegen; oder soll man dem Menschen mehr eine Erziehung angedeihen lassen, die ihn für den künftigen Beruf, für das Staatsgefüge vorbereitet und dergleichen? Für den, der die Dinge in ihrer Tiefe durchschauen will, sind solche Diskussionen an der Oberfläche verlaufende Wortdialektik. Warum? Wer die werdende Generation durchschaut, der bekommt ein deutliches Gefühl davon: Die Menschen sind mit dem, was sie arbeiten, mit dem, was sie denken und empfinden, mit dem auch, was sie für die Zukunft anstreben als Erwachsene, aus dem Schoße der Geschichte aufgestiegen. Und das, was heute Berufe sind, was heute Staatsgefüge ist, wohin sich heute die Menschen stellen können: das ist ja aus diesen Menschen selbst entsprungen! Das

Erziehung und Bildung
zwischen individuellen und gesellschaftlichen Ansprüchen

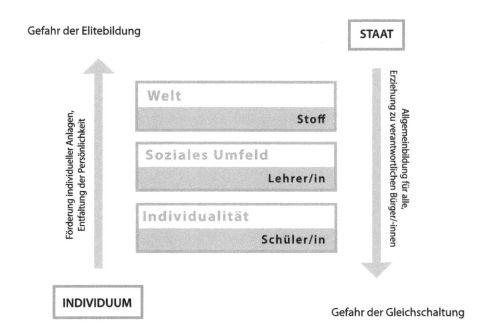

Erziehung und Bildung in freien zivilgesellschaftlichen
Beziehungen und Einrichtungen

Vermittlung von beiden Tendenzen
**durch Fähigkeits-Entwicklung in selbstbestimmten
und vielfältigen Begegnungsräumen**

NICHT: *Entweder* Individual-Entwicklung, *oder* soziale Gerechtigkeit, SONDERN:
Je mehr sich die soziale Welt dem Individuum öffnet, desto umfassender kann es sich
ausbilden, und je freier der individuelle Mensch sich bilden kann, umso fruchtbarer
werden seine individuellen Fähigkeiten ins soziale Leben einfließen können

hängt ja nicht als eine Äußerlichkeit diesen Menschen an! Man kann gar nicht fragen: Soll man den Menschen mehr für das Menschenwesen erziehen oder mehr für den äußeren Beruf? Denn richtig angesehen, ist schließlich doch beides ein und dasselbe!" (Steiner 1980a, S. 30)

Diese Vermittlung der allgemeinen Forderungen mit den individuellen Anlagen durch den freien pädagogischen Prozess strebte bereits KARL MAGER mit seiner *Social-Pädagogik* an:

„Der Begriff der Sozialpädagogik als vollständige Synthese aus Individual- und Staatsbzw. Kollektivpädagogik ist politisch hoch bedeutsam. [...] Sozialpädagogik [meint] die Erziehung aller Menschen zu Bürgerinnen und Bürgern, die aus Freiheit aktiv und engagiert an der Selbstverwaltung und schließlich an der Selbstregierung ihres dann demokratischen Gemeinwesen teilnehmen. Kurz: Magers Sozialpädagogik sollte helfen, Demokratie von unten her aufzubauen." (Müller 2005, S. 148)

Genauso kann der eingangs geschilderte Dualismus zwischen der Idee einer Allgemeinbildung und den jeweils individuellen Anlagen nur in realen Prozessen, d.h. in der Begegnung überwunden werden – in den Prozessen einer permanent *lernenden Gesellschaft*, insbesondere auch einer sich Entwicklungsprozessen öffnenden Wirtschaft. D.h., selbst das umfassendste, generell verordnete Curriculum kann den eigentlichen Bedürfnissen der Gesellschaft gar nicht gerecht werden, da es immer nur *relative Allgemeinbildung* vermitteln und der Vielfalt der individuellen Anlagen nicht entsprechen kann. Von der fruchtbaren Entfaltung der individuellen Fähigkeiten hängt aber die Entwicklung des Gemeinwesens ab. Deshalb kann der Bildungsprozess nicht institutionell geplant werden, sondern verlangt vielmehr eines lebendigen zivilgesellschaftlichen Prozesses, der zwischen *allgemeiner Idee* und *konkreter Individualität* zu vermitteln und die dafür geeigneten Bildungsräume zu eröffnen vermag.

II.

DAS BILDUNGSWESEN IM SPANNUNGSFELD
STAATLICHER UND WIRTSCHAFTLICHER INTERESSEN

> *„Denn alles, was in sich selbst reizend ist, erweckt Achtung und Liebe, was nur als Mittel Nutzen verspricht, bloß Interesse; und nun wird der Mensch durch Achtung und Liebe ebensosehr geadelt, als er durch Interesse in Gefahr ist, entehrt zu werden."* [71]
>
> WILHELM VON HUMBOLDT

Im folgenden zweiten Teil wird es darum gehen, die Interessen, die von staatlicher bzw. wirtschaftlicher Seite auf das Bildungswesen einwirken, als Movens des Selektionsmechanismus und der Standardisierungstendenzen zu besprechen. Abschließend soll die neoliberale Dialektik von wirtschaftlichem Liberalismus und regulierendem Staat in der sozialen Marktwirtschaft analysiert werden.

II. 1. Das Schulsystem als Sortiermaschine – Wer erteilt hier Selektionsaufträge?

> *„Alle Kinder erleben durch die Selektion, dass sie eben nicht so, wie sie sind, angenommen, akzeptiert und wertvoll sind und gerade durch ihre Individualität, ihren Eigensinn und ihre Eigenheiten einen bereichernden Beitrag zur Gesellschaft leisten."* [72]
>
> SABINE CZERNY

Das staatliche Schulwesen war nie als emanzipatorisches, inklusives Projekt konzipiert, sondern diente immer auch den Zwecken der Obrigkeit: „Die Schule ist Mittel zu einem bestimmten Zweck, die Funktionszuschreibung ist Resultat staatsökonomischer Vorgaben." (Sohm 1996, S. 27) Diese staatsökonomischen Vorgaben lassen es unter anderem vorteilhaft erscheinen, Schulkinder genau zu ‚inspizieren' und ‚die

---

[71] Humboldt 1967, S. 33
[72] Czerny 2010, S. 1,63

klugen Köpfe herauszufischen'. Dazu dienten und dienen – will man die Sache unter diesem Gesichtspunkt betrachten – die Zensuren, die Schulnoten. Der kritischen Untersuchung dieses staatsschulimmanenten Selektionsmechanismus ist dieses Kapitel gewidmet.

Schulnoten als „organisatorisches Artefakt"

> *„Man berechnet den Mittelwert der Noten bis auf Zehntel- und Hundertstelstellen, obwohl schon die Einerstellen nicht stimmen."*[73]
>
> RUPERT VIERLINGER

Im Laufe der Geschichte des modernen Bildungswesens traten die Schulnoten immer deutlicher als Regulierungsinstrument in Erscheinung. Dabei basiert die Regulierungsmacht des Notensystems auf den einheitlichen, gesetzlich verordneten nationalen Curricula: Der „Jahresstoff" für die verschiedenen Fächer ist verbindlich festgelegt, ebenso die Verfahren, die zum Aufsteigen in die nächste Schulstufe berechtigen – Schlüssel dazu sind die Zensuren. Seit dem 19. Jahrhundert haben sie sich allmählich etabliert: Noch 1861 war ein *nicht genügend* als Abiturnote kein Hindernis, beispielsweise an der Universität Braunschweig das Studium der Rechtwissenschaften aufzunehmen, und die in Deutschland heute übliche Notenskala von 1 bis 6 wurde erst 1938 verbindlich eingeführt (vgl. Kuss 2003).

Heute haben alle Nationalstaaten fest etablierte Notensysteme, die sich in ihrer Differenzierungsmöglichkeit (etwa eine Skala von 1-20 in Frankreich, ebenso in Tunesien, Algerien und Marokko), der Bewertungsrichtung (so ist beispielsweise in Österreich und Tschechien 1 die beste, 5 die schlechteste Note, während sich die Sache in Ungarn, dem ehemaligen Jugoslawien, Polen, Portugal und Russland genau umgekehrt verhält) oder ihrer Form (in den USA und Großbritannien werden A,B,C und E vergeben)[74] unterscheiden. Bezüglich ihrer rigorosen „Eindeutigkeit" und der Linearität in der Leistungsbewertung sind sie sich jedoch gleich (auch wenn die Noten im Unterrichtsalltag unterschiedlich bewertet werden und beispielsweise in Finnland Noten erst in den höheren Schulstufen eine Rolle spielen).

---

[73] Vierlinger 2010
[74] vgl. http://de.wikipedia.org/wiki/Schulnote

NIKLAS LUHMANN analysierte den Benotungsvorgang folgendermaßen: „An die Stelle von Personenkenntnis, die in Interaktion gewonnen ist, tritt ein organisatorisches Artefakt, das auch von Unbeteiligten nachvollzogen werden kann." (Luhmann 2002, S. 65) Aber wie gut kann das Konstrukt der Schulnoten tatsächlich die konkrete Personenkenntnis ersetzen? Welche unerwünschten Nebenwirkungen bringt diese Abstrahierung vom konkreten Menschen mit sich? Und nicht zuletzt: Welche gesellschaftlichen Funktionen haben Schulnoten, und könnten diese Funktionen auch von anderen Kommunikationsformen erfüllt werden, oder sind sie womöglich grundsätzlich zu hinterfragen? Schulnoten ermöglichen eine handhabbare Form

a.) der *Leistungsmessung* als Grundlage der *Leistungskontrolle*, sie erfüllen

b.) die Funktion des *Leistungsanreizes* für die Lernenden, und sie sind

c.) die *Zugangsberechtigung* zu höheren Stufen des Bildungssystems (Gymnasium/Hochschule/Masterstudium etc.) und den verschiedenen Sparten des Arbeitsmarktes.

ad a.) Schulnoten in ihrer Funktion der Leistungskontrolle bringen zuallererst das Problem mit sich, dass die Leistung des Schülers absolut genommen wird, obwohl diese sich immer in *Relation zum Umfeld*, in „einem komplexen Zusammenspiel von Schüler, Mitschüler und Lehrperson und Lernstoff" (Kronig 2005) entwickelt. Hinzu kommt, dass die jeweilige Unterrichtsmethodik unterschiedliche Schülerinnen und Schüler in unterschiedlicher Weise anspricht. Bereits in den 1970er Jahren wies beispielweise der Biologe FREDERIC VESTER vier verschiedene Lerntypen nach, die es im schulischen Unterricht zu berücksichtigen gälte.[75]

---

[75] Frederik Vester (1925-2003), deutscher Chemiker und Biologe, der vor allem dem Begriff des vernetzten Denkens (im Gegensatz zum linearen) prägte, hat in seiner Fernsehserie *Denken, Lernen, Vergessen* 1973 neueste Erkenntnisse der Hirnforschung für einem breiten Publikum vorgestellt. Das dazugehörige Buch erschien 2009 in der 33. Auflage bei dtv. http://www.frederic-vester.de/deu/werke/denken-lernen-vergessen/

Abgesehen davon sind Schulnoten als Messinstrumente problematisch. Jedes Messinstrument, so betont RUPERT VIERLINGER, Gründungsdirektor der *Pädagogischen Akademie* in Linz und ehemaliger Ordinarius für Schulpädagogik an der Universität Passau muss die drei Gütekriterien *Objektivität, Zuverlässigkeit* und *Gültigkeit* erfüllen. In allen drei Kategorien sieht er erhebliche Mängel:

„*Objektiv* ist das EKG, wenn es egal ist, ob es der Arzt A macht oder der Arzt B. Genauso müsste es egal sein, ob der Lehrer A oder der Lehrer B eine bestimmte Leistung benotet – Jeder weiß, dass es sich anders verhält.
Gleiches trifft für die *Zuverlässigkeit* zu. Als Professor für Schulpädagogik habe ich an der Universität Passau pro Semester etwa 100 Klausuren zu verbessern gehabt. Angenommen, man hätte mir diese Arbeiten nach einiger Zeit – gereinigt von meinen Eintragungen – wieder vorgelegt, und zwar mit der Erwartung, dass ich zu den selben Ergebnissen käme... Diesen Test hätte ich – wie jeder andere – mit Sicherheit nicht bestanden.
Auch das Kriterium der *Gültigkeit* kann nicht erfüllt werden. Ich habe meinen Studenten an der pädagogischen Akademie seinerzeit eine Aufgabe gestellt. 100 Leute mussten den Aufsatz eines Buben benoten, der kein schönes Schriftbild hatte. Die anderen 100 bekamen denselben Aufsatz mit einer schönen Schulschrift. [...] Die Unterschiede bei der Notenvergabe waren offensichtlich: bei der ersten Gruppe gab es für den Aufsatz im Durchschnitt einen Dreier, bei der zweiten hingegen einen Zweier." (Vierlinger 2010, Herv. C. S.)

Wie lässt sich dieses Dilemma lösen? Zum einen wird verstärkt versucht, die „Psychologie" auszuschalten, indem Tests durch vorgegebene Antwortmöglichkeiten standardisiert werden (Multiple Choice) und die Auswertung und damit auch die Beurteilung ebenso gut (und billiger) von vollautomatisierten Computersystemen erledigt werden können. Im voll standardisierten Test gibt es keinen Deutungsspielraum zwischen *richtig* und *falsch* mehr, alles Wissen ist eindeutig auf die binäre Computerlogik von „0" und „1" zugeschnitten. Für bestimmte Bereiche mag das angehen, d.h. bestimmte Kenntnisse, bestimmte Fertigkeiten können auf diese Weise bewertet werden. Jene Fähigkeiten aber, die mit Kreativität, mit dem Musischen, mit dem Sozialen zu tun haben, können nicht mit standardisierten Messgeräten erfasst werden, sondern nur von einem anderen Menschen, von einer pädagogischen Bezugsperson, die einen Entwicklungsprozess begleitet hat, wahrgenommen, beschrieben und letztlich *wertgeschätzt* werden. Diese Beschreibung liegt dann jenseits der Kategorien *richtig* und *falsch*. Jeder Versuch, die vollzogene Entwicklung in vorgefertigte Schubladen zu pressen, bleibt unter gewissen Gesichtspunkten ein *unbefriedigender Kompromiss*.

ad b.) Wie steht es um die Funktion des Leistungsanreizes? Der Zusammenhang zwischen Notenvergabe und der Motivation der Lernenden ist ein „heißer" Diskussionsgegenstand: Für die einen wäre effektiver Unterricht ohne Noten schlicht nicht denkbar, für die anderen ist die Notenvergabe das Vernichtungsinstrument für echte Neugierde und intrinsische Lernmotivation schlechthin.

„Das Notensystem zwingt Kinder und Jugendliche, Stoff auswendig zu lernen. Das sitzt so tief, dass wir inzwischen glauben, Kinder würden gar nichts mehr lernen, wenn wir Noten abschaffen würden. Aber so ist es nicht. Kinder lernen in den ersten fünf Lebensjahren unglaublich viel – aus sich selbst heraus, ohne von Noten motiviert zu sein. Das würden sie auch danach, wenn man sie kindgerecht lernen lassen würde." (Largo 2010)

Wie ein solches *kindgerechtes Lernen* aussehen kann, wird in zahlreichen alternativen Unterrichtsmethoden seit Jahrzehnten demonstriert. Lernen ohne Notendruck bedeutet keineswegs, dass es keine Rückmeldung für die Lernenden gibt oder intensive Beschäftigungen mit einem bestimmten Thema nicht mit einer sinnvollen Abschlussarbeit abgerundet werden kann. Auch der sportliche Ehrgeiz im Vergleich mit anderen wird nicht umgangen, er bezieht sich aber auf konkrete Fähigkeiten und nicht auf die Noten. Die Lernsituation wird nicht durch die Frage „Ist das prüfungsrelevant?" verzerrt, die Gewohnheiten eines *defensiven Lernens* (vgl. Holzkamp 1996, S. 32), in dem die Demonstration von Lernerfolg wichtiger ist als die Auseinandersetzung mit dem Inhalt selbst, werden gar nicht erst angelegt. Ein Lernen ohne Notendruck kann Raum für echtes Interesse eröffnen, für ein *Dazwischen-Sein*, für die Entwicklung einer eigenen Beziehung zum Inhalt. Ansonsten werden „selbst die Klassiker [...] zu einem Teil des letzten Schuljahres, anstatt eine neue Wende im Leben eines Menschen zu markieren." (Illich 1972, S. 114)

Die Energie, die von Lernenden und ihren Eltern für das *fiktive Ziel* „gute Noten" aufgewendet wird ist bekannt, die Rechnereien zum tatsächlichen oder dem zu erreichenden Notendurchschnitt wohl ebenso (von den statistischen Unzulänglichkeiten, die sich beim Errechnen des Notendurchschnitts ergeben, einmal abgesehen).

Aus der Praxis wird auch regelmäßig auf den manipulativen Einfluss der Notenvergabe auf die sozialen Beziehungen innerhalb einer Lerngemeinschaft hingewiesen. „Die Devise lautet: ‚Übertriff den Anderen!', während sie eigentlich lauten sollte, ‚Übertriff dich selbst!'" (Vierlinger 2010)[76]. Die Gymnasiallehrerin URSULA LEPPERT spielt schon im Titel ihres notenkritischen Buches „Ich hab eine Eins, und Du?" auf dieses Phänomen an (vgl. Leppert 2010). Einen Leistungsanreiz über die Noten erzielen zu wollen oder diese gar als Instrument zur Disziplinierung anzusehen, sei im Sinne einer ganzheitlichen Persönlichkeitsbildung und einer inklusiven Pädagogik durchaus fragwürdig.

ad c.) Die gesellschaftliche Vermittlungsfunktion, die Schulnoten als „verlässliche" Information zur Zugangsberechtigung inne haben, ist eine eigene Diskussion wert. Eine „Platzzuweisung" auf dem Arbeitsmarkt durch das Schulsystems muss grundsätzlich hinterfragt werden. REMO LARGO argumentiert: die „Unternehmen testen die Jugendlichen doch selbst und verlassen sich nicht mehr auf Noten. Ihnen ist es letztlich egal, ob jemand eine 2 oder 3 hat – das sagt ihnen nicht, wie kompetent der Jugendliche in Deutsch oder Mathe ist. Sozialkompetenz ist mit Noten sowieso nicht fassbar. Und die bekommen Kinder nur, wenn Bezugspersonen in der Schule nicht mit Druck, also Noten auf sie wirken." (Largo 2010) Warum sollte sich der Arbeitsmarkt nicht darauf einstellen, wenn in der pädagogischen Welt der Abschied von den Ziffernnoten vollzogen würde? Und schließlich: „In welchem Job erhält man vom Chef eine Note? Der Wunsch nach Klarheit kollidiert mit den real existierenden Umständen, die Noten weltfremd aussehen lassen: In keinem Bereich, außer in der Schule, begegnen sie uns je wieder." (Windlin 2010)

---

[76] „Ich bin einmal etwas verspätet in ein Klassenzimmer zum Praktikumslehrer gekommen und merke, dass etwas vorgefallen ist, weil große Aufregung geherrscht hat. Natürlich haben die Schüler eine Schularbeit zurückbekommen. Ich habe sie gebeten anonym die Frage "Was geht dir gerade durch den Kopf?" zu beantworten. Bei den Antworten gab es kein Wort über die Schularbeit selbst, die Mehrheit schrieb von Dingen wie Neid und Überheblichkeit. Beispielsweise: Ich freue mich, dass mein Sitznachbar eine schlechtere Note als ich hat. Oder: Ich beneide meinen Nachbar um die bessere Note." (Vierlinger 2010)

Die „Not mit den Noten" ist in den letzten Jahren verstärkt Gegenstand der öffentlichen Debatte geworden, und hat auch konservative Stimmen à la „Kinder wollen Noten!" laut werden lassen. In den Aufruf, die Schulnoten endgültig ins Museum zu verbannen, würde aktuell wohl nicht gesamtgesellschaftlich eingestimmt werden. Das mag an der allgemeinen Vorliebe unserer Zeit für messbare Quantitäten und Verlässlichkeit suggerierende Zahlen liegen, oder an der inzwischen flächendeckend über mehrere Generationen geprägten Gewohnheit an die Schulnoten. Dabei ist nicht nur ihre ‚Funktionalität' in den drei beschriebenen Bereichen anzuzweifeln, ihr jeweiliges Zustandekommen und ihre Wirkung im schulischen Kontext werden außerdem von mehr oder weniger subtilen Mechanismen der Selektion gelenkt, auf die im Folgenden eingegangen werden soll.

Vom „Rassismus der Intelligenz"

> *„In diesem System ist es nicht einmal theoretisch möglich, dass alle Kinder sehr gute Leistungen erbringen. Das ist der große Fehler."* [77]
>
> SABINE CZERNY

„Auch bei Ihnen muss es Vierer, Fünfer und Sechser geben, Frau Czerny" hörte die als Noten-Rebellin (vgl. Füller 2009) bekannt gewordene bayrische Grundschullehrerin SABINE CZERNY von ihrem Vorgesetzten, als ihre vierte Klasse einen „zu hohen" Notendurchschnitt erzielte. Obwohl man ihr keine Beurteilungsfehler nachweisen konnte, obwohl sie es offensichtlich mit Engagement und Enthusiasmus tatsächlich geschafft hatte, das durchschnittliche Kompetenzniveau zu steigern und alle Kinder ihrer Klasse an eine gute bis sehr gute Leistung heranzuführen, machte man ihr Druck, ihr „unkollegiales Verhalten" einzustellen. CZERNY holte sich Anwälte zur Seite und durchforstete die deutschen Gesetzestexte nach den Grundlagen der Notenbewertung. Da ist die Notenvergabe nach Gaußscher Normalverteilung (wenige gute, viele mittelmäßige, wenige schlechte) zwar nicht direkt verordnet, aber das ungeschriebene Gesetz des „richtigen" Notendurchschnitts einer Klasse ist mächtig. Die Prüfung soll ja weder zu schwer, noch zu leicht sein – und es gibt keinen Anhaltspunkt, mit dem sich eine Lehrerin gegen den Vorwurf wehren kann, eine Prüfung sei bei überdurchschnittlich guten Ergebnissen einfach *zu leicht* gewesen, da sich die Fragen immer an dem orientierten, was jeweils unterrichtet wurde. So kann es sein, dass derselbe durchschnittliche Schüler in einer Klasse mit guten Rechnerinnen schlechtere Noten bekommen wird als in der Parallelklasse.

„Sobald schulische Leistungsbewertungen das Klassenzimmer verlassen, sind sie für jegliche Vergleiche absolut untauglich. Dennoch dienen sie als Grundlage für die überregionale Selektion." (Kronig 2005)

---

[77] Czerny 2010, S. 284

Der grundsätzlich nachvollziehbare Ansatz, Leistung nach verschiedenen Fähigkeitsstufen zu kategorisieren, nämlich a.) *Reproduktion* und b.) *Reorganisation* des Gelernten, c.) des *Transfers* von Gelerntem auf neue Zusammenhänge und d.) des *problemlösenden Denkens*, das an neuen und unbekannten Aufgaben erprobt wird, spottet bei genauerer Betrachtung dem „gesunden Menschenverstand": „Schon per Definition ist jede geübte Aufgabe also eine Reproduktionsaufgabe" (Czerny 2010, S. 272), egal, welcher Schwierigkeitsstufe die Aufgabe angehört! Der Notenschlüssel ist so festgelegt, dass es für die einwandfrei beherrschte Reproduktion und Reorganisation des Gelernten die Note 4 oder 3, und nur für besonders genau/schnell/überzeugend gelöste Transfer- bzw. Problemlösungsaufgaben ein *sehr gut* gibt. Und wenn zu viele Kinder eine Aufgabe lösen können, dann habe man als Lehrkraft schlicht zu viel geübt! Das hat aus sachlich-pädagogischer Sicht ebenso drastische Auswirkungen wie aus sozialer:

„Das Denken wird an sich nicht wirklich geschult – die wenigen Aufgaben, die sich dafür eignen würden, dürfen ja nicht geübt, sondern müssen oft für die Probe aufgehoben werden." (Czerny 2010, S. 277) „Bei den meisten Transferaufgaben benötigen die Kinder Fähigkeiten oder Wissen, das sie noch nicht erworben haben – außer eventuell außerschulisch, meist durch das Engagement und die Situation im Elternhaus. In der Schule genügt es dann oft, wenn zwei oder drei Kinder die Aufgabe richtig beantwortet haben, denn das beweist ja, dass die Aufgabe lösbar war und zeigt die Kinder auf, die Anforderungen im besonderen Maße erfüllen." (Czerny 2010, S. 257)

„Das Erziehungssystem behandelt also Ungleiches als gleich, um die daraus entstehenden Ungleichheiten sich selbst zuzurechnen und mit den Mitteln seiner Selektionsverfahren markieren zu können." (Luhmann 2002, S. 27) *Inwiefern* sind Kinder einander ungleich, wenn sie zur Schule kommen? Einerseits unterscheiden sie sich in ihrer ganz individuellen Entwicklung, andererseits durch ihren jeweiligen familiären und sozialen Hintergrund, der sie geprägt hat und weiterhin prägt. PIERRE BOURDIEU warnt vor jenen „Euphemismen, mit denen man Kinder von Subproletariern oder Ausländern so charakterisieren kann, dass soziale Fälle zu psychologischen Fällen werden, soziale Defizite zu mentalen Defiziten etc." (Bourdieu 1993, S. 255f) also die beiden entwicklungsbedingenden Faktoren *Anlagen* und *Umwelt* nicht unterschieden werden und damit die Zementierung einer bestehenden Ordnung legitimiert wird.[78]

Dieser Mechanismus der schulischen Selektion, der „gute" und „schlechte" Schülerinnen und Schüler regelrecht produziert, ist bleibender Gegenstand der sozialwissenschaftlichen Debatte. BOURDIEU treibt die Kritik auf die Spitze, wenn er die Trennung nach Begabung mit der Trennung nach ethnischen Merkmalen vergleicht und sie *rassistisch* nennt: „Der Rassismus der Intelligenz [...] ist das, was den Herrschenden das Gefühl gibt, in ihrer Existenz [...] gerechtfertigt zu sein; das Gefühl, Wesen höherer Art zu sein." (Bourdieu 1993, S. 252).

Das schulische Prüfungsverfahren tut so, als sei die aktuelle Performanz des einzelnen Kindes einzig seinen eigenen Anlagen und nicht auch seiner Lebensumwelt zuzuschreiben. Dadurch stempelt es viele Kinder als *unbegabt* ab, ohne ihnen Entwicklungsmöglichkeiten und vor allem die Möglichkeit zur Revision des Urteils zu geben. Auch wenn schon wenige Wochen nach einer Prüfung *alle* Kinder einer Klasse in der Lage sind auch schwierige Aufgaben zu lösen, bleibt es dabei: „Wer die Aufgaben zum Zeitpunkt der Probe nicht lösen kann, der ist nicht leistungsfähig, der ist nicht intelligent." (Czerny 2010, S. 273)

Die Selbstverständlichkeit, mit der wir die schulische Selektion hinnehmen, hat durchaus mit der Vorstellung zu tun, die wir von Intelligenz haben. Dabei kommt der Beantwortung der Frage, ob Intelligenz angeboren oder erworben ist, eine wesentliche Bedeutung zu. „Unter der Annnahme, dass Intelligenz durch einen hohen Erbeinfluss bedingt ist, sind Maßnahmen zur Entwicklungsförderung oder zum Training bestimmter Eigenschaften eine Zeit- und Geldverschwendung." (Czerny 2010, S. 333) Demnach wäre es also am Vernünftigsten, Begabte und Unbegabte so früh wie möglich zu trennen, die einen zu fördern, und den anderen „nur das Nötigste" beizubringen. Wenn wir davon ausgehen, dass wir nicht nur besser lernen, weil wir intelligent sind,

---

[78] LUHMANN geht zwar auf Bourdieus Kritik ein, banalisiert sie aber: „Daraus kann man zwar schließen, dass das Erziehungssystem die Unterschiede, die es favorisiert und der eigenen Selektionen zugrundelegt, nicht zur Etablierung sozialer (stratifikatorischer) Unterschiede zur Verfügung stellen sollte, aber diese Kritik lässt schwer erkennen, was denn statt dessen erreicht werden soll." (Luhmann 2002, S. 20)

sondern dass Lernen auch *intelligent macht* (vgl. Neubauer 2007), dann kann es gesamtgesellschaftlich nur darum gehen, *allen* Kindern ein möglichst erfreuliches und anregendes Umfeld zu bieten. Alles andere ist Diskriminierung.

Dass die erzwungene schulische Trennung zehnjähriger Kinder durch die Zuweisung zu verschiedenen Schultypen und die Praxis der Klassenwiederholungen in dieser Hinsicht äußerst problematisch sind, ist längst Gegenstand wissenschaftlicher, politischer und gesellschaftlicher Diskussion. „Individualisierung und Gemeinschaft ergänzen sich auf wunderbare Weise. Individualisierung und Selektion schließen sich gegenseitig aus." (Czerny 2010, S. 342)

Der Selektionsmechanismus ist inzwischen globalisiert – MANISH JAIN, Koordinator der Shikshantar-Institutes[79] in Indien, das die kritische Reflexion von Bildung, Entwicklung und der Schulkultur fördert, findet das ‚Abstempeln' von Millionen von Menschen als ‚Versager' durch eine global installierte Institution moralisch bedenklich.[80]

Die Beurteilung wird heute instrumentalisiert für ein Aussortieren, das weder *pädagogisch* (Wie können so echtes Interesse und Motivation aufleben?) und *sozial* (Ist die Sozialisation in „künstlich homogenisierten" Gruppen wünschenswert?), noch *gesamtgesellschaftlich* (Können wir uns als Gesellschaft diese regelrechte „Produktion von Schulversagern" leisten?) zu rechtfertigen ist. „Individuelle Förderung und Selektion schließen sich gegenseitig aus. Individuelle Förderung braucht Freiraum und ein Lernen ohne starre Grenzen. Die Selektion beruht dagegen auf einem begrenzten Lernen im erzwungenen Gleichschritt." (Czerny 2010, S. 168)

---

[79] http://www.swaraj.org/shikshantar/

[80] „One of the things that is most disturbing to me – on a level of justice and morality – is that you have an institution that is in place globally that is labelling millions and millions of innocent people as failures." Manish Jain, http://schoolingtheworld.org/people/manish/

Lernen ohne Noten?!

> *„Wie ein guter Trainer entzieht sich der Lehrer nicht dem Urteil darüber, ob etwas bereits gut ist oder noch verbesserungsbedürftig. Das Neue in seiner Rolle aber ist, dass er immer Helfer und Trainer bleibt und nie die Rolle des Richters übernimmt."*[81]
>
> RUPERT VIERLINGER

Die Diskussion über Alternativen zu den Schulnoten behandelt einen wichtigen Teilaspekt der Diskussion über Alternativen zur staatlichen Pflichtschule als solcher, denn ohne seine Bewertungssysteme und Selektionsmechanismen würde sich das Prinzip staatlicher Bildungshoheit relativieren. Deshalb berührt eine Analyse der Notengebung zugleich die Ebene der ‚Akkreditierungs-Autorität' des Schulwesens an sich. Neue Wege in der Beurteilung der Lernentwicklung dürfen sich also nicht nur in formaler Erneuerungen erschöpfen, sondern sie müssen sich der Kernfrage widmen, ob sie wirklich dem pädagogischen Prozess dienen, oder immer noch durch außerpädagogische (staatliche oder wirtschaftliche) Kriterien beeinflusst sind.

In den Waldorfschulen wird seit 1919 auf eine Benotung weitgehend verzichtet, Klassenwiederholungen sind prinzipiell nicht vorgesehen. Stattdessen erfand RUDOLF STEINER einerseits den *Zeugnisspruch*, den jedes Kind am Ende eines Schuljahres vom Klassenlehrer bzw. der Klassenlehrerin überreicht bekommt – ein kleines Gedicht, das eine Lebensweisheit, eine Anregung, ein Motiv für das kommende Schuljahr enthält. Andererseits regte er an, dass

„am Ende des Schuljahres dem Kind eine Art Zeugnis übergeben wird, in dem der Lehrer individuell das Kind charakterisiert, in dem er einfach das, was er an dem Kinde erlebt hat, auf ein Stück Papier schreibt. Das Kind sieht so eine Art Spiegelbild seiner selbst, und die Praxis hat gezeigt, dass dieses Spiegelbild – worauf nicht *befriedigend, minder befriedigend* und so weiter für die einzelnen Gegenstände steht – mit einer gewissen inneren Befriedigung und Freude aufnimmt, selbst wenn darin Tadel stehen." (Steiner 1997, S. 87)

---

[81] Vierlinger 2010

In diesem Zusammenhang betont er, dass dieses schriftliche Zeugnis als Brief an die Eltern, als Vertraute und ‚Experten' ihres Kindes und als Kooperationspartner in der gemeinsamen pädagogischen Bemühung zu sehen ist. Auch führt er aus: „Wenn die Eltern es fertig brächten, eine kleine Antwort zu schreiben auf das, was der Lehrer im Zeugnis beschrieben hat, dass das ungeheuer helfen würde." (Kiersch 2004, S. 620) Das Zeugnis ist also in erster Linie für die im Erziehungsprozess Involvierten und nicht für „unbeteiligte Dritte" gedacht. Auch werden heute an manchen Waldorfschulen zum Schulabschluss mit achtzehn Jahren umfangreiche Portfolios erstellt, die dann auch „Dritten" einen Einblick ermöglichen.

VIERLINGER sieht ebenfalls in der „Direkten Leistungsvorlage" durch z.B. Portfolios, also durch Dokumentationsmappen jeglicher Art, eine taugliche Alternative zu den Schulnoten. Verbale Beurteilungen, Pensenbücher, Lern- und Entwicklungsberichte[82] etc. sind für ihn *systemkonforme* Alternativen und „ändern grundsätzlich nichts an den Gegebenheiten, die bei der Ziffernnote bestehen: Die Schülerleistung sieht im Wesentlichen nur der Lehrer. Er schätzt sie ein und transformiert sie nach seinem Gutdünken in eine Note. Die Adressaten, die weiterführende Schule, der Betriebschef, bei denen sich die Absolventen bewerben, sehen nur die Note. Sie transformieren diese (wiederum) nach eigenem Gutdünken in eine Vorstellung von Eignung und treffen eine Entscheidung." (Vierlinger 2010) Die Psychologie, sprich, die Prägungen, Vorlieben und möglicherweise Vorurteile der Lehrerin oder des Lehrers wirken in das zustandekommen der Beurteilung ein. Das Ergebnis aber wird als ein objektives dargestellt und vor allem so weitergereicht. Ein zentrales Element der Notenkritik ist eben jenes *scheinbare Verobjektivieren von Subjektivem*, das dann als „harte Währung" gilt und den betreffenden Menschen mitunter ein Leben lang brandmarkt.

Bei einer direkten Dokumentation der Leistung hingegen wird die Information des Lernfortschritts über den konkreten Inhalt und nicht

---

[82] Viele Bewertungen bestehen aus einem aufgestelltem Raster an Kriterien, die dann nur angekreuzt werden müssen; freie Beurteilungstexte werden häufig mit PC-Programmen geschrieben, die vorgefertigte Satzteile zusammenfügen, siehe: www.zeugnismaster.de

über seinen ‚abstrakten Schatten' weitergegeben. Dadurch wird „der Lehrer dorthin ‚verschoben', wo er eigentlich immer hin gehört hat: an die Seite des Schülers. In ihrem gemeinsamen Bemühen kommt der Schüler zu seiner individuellen Leistung." Dass damit ein Vergleich zwischen den jeweiligen Schülerinnen und Schülern schwieriger wird, ist für VIERLINGER ein Vorteil: „Endlich kommt auch der Schwache zu seinem Erfolg, weil seine Leistung am individuellen Fortschritt gemessen wird und nicht am Mittelmaß des Kollektivs." (Vierlinger 2010)

SABINE CZERNY betont die Wichtigkeit der *Unterscheidung zwischen objektiv messbaren und nicht messbaren Inhalten* und fordert eine konsequente Trennung dieser beiden Felder (vgl. Czerny 2010, S. 346ff). Statt ständigen Prüfens („Wir prüfen und prüfen und forschen, wie wir noch genauer prüfen können", Czerny 2010, S. 336), das nur die wertvolle Zeit zum Lernen stehle, fordert sie ein gezieltes, transparentes und möglichst stressfreies Überprüfen da, wo es möglich und sinnvoll ist. In der Erarbeitung von Wissen und Können, das Grundlage für weiterführendes Lernen ist, ist das oft in Verruf geratene „teaching to the test" durchaus wünschenswert, denn die Kinder *sollen* den Inhalt ja möglichst gut beherrschen. Hier gilt: Wer die Anforderungen erfüllt, bekommt die volle Punktezahl. Problemlösendes Denken wird hingegen spielerisch geübt und nicht selektionswirksam ‚auf Knopfdruck' verlangt. Bei Inhalten, die kein eindeutiges, überall gleichermaßen Ergebnis kennen – dazu zählt sie muttersprachliche und fremdsprachige geschriebene Texte (!), Referate, naturwissenschaftliche Forschungen, Kunst etc. – ist nach CZERNY eine Leistungsbeurteilung äußerst fragwürdig: „Um die Offenheit unserer Kinder zu erhalten, müssen wir von eingrenzender Beurteilung abkommen und das freie Denken, das Visionäre in ihnen bewahren und zulassen." (Czerny 2010, S. 349) Hier gibt es nur die individuelle Rückmeldung – von Mensch zu Mensch – des Lehrers oder der Lehrerin, oder auch der Mitlernenden; und die ist *subjektiv*. Das ständige ‚Ungefragt-von-außen-beurteilt-werden' ist an sich schon eine ungesunde Angelegenheit: „Wichtiger als das Urteil eines anderen zu akzeptieren ist, sich ein eigenes Urteil zu bilden und Verantwortung für sein Handeln zu übernehmen." (Czerny 2010, S. 349)

CZERNY entwirft die Idee eines *Kompetenz-Baumes*, auf dem abgeschlossene Projekte, besuchte Kurse, eingebrachtes Engagement und auch Ergebnisse von Prüfungen dargestellt werden. Und zwar durchaus als *schulübergreifendes Projekt* – auch in zeitlicher Hinsicht: „Statt wie derzeit lebenslänglich an ein schulisches Abschlusszeugnis gebunden zu sein, wäre die Erweiterung des Kompetenzbaumes ein Leben lang möglich." (Czerny 2010, S. 350) Die am Baum sichtbar werdenden Neigungen und Interessen könnten eine ganz andere Basis für eine Berufswahl darstellen als ein Notenzeugnis. „Ein potenzieller Arbeitgeber könnte sich auf dieser Basis ebenso ein weit umfassenderes Bild von seinem potenziellen Mitarbeiter machen." (Czerny 2010, S. 351)

Die Kritik an den Schulnoten kulminiert also in der Kritik einheitlicher Leistungsbeurteilung als solcher: jeder Notengebung liegt ein *willkürlich gesetztes* ‚Soll' zugrunde, ein soziales Konstrukt. Der Lernende misst sich in den seltensten Fällen an einem realen Weltinhalt, sondern immer an einem künstlichen ‚Kamm, über den alle geschoren werden'.

Worin besteht die natürliche Fortsetzung dieses Wunsches nach quantitativer Vergleichbarkeit? In einem weltweit einheitlichen Maßstab, damit dieser Vergleich auch ‚gerecht' sein kann? Der globalen Standardisierung im Bildungsbereich ist das nächste Kapitel gewidmet.

II. 2. Globale Standardisierung im Bildungswesen – Fortschritt oder Sackgasse?

> *„Langfristig kann diese Einschränkung der kulturellen Vielfalt jedoch dazu führen, dass die Evolution neuen Wissens verhindert wird."*[83]
>
> RICHARD MÜNCH[84]

Neben dem besprochenen *Selektionsmechanismus* ist das Bildungsleben heute mit einer weiteren problematischen Entwicklung konfrontiert: der *Standardisierung*. In Form von Bildungsstandards, zentralisierten Prüfungen (z.B. Zentralabitur/Zentralmatura) und einheitlichen Hochschulabschlüssen (z.B. Bachelor/Master etc.) hat eine nie gekannte globale Vereinheitlichung Einzug ins Bildungswesen gehalten.

Die weltweite Arbeitsteilung bringt starke Dynamiken mit sich. Die globalisierte Weltwirtschaft wird kaum von gegenseitiger Ergänzung und Kooperation oder gar Bestrebungen zu ganzheitlich nachhaltiger Entwicklung bestimmt. Vielmehr beherrschen transnationale, d.h. keinem Staat zur steuerlichen Loyalität verpflichtete Konzerne und deren kurzfristige Profitinteressen den Weltmarkt. Daher bemühen sich die einzelnen Nationalstaaten vor allem, den eigenen Wirtschaftsstandort attraktiv zu gestalten. Kleinere Staaten profitieren von Zusammenschlüssen mit den Nachbarländern (siehe EU, Mercosur[85] etc.). Für

---

[83] Münch 2009, S. 36

[84] Der an der Universität Bamberg lehrende Soziologe Richard Münch hat 2009 die Studie *Bildung und Wissenschaft unter dem Regime vom PISA, McKinsey & Co.* veröffentlicht, in der eine „zunehmende Unterwerfung historisch gewachsener lokaler Praktiken unter global zur Dominanz gelangte ökonomische Denkmodelle" (Münch 2009, S. 13) konstatiert wird. Eine internationale Elite, allen voran die des akademischen Kapitalismus, unterstützt von McKinsey und anderen Unternehmensberater-Gruppen sowie der durch die OECD aufgestellten PISA-Gruppe, steht demnach den lokalen Autoritäten, die in den demokratischen Systemen der Nationalstaaten verankert sind (Parteien, Gewerkschaften, Kirchen, Verbände und Berufsgruppen) gegenüber (Münch 2009, S. 12).

[85] Mercosur: *Mercado Común del Sur* / Gemeinsamer Markt des Südens, 1991 unterzeichnete Handelsvereinbarung zur Schaffung eines gemeinsamen südamerikanischen Binnenmarktes. Mitglieder sind: Argentinien, Brasilien, Paraguay, Uruguay, Venezuela. Assoziierte Staaten sind Chile, Bolivien, Peru, Kolumbien, Ecuador

die neuen ‚Wettbewerbsstaaten' hat das ‚Anlocken" und ‚Halten' von wirtschaftlichen Investoren oberste Priorität; der Systemlogik folgend *auch* aus Verantwortung gegenüber den eigenen Bürgerinnen und Bürgern. Arbeitsplätze und damit Steuereinnahmen sind Voraussetzung für die Sicherung und den weiteren Ausbau der Wettbewerbsfähigkeit. So ist gerade für industrialisierte Staaten, die weder über nennenswerte Bodenschätze noch über ein Heer von unschlagbar billigen Arbeitskräften verfügen, der Ausbau einer modernen, leistungsfähigen Infrastruktur von Bedeutung. Zu dieser Infrastruktur werden neben einem funktionierenden Rechtsstaat, modernem Verkehrswesen etc. vor allem gut ausgebildete, flexible und belastbare Arbeitskräfte gezählt: „Humankapital". Die wichtigste ‚Produktionsstätte' von „Humankapital" ist das Bildungswesen. Und da dieses (noch) im direkten Verantwortungsbereich der Nationalstaaten liegt, ist es für diesen ohne daraus folgende Legitimationsprobleme möglich, die Schulen und Hochschulen nach Gesichtspunkten der „Humankapital-Akkumulation" (um-) zu gestalten.

Dabei kommt die OECD (wohlgemerkt die Organisation für *wirtschaftliche* Zusammenarbeit und Entwicklung!) den einzelnen Nationalstaaten mit ihrer ‚Expertise' in Sachen Bildung entgegen: Mit dem „internationalen Schülerleistungsbewertungsprogramm", dem *Programme for International Student Assessment*, kurz PISA, werden die nationalen Bildungssysteme evaluiert, auf ihren ‚Wert' hin geprüft. In inzwischen über 50 Staaten werden mittlerweile die Basiskompetenzen aller 15-Jährigen in den Fächern Muttersprache, Mathematik und Naturwissenschaft in einem einheitlichen Verfahren im Drei-Jahres-Rhythmus überprüft. Diese Beurteilungen und darauf folgenden Empfehlungen werden von den nationalen Bildungsministerien geradezu in vorauseilendem Gehorsam an- und ernstgenommen. Für das Bildungswesen, das jahrzehntelang unter staatlicher Obhut vom globalen Konkurrenzdruck unberührt geblieben ist, bleibt kein Stein auf dem anderen: „Die Lehrerinnen und Lehrer, die Schülerinnen und Schüler müssen – ob ihnen das gefällt oder nicht – sich unmittelbar mit den Schulleistungen ihrer Kollegen und Mitschüler von Finnland bis Japan und von Kanada bis Neuseeland vergleichen lassen. Dies wäre vor dem ‚Akutwerden' der Globalisierung, z.B. in den 90er Jahren, noch undenkbar gewesen." (Messner 2004, S. 3)

Wenn nun RICHARD MÜNCH bemerkt, dass „unter dem Regime von PISA [...] die Gesellschaft zu einer Art totaler Besserungsanstalt [wird], die auf dem Weg des lebenslangen Lernens dafür sorgt, dass niemand ausfällt, der oder die im internationalen Wettbewerb gebraucht wird" (Münch 2009, S. 205), so ist dem hinzuzufügen, dass die nationalen Bildungssysteme auch schon vor PISA als eine solche ‚Besserungsanstalt' veranlagt waren. KURT SOHM konstatiert den sich bildenden Nationalstaaten des 18. Jahrhunderts: „Der staatszweckkonforme Untertan – dessen Kopf, Arme und Geldsäckel der Fürst für die Verwirklichung seiner Pläne braucht – ist gefragt, die Schule hat ihm diesen zu liefern." (Sohm 1996, S. 261) So gesehen ist das Muster der Einschränkung der pädagogischen Freiheit durch wirtschaftliche Zwecke mittels staatlicher Macht gleich geblieben, auch wenn sich die Rahmenbedingungen verschoben haben. Im *nationalwirtschaftlichen* Gesellschaftsmodell brauchte ein möglichst autarker Staat mit gut gesicherten Grenzen gut ausgebildeten und vor allem loyalen Nachwuchs für das Militär und den Beamtenapparat. In Zeiten *wirtschaftlicher Globalisierung* sind die Nationalstaaten auf international versierte Arbeitskräfte mit soliden Basiskenntnissen und hoher Lernbereitschaft zur Spezialisierung angewiesen.[86] Die Staaten bestimmen also nicht mehr selbst, was die nachkommende Generation zu wissen und zu können hat, sondern sie fragen, was international gewünscht und gebraucht wird. Weil das gar nicht so leicht auszumachen ist, sind internationale Standards willkommene Anhaltspunkte für den globalen Bildungswettbewerb. Und die sind immer mit bestimmten Ideen und Interessen verbunden, wie das beispielsweise MÜNCH an der PISA-Studie explizit macht:

---

[86] Kurt Sohm beschreibt diesen Sachverhalt besonders drastisch: „Die jahrzehntelange, aber nur scheinbar, entökonomisierte staatliche Bildungspolitik wird brutal ‚ökonomisiert', das Bildungswesen dem Zepter des koalitionären Sparstiftes subordiniert. Der Staat als Eigentümer des Bildungswesens setzt Kraft der ihm eigentümlichen Vereinigung von Herrschaft und Wissen seine Präferenzen gegenüber den Bildungspräferenzen der Individuen durch. Er zeigt sein wahres Gesicht und dekuvriert sich als das, was er ist, als besserwisserischer Ignorant und als Exekutor ökonomischer Imperative." (Sohm 1996, S. 358) Deshalb fordert auch Sohm eine Entstaatlichung der Bildung...

„PISA steht für ein globales Modell, nach dem gute schulische Leistungen einer möglichst breiten Masse der Bevölkerung bei gleichzeitig nicht zu großen Leistungsdifferenzen zwischen der Spitze und dem unteren Ende des Skala, zwischen Jungen und Mädchen, Einheimischen und Migranten die wirtschaftliche Wettbewerbsfähigkeit eines Landes auf dem Weltmarkt steigern." (Münch 2009, S. 205)

Welche Auswirkungen die PISA-Studie auf die nationalen Bildungssysteme hat und inwiefern wesentliche Dimensionen der Bildung gerade im Hinblick auf eine *Menschenbildung in einer globalisierten Welt* durch die Standardisierung bzw. die „McDonaldisierung" der Bildung ins Hintertreffen geraten, soll im Folgenden erörtert werden.

Die PISA-Studie als McDonaldisierungs-Phänomen

> *„Der Verweis auf einen Ranglistenplatz, den man verfehlt hat oder den man erreichen möchte, erübrigt in der Regel jedes weitere Argument. Wer sich mit dem Satz: Ich sage nur PISA! jeder Diskussion zu entziehen vermag, hätte sich in einer Welt, die sich nur einen Funken Reflexionsvermögen bewahrt hat, hoffnungslos blamiert. Heute gilt er als Experte."* [87]
>
> KONRAD PAUL LIESSMANN

„Die Wende zur Empirie in der Bildungspolitik hat entscheidend dabei geholfen, von gefühlter Wirklichkeit wegzukommen. Bis zu PISA konnte man ja behaupten was man wollte." Diese Worte der deutschen Bildungsministerin ANETTE SHAVAN[88] sind symptomatisch für die Bildungsdebatte, die seit dem ‚PISA-Schock' 2001 geführt wird: Die Empirie hat den Bildungsbereich erreicht, das „Faszinosum der Objektivierung von Bildungsprozessen" (Messner 2004, S. 5) versetzte die Öffentlichkeit in Aufruhr.

Das Wägen, Zählen und Messen von hochsensiblen, um nicht zu sagen geheimnisvollen, individuellen Entwicklungsprozessen, die alle ganz unterschiedliche und nicht immer gleich fassbare psychologische und soziale Voraussetzungen haben, ist salonfähig geworden. Die Problematik der Verobjektivierung von Lernleistungen, die z.B. der Kasseler Erziehungswissenschaftler RUDOLF MESSNER ganz deutlich sieht, wird dabei zumeist unterschlagen:

„Entscheidend [...] ist das jeweilige Grundverständnis der Objektivierung von Schülerleistungen. Ein richtiges Verständnis folgt der Einsicht, dass durch Messung und Test nie menschliche Fähigkeiten selbst erfasst und kontrollierbar werden. Erfassbar sind immer nur Indikatoren für menschliche Fähigkeiten – meist das Lösungsverhalten in Testsituationen –, die erst der sorgfältigen Interpretation bedürfen. Die Person selbst wird durch Testen nicht verfügbar." (Messner 2004, S. 9f, Herv. d. A.)

---

[87] Liessmann 2006, S. 81
[88] Anette Shavan im Interview, *Spiegel online*, 25.02.2008
http://www.spiegel.de/spiegel/print/d-55946115.html

Zugegeben, durch PISA sind Missstände auf die politische Tagesordnung gekommen, die davor jahrelang ignoriert werden konnten: die strukturelle Benachteiligung von Kindern mit Migrationshintergrund zum Beispiel, die Absurdität der Trennung zehnjähriger Kinder nach ihrer schulischen Leistung oder die schwierigen schulischen Bedingungen in Großstädten. Dennoch ist eine gewisse Unverhältnismäßigkeit, wie mit den PISA-Ergebnissen Politik gemacht wird (siehe Eingangszitat), zu beobachten.

RICHARD MÜNCH hat sich eingehend mit dem „Phänomen PISA" beschäftigt und problematisiert vor allem die Tatsache, dass „ein simples, methodisch fragwürdiges Testverfahren eine globale Statushierarchie [erzeugt], ohne dass über die Legitimität dieses Verfahrens überhaupt debattiert würde." (Münch 2009, S. 49)

Methodisch fragwürdig ist in seinen Augen unter anderem die Vergleichbarkeit, da es bezüglich der Gewichtung zwischen Basiskompetenzen und Fachwissen in den nationalen Bildungstraditionen erhebliche Unterschiede gibt. Während beispielsweise Schülerinnen und Schüler aus den USA an die von PISA geforderte Basiskompetenzorientierung gewöhnt sind, gibt es in Deutschland eine Tradition der fachlichen Vertiefung. „Muss Rilke zwangsläufig irgendwelchen ordinären Sachtexten geopfert werden, nur damit die deutschen Schüler beim nächsten PISA-Test besser abschneiden?" (Münch 2009, S. 44)

Die PISA-Studie hat sich auch auf das gesetzliche Einschulungsalter ausgewirkt: bis vor wenigen Jahren war es in Deutschland für Eltern und Pädagogen noch relativ einfach, schulpflichtige Kinder ein Jahr zurückstellen zu lassen. Der gesellschaftliche und bildungspolitische Konsens lag bei dem Grundsatz: ‚lieber später beginnen und gut mitkommen, als dauernd Schwierigkeiten haben'. Nun testet PISA alle 15-Jährigen, egal in welcher Schulstufe sie sich befinden. Und das Einschulungsalter ist in den letzten Jahren – bei gleich bleibenden Lehrplänen (!) – schrittweise herabgesetzt worden, Ausnahmen werden nun seltener gestattet. In Berlin beispielsweise liegt der Stichtag für den sechsten Geburtstag inzwischen beim 31.12. des beginnenden Schuljahres, so dass die jüngsten Schulkinder fünf Jahre und acht Monate alt sind. (vgl. Münch 2009, S. 210)

PISA bewertet, so MÜNCH, nicht nur die verschiedenen Bildungs-, sondern auch die Gesellschaftssysteme: „Der Typ des paternalistischen Bildungsregimes hat eine Legitimität erlangt, die ihm ohne PISA nicht zukäme. Dasselbe gilt für das liberale Wachstumsregime, das mit hoher Einkommensungleichheit einhergeht." (Münch 2009, S. 221)

Und nicht zuletzt verfolgt die PISA-Studie selbst eigene ökonomische Interessen:

„Der Test wird von einem Konsortium aus fünf Educational-Assessment-Agenturen gestaltet, die ihr Produkt inzwischen an 57 Staaten verkauft haben, obwohl die Testergebnisse mit einem Zehntel des finanziellen Aufwandes zu haben wären. Das Konsortium darf auf weitere profitable Großaufträge hoffen, die OECD versucht sich für die einzelnen Staaten unentbehrlich zu machen, und die haben durchaus ein Interesse, ihrer Bildungspolitik wissenschaftliche Legitimität zu verschaffen." (Münch 2009, S. 37)

Hier wird sichtbar, welch vertrackte Beziehung zwischen Staat, Wirtschaft und einer formalisierten Wissenschaft besteht, die wesentliche Dimensionen des Menschseins konsequent ausblendet. Der in dieser Arbeit diskutierte Selbstverwaltungsimpuls im Bildungswesen soll genau diese Beziehung überwinden, indem nicht mehr ein Nationalstaat von einer fragwürdigen globalen Wissenschaftselite die Legitimität für sein Bildungssystem holt, sondern indem das Bildungswesen in pluralistischer und offener Form von den jeweiligen Akteuren selbst gestaltet und verantwortet wird. Grundsätzlich waren die gegenwärtigen Probleme ja schon dadurch vorgezeichnet, dass die PISA-Studie die Bildungssysteme der Nationalstaaten, nicht aber verschiedene individuelle Bildungs- und Schulformen auf ihre Effektivität hin geprüft hat. Das PISA-Ranking der Nationalstaaten ist so zu einem hochgradig pauschalen Instrument geworden, das gerade die eigentlich pädagogischen Fragestellungen nivelliert und die anachronistische staatliche Bildungshoheit zementiert.

Deshalb wird die PISA-Studie auch den rein pädagogischen Fragen, die sie aufwirft, nicht gerecht. Anders gesagt: Lernen wir, um die Welt zu verstehen und in ihr zu arbeiten, oder lernen wir, um beim nächsten (PISA-)Test besser abzuschneiden?

„Früher gab es ein Wort für ein dermaßen instrumentelles Verhältnis zum Wissen: ‚Streber' wurden die miesen kleinen Virtuosen des Wettbewerbs genannt, denen der Erfolg und die daraus resultierende Anerkennung das Wichtigste an der Schule war – als gäbe es außerhalb des Leistungsvergleichs gar keine vernünftigen Gründe für das Lernen mehr. Jetzt adelt eine Politik des nationalen Notstands das Strebertum." (Steinfeld 2004)

Der österreichische Lehrer und Buchautor NIKOLAUS GLATTAUER meinte kürzlich: „Wenn ich in der Sekundarstufe I eine neue 1. Klasse bekomme, dann sitzen dort regelmäßig jene Kinder, denen man beigebracht hat, ihre Mappen und Ordner zwischen sich und ihren Sitznachbarn aufzubauen, um Abschreiben zu verhindern. Diese Kinder sind die ersten, um die ich mich kümmere. Denn sie sind bei der wichtigsten aller Bildungen bereits im Rückstand – bei der Herzensbildung!"[89] Und die ist bei PISA nicht gefragt, denn da geht es vor allem um die „ökonomische Verwertbarkeit von funktionalem Wissen." (Krautz 2007, S. 82)

Eine unmittelbare Antwort auf die PISA-Studie war die Einführung von sogenannten *Bildungsstandards*: Von Expertenkomitees entwickelt[90], von den betroffenen Lehrkräften nicht ohne Aufregung umgesetzt, in Fachkreisen kontrovers diskutiert und von der Öffentlichkeit weitgehend unbeobachtet. Das deutsche und österreichische Bildungssystem hat mit der Einführung der Bildungsstandards in den letzten Jahren die Umstellung der „Input-Steuerung" zur „Output-Steuerung" vollzogen. Ja, derlei ökonomische Vokabeln sind inzwischen auch im Bildungswesen angekommen: *Input*, das ist der *durchgenommene Unterrichtsstoff*, an dem die Lehrkräfte bisher gemessen wurden. Ab jetzt wird die Qualität des Unterrichts am *Output* gemessen, d.h. an den *Ergebnissen*, am Kompetenzzuwachs der Lernenden. Das gibt den Lehrenden zwar auf den ersten Blick mehr Freiheit in Bezug auf den *Weg*, d.h. die Gestaltung des Unterrichts, die Lehrmethode etc., das *Ziel* ist nun aber umso genauer vorgegeben, indem vom Lehrplan unabhängige Bildungsstandards Kompetenzen beschreiben, welche die Kinder erreichen sollen.

---

[89] Nikolaus Glattauer im Ö1-Interwiev zu seinem neuen Buch *Die PISA-Lüge*, http://oe1.orf.at/programm/283093

[90] Ulrich Hermann merkt zur Arbeit der *Klieme-Kommission* (welche die deutschen Bildungsstandards erarbeitet hat) kritisch an, „dass die Erwartungen an die neuen Bildungsstandards aus einem sehr engen Lern- und Testpsychologischen Blickwinkel artikuliert zu sein scheinen, und dass ihre Konkretisierung nicht bei ‚Kompetenzmodellen' und testgerechten Aufgabenpools gelandet wäre, wenn in der Expertenkommission auch Vertreter der Schulpraxis und der Freien Schulen, der Schulentwicklung und Forschung sowie (nicht nur akademische) in- und ausländische Kenner der national höchst unterschiedlichen Schul- und Testkulturen vertreten gewesen wären." (Hermann 2003, S. 631, H.d.A)

„Wenn man aber die Ziele so strikt vorgibt, dass sie nur noch durch ganz bestimmte Methoden zu erreichen sind, dann kann man indirekt über Vorgabe der Ziele auch die Methodenfreiheit mehr oder weniger beseitigen." (Grünewald 2010, S. 17)

Für die (PISA-) Fächer Deutsch, Mathematik und für Englisch sind diese Bildungsstandards nun ausgearbeitet. Ein detaillierter Katalog an Kenntnissen, Fertigkeiten und Fähigkeiten – aufgeteilt in Mindestniveau, Durchschnittsniveau und eine schwierigere Niveaustufe – die die jeweils Besten in der Klasse erreichen sollen, liegt vor. „Das durch PISA und TIMSS[91] arg gebeutelte deutsche Schulwesen soll in seinem mittleren Bereich also von *einem* Punkt aus gestärkt werden, nämlich durch die Steigerung der Präzision und Verbindlichkeit der als zentrale Gelenkstelle für effektiven Unterricht verstandenen Zielsetzung sowie deren Kontrolle und Evaluation." (Messner 2004, S. 3, Herv.d.A.) Die bundesweit einheitlichen Standards werden regelmäßig überprüft und sollen einer Verbesserung der Unterrichtsqualität dienen. Welche Nachteile aber bringen sie mit sich?

„Statt Zielklarheit können Bildungsstandards auch die Fixierung auf reduktionistische Zielnormen bedeuten, welche die Bildungsdimension nicht adäquat erfassen. Statt Grundlage für eine hilfreiche Erfolgskontrolle zu sein, können Bildungsstandards in der Unterrichtspraxis das berüchtigte ‚*Teaching to the test*' bewirken. Damit ist eine sinnwidrige Umkehrung der wünschenswerten Beziehung von Unterricht und Prüfung gemeint: *Es wird nicht geprüft, was gelernt werden soll, sondern es wird gelernt, was geprüft wird*. Statt eine verbesserte Qualitätssteuerung über Ziele können Bildungsstandards schließlich die Etablierung eines obrigkeitsstaatlichen Kontrollsystems bedeuten, das die pädagogischen Handlungsmöglichkeiten der Beteiligten einschränkt." (Messner 2004, S. 9f, Herv. d. A.)

MESSNER bespricht die Gefahr, dass alles Lernen auf das Gemessene und das Messbare reduziert wird. Er weist aber auf den Umstand hin, dass „die Sau durchs Wiegen nicht schwerer wird", dass also die Leistungen durch genaueres und häufigeres Messen alleine nicht besser werden. Obwohl es „aus der Sicht des beschriebenen reduktionistischen Steuerungs-

---

[91] TIMSS (*Trends in International Mathematics and Science Study*) ist eine international vergleichende Schulleistungsstudie der *International Association for the Evaluation of Educational Achievement* (IEA), einem unabhängigen internationalen Zusammenschluss von Forschungseinrichtungen, Wissenschaftlern und Regierungsstellen. Die Studie wird seit 1995 weltweit in einem vierjährigen Zyklus durchgeführt und dient dazu, mathematische und naturwissenschaftliche Schülerleistung zu untersuchen, vgl. http://timss.ifs-dortmund.de/timss2007.html

konzepts" naheliegt, „den Erfolg lediglich über die landesweite Vereinheitlichung der Abituranforderungen" zu suchen, lädt er dazu ein, „die Lehr-, Lern- und Beziehungskultur des Gymnasiums – auch im Lichte aktueller Schulkonflikte – in pädagogisch-sozialer und lernkonzeptioneller Absicht gründlich zu überdenken." (Messner 2004, S.18f) MESSNER entwirft Perspektiven für eine *bildende* Schule, für eine Schule als Lebens- und Erfahrungsraum, als kultureller Raum, als Lebenswelt mit tendenziell primären Qualitäten und fordert die Überwindung des Einzelkämpfertums der Lehrenden, ebenso wie die inhaltliche und zeitliche Erweiterung der Fachstunden (vgl. Messner 2004, S. 20). Er erinnert so daran, dass die Qualitäten einer Schule nicht einfach in messbaren Quantitäten subsumiert werden können und die Bildungsstandards somit einen *einseitigen* Schritt auf dem Weg zu einer im Wesentlichen verbesserten Unterrichtsqualität darstellen. Gleichzeitig betont er die schlüsselhafte Rolle der Lehrer und Lehrerinnen für einen guten Unterricht, die „im 21. Jahrhundert nicht zu bloßen Befehlsempfängern ‚zurückgestutzt' werden können; nie waren die Freiheitsgrade einer professionellen Lehrertätigkeit notwendiger als heute." (Messner 2004, S. 17)

Gerade in Bezug auf die Freiheit der Lehrenden ergibt sich mit der Umstellung auf die „Output-Steuerung" eine große Problematik. Denn auf den ersten Blick hat sich mit der Einführung der Bildungsstandards diese Freiheit radikal erweitert. Die damalige Bundesministerin für Bildung und Forschung EDELGARD BULMAHN sagte 2003 in einer Rede:

„Wir müssen Konsequenzen aus dem Wissen ziehen, dass eine Schule nicht dadurch besser wird, dass man auf die 888. Vorschrift auch noch die 889. draufpackt. Wir müssen den Schulen Freiheit geben und Verantwortung übertragen. Die Schulen selbst wissen zumeist am besten, was für ihre Kinder und Jugendlichen gut ist – und sie müssen auch danach handeln können. [...] Wenn man sich die Bildungsstandards z.B. von Finnland anschaut, wird man feststellen, das ist so ein dünnes Buch. Wenn ich die Lehrpläne in Deutschland nehmen würde, würde mein Schreibtisch wohl nicht ausreichen, meine Armlängen auch nicht – das macht schon den Unterschied deutlich: Wir brauchen also Bildungsstandards die kurz, knapp und präzise beschreiben, welche Kompetenzen Kinder erwerben sollen und wir brauchen gleichzeitig auch ein regelmäßiges System der Bewertung und Evaluierung der Leistung unseres Schulsystems." (Bulmahn 2003, S. 6.)

Hierzu merkt MARTIN HEINRICH an, dass „eine solche ‚Autonomie der Einzelschule' janusköpfig ist" und eine „stärkere Kontrolle und vehemente Qualitätsverpflichtung impliziert". Dies „kennzeichnet diese Freiheit eben nicht als eine Freilassung, sondern als eine ‚Neue Steuerung', wie dies auch ganz schnörkellos von den administrativen BefürworterInnen formuliert wird." (Heinrich 2006, S .220) Für die Schulen wird also „eine Scheinalternative suggeriert [...]: Input *oder* Output." (Grünewald 2010, S. 13., Herv. d. A.). Das Prinzip der Außenkontrolle bleibt für den pädagogischen Prozess bestehen und gibt ihm eine ganz bestimmte Ausrichtung. HELMUTH HARTMEYER spricht von einer „allzu gängigen Ökonomisierung des Denkens und Standardisierung von Darstellungen" und sieht diese „heute auch als zunehmende Gefahr im *Bildungsmanegement*, in welches Logical Frameworks, Raster für Indikatoren zur Zielerreichung und diverse Quality Management Systeme Einzug halten. Diese Instrumente erscheinen vordergründig überzeugend und gelten vielleicht auch wegen ihrer sprachlichen Anglizierung als *cool*. Der Schritt vom Instrument zur Instrumentalisierung ist jedoch oft nur ein kleiner. Es droht, dass sie der Bildung ihren *Eigensinn* rauben." (Hartmeyer 2007, S. 19, Herv. d. A.)

Eben jener „Eigensinn der Bildung" ist im 21. Jahrhundert gefährdet wie nie zuvor – die *McDonaldisierung der Bildung* schreitet voran (Münch 2009, S. 87). Auf allen Kontinenten werden die Gewohnheiten eines global einheitlichen ‚Speiseplans' geprägt. Die erstmals 1993 vom US-amerikanischen Soziologen GEORGE RITZER beschriebenen Indizien für eine *McDonaldisierung* der Gesellschaft, die er seitdem in bisher sechs Auflagen aktualisiert und überarbeitet hat (vgl. Ritzer 2011), treffen immer mehr auch auf die Bildung zu. Dazu gehört erstens die *Effizienz* – gesucht ist also der kürzeste Weg zum Ziel, sei es nun das schnelle satt werden mittels Fast Food oder der straff organisierte Kompetenzerwerb in ‚modernen' Bildungsinstitutionen. Zweites Kriterium ist die *Kalkulierbarkeit* – Qualität wird mit Quantität gleichgesetzt, alles ist berechenbar: So und so viele Chicken Nuggets für so und so viel Geld in so und so vielen Minuten, oder eben so und so viele ECTS-

Punkte[92] für so und so viele Bildungsgutscheine in so und so vielen Stunden. Als Drittes gehört die *Vorhersagbarkeit* zur McDonaldisierung: Egal wo auf der Welt, egal ob heute, morgen oder einem Jahr, der BigMac wird gleich schmecken, der Englischkurs wird gleich gut sein. Viertes Kennzeichen ist die *Kontrolle*: Die Mitarbeiterinnen und Mitarbeiter haben den vorgegebenen Plänen zu folgen, Eigeninitiative ist nur innerhalb des festgesteckten Rahmens gefragt, eigenverantwortlich etwas Neues zu probieren kommt nicht in Frage (vgl. Ritzer 2011, S 14ff).

Aber ist diese McDonaldisierung der Bildung denn so schlimm? JOHN DANIEL, damaliger Assistent des UNESCO-Generaldirektors für Bildung, legte im Oktober 2002 in seiner Einleitung für den UNESCO-Bildungs-Rundbrief ein Wort für die Vereinheitlichung der Unterrichtsmaterialien ein. Eine für alle frei zugängliche Sammlung an Lehrmaterialien, weltweit zugänglich, möglichst in verschiedenen Übersetzungen, würde doch für alle nützlich sein und Bildung endlich allen Teilen der Weltbevölkerung zugänglich machen. Außerdem würde ein weltweit vereinheitlichter Lehrinhalt die Lehrkräfte in aller Welt bei der lästigen Stoffvorbereitung unterstützen bzw. diese gänzlich ersetzen. Die Lehrerinnen und Lehrer müssten so das Rad nicht ständig neu erfinden und könnten sich dann endlich ganz auf die *Vermittlung* des Unterrichtsstoffes und – nicht zu vergessen – auf die Überprüfung der Lernenden konzentrieren.[93]

---

[92] *ECTS* (European Credit Transfer and Accumulation System) – Europäisches System zur Übertragung und Akkumulierung von Studienleistungen. „ECTS fördert die Transparenz der Lehre und des Lernens in Europa und erleichtert die Anerkennung von Studienleistungen. Das System ermöglicht die Übertragung von Lernerfahrungen zwischen verschiedenen Einrichtungen, größere Studentenmobilität und mehr Flexibilität beim Erwerb von Abschlüssen. Zudem trägt es zur Lehrplangestaltung und Qualitätssicherung bei." vgl. http://ec.europa.eu/education/lifelong-learning-policy/doc48_de.htm

[93] „The hue and cry about the `McDonaldization´ of education should make us reach our critical faculties. First, despite their ubiquity, McDonald´s restaurants account for only a tiny proportion of the food that people eat. Second, McDonald´s is succesful because people like their food. Third, their secret is to offer a limited range of dishes and commodities that have the same look, taste and quality everywhere. [...] Ist he commodification of learning material a way to bring education to all? Yes it is, and open universities in a large number of countries have shown the way. By developing courseware for large numbers of students they can justify the investment required to produce high quality learning materieals at low unit cost. Such materials can be used successfully outside their country of origin after local adaption and translation. [...] We can imagine a future in which teachers and institutions make their courseware and learning materials freely available on the web. [...] In this way, teachers all over the world can be freed from the core of reinventing the wheel of basic content. They can concentrate on adapting the best material, helping students to study it and assessing their competence and knowledge." John Daniel, Assistant Director-General for Education, UNESCO.

Dieser Vorschlag veranlasste SHILPA und MANISH JAIN von *Shikshantar – The Peoples Institute for Rethinking Education and Development* in Rajasthan, Nordindien 2003 zu einem Dialog zum Thema „McEducation for all?" einzuladen.[94] In einem ausführlichen Statement holen die beiden zu einem Rundumschlag gegen die McDonaldisierung der Bildung aus, der in der Aufforderung mündet, dass wir keine Angst haben sollten, in unseren Bildungsbemühungen das Rad immer wieder und wieder neu zu erfinden.[95]

Ihrem Diskussionsaufruf sind über dreißig Persönlichkeiten aus aller Welt gefolgt, u.a. PATRICK FARENGA. Er hat die Diskussion zum Anlass genommen, die zu befürchtenden zukünftigen Zutaten des fertigen Bildungspakets humorvoll zu beschreiben: „Enthält 90 Prozent Mathe, 5 Prozent Lesen, etwas weniger als 5 Prozent der Zutaten, die laut der Diplom-Agentur einer ausgeglichenen Bildung dienen, nämlich Fremdsprachen, Natur- und Sozialwissenschaft, weiter Spurenelemente von Philosophie, Literatur Kunst, Musik und Poetik, aber alle unter den als gefährlich eingestuften Werten..."[96] GUSTAVO ESTAVA erzählt in seinem Beitrag von einer gelungenen Protestaktion gegen den Einmarsch von McDonalds in die Altstadt des mexikanischen Oaxaca und kündigt ebensolche Proteste gegen eine Bildung an, die „kulturelle und spirituelle menschliche Klone" erzeugen

---

[94] http://www.swaraj.org/shikshantar/mceducationforall.htm

[95] „Meaningful learning, deep knowledge, collective wisdom and innovative action do not come from slick, pre-packed course materials and efficient one-way transmission of information. [...] The time has come for us to move beyond having dehumaniszing solutions continually imposed upon us by distant expperts (who do not know us and don't really care to know us) and, to work to co-create more diverse and nourishing learning opportunities for ourselves and our children. We should not be afraid to reinvent the wheel again and again." Shilpa Jain and Manish Jain, http://www.swaraj.org/shikshantar/mceducationforall.htm#jain

[96] „This has many important implications. For example, there will have to be government resources devoted to keeping charlatans out of the business, so there will probably be *FDA* (Federal Diploma Agency) labels for content levels of individual courses. For instance: This serving of Accounting 101 contains: 90% Math, 5% General Reading. This serving also contains less than 5% of the following subjects the *FDA* deems vital to a well-balanced education: Foreign language, Science, Social Studies. Trace elements of philosophy, literature, art, music, and poetry are at levels well below those considered dangerous by the *FDA*." Pat Farenga, http://www.swaraj.org/shikshantar/mceducationforall.htm#patrick

möchte.⁹⁷ Das im Internet veröffentlichte Kompendium gibt einen großartigen Einblick in die Vitalität und Kreativität einer aktuellen alternativen internationalen Bildungs-Debatte.

Dennoch scheinen sich die Argumente für eine Standardisierung nicht so leicht aus der Welt schaffen zu lassen – deshalb soll die Standardisierungsfrage im nächsten Kapitel vertieft werden.

---

⁹⁷ „Last year, we were able to prevent McDonald's from invading the historical center of Oaxaca. A very creative mobilization, which included the free distribution of samples of our rich gastronomic diversity, like tamales, and a very democratic open forum, forced the local authorities to cancel the authorization for the establishment, in spite of strong pressure by the company and federal authorities. We are doing the same with schools and education. [...] As Claude Alvares says, "modern education" has been creating "mental, cultural or spiritual clones...much before a cloned Dolly sheepishly crawled out of the lab". Internet and the "knowledge packages" now being produced in the "global campus" extend the threat farther than ever before." Gustavo Esteva, http://www.swaraj.org/shikshantar/mceducationforall.htm#gustavo

Fordert die komplexe Weltgesellschaft standardisierte Bildung?

> *„Also die Standardisierung ist genau das Mittel, um die Komplexität nicht mehr begreifbar zu machen. Das Individuum entwickelt sich am konkreten Objekt, nicht am Standard."* [98]
>
> KONRAD SCHILY

Welche Rolle spielt die Standardisierung im globalen Bildungswesen des 21. Jahrhunderts? Und wie ist diese im Hinblick auf eine umfassende Menschenbildung zu bewerten? Der Bildungswissenschaftler ANDREJ LANG-WOJTASIK schreibt in seinem Buch *Schule in der Weltgesellschaft* zur Standardisierung:

„Der Umgang mit einer *universalen Zunahme der Komplexität* von Informationen in der Weltgesellschaft ist möglich durch eine *globale Standardisierung allgemeinbildenden Wissens* als Rahmen schulischer Bildungsprozesse und der Durchsetzung der allgemeinen Schulpflicht als Teil universaler Bildungssemantik. Dies kann als Bedingung der Möglichkeit für Individuen beschrieben werden, mit Themen umzugehen bzw. an der Kommunikation über Themen zu partizipieren. Dabei stellt sich die Frage, welche *Bedeutung universal relevantes und damit an die Weltgesellschaft anschlussfähiges Wissen für regional und sozial ausdifferenzierte soziale Systeme haben kann.*" (Lang-Wojtasik 2009, S. 63 H.d.A.)

Diese Zitat spricht aus, was in vielen aktuellen Bestrebungen im globalen Bildungssektor gegenwärtig leitend ist. Allerdings baut LANG-WOJTASIK seine These der Fortschrittlichkeit einer „globalen Standardisierung allgemeinbildenden Wissens" auf einigen Prämissen auf, die einer tiefer gehenden Betrachtung bedürfen.

Zuallererst stellt sich die Frage: Ist Bildung mit dem Besuch einer staatlich anerkannten Schule gleichzusetzen? Bildung kann als Katalysator für emanzipatorische Selbstermächtigungsprozesse und für das Verständnis von Zusammenhängen einen wesentlichen Beitrag zur Befähigung zu selbstständigem Agieren in der Weltgesellschaft leisten. Jedoch sind die Aspekte, auf die kritische Stimmen à la ‚wir lernen trotz, und nicht wegen

---

[98] Schily 2011, S. 19

der Schule' immer wieder hingewiesen haben, weder im 21. Jahrhundert obsolet geworden, noch für Entwicklungsländer unzutreffend. Die weltweite Durchsetzung der allgemeinen Schulpflicht kann – so gut und human sie auch gemeint sein mag – auch als Mittel der Gleichschaltung und Unterdrückung von autonomer Selbstorganisation angesehen werden, wenn zu dem Wunsch, Kindern Freiräume und Hinwendung zur Entwicklung ihrer Fähigkeiten zu geben, nicht die kritische Reflexion der Pflichtschule hinzutritt. Insofern wäre zu hinterfragen, ob die Durchsetzung der allgemeinen Schulpflicht wirklich ein unverzichtbarer Teil „universaler Bildungssemantik" ist, oder ob nicht die Unterstützung und rechtliche Absicherung von zivilgesellschaftlichen Bildungsnetzwerken, sowie das Einbeziehen von informellem Lernen, einer sozial nachhaltigen Entwicklung eher entspricht.

Und schließlich muss gefragt werden: Was heißt *Weltgesellschaft* in diesem Zusammenhang, an die durch ein bestimmtes Wissen „Anschluss gefunden" werden soll? Dieser Begriff ist unklar, da er hier im Sinne eines exklusiven Metasystems verwendet wird. Bei LUHMANN (auf den sich LANG-WOJTASIK ja bezieht) schließt der Gesellschaftsbegriff jedoch „alles kommunikativ erreichbare Handeln" ein. Somit ist „kein Zweifel daran möglich, dass die soziokulturelle Revolution heute die Weltgesellschaft realisiert hat", es also „nach diesem Begriff nur noch ein einziges, den Erdball umspannendes Gesellschaftssystem" gibt (Luhmann 1976, S. 209, zitiert nach Seitz 2002, S. 56). Insofern zeichnet sich die Weltgesellschaft gerade dadurch aus, dass sie in allen heute stattfindenden Kommunikationen latent wirksam ist, dass sie sowohl Vereinheitlichung als auch Fragmentierung, sowohl Zusammenwachsen als auch Auseinandertriften, sowohl ungeahnte Entwicklung und Erleichterungen als auch nie dagewesene Schwierigkeiten und Herausforderungen mit sich bringt. Der vielzitierte *Global-Lokal-Nexus*[99] verweist auf das Phänomen, „dass Globalität ohne lokale Ereignisse nicht zustande kommen kann und dass die globalen sozialen Systeme auf einem Meer von konkreten Interaktionen schwimmen" (ebd., S. 139f)

---

[99] Der Begriff der *Glokalisierung* (global+lokal) wurde vom in Schottland lehrenden Soziologe und Globalisierungstheoretiker Roland Robertson geprägt, der ihn aus der japanischen Unternehmensstrategie übernommen hat, in der es darum ging, globale Produkte dem lokalen Geschmack anzupassen.

Bezogen auf eine Pädagogik in der Weltgesellschaft, weist SEITZ darauf hin, dass „die Hermeneutik des sozialen Nahbereichs" nicht hinreichen kann, „um der Weltgesellschaft auf die Spur zu kommen. Offenbar bedarf es zusätzlich der abstrakten Reflexion und des abstrakten Wissens, um die sinnlich nicht unmittelbar erfahrbaren Strukturen, in die das alltägliche Handeln eingebettet ist, zu erschließen." (Seitz 2002, S. 141) Für SEITZ ist also die Förderung einer abstrakten *Denkfähigkeit* die pädagogische Antwort auf die Weltgesellschaft, weniger die Aneignung spezifischen, kanonisierten Wissens. Letzteres kann vielleicht die Chancen der Teilhabe an einem bestimmten Sektor des globalen Wirtschaftssystems erhöhen (an die Fähigkeit des Lesens, Schreibens und Rechnens, die Beherrschung einer Mehrheitssprache, die Kenntnis bestimmter Gepflogenheiten und Umgangsformen, Erfahrung im Umgang mit elektronischen Medien etc. könnte man da denken). Für die Partizipation an Kommunikation scheint weltgesellschaftlich aber jedoch auch anderes relevant zu sein. So ist es durchaus denkbar, dass überall auf der Welt, wenn auch unter verschiedenen Voraussetzungen, Kommunikationsprozesse mit globalen Auswirkungen begonnen werden, etwa durch vielfältige Formen des Widerstandes, der durch soziale Netzwerke potenziert wird. Es ist widersprüchlich, anzunehmen, dass sich die Fähigkeit zur „Partizipation an der Kommunikation über Themen der Weltgesellschaft" ausschließlich durch den Besuch einer staatlichen Pflichtschule entwickeln kann. Dies steht im Widerspruch mit der Erfahrung, dass Personen ohne formalen Schulabschluss nicht nur an Kommunikationen teilgenommen, sondern sogar Themen auf (welt-)gesellschaftliche Agenden gebracht haben.

Des Weiteren bleibt die Frage offen, ob eine globale Vereinheitlichung und Standardisierung der Lehrinhalte wirklich ‚die pädagogische Strategie schlechthin' zur ‚Bewältigung' der Komplexität ist bzw. was in diesem Zusammenhang außerdem berücksichtigt werden sollte.

Wagen wir einen kleinen Exkurs:

Standard – ein Wort, das sich aus dem englischen *standard* für Standarte ableitet. Die Standarte (eine Fahne, ein Symbol oder eine Statue auf einer Stange) wurde als Erkennungszeichen bei Feldzügen vor den Truppen hergeführt. Sie war auch Mittelpunkt der Versammlungen und strategischen Besprechungen, die unter der Standarte im Namen des Königs getroffenen Abmachungen waren verbindlich und für alle gültig, sie waren Standard.

Standards erleichtern unseren Alltag ungemein. Dass sich die rot-gelb-grüne Verkehrsampel weltweit durchgesetzt hat, oder die Tageszeit in 24 Stunden à 60 Minuten gezählt wird, hilft uns, uns in fremden Ländern zurechtzufinden. Wer umgekehrt auf einer Reise das Akku-Ladegerät wegen der „falschen" Steckdosenform nicht verwenden kann oder auf einer Zugfahrt in die ehemalige Sowjetunion stundenlang warten muss, bis die breiteren Radachsen montiert sind, der ist mit einer nicht geglückten Standardisierung (oder besser, mit zwei unterschiedlichen Standards) konfrontiert.

Standards gibt es auch im Zwischenmenschlichen: Dem Gegenüber nicht ins Wort zu fallen, das ist „Standard", das gehört zum Standard einer Gesprächskultur.

Bei Sicherheitsstandards und Umweltstandards stehen der Schutz von Natur und Bevölkerung im Vordergrund. Indem die Umweltstandards für alle verbindlich gültig sind, wird ein effektiver Umweltschutz erst möglich, und durch die flächendeckend gültigen Sicherheitsstandards können beispielsweise Einsparungen an wenig profitablen Sicherheitsvorkehrungen in Betrieben geahndet und so Arbeitsunfälle verhindert werden.

Diese Standards sind selbstverständlich von Land zu Land verschieden, in ihnen spiegelt sich nicht nur der „Entwicklungsstand" der jeweiligen Nation, sondern auch ein Stück weit deren Mentalität wider. Auf Auslandsreisen kann mitunter staunend festgestellt werden, dass der Alltag, obwohl so manche Einrichtung und Handlung am „deutschen TÜV" scheitern würde, reibungslos, unfallfrei und vor allem unkompliziert verläuft.

Damit wären wir an den so schwer zu ziehenden Grenzen der Sinnhaftigkeit von Standardisierungen angekommen, die wohl an den Bestimmungen für den EU- bzw. EG-weiten (Lebensmittel)-Handel besonders gut illustriert werden können: Die in den 80er Jahren verbotene und 2008 wieder legalisierte „krumme Gurke" (Gurken durften „auf zehn Zentimeter Länge um höchstens zehn Millimeter geneigt sein") ist zum Symbol der Standardisierungswut der Schreibtischtäter aus Brüssel geworden. „Es ist sinnlos, einwandfreie Erzeugnisse wegzuwerfen, nur weil sie die ‚falsche' Form haben", so die damalige EU-Agrarkommissarin Mariann Fischer Boel, als sie im November 2008 das zwanzig Jahre lang währende Handels- und Verkaufsverbot von nicht normgerechten Salatgurken wieder aufhob.[1] – und das keineswegs zum Jubel aller: die großen Supermarktketten und mit ihnen die landwirtschaft-

---

[1] *Krumme Gurken wieder im Supermarkt*. Artikel vom 30.06.2009, http://www.euractiv.de/druckversion/artikel/krumme-gurken-wieder-im-supermarkt-001759

lichen Großproduzenten waren an der normierten Gurke, die in stapelbare Standardkartons passt und ohne lästiges Wiegen per Stück verkauft werden kann, durchaus interessiert. Zum Skandal, so könnte man schlussfolgern, wurde der Gurkenstandard dadurch, dass der Verkauf von krummen Gurken per se, also auch für kleinere Händler oder Hofläden, gesetzlich verboten wurde. Wenn eine Vereinbarung, die zwischen Betroffenen zur Lösung eines konkreten Problems getroffen wird, zum allgemeinen, verbindlichen Gesetz erklärt wird und dadurch „Unbeteiligten" das Leben schwer macht, so wirkt diese nicht schlichtend, sondern irrational und destruktiv in bestimmte Lebenszusammenhänge hinein.

Damit lassen sich zwei unterschiedliche Felder der „Vereinheitlichung" benennen: Bestimmte Standardisierungen (Umweltstandards zur Filterung von Industrie-Abgasen oder zum Schutz des Grundwassers beispielsweise) haben überhaupt nur Sinn, wenn sie verbindlich und für alle gültig sind (ja, sogar möglichst überall, denn Flüsse und Meere beispielsweise kennen keine Staatsgrenzen); Standardisierungen in anderen Lebensbereichen hingegen können nur als konkrete Abmachung zwischen den konkret Betroffenen umgesetzt, keineswegs aber allen flächendeckend diktiert werden, wenn sie nicht irrational sein und hinderlich wirken sollen.

Zurück zu unserem Fall: Ist die Idee einer globalen Standardisierung allgemeinbildenden Wissens nun eher mit einem ‚das Leben rettenden Sicherheitsstandard' oder mit einer ‚das Leben einschränkenden Salatgurkennorm' vergleichbar?

Der Wunsch, jedem Kind dieses Planeten durch rechtliche Grundlagen und soziales Engagement die Begegnung mit Kunst und Wissenschaft, mit dem Geheimnis der Verschriftlichung der Sprache, mit der Welt der Zahlen, mit der Musik, mit Naturkunde etc. zu ermöglichen, soll in keiner Weise untergraben werden, wenn im Folgenden die oben genannte Vision eines einheitlichen Kerncurriculums für alle Kinder weltweit kritisch hinterfragt wird.

Es geht also um die globale Standardisierung allgemeinbildenden Wissens – welche Allgemeinbildung aber haben wir dabei vor Augen? Eine, die sich am individuellen Menschen und der Entwicklung seiner Fähigkeiten orientiert, die den Horizont erweitert und die Reflexion der Alltagswahrnehmungen fördert, – oder eine, die vor allem die Anpassung an die heute gültigen Normen und Werte der globalen Konzernwirtschaft bedeutet? Diese Polarisierung mag etwas künstlich erscheinen, vielleicht kann sie jedoch die *Brisanz* der Standardisierungsabsicht in diesem Bereich deutlich machen: Wenn eine wirkliche Allgemeinbildung das Ziel der Bemühungen sein soll, so kann vielleicht eine Sammlung von, als essentiell erachteten, Bildungsinhalten nützlich sein, die als *Angebot und Anregung* dienen kann (also vergleichbar mit dem UNESCO-Weltkulturerbe auch *geistiges Erbe* für nachfolgende Generationen zu bewahren und übersichtlich zu ordnen, was andererseits durch Bibliotheken, Archive u.a. bereits gewährleistet ist). Ein einheitlich standardisiertes Lern*programm* hingegen wäre für die Bemühung um Allgemeinbildung schlicht nicht notwendig, da die Fülle an *wertvollem Wissen* ohnehin so groß ist, dass niemals jeder alles lernen kann. Im Sinne einer Pädagogik des Dialogs sind standardisierte Pflichtprogramme letztlich kontraproduktiv, da sie die unmittelbare Beziehung zwischen Lernendem und Lehrendem in vorgefertigte Schablonen zwängt und dadurch kreatives Potential und die Entdeckung von Neuem unterbindet.

Darüber hinaus stellt sich die Frage: Auf welcher Basis ist Kommunikation, Verständigung und letztlich Solidarität zwischen unterschiedlichen Menschen möglich? Braucht es dazu die Kenntnis *desselben Wissens*, oder ist *jede* Art der allgemeinen Menschenbildung im Humboldtschen Sinne (welche „Freiheit als die erste und unerlässliche Bedingung" sowie „Mannigfaltigkeit der Situationen", also einen vielfältigen Erfahrungsraum braucht, vgl. Humboldt 1976, S. 22) dafür förderlich? Geht es darum, Individuen durch standardisierte Bildungsprogramme durchzuschleusen und so die Ausbildung von ‚kompatiblen Andockstellen' sicherzustellen? Oder orientieren wir uns an der Förderung der Fähigkeit des Einzelnen, sich in fremde Zusammenhänge einzuleben und jeweils individuell Brücken zu bauen?

Die Kernfrage stellt sich ja genau an dieser Stelle: Wie kann der Einzelne die Fähigkeit entwickeln, Neuem offen zu begegnen und eine eigenständige und kreative Beziehung aufzubauen? Im Grunde berührt diese Frage ein erkenntnistheoretisches und philosophisches Gebiet: Ist der denkende Mensch imstande, Dinge der Außenwelt begrifflich miteinander in Beziehung zu bringen, sie zu ordnen und einen Überblick zu gewinnen, der eine eigenständige Orientierung erlaubt? Und wenn ja, können zwei verschiedene Menschen durch die Beschäftigung mit der gleichen Welt zu solchen begrifflichen Orientierungen kommen, dass eine Begegnung im Verstehen möglich ist? Oder ist ein Verstehen nur möglich, wenn alle den selben Weg der Welterfahrung gegangen sind?

FRIEDRICH DELEKAT schreibt in seiner 1927 erschienenen PESTALOZZI-Biographie:

„Ein Bauer, der seine heimatliche Scholle nie verließ, in seinem Lebenskreis aber alles wirklich beherrscht, ist gebildeter als moderne Globetrotter, die von fremder Kultur und Sitte nur die Oberfläche begreifen, weil sie selbst eine bodenständige Kultur und Sitte nicht mehr in sich fühlen, während jener, sobald man ihn mit dem fremdartigen Leben in einen unmittelbaren Zusammenhang brächte, von der Struktur seines eigenen, sich in die Struktur des fremden Lebens von selber hineinfinden würde. Denn die ‚Natur' ist sich überall gleich, dieselbe kosmische Ordnung prägt sich bald so, bald etwas anders im Prinzip aber als ein unveränderliches metaphysisches Gesetz in allen Menschen und in allen Kulturen gleichartig aus." (Delekat 1927, S. 184)

DELEKAT unterscheidet also eine Bildung durch *Vertiefung des Naheliegenden* im Gegensatz zur *oberflächlichen Kenntnis von Vielem* und entwickelt den Gedanken, dass eine Vertiefung des Nahen und Bekannten beim Verständnis des Fernen und Fremden hilfreich ist, da durch die Vertiefung ins Bekannte begriffliche Strukturen und Fähigkeiten erarbeitet werden[100], die dann in der Auseinandersetzung mit dem Fremden die Orientierung erleichtern und eine ‚entschlüsselnde' Wirkung haben.

---

[100] Diese individuelle Begriffsbildung, die es dem Einzelnen erst ermöglicht, die Erscheinungen der Welt zu deuten, zu verstehen und zu interpretieren, bezeichnet Pestalozzi in seinem Roman *Wie Gertrud ihre Kinder lehrt* als die Aufgabe des Unterrichts: „Die Welt, sagte ich in diesen träumenden Selbstgesprächen zu mir selber, liegt uns als ein ineinanderfließendes Meer verwirrter Anschauungen vor Augen; die Sache des Unterrichts und der Kunst ist es, [...] dass sie die Verwirrung, die in dieser Anschauung liegt, aufhebe, die Gegenstände unter sich sondere, die ähnlichen und zusammengehörigen in ihrer Vorstellung wieder vereinige, sie alle uns dadurch klar mache, und nach vollendeter Klarheit derselben in uns zu deutlichen Begriffen erhebe. Und dieses tut sie, indem sie uns die ineinanderfließenden verwirrten Anschauungen einzeln vergegenwärtiget, dann uns diese vereinzelten Anschauungen in verschiedenen wandelbaren Zuständen vor Augen stellt, und endlich dieselben mit dem ganzen Kreis unseres übrigen Wissens in Verbindung bringt." (Pestalozzi 1998, S. 254)

Die Beschränkung und Vertiefung galt auch J.W.v.GOETHE als wesentliche Orientierung für die pädagogische Praxis:

„Es bleibt ewig wahr: Sich zu beschränken, einen Gegenstand, wenige Gegenstände, recht bedürfen, so auch recht lieben, an ihnen hängen, sie auf alle Seiten wenden, mit ihnen vereinigt werden, das macht den Dichter, den Künstler – den Menschen." (Goethe 1987, S. 187) „Unsere gewöhnliche Erziehung jagt die Kinder ohne Not nach so viel Seiten hin und ist Schuld an so viel falschen Richtungen die wir an Erwachsnen bemerken." (Goethe 1987, S. 89)

Auch RICHARD MÜNCH spricht vom durch die globale Standardisierung gefährdeten „lokal verwurzelte[n] und von dort zum universellen strebende[n] Kulturmensch[en]." (Münch 2009, S. 81) KLAUS SEITZ merkt an:

„Bildung findet letztlich immer konkret, lokal, kontextgebunden statt und kann daher nicht in derselben Weise wie die Produktion von Computersoftware oder die Spekulation mit Finanzderivaten global standardisiert und dekontextualisiert auf Weltsystemebene vollzogen werden." (Seitz 2002, S. 327)

KONRAD SCHILY schildert die praktische Bedeutung dieses Problemfeldes am Beispiel der modernen Medizin:

„Auch die Medizin ist heute hochspezialisiert und wird immer komplexer. Aber nur diejenigen kommen damit gut zurecht, die wirklich aus eigener konkreter Erfahrung heraus etwas von Medizin verstehen. Nur wer richtig Medizin kann, kommt mit der Komplexität zurecht. Der erfahrene Arzt braucht weniger Labor und weniger Medikamente und weniger Gerät und ist trotzdem wirksamer in der hochkomplexen Welt." (Schily 2011, S. 19)

VANDANA SHIVA äußert sich in einem Interview zu ihren Erfahrungen mit „Prinzipien" und „Details" als Quantenphysikerin und Ökologin:

„Die fundamentalen Erkenntnisse der Quantentheorie sind auch die Grundannahmen der modernen Ökologie: Dass nämlich alle Dinge miteinander in Beziehung stehen und dass alles, was man dem Netz des Lebens antut, sich der Mensch letztlich selber antut. Deshalb war es für mich auch immer sehr einfach, zwischen den Denksystemen der Quantentheorie und der Ökologie zu wechseln. Wenn man von den gemeinsamen Prinzipien ausgeht, kann man die jeweiligen Details je nach Bedarf daraus entwickeln. Die meisten Wissenschaftler tun das nicht. Sie betreiben ihre Profession wie ein isoliertes Ritual des Macht- und Geldgewinns, sie sehen nur das Detail und eben nicht das größere Prinzip." (Lüpke/Shiva 2004)

Die *fragmentierende Eigenart des positivistischen Denkens*, das „nach der vollkommenen Erkenntnis, die nur durch Detail- und Spezialistenwissen erzielbar ist", strebt, wird auch von ANDREAS NOVY thematisiert. Er spricht von Experten/innen für spezielle Fachgebiete, die „sich jedoch in aller Regel als inkompetent [erweisen], wenn es darum geht, ihre Teil-Erklärung für die Lösung komplexer Probleme nutzbringend anzuwenden." (Novy 2005, S. 128)[101] Es muss demnach offen bleiben, ob die scheinbar nicht mehr zu bewältigende Komplexität unserer Lebenswelt nicht auch zum Teil der Konzeption und Organisation der Wissenschaft geschuldet ist.

„Der Vormarsch der SpezialistInnen resultiert im Tod der GeneralistInnen. Allgemeinbildung und ganzheitliche Problemsichten werden gegenüber der disziplinären Kompetenz abgewertet." (Novy 2005, S. 182)[102]

Bereits GOETHE sah in der *Überbildung der Informationsgesellschaft* eine Gefahr der modernen Zeit:

„Junge Leute werden viel zu früh aufgeregt und dann im Zeitstrudel fortgerissen; Reichtum und Schnelligkeit ist was die Welt bewundert und wonach jeder strebt; Eisenbahnen, Schnellposten, Dampfschiffe und alle möglichen Facilitäten der Communication sind es worauf die gebildete Welt ausgeht, sich zu überbieten, zu überbilden und dadurch in der Mittelmäßigkeit zu verharren." (Goethe 1987b, S. 215f)

Jeder Erkenntnisprozess ist ein individueller, ja intimer Vorgang! Absichtsvolle Unterrichtssituationen können den Prozess der Erarbeitung von Prinzipien, der Extrahierung von Sinnzusammenhängen aus Details, nur anregen, unterstützen und begleiten, aber niemals direkt ‚erzeugen'. Insofern führt sich der Zweck einer Standardisierung, die jedem Menschen Zugang zu allgemeinbildenden Bildungsprozessen garantieren

---

[101] Etwas drastischer bezeichnet der Philosoph Immanuel Hermann Fichte (1796-1879), der Sohn Johann Gottlieb Fichtes, die Gefährlichkeit der Spezialwissenschaften: „Spezialwissenschaften, nur für sich genommen, sind Todes- und Vernichtungsarten, ja sogar Todes- und Mordarten." (Ehret 1997, S. 35)

[102] Beachtenswert in diesem Zusammenhang ist Novys Analyse des postmodernen Relativismus: „Das postmoderne Denken betont gegenüber dem Positivismus die Vielfalt der Problemzugänge. Von gänzlich anderen Überlegungen ausgehend fragmentiert es aber ebenso die Wirklichkeit, indem die verschiedenen Kulturen und Disziplinen als unvergleichbar nebeneinander bestehen bleiben. Auch hier wird der Dialog, der fragmentiertes Argumentieren zusammenführt, von Kulturen und Disziplinen unterbunden." (Novy 2005, S. 128, H.d.A.)

möchte, selbst ad absurdum. Standardisierung kann die Aneignung von Faktenwissen fördern, verhält sich zu emanzipatorischen Bildungsprozessen jedoch widersprüchlich. Im Rahmen der Qualitätssicherung in Bildungseinrichtungen wird neben den *Output-Standards*, die Zielkompetenzen beschreiben, auch von *Opportunity-to-learn-Standards* gesprochen, welche „Lernangebotssituationen" definieren, die jedem Kind ermöglicht werden sollen. Sie können ihrem Wesen nach immer nur beispielhaft sein und als Anregung, aber nicht als Pflichtprogramm dienen. Die ganze Welt ist letztlich „an opportunity to learn", eine Gelegenheit zu lernen, und die situative Kreativität der pädagogisch Verantwortlichen nur bedingt durch quantifizierbare Qualitätsstandards zu fassen. Vereinheitlichung hingegen gefährdet die Evolution von Neuem – kulturelle Vielfalt ist für die Entwicklung neuen Wissens förderlich (vgl. Münch 2009, S. 36). Hier steht eine Entscheidung an, denn, einmal ‚eingerissen', wird die Standardisierung im Schulwesen zur Normalität: „Dass der Unterricht global nach genau demselben Muster abläuft, wirkt zusätzlich selbstbestätigend." (Münch 2009, S. 87)

Schon GOETHE hat außerdem über einen stimmigen Zusammenhang zwischen *reden* und *tun* philosophiert und ein künstlerisches Handeln dadurch gekennzeichnet, dass es selbst *Ausdruck der leitenden Ideen* ist, und diese nicht unabhängig von ihrer Umsetzung diskutiert werden sollten:

„Ich habe es immer für ein Übel, ja für ein Unglück gehalten, welches in der zweiten Hälfte des vorigen Jahrhunderts mehr und mehr überhand nahm, dass man zwischen Exoterischem und Esoterischem keinen Unterschied mehr machte, dass man die Grundsätze und Maximen, nach welchem man lehrt und handelt, früher als die Lehre und das Handeln selbst öffentlich werden lässt, da doch sowohl das Beispiel der ältern Weisen als die Erfahrungen an dem neuern Thun und Treiben uns hätten aufmerksam machen sollen, dass man seinen Zweck vernichtet, indem man ihn voraussagt, dass eine Handlung, wenn sie glückt, nicht contestirt wird, wohl aber nichts mehr Widerspruch erleidet als eine vor, ja sogar nach der Tat ausgesprochene Maxime." (Goethe 1987, S. 182)

Emanzipatorische Bildungsprozesse können demnach nicht durch Standardisierung und Überwachung, sondern einzig durch den kompromisslosen, rechtlichen Schutz und die selbstlose wirtschaftliche Förderung von gesellschaftlichen Freiräumen gestärkt werden, in denen Menschen in einer *Mannigfaltigkeit der Situationen* in *Freiheit* (vgl. Humboldt 1976, S. 22) anderen Menschen begegnen und in konkreten Beziehungen miteinander und voneinander lernen können.

II. 3. Die Krise der Sozialen Marktwirtschaft

> *„George Soros schreibt, dass er, wenn er über die realwirtschaftliche Seite seiner Spekulation hätte nachdenken müssen, nicht hätte spekulieren können, weil ihn dann Gewissensbisse geplagt hätten. Und das Spannende ist jetzt die Schlussfolgerung, die Logik, die dann einsetzt: Weil also Gewinne machen davon abhängt, dass man nichts weiß von den Folgen seiner Handlungen, die Handlungen aber schlimme Folgen haben, muss das Bewusstsein von außen herankommen, muss es eine Überwachung von staatlicher Seite geben. Weil Wirtschaft von dem Nichtwissen abhängig ist, muss, wenn sowohl Wirtschaft, als auch Gerechtigkeit möglich sein soll, der Staat von Außen regeln. Sehen Sie, das ist es, auf den Punkt gebracht. Das ist die Logik, in der wir alle gefangen sind. Wir gehen alle von einer Voraussetzung aus, und indem wir bei unseren sozialen Plänen alle diese eine Sache voraussetzen, bleiben wir alle im Neoliberalismus verhaften. Wir setzen nämlich alle voraus, dass das Soziale, das Wissen um den anderen, das Sorgen für den anderen, immer gerade auf der Seite liegt, die der Wirtschaft entgegengesetzt ist."*[103]
>
> JOHANNES MOSMANN

Als nach 1945 nach einer Neuausrichtung des gesellschaftlichen Lebens gesucht wurde, standen sich die einseitig wirtschaftsliberale (westliche) Ideologie und die sozialistische, planwirtschaftliche (östliche) Wirtschaftsutopie als die zwei möglichen Ausrichtungen gegenüber. In Westdeutschland fand sich ein Kreis von Wirtschaftswissenschaftlern (um ALFRED MÜLLER-ARMACK, WALTER EUCKEN, FRANZ BÖHM und ALEXANDER RÜSTOW) zusammen, die nach weiteren Möglichkeiten, nämlich einem *dritten Weg* zwischen reinem Wirtschaftliberalismus und Sozialismus, suchten. Ihre Grundüberlegung war, durch ein neues Verhältnis von Wirtschaft und Staat einerseits zwar die volle Kraft der Wettbewerbswirtschaft aufrecht zu erhalten, andererseits den Staat jedoch als Regulator des Marktes zu stärken und ihm zugleich die soziale Absicherung der schwächeren Mitglieder der Gesellschaft

---

[103] Mosmann 2010

anzuvertrauen. Die theoretische Grundlage dieses sich in den folgenden Jahrzehnten als *Soziale Marktwirtschaft* etablierenden, gemäßigten Liberalismus waren die bereits in den 30er Jahren veröffentlichten Gedanken des *Neoliberalismus*. Fälschlicherweise wird der Begriff des Neoliberalismus häufig als Synonym für den reinen Marktliberalismus benutzt. Er liegt jedoch der Theorie der Sozialen Marktwirtschaft zu Grunde, d.h., er spricht nicht nur von wirtschaftlicher (rücksichtsloser) Freiheit, sondern auch von ausgleichender (sozial-)staatlicher Aktivität.

Im Kern ist die soziale Marktwirtschaft eine rein *national*wirtschaftliche Konzeption und gerät so mit der sich entwickelnden Weltwirtschaft in Friktion. Denn im Zeitalter der Globalisierung entschwindet die Wirtschaft dem Staat als direktes Gegenüber: Spätestens seit dem Mauerfall 1989 und der damit einhergehenden Öffnung der Märkte, vor allem aber mit der Innovation durch die neuen Medien breitete sich eine globale Konzernwirtschaft aus, der gegenüber die einzelnen Nationalstaaten zunehmend ihre Besteuerungsmacht verloren.

„Anfang der 90er Jahre war man sich unter Sozialwissenschaftlern einig [...] je freier sich Güter, Dienstleistungen, Kapital und Personen über nationale Grenzen hinweg bewegen dürften, desto einfacher würden sie sich auch unliebsamen Regulierungen und Steuern durch Abwanderung entziehen können. Die Abwanderungsdrohung wiederum werde die nationalen Regierungen zwingen, Regulierungen und Steuern zu senken, um wirtschaftliche Aktivität im Land zu halten oder ins Land zu locken. Das Ergebnis, so fürchteten viele und hofften manche, werde eine Aufweichung regulativer Standards und eine chronische Unterfinanzierung des Wohlfahrtsstaates sein."
(Genschel, Rixen & Uhl 2008, S. 297)

Das Wegbrechen der wirtschaftlichen Grenzen führte einerseits dazu, dass immer mehr Gelder den realwirtschaftlichen Zusammenhängen entzogen wurden, dass sich Gewinne konzentrierten und im internationalen Spekulationsmarkt ihr Unwesen trieben. Andererseits mussten sich die Staaten immer mehr verschulden, um den Sozialstaat weiterhin finanzieren zu können, wie sich am Beispiel der österreichischen Staatsverschuldung zeigen lässt[104]:

---

[104] *Statistik Austria* (Öffentlicher Schuldenstand, BIP 1980-2009)
  Erstellt am: 30.09.2010. Anmerkung: Daten gemäß ESVG 95 bzw. EU-Rats-VO Nr. 475/2000.

Jahr	1980	1985	1990	1995	2000	2005	2009
Mio. EUR	27.002	49.579	76.518	119.207	138.040	155.753	185.075
% des BIP	35,3	47,9	56,2	68,3	66,5	63,9	67,5

Die Staatsverschuldung der Bundesrepublik Deutschland hat Anfang 2011 die Zwei-Billionen-Euro-Grenze überschritten![105] Der Pro-Kopf-Schuldenstand beträgt in Deutschland inzwischen über 23.000 Euro, in Österreich ist er mit über 26.000 Euro sogar noch höher.

War das Problem der Staatsverschuldung lange Zeit in der Öffentlichkeit kaum präsent, so ist mittlerweile ein ideologischer Streit um diese Frage entbrannt: Die einen werden nicht müde, zu betonen, Staatsverschuldung sei kein Problem, sondern die Lösung für wirtschaftliche schwierige Zeiten (vgl. Altzinger/Beigewum 2005). Dagegen stehen die Stimmen, die, wie unter anderem PAUL KIRCHHOF in seinem Buch *Das Gesetz der Hydra* (vgl. Kirchhof 2006) an den „gesunden Menschenverstand" appellieren: es könne nicht gut gehen, wenn der Staat als Sachwalter der Bürgergemeinschaft mehr ausgibt, als er zuvor von den Bürgern bekommen hat, und dafür obendrein auch noch teure Zinsen zahlt. Zudem taucht immer mehr das Argument auf, dass die Staatsverschuldung eine Umverteilung von unten nach oben impliziere:

„"...außerdem (sagt zum Beispiel Oskar Lafontaine) seien die deutschen Staatsschulden nicht so schlimm, weil ihnen dreimal so hohe Geldvermögen der privaten Haushalte gegenüberstehen. Es sei nur vernünftig, dass der Staat mit dem Geld seiner Bürger arbeite. Und schließlich hat ja sogar Keynes gesagt, Staatsschulden in Krisenzeiten seien legitim, um die Wirtschaft anzukurbeln. Alles also nicht so schlimm? Alle diese Überlegungen übersehen eine entscheidende Tatsache: Staatsschulden erzeugen immer eine lautlose Umverteilung von unten nach oben. Und das kommt so: In Deutschland verfügen zehn Prozent der Bevölkerung über die Hälfte der privaten Geldvermögen, das heißt, über 2,5 von fünf Billionen Euro. Diesen 2,5 Billionen Euro stehen 1,3 Billionen Euro Staatsschulden gegenüber. Das heißt aber: alle Sollzinsen, die Bund, Länder und Gemeinden zusammen zahlen, fließen so oder so ausschließlich auf die privaten Konten der zehn Prozent Reichsten." (Moewes 2005)

---

[105] vgl.: http://www.staatsverschuldung.de/schuldenuhr.htm

Der Ökonom ELMAR ALTVATER betont ebenfalls die Interessen der großen privaten Banken an Staatsanleihen:

„Die Verschuldung von Staaten ist für die großen privaten Banken und ihren Tross aus Ratingagenturen, Beratern und Anwältinnen sehr lukrativ. Die Schuldtitel werden verbrieft, zu strukturierten Papieren gebündelt und auf globalen Märkten profitabel gehandelt." (Altvater 2010)

Durch die verschuldeten Staatshaushalte wird wiederum die soziale Problematik verschärft, da die Sozialausgaben des Staates – auch die Bildungsausgaben etc. – nach immer enger definierten Kriterien vergeben werden müssen, wodurch der Freiraum für Kultur, Bildung und Soziales immer stärker eingeschränkt wird. Die im letzten Kapitel besprochene „neue Steuerung" durch verpflichtende „Qualitätssicherungsmaßnahmen" und verbindliche Standards hat also auch mit dem erhöhten ‚Druck', unter dem die Staaten durch die Staatsverschuldung stehen, zu tun. Das fördert letztendlich die Qualität nicht wirklich, da der Freiraum, in dem Qualität überhaupt reifen kann, immer stärker eingeschränkt wird. Unter Druck kann keine Kreativität, kein innovatives Denken und Handeln gedeihen. Das wiederum trifft vor allem die, die nicht zu den *Global Players*, sondern zur *regional* lebenden und wirtschaftenden Bürgerschaft gehören. Hinzu kommt, dass durch die zunehmende Automation der Produktion immer mehr Arbeitsplätze der Rationalisierung zum Opfer fallen. Eine immer krasser auseinanderdriftende Arm-Reich-Schere ist die Folge: die Besitzverhältnisse streben nicht nur global, sondern auch innerhalb der Sozialstaaten drastisch auseinander. Der weltweite Reichtum konzentriert sich von Jahr zu Jahr immer stärker, inzwischen verfügt ein Tausendstel der Menschheit über ein Fünftel des gesamten Weltvermögens. (vgl. The Boston Consuting Group BCG 2011, S. 11)

Ist der Sozialstaat angesichts der globalen Wirtschaftsdynamiken überhaupt noch in der Lage, für soziale Gerechtigkeit zu sorgen? Taugt das Modell ‚Soziale Marktwirtschaft' fürs 21. Jahrhundert, in dem die Menschheit als *globale* Gemeinschaft wirtschaftlich bereits arbeitsteilig zusammenarbeitet? Wir sind vor allem die nationalwirtschaftliche Gesellschaftsordnung gewöhnt. Für den weltweiten Zusammenhang bzw. für regionale Strukturen, die das lokal jeweils Sinnvolle verfolgen und trotzdem nach außen hin offen sind, fehlen uns hingegen Wahrnehmungen und Begriffe.

Der Ökonom EMIL LEINHAS hat sich in seinem Buch *Vom Wesen der Weltwirtschaft* (Leinhas 1947) direkt nach dem Zweiten Weltkrieg auf vielfältige Weise dem menschheitsgeschichtlichen Novum einer weltweit verflochtenen Wirtschaft anzunähern versucht:

„Aus der Volkswirtschaft, aus volkswirtschaftlichen Anschauungen, aus volkswirtschaftlicher Denkweise und volkswirtschaftlicher Gesinnung kommen die Widerstände und Hemmungen, die sich geltend machen gegen die Entwicklung der Wirtschaft aus der bisherigen Form der Volkswirtschaft in die höhere Form der Weltwirtschaft. Diese Gegenkräfte sind ein Ergebnis der intellektualistisch-materialistischen Grundhaltung der neueren Menschheit und der daraus folgenden technisch-mechanistischen Auffassung des Lebens. Durch diese Auffassung hat sich der Mensch den Blick verschlossen für die Kräfte, die als Lebens- und Entwicklungskräfte in allen organischen Gebilden wirksam sind und die sich in den immerwährenden Wandlungen und Verwandlungen derselben ihren Ausdruck verschaffen." (Leinhas 1947, S. 126f)

LEINHAS beschreibt den Übergang von der Volkswirtschaft zur Weltwirtschaft als positive Entwicklung, in der die (‚künstlich' geschaffenen) nationalstaatlichen Grenzen überwunden wurden und sich so die Möglichkeiten für sinnvolle Wirtschaftsbeziehungen radikal erweiterten. Inwieweit sich diese Wirtschaftsbeziehungen nun nachhaltig und ‚fair' gestalten, hängt auch davon ab, inwieweit es gelingt, die Zuweisung ‚Markt = Egoismus' und ‚Staat = Gerechtigkeit' zu überwinden. Es gilt, Formen der Wirtschaft zu finden und zu unterstützen, die zwar auf funktionierende rechtsstaatliche Strukturen, aber nicht auf einem nachträglichen staatlichen Sozialausgleich aufbauen, sondern die das Prinzip der Solidarität bereits in sich tragen. Dreh- und Angelpunkt dieser neuen Solidarität ist bei LEINHAS der *individuelle Mensch*, der zur Verantwortlichkeit gegenüber der Menschheitsgemeinschaft erwacht. Nicht neue Gruppenbildungen irgendeiner Art können eine solidarische Wirtschaft aufrecht erhalten, sondern diese verlangt eine neue ‚In-Kraft-Setzung' der einzelnen Individualität, die sich nicht nur als Konsument/in oder Angestellte/r, sondern als Mitarbeitende/r am großen Netz der weltweiten Wirtschaftsprozesse erlebt:

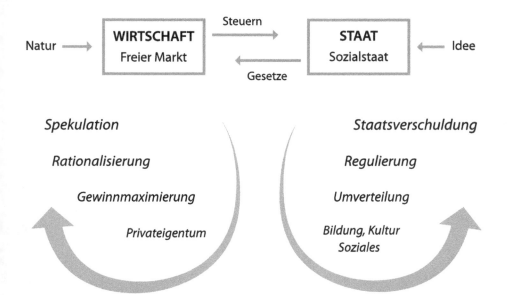

„Die Menschheit will in die Zukunft hinein über die ganze Erde hin immer mehr zu einer großen einheitlichen, menschlichen Gemeinschaft werden. Aber diese Einheit kann nicht sein eine Vereinheitlichung aller Menschen im Sinne einer Uniformierung oder Kollektivierung. Sie kann nur entstehen auf dem Weg über eine intensive Ausbildung der menschlichen Individualität. [...] Gemeinschaftsbildend, menschengemeinschaftsbildend können heute nur noch die Kräfte der sich ihres geistigen Ursprungs bewussten menschlichen Individualität wirken. Es ist ein verhängnisvoller Irrtum im sozialen Denken der Gegenwart, dass man vielfach glaubt, durch immer neue Gruppenbildungen irgendwelcher Art zum sozialen Frieden zu gelangen. Zu solchen Gruppenbildungen gehört außer der Bildung von Volksgemeinschaften, Klassen- und Rassengemeinschaften, auch die Bildung von egoistisch orientierten Wirtschaftsgruppen; von sogenannten »Wirtschaftsblöcken« und ähnlichen Formationen. [...] Nur indem jeder einzelne Mensch sich als ein individuelles geistiges Wesen erkennt, kann er auch zur Anerkennung des Geistes im andern Menschen gelangen. Und nur auf Grund einer solchen Anerkennung kann er sich auch dem andern Menschen gegenüber sozial richtig verhalten." (Leinhas 1947, S. 130f)

Deshalb müssen für einen zeitgemäßen sozialen Ausgleich neue Zusammenhänge und *Organe* erst gebildet werden, die den Menschen nicht mehr nur als Staatsbürgerin oder Staatsbürger anfragen, sondern den *individuellen* Menschen als Glied der Weltwirtschaftsgemeinschaft. Hier liegen die Aufgaben einer globalen Zivilgesellschaft, auf die im Folgenden eingegangen werden soll.

III.

FREIE SCHULEN FÜR ALLE! – BILDUNGSORGANISATION ALS AUFGABE DER ZIVILGESELLSCHAFT

Im abschließenden dritten Teil sollen nun die Perspektiven einer zivilgesellschaftlichen Selbstverwaltung der Bildungsräume konkretisiert werden. Zunächst wird mit der Begriffsentwicklung der Zivilgesellschaft eine Grundlage geschaffen, dann werden einige Aspekte einer zivilgesellschaftlichen Selbstverwaltung der Bildung näher beleuchtet, und ihre globale Relevanz herausgearbeitet. Des Weiteren wird das – neue – Verhältnis der selbstverwalteten Bildung zum Staat besprochen sowie grundlegende Gedanken zur Bildungsfinanzierung entwickelt. Den Universitäten als Teil des Bildungswesens ist ein eigenes Kapitel gewidmet.

III. 1. Die Zivilgesellschaft als Organ gesellschaftlicher Sinnstiftung

> *„...Weltentwicklung hat demnach etwas mit der eigenen Persönlichkeitsentwicklung zu tun."* [106]
>
> ANDREAS NOVY

Im Folgenden soll deutlich gemacht werden, wer mit „Zivilgesellschaft" gemeint ist, wer also der Kernthese dieser Arbeit folgend anstelle des Staates für die Aufgabe der Organisation von Bildungsprozessen prädestiniert ist.

---

[106] Novy 2005, S. 16

Die Ursprünge der Zivilgesellschaft

> *„Die Themen, die jetzt in aller Munde sind, sind nicht der Weitsichtigkeit der Regierenden oder den Parlamentsdebatten entsprungen – schon gar nicht den Kathedralen der Macht in Wirtschaft, Wissenschaft und Staat."* [107]
>
> ULRICH BECK

Der Zivilgesellschaftsbegriff hat im Laufe der Geschichte von der Antike bis zur Gegenwart einen deutlichen Wandel erfahren. Bei ARISTOTELES war die Zivilgesellschaft die Verbindung der Menschen (die als zoon politikón, als soziales Wesen die Gemeinschaft und Gesellschaft brauchen, um ihre Fähigkeiten zu entwickeln) innerhalb der *staatlichen* Gemeinschaft *(politiké koinoniá)*, und auch im antiken Rom bezeichnete *societas civilis* noch ausschließlich die staatsbürgerliche Gesellschaft.

Zu Beginn der Neuzeit plädierten die beiden religiösen Reformer NIKOLAUS VON KUES und MARTIN LUTHER dann „in völlig unterschiedlichen Kontexten für eine Stärkung der Rechte der einzelnen Gemeinden und Gemeindemitglieder" (Schmidt 2007, S. 22) gegenüber der kirchlichen Allmacht. Damit kündigte sich ein Selbstständigwerden der Sphäre der individuellen Menschen gegenüber den umfassenderen (staatlichen) Strukturen an. Zwar schwankte der Zivilgesellschaftsbegriff in der folgenden Zeit noch zwischen der antiken und der neuzeitlichen Definition (so denkt z.B. THOMAS HOBBES die bürgerliche Gesellschaft noch nicht explizit vom Staat getrennt), welche immer mehr das Individuum ins Zentrum stellt, doch setzte sich zunehmend ein Zivilgesellschaftsbegriff durch, der eine ganz eigene Sphäre *neben* Staat und Wirtschaft beschrieb.

„Als am Ende des 18. Jahrhundert die amerikanische und die französische Revolution die alten Strukturen beseitigt hatten, kam als weiterer Aspekt die Frage hinzu, wie sich in der modernen Welt das Individuum zu positionieren hat: in welcher Gemeinschaft, in welcher Gesellschaft sollte es einen Platz finden; wie konnte es sich in das Gemeinwesen einbringen?" (Schmidt 2007, S. 24)

---

[107] Beck 2007, S. 90

Insbesondere im Umfeld des deutschen Idealismus entwickelte sich der Begriff einer ganz an der unmittelbar menschlichen Begegnung orientierten dritten gesellschaftlichen Sphäre – z.B. bei W. v. HUMBOLDT, F. v. GENTZ und am deutlichsten vielleicht in F. SCHILLERS Konzeption des *Ästhetischen Staats* (Zivilgesellschaft) als drittes Glied neben dem *Ethischen Staat* (Staat) und dem *Dynamischen Staat* (Wirtschaft) (vgl. Schiller 2000).

Trotz dieser deutlichen Neubestimmung (als dritte, eigentlich *transnationale* Sphäre) bildete das 19. Jahrhundert vor allem den Begriff des Nationalstaates im Sinne einer ‚Nationalwirtschaftsgemeinschaft' aus. Gleichzeitig aber blühte zu Anfang des 20. Jahrhunderts auch ein reiches bürgerschaftliches Leben auf; unzählige Stiftungen förderten soziales und kulturelles Leben, welches durch den Ersten Weltkrieg geschwächt wurde. 1919 trat dann auch RUDOLF STEINER mit seiner Schrift *Die Kernpunkte der Sozialen Frage* explizit für eine *Dreigliederung des Sozialen Organismus*, also für eine bewusste Gliederung der Gesellschaft in Staat, Wirtschaft und Geistesleben/Zivilgesellschaft ein. Dabei sollte für letztere die Freiheit (Individualität), für den Staat die Gleichheit (Demokratie) und für die Wirtschaft die Brüderlichkeit (Solidarität) das leitende Ideal sein (vgl. Steiner 1996). Doch spätestens ab 1933 wurden diese bürgerschaftlichen Initiativen durch den Nationalsozialismus weitgehend erstickt.

Mit MAHATMA GANDHIS zivilgesellschaftlichem und gewaltfreiem Wirken für Selbstbestimmung und Gleichheit (er gab auch „Unberührbaren" die Hand) im damals noch britischen Indien begann das Ende der kolonialen Epoche. 1989 brachte eine friedliche zivilgesellschaftliche Bewegung die Berliner Mauer zu Fall. In den folgenden Jahren erlebte die Weltöffentlichkeit den Durchbruch dieser dritten eigenständigen gesellschaftlichen Sphäre: als Parallelbewegung zur globalen Öffnung der Märkte (vgl. Rifkin 2004) formierten sich verstärkt transnationale zivilgesellschaftliche Protestbewegungen. 1999 ist mit dem *Battle of Seattle*[108] ein Zeichen dafür gesetzt worden, dass über den freien Zusammenschluss von engagierten Weltbürger/innen nicht hinweggegangen werden kann. In der daraus hervorgegangenen Bewegung der *Weltsozialforen* werden die Prinzipien der Freiheit, Vielfalt und Selbstverantwortung hochgehalten. Die Erstellung eines programmatischen Forderungskataloges, dem sich alle anschließen, wird ausdrücklich *nicht* angestrebt, sondern die überparteilichen und überkonfessionellen Foren sollen allein dem Austausch, der dezentralen Vernetzung und der Verständigung über Alternativen dienen.[109]

„Das gesellschaftlich erstaunlichste, überraschendste und wohl am wenigsten begriffene Phänomen der letzten Jahrzehnte ist – nicht nur in Deutschland – die *Individualisierung*, die unverhoffte Renaissance einer >enormen Subjektivität< – innerhalb und außerhalb der Institutionen. Es ist nicht übertrieben zu sagen: *Die zivilgesellschaftlichen Netzwerke und Bewegungen haben die Initiative ergriffen.* Sie waren es, die gegen den Widerstand der etablierten Parteien seit den siebziger Jahren des vorigen Jahrhunderts die Gefährdung der Welt auf die Tagesordnung gesetzt haben. Die Themen, die jetzt in aller Munde sind, sind nicht der Weitsichtigkeit der Regierenden oder den Parlamentsdebatten entsprungen – schon gar nicht den Kathedralen der Macht in Wirtschaft, Wissenschaft und Staat. Sie sind gegen den geballten Widerstand dieser institutionalisierten Ignoranz, von den in sich verhaspelten, moralisierenden, sich um den richtigen Weg streitenden, vom Zweifel geplagten und zerstrittenen Gruppen und Grüppchen zum Gegenstand weltpolitischer Auseinandersetzungen gemacht worden. *Die demokratische Subversion hat einen ganz unwahrscheinlichen thematischen Sieg errungen.*" (Beck 2007, S. 90, Herv. d. A.)

ULRICH BECK zeigt auf, dass der Kern der zivilgesellschaftlichen Bewegungen der zur Verantwortlichkeit erwachende *einzelne* Mensch ist, der sich selbstmotiviert mit anderen zusammenschließt, jenseits seiner staatsbürgerlichen Bindung. Gerade die Entwicklung der neuen Medien haben diese neue Stufe der zivilgesellschaftlichen Entfaltung

---

[108] *Battle of Seattle*: „Im November 1999 tagt in Seattle der Weltwirtschaftsgipfel. Aus dem ganzen Land und aller Welt strömen Gegendemonstranten und Globalisierungsgegner in die Metropole am Pazifik, um an Foren teilzunehmen, mehr oder minder friedlich zu protestieren und wenn möglich Sand ins Getriebe der politischen Entwicklung zu streuen. Vor Ort spitzt sich die Sache schnell zu, und weil es noch keine Bannmeile um den Konferenzort gibt, gelingt es den Demonstranten schließlich, den Wirtschaftsgipfel selbst lahm zu legen. Polizei und Bürgermeister reagieren mit krasser Härte." ...aus der Inhaltsangabe des 2007 erschienen Films *Battle in Seattle*, in dem dieses Ereignis verfilmt wurde. http://www.video.de/videofilm/battle-in-seattle-dvd-leih/137327

[109] http://weltsozialforum.org, besonders lesenswert die Charta, die paradigmatisch für die neue globale Zivilgesellschaft angesehen werden kann

befördert, da durch die Erweiterung der Informations- und Kommunikationsmöglichkeiten der Einzelne immer unmittelbarer mit den menschheitlichen Problemen verbunden ist. Der Einzelne schaut sozusagen über seine ‚binnenwirtschaftliche' Situation hinaus und blickt in weltwirtschaftliche Zusammenhänge und transnationale Beziehungen, sodass die eigene Identität nicht vollends im Nationalstaatlichen aufgeht. Weltbürgertum und ein globales Verantwortungsgefühl erleben eine Stärkung: die durch die moderne Raumfahrt ermöglichten Bilder des blauen Planeten Erde sind zum Symbol dafür geworden. Durch ihren genuin kosmopolitischen Charakter trägt die Entfaltung zivilgesellschaftlicher Netzwerke zur Etablierung universeller Werte, z.B. der allgemeinen Menschenrechte und der ökologischen Nachhaltigkeit, bei. Zunehmend fließen nun durch die sich konstituierende Zivilgesellschaft Impulse in die bestehenden wirtschaftlichen und staatlichen Institutionen.

Der amerikanische Soziologe und Trendforscher JEREMY RIFKIN hat 1995 in seiner Auseinandersetzung mit dem „Ende der Arbeit" (so der Titel seines Buches), also dem Phänomen, dass die automatisierte Wirtschaft bei steigender Produktion immer weniger Menschen beschäftigt und die Staaten ebenfalls Stellen abbauen, die wachsende Bedeutung des *Dritten Sektors*[110], also der Zivilgesellschaft, hervorgehoben:

„Es gibt jedoch noch einen Bereich, wo die Fähigkeiten, Begabungen und das Fachwissen der Menschen kräftig zur Anwendung kommen können – der Dritte Sektor, die nicht-kommerzielle Gesellschaft. Dieser Sektor umfasst alle formellen und informellen, nicht auf Profit abzielenden Aktivitäten, die zusammen das kulturelle Leben der Gesellschaft ausmachen. Er ist der Sektor, in dem die Menschen sowohl die Gemeinschaftsbande als auch die Sozialordnung kreieren. Zu den gemeinschaftlichen Aufgaben zählen vielerlei Aktivitäten: von der Sozialarbeit bis zum Gesundheitswesen, Bildung, Wissenschaft, Kunst, Sport, Erholung, Religion und Rechtshilfe." (Rifkin 2004, S. 37)

Der chinesische Menschenrechtsaktivist und Friedensnobelpreisträger LIU XIAOBO betont ebenfalls den Unterschied zwischen der politisch-staatlichen und der zivilgesellschaftlich-öffentlichen Sphäre, wenn er sagt: „Die gewaltfreie Bürgerrechtsbewegung zielt nicht darauf ab, po-

---

[110] Erwähnenswert ist hierbei, dass Rifkin außerdem die Kategorie des vierten Sektors einführt, dem er die „Schattenwirtschaft", die Schwarzarbeit und die Kriminalität zurechnet.

litische Macht zu erringen, sondern setzt sich dafür ein, eine humane Gesellschaft zu errichten, in der man in Würde leben kann." (Xiaobo 2010)

Auch der ehemalige deutsche Staatsminister für Kultur und Medien JULIAN NIDA-RÜMELIN weist der „kosmopolitischen Zivilgesellschaft" eine ganz eigene Aufgabe zu:

„Die Interaktionsform der Kooperation ist es, die zwischen den partikularen Interessen der Marktteilnehmer und dem universellen moralischen Standpunkt der Gerechtigkeit (des Staates) zu vermitteln vermag. [...] Während der Markt lediglich eigeninteressierte Optimierer als Konsumenten und Produzenten, als Anbieter und Nachfrager postuliert, beruhen staatliche Institutionen auf dem Prinzip der hierarchischen Verantwortung, der Weisungsunterstellung und des weisungsgebundenen Handelns. Idealtypisch hat Kooperation auf dem Markt keinen Platz: z.B. unterbinden Kartellgesetze Kooperationen sofern sie die Konkurrenzsituation verzerren. Idealtypisch kommen auch staatliche Institutionen ohne Kooperation aus, da Kooperationen, welche die administrativen Hierarchie-Linien konterkarieren, traditionell als ein bedrohliches Phänomen wahrgenommen werden. Kooperation ist dagegen diejenige Interaktionsform, die die Zivilgesellschaft trägt." (Nida-Rümelin 2006, S. 230f)

Es ist allerdings interessant, dass NIDA-RÜMELIN kooperatives Handeln nur innerhalb der Zivilgesellschaft möglich sieht, in der Wirtschaft hingegen „lediglich eigeninteressierte Optimierer". Selbstverständlich folgt der Konsument primär seinen eigenen Bedürfnissen, und doch zeigen uns die ökologischen und sozialen Schwierigkeiten, dass der Egoismus als führendes Wirtschaftsprinzip nicht aufrechtzuhalten ist. Durch zivilgesellschaftliches Engagement ist es anfänglich gelungen, z.B. durch die Fair Trade Bewegung auch in der globalen Wirtschaft Strukturen der Kooperation einzuführen.

In diesem Sinne entwickeln JEAN L. COHEN und ANDREW ARATO in ihrer 1994 veröffentlichten umfangreichen Studie *Civil Society and Political Theory* einen Begriff der Zivilgesellschaft, der überhaupt erst darin seine Substanz gewinnt, dass er den staatlichen Gerechtigkeitsimpuls mit der Frage des wirtschaftlichen Bedarfs in Beziehung bringt:

„Wir verstehen Zivilgesellschaft als eine Sphäre sozialer Interaktion zwischen Wirtschaft und Staat, zusammengesetzt vor allem aus [...] der Sphäre der Vereinigungen, der sozialen Bewegungen, und allen Formen der öffentlichen Kommunikation. Die moderne Zivilgesellschaft wird durch Formen der *Selbstkonstituierung und der Selbstmobilisierung* geschaffen." (Cohen/Arato 1994, S. 423, Herv. C.S.)

Dem Wesen der neuen Zivilgesellschaft immanent ist ihre Achtung der Individualität als der sich selbst bestimmenden gesellschaftlichen Instanz, weshalb ideologisch-fanatische oder religiös-fundamentalistische Bewegungen, die die Zivilgesellschaft nur als Instrument politischer Macht oder ideologischer Bevormundung verstehen, nicht mit dem hier in Erscheinung getretenen neuen Zivilgesellschaftsbegriff vermengt werden dürfen. Auch wird in dieser Arbeit der Ansatz verfolgt, die Zivilgesellschaft wirklich als das Feld der unmittelbaren, rein menschlichen Begegnung und der Diskussion zu sehen, die weder dem Privaten, noch dem Staat, noch der Wirtschaft zuzuordnen sind. Die Zivilgesellschaft ist also keineswegs einfach die Summe aller bestehenden Vereine und NGOs, sondern sie regt sich bereits dort, wo sich zwei Menschen verständigen und initiativ in die Öffentlichkeit treten. „Uns gibt es eigentlich gar nicht", sagt beispielsweise CHRISTOPH FISCHER, der mit der Arbeitsgruppe *Zivilcourage* ohne Verein, Satzung und ohne Geld für ein gentechnikfreies Bayern kämpft.[111]

Allerdings soll auch nicht übergangen werden, dass „Zivilgesellschaft" ein Modebegriff ist und mitunter als „Allzweckwaffe im wissenschaftlichen, politischen und journalistischen Tagesgeschäft" dient (Schmidt 2007, S. 13). Wie unterschiedlich der Begriff verwendet wurde und wird, ist leicht anhand der Gegenkonzepte ablesbar, von denen er sich absetzt: Am Beginn der Neuzeit umschrieben religiöse Reformer wie JEAN CALVIN, MARTIN LUTHER und PHILIPP MELANCHTON mit dem Wort Zivilgesellschaft die Fähigkeit der Differenzierung, die vor dem Fanatismus und der Barbarei bewahrt, für HOBBES und HEGEL war der Bürgerkrieg die größte Bedrohung der „bürgerlichen Gesellschaft", bei den amerikanischen Kommunitaristen ist der Begriff der Zivilgesellschaft gegen die Atomisierung der modernen Gesellschaft gerichtet, bei den Globalisierungskritikern gegen den Turbokapitalismus, bei wirtschaftsliberalen Denkern gegen den Wohlfahrtsstaat. Von sozialdemokratischer Seite wird versucht, mit dem Aufruf zu mehr Zivilgesellschaft unkontrollierten Formen des Marktwettbewerbs Verant-

---

[111] vgl. www.zivilcourage.ro

wortlichkeit entgegenzustellen, Radikaldemokraten kritisieren mit dem Begriff die bestehende (Schein-) Demokratie. (Bauerkämper u.a. 2006, S. 29)

Hier soll mit „Zivilgesellschaft" ein sozialer Raum beschrieben werden, in dem sich einzelne Menschen *als Menschen* begegnen, also über eine lediglich wirtschaftliche Identität (z.b. als Kunde) oder eine rein rechtliche (z.b. als Staatsbürger) hinausgehende Beziehung und Zusammenarbeit möglich wird. Angeknüpft wird in dieser Arbeit auch an STEINERS Begriff des *Freien Geisteslebens*[112] :

> „In dem einen der drei Glieder des sozialen Organismus strebt diese Idee ein Zusammenwirken von Menschen an, das ganz auf den freien Verkehr und die freie Vergesellschaftung von Individualität zu Individualität begründet ist. In keine vorbestimmte Einrichtung werden da die Individualitäten hineingezwängt. Wie sie einander stützen und fördern, das soll lediglich daraus sich ergeben, was der eine dem andern durch seine Fähigkeiten und Leistungen sein kann." (Steiner 1961, S. 71f)

„Eine andere Welt ist möglich" lautet der Slogan der Weltsozialforen. *Wie* diese andere Welt aussehen kann und soll, ist offen. Der einzelne Mensch und Weltbürger, d.h. die zur Verantwortlichkeit erwachende Individualität, ist die Instanz, mit der die Zivilgesellschaft steht und fällt. Deshalb formulierte JEAN ZIEGLER keine abstrakte Zielsetzung als Motto der globalen Zivilgesellschaft, sondern den philosophischen Satz einer menschheitlichen Ich-Verbundenheit: „Ich bin der Andere und der Andere ist Ich" [113].

---

[112] Wenngleich der Begriff *Geistesleben* sowohl für das gesellschaftliche Kultur- und Bildungsleben als auch für das individuelle Gedanken- und Gefühlsleben heute etwas fremd klingt, hat er seine sachliche Berechtigung: „Bildung ist dem Geist nichts Äußerliches, sondern das Medium, in dem er sich überhaupt erst realisieren kann. Geist ist, was sich bildet, und nur was sich bildet, kann Geist genannt werden. Dass der Begriff des Geistes aus den modernen Wissenschaften und Kulturkonzepten mit durchaus triumphierender Geste verabschiedet wurde, lässt sich unter dieser Perspektive als ein erklärter Wille zu Verzicht auf Bildung lesen." (Liessmann 2006, S. 59)

[113] Nach einer persönlichen Mitschrift der Rede Jean Zieglers im November 2009 im *Wiener Volkstheater*, wo er sein Buch *Der Hass auf den Westen* vorstellte.

Die Möglichkeiten der Zivilgesellschaft

> *„Eine Universalarznei zur Ordnung der sozialen Verhältnisse gibt es so wenig wie ein Nahrungsmittel, dass für alle Zeiten sättigt. Aber die Menschen können in solche Gemeinschaften eintreten, dass durch ihr lebendiges Zusammenwirken dem Dasein immer wieder die Richtung zum Sozialen gegeben wird."* [114]
>
> Rudolf Steiner

Glasnost und *Perestroika* (Offenheit und Umwandlung) hatte sich Michail Gorbatschow auf die Fahnen geschrieben (vlg. Strawe 1988). In der Schaffung von *Transparenz* und in der Entfaltung von *Initiative* können auch heute die Möglichkeiten der Zivilgesellschaft gesehen werden.

Die vielfältigsten Initiativen [115], die „aus der Not geboren" sind und in allen Feldern der Gesellschaft ihre Wirkung entfalten, sind seit jeher Kennzeichen einer lebendigen Zivilgesellschaft. Aber auch die Offenlegung von problematischen Tatbeständen und ihre Kommunikation in der Öffentlichkeit (das Internet spielt hier ein bedeutende Rolle) hat sich immer wieder als wirksame „Steinschleuder des David gegen Goliath" erwiesen. „Eine Weltöffentlichkeit setzt jedoch ihrerseits die Weltoffenheit derer voraus, die sie hervorbringen. *Sie ist nicht einfach gegeben, sondern das Ergebnis eines Bildungsprozesses*" (Seitz 2002, S. 213, H.d.A.) schreibt Seitz und betont: „Individuelle und kollektive Lernprozesse, die über den gesellschaftsstrukturell vorgegebenen Rahmen hinausweisen und zum ‚Zeitgeist' quer liegen, sind eine Voraussetzung für gesellschaftlichen Wandel." (Seitz 2002, S. 283) Und so sieht Brunner

---

[114] Steiner 1996, S. 14

[115] In den letzten Jahren ist die Zahl der zivilgesellschaftlichen Initiativen, Vereine, NGOs, Netzwerke weltweit kontinuierlich angestiegen – zivilgesellschaftliches Engagement beginnt spontan und „entzündet" sich an der brennenden Not der Gegenwart, und die Zielrichtung der einzelnen Initiativen sind vielfältig: Ob Umweltschutz, Entwicklungszusammenarbeit, Hospizeinrichtungen, Erziehung und Bildung, Menschenrechte, Armutsminderung, Sport und Spiel, Tierschutz, Integration und Inklusion, Erziehung, Kunst oder Wissenschaft, Flüchtlingshilfe, Arbeitnehmer/innenvertretung, Mietervereinigung – kein Zweig ist ausgenommen, wenn es um zivilgesellschaftliches Engagement geht. Die Formen dieses Engagements umfassen ehrenamtliche Tätigkeiten ebenso wie den Aufbau professioneller internationaler Organisationen, und die jeweilige gesellschaftliche Einbindung reicht von karitativen Dienstleistungen und anderen „Symptombekämpfungen" der sozialen Missstände über Selbsthilfegruppen und organisierte Freizeitgestaltung bis zu Kampagnennetzwerken und wissenschaftlicher „Ursachenforschung".

„die primäre Aufgabe der Zivilgesellschaft überhaupt nicht darin [...], politisch zu wirken, sondern darin, ein freies gesellschaftliches Feld zu bilden, dessen Inhalt freie Bildungs- und Erkenntnisprozesse sind. Und je lebendiger dieses freie Erkenntnisfeld sich entwickelt, umso mehr individuelle Impulse werden in das gesellschaftliche Leben einfließen. D.h., die Menschen in einer lebendigen Zivilgesellschaft warten nicht auf die generelle Lösung ihrer Probleme, sondern sie initiieren aus der Erkenntnis des Notwendigen im Rahmen ihrer jeweiligen Möglichkeit das jeweils Selbstverantwortete." (Brunner 2009a, S. 18).

Die Möglichkeiten der Zivilgesellschaft liegen also in der Vielzahl von individuellen Impulsen und Initiativen, sie sich gegenseitig wahrnehmen, ergänzen, unterstützen und zusammenschließen, die ihre Kontinuität und Widerstandsfähigkeit aber gerade aus der Dezentralität und dem *Grassroot-Charakter* beziehen.

Bei bewusstem Verzicht auf hierarchischen Zentralismus ist Austausch, Absprache und Vernetzung ein Weg der Koordination. In diesen Netzwerken sieht SEITZ „Integrationsbrücken in der hochkomplexen sozialen Welt, die durch strukturelle Fremdheit geprägt ist". Schließlich wird

„Solidarität [...] nicht [...] einfach vorgefunden, sondern kann nur geschaffen werden. Netzwerke stiften darüber hinaus nicht nur ein neues Muster sozialer Interaktion und neue Solidaritäten, sondern bilden, insbesondere in der Gestalt der transnationalen Nichtregierungsorganisationen, eine Organisationsform, die quer liegt zu den Grenzen der Funktionssysteme und einen neuen Typus kollektiver Verantwortlichkeit aufscheinen lässt." (Seitz 2002, S. 154f)

Die Zivilgesellschaft kann also Brücken über die Grenzen der Funktionssysteme hinweg bauen, indem sie Netzwerke zwischen engagierten Menschen(-gruppen) knüpft und in ihrer Arbeit keiner einseitigen Systemlogik folgt, sondern Widersprüche ernst nimmt und sich um Kohärenz bemüht. Die Zivilgesellschaft als „Kulturkraft" (vgl. Perlas 2000) kämpft an subtilen Fronten, denn die „globalen Funktionssysteme, die nach Maßgabe eigener systemischer Imperative blind gegenüber ihren sozialen Folgen operieren" (Seitz 2002, S. 219), sind nicht frontal angreifbar.

Deshalb sucht die Zivilgesellschaft nicht nach dem *einen* großen Welthebel, der umgelegt werden müsste, um die globalen Probleme dauerhaft zu beseitigen, sondern baut an tragfähigen Netzwerken, die ihre Knotenpunkte nicht in Institutionen, sondern in jeweils konkreten individuellen Menschen haben.

Wenn die Hoffnung artikuliert wird, dass „auf dem Wege der öffentlichen Kritik [...] Moral als Katalysator für die Selbständerung der Funktionssysteme wirksam werden [soll]" (Seitz 2002, S. 213), dann muss hier deutlich darauf verwiesen werden, dass diese Rechnung nicht ohne den individuellen Menschen gemacht werden darf. Denn die Zivilgesellschaft entsteht ja als Emanzipationsbewegung, um die menschliche Proportionalität des Handelns wieder ins Bewusstsein zu heben, da nicht Systeme, sondern nur Menschen ihr Handeln verantworten können. Hinter jeder vermeintlichen *Selbständerung der Funktionssysteme* steht eben eine *initiative Persönlichkeit*, ohne die die gesellschaftlichen „Spielregeln" keine Korrektur erfahren würden![116] Und so kann die eigentliche Aufgabe der Zivilgesellschaft – vermittelt durch Erkenntnisprozesse, Kooperationen und Solidarität – in der Stärkung der individuellen menschlichen Verantwortlichkeit gesehen werden, um im Rahmen der jeweiligen individuellen Möglichkeiten – trotz der Zwänge – an der Umgestaltung repressiver Strukturen zu arbeiten.

Aus dieser Perspektive kann sich dann ein dialektischer Entwicklungsprozess ergeben:

„So müssen wir nicht fragen: Sind die Verhältnisse, das Milieu die Ursache, dass die Menschen so und so sind? Oder sind es die Menschen, die das Milieu, die Verhältnisse gemacht haben? Wir müssen uns klar sein, dass jedes Ursache und Wirkung ist, dass alles ineinander wirkt, und dass wir vor allen Dingen heute die Frage aufwerfen müssen: Was für Einrichtungen müssen da sein, damit die Menschen die richtigen Gedanken haben können in sozialer Beziehung? Und was für Gedanken müssen da sein, damit im Denken auch diese richtigen sozialen Einrichtungen entstehen?" (Steiner 1979, S. 229)

Dieses Verhältnis zwischen Mensch und gesellschaftlicher Struktur ist in gewisser Weise auch Gegenstand der *qualitativen Sozialforschung*, die nicht über statistische Werte, sondern über Gespräche mit Individuen einen Zugang zur sozialen Wirklichkeit sucht. Inspiriert durch

---

[116] „Wir werden das Spiel spielen müssen und es gleichzeitig nicht akzeptieren – und es nicht akzeptieren, indem man es anders spielt. In diesem Sinne ist Kritik eine Aktivität als Suche nach neuen und anderen Spielregeln, die letztlich das Spiel selber verändern." (Novy 2005, S. 149, H.d.A.)

PIERRE BOURDIEUS Studie *Das Elend der Welt – Zeugnisse und Diagnosen alltäglichen Leidens an der Gesellschaft*[117] haben sich Sozialforschende in Graz den *Begegnungen im Schatten des Neoliberalismus* [118] gestellt, haben nachgefragt, Gespräche geführt, Biographien aus verschiedenen gesellschaftlichen Schichten erforscht. Zustande gekommen sind eine Reihe von Interviews, in denen die soziale Not zwischen systembedingtem Druck und individuellem Schicksal reflektiert wird.

RICHARD MÜNCH wiederum weist auf die *Wechselbeziehung* verschiedener Systeme hin (nach LUHMANN: Politik, Wirtschaft, Wissenschaft, etc.), wenn er die wechselseitige Durchdringung der verschiedenen Handlungslogiken zum *Bauprinzip der Moderne* erklärt (Münch 1998, S. 71) und damit der Gestaltung und Durchführung von „intermediären Round-Tabels" – beispielsweise zwischen Politik und Wirtschaft – eine wachsende Bedeutung zuspricht. „Von alleine" bewegen sich die einzelnen Systeme aber nicht aufeinander zu, hier bedarf es der vermittelnden Initiative aus der Zivilgesellschaft.

SEITZ bemerkt in diesem Zusammenhang die ungewöhnliche „Zwitterstellung", die beispielsweise *Eine-Welt-Läden* einnehmen: Sie sind nach eigenem Anspruch sowohl gemeinnützige EZA[119]-Organisationen, funktionsfähige Handelsunternehmen als auch Bildungsträger. Er stellt fest, dass es sehr wohl möglich ist, beispielsweise ökonomischen Rentabilitätskriterien eine sekundäre Bedeutung einzuräumen, um so die verschiedenen, ihrer Systemlogik nach widersprüchlichen Ziele zu vereinbaren. Und so kann „Bildung in weltbürgerlicher Absicht nichts Besseres tun, als dergleichen Netzwerke zu knüpfen und zu pflegen und der Weltgesellschaft damit ein menschliches Antlitz zu geben." (Seitz 2002, S. 154) Bildung muss sich also, wenn sie sich in den Dienst einer zukunftsfähigen Entwicklung stellen will, an zivilgesellschaftlichen Netzwerken orientieren. Könnten in diesen zivilgesellschaftlichen Netzwerken die Einrichtungen gesehen werden, in denen

---

[117] „Ich denke – oder ich hoffe zumindest –, dass sie eine doppelte Funktion erfüllen könnte, eine wissenschaftliche und eine politische" (zit. nach Barlösius 2006, S. 179) sagte Pierre Bourdieu in einem Interview über diese Studie.

[118] so der Untertitel der in Graz entstandenen Studie, vgl. Katschnig-Fasch 2003

[119] *EZA* = Entwicklungszusammenarbeit, der treffendere Begriff für „Entwicklungshilfe"

„die Menschen die richtigen Gedanken haben können in sozialer Beziehung", wie STEINER es oben ausführte? Kann in unabhängigen Einrichtungen, in denen Individualitäten die Verantwortung tragen und nicht ‚Marionetten' ihren Job erledigen, ein anderer Weltbezug möglich werden? „Wir alle brauchen Erfahrungen und Erlebnisse, um eine Alternative zum Bestehenden überhaupt erst denken zu können" (Novy 2005, S. 7), resümiert NOVY seine Erfahrungen am zweiten *Weltsozialforum* in Porto Allegre nach seiner Rückkehr in die „resignative Stimmung" und „satte Selbstzufriedenheit" Europas (vgl. Novy 2005, S. 7).

Dennoch darf nicht ausgeblendet werden, dass bestimmte „Gewordenheiten" immense Macht haben, und der Einzelne den gesellschaftlichen Verhältnissen teilweise ohnmächtig gegenübersteht. Jeglicher euphorische Aktionismus ist mit unabänderlichen Tatsachen konfrontiert, sodass ANETTE SCHEUNPFLUG im Kontext des *Globalen Lernens* warnt: „Das Weltfinanzsystem ist ein in sich geschlossenes System, das nicht durch individuelle Maßnahmen verändert werden kann." (vgl. Scheunpflug, zit. n. Hartmeyer 2006, S. 122) Hier gilt es dennoch, sich einen Blick für die Zusammenhänge zu erwerben: Der Eigentumsbegriff, der heute gültig ist (dass nämlich ein Mensch ein Wirtschaftsunternehmen ‚besitzen' und die Gewinne privatisieren kann), die Art und Weise, wie wir unser Bankwesen und vor allem unser Versicherungswesen organisieren, das Ausmaß, in dem wir Staatsverschuldung zulassen – das alles findet seinen symptomatischen Ausdruck auf den internationalen Finanzmärkten. Das Problem liegt zumeist gar nicht im System an sich, sondern im bewusstlosen Automatismus, mit dem es wirkt. Deshalb können sich die gegenwärtigen Systeme nur dann wandeln, wenn sie verantwortlich – und das setzt eben Bewusstsein voraus – gehandhabt werden, um dem sozialen Leben zu dienen: „Man sollte sich nicht der Illusion hingeben, dass ohne ‚sozial gestimmte' Menschen ein sozial befriedigender Lebenszustand herbeigeführt werden könne." (Steiner 1961, S. 71f) – Die Grundproblematik der Gegenwart, die aktuelle „soziale Frage" hat KLAUS SEITZ folgendermaßen charakterisiert:

„Einer wachsenden Zahl von Menschen ist der Zugang zu Mitteln, um ein menschenwürdiges Leben zu führen, versagt. Darüber hinaus hat die Weltgesellschaft ein Selbstgefährdungspotenzial angehäuft, das dank mehrfacher Over-Kill-Qualität geeignet ist, der weiteren Evolution der Spezies Homo Sapiens ein abruptes Ende zu bereiten. Beide Tatsachen beleuchten, dass die Logik der Marktkonkurrenz, die Selbstregulation der Funktionssysteme und die Wirkung der evolutionären Mechanismen indifferent sind gegenüber den Ansprüchen an humane Lebensverhältnisse." (Seitz 2002, S. 197)

Eine der wesentlichen Fragen, die sich nach dem Zusammenbruch der sozialistischen Ostblock-Staaten neu stellte und bis heute nicht befriedigend beantwortet wurde, ist die Frage, wie das Verhältnis des Wirtschaftslebens zum Staat gestaltet werden kann, ohne die Produktivkraft des Wirtschaftslebens zu beeinträchtigen. Offensichtlich ist allerdings mittlerweile, dass die einseitige Deregulierung des Marktes aus sich heraus kein Gleichgewicht zu schaffen vermag, sondern weltweit zu sozialer und ökologischer Zerstörung führt. Deshalb wird immer deutlicher, dass der Staat durchaus die Rechtssphäre gegenüber den einseitigen Tendenzen des Wirtschaftslebens zur Geltung zu bringen hat.

„Das Wirtschaftsleben hat die Tendenz, fortwährend in einer Richtung sich zu bewegen, in die von einer andern Seite her eingegriffen werden muss. Nicht, wenn die Rechtsmaßnahmen in der Richtung verlaufen, die vom Wirtschaftsleben erzeugt wird, sind sie gut, oder wenn sie ihr zuwiderlaufen, sind sie schädlich; sondern, wenn die Richtung, in welcher das Wirtschaftsleben läuft, fortwährend beeinflusst wird von den Rechten, welche den Menschen nur als Menschen angehen, wird dieser in dem Wirtschaftsleben ein menschenwürdiges Dasein führen können. Und nur dann, wenn ganz abgesondert von dem Wirtschaftsleben die individuellen Fähigkeiten auf einem eigenen Boden erwachsen und dem Wirtschaften die Kräfte immer wieder neu zuführen, die aus ihm selbst sich nicht erzeugen können, wird auch das Wirtschaften in einer den Menschen gedeihlichen Art sich entwickeln können." (Steiner 1996, S. 123)

NIKLAS LUHMANN hat mit seinem systemtheoretischen Lebenswerk ein Theorieangebot hinterlassen, mit dem die Entkoppelung gesellschaftlicher Evolution von Raumgrenzen, welche die globalisierte Gesellschaft ausmacht, erklärt werden kann. Eine Hauptaussage LUHMANNS ist dabei: Die einzelnen Teilsysteme sind absolut unabhängig voneinander, erhalten und steuern sich selbst und können grundsätzlich nicht von systemfremden Einflüssen gelenkt werden. Dem politischen System beispielsweise kommt keine Führungsrolle über die anderen Funktionssysteme zu, es wird vielmehr auch seinerseits vom ökonomischen System beeinflusst. Später beginnen die Mechanismen der Exklusion zu brennenden Fragen für ihn zu werden: Warum ist es so, dass so viele Menschen aus den funktionierenden Systemen der modernen Zivilisation herausfallen und ohne staatliches Diplom keine sichere Arbeit, ohne Geld keinen Pass, ohne Pass keine Wohnung, ohne Meldezettel kein Bankkonto bekommen, und ohne Bankkonto keinen Versicherungsvertrag abschließen können?

Während LUHMANN noch über die Entstehung eines weltweiten Sozialarbeits- oder Entwicklungshilfesystems nachdenkt (denn „die Gesellschaft" findet seiner Meinung nach für jedes Problem eine Lösung in Form eines neuen Systems), weist KLAUS SEITZ deutlich darauf hin, dass eben jenes Problem der sozialen Desintegration *durch die Differenzierung* entstanden ist und deshalb nicht mit weiterer Differenzierung zu lösen sein wird. (vgl. Seitz 2006, S. 166f) Auch ULRICH BECK korrigiert die Luhmannsche Schlussfolgerung:

„Luhmann baut sein Argument nach dem Motto: Was nicht kontrollierbar ist, ist nicht wirklich. Weil die moderne Gesellschaft aus funktional differenzierten Systemen besteht, die mit den selbsterzeugten Risiken nur in den Termini ihrer eigenen partikularen Systemlogiken umgehen können – die Wirtschaft in Termini des Preises, Politik in denen der Mehrheit, Recht in denen der Schuld, Wissenschaft in denen der Wahrheit etc. –, kann die moderne Gesellschaft nicht nur nicht mit ökologischen und anderen Globalrisiken umgehen, mehr noch: Diese Probleme existieren erst gar nicht. Wer sie zur Sprache bringt – wie soziale Bewegungen und Gegenexperten –, der ist eigentlich die Quelle der Gefahr, weil durch den ‚Lärm', den sie oder er erzeugt, das reibungslose Funktionieren der Systeme ‚gestört' wird. [...] Folglich habe ich diese Diagnose vom Kopf auf die Füße gestellt: Anstatt die Wirklichkeit globaler Risiken kunstvoll in der Metaphysik der Systemrationalität zum Verschwinden zu bringen (um so der historischen Falsifikation der eigenen Systemtheorie zu entkommen), ziehe ich aus einer ähnlichen Diagnose die entgegengesetzte Schlussfolgerung, nämlich dass die gegenwärtige Gesellschaft und ihre Teilsysteme außerstande sind, die dringlichsten Probleme zu bewältigen, die sie selbst erzeugen." (Beck 2007, S. 344f)

Die Systemlogik alleine führt über die Kernspaltung in die Atombombe und über den Zinseszins in die Finanzkrise, über die extensive Nutzung des Erdöls in Klimakatastrophen und über die soziale Kluft in den internationalen Terrorismus – wir sind längst in der Weltrisikogesellschaft angekommen, die permanente Selbstgefährdung ist Realität geworden. Gerade die heutige differenzierte und globalisierte Gesellschaft bedarf der individuellen Reflexion – und des individuellen Gewissens.

„Ein Kernwiderspruch liegt in der Gegenwartsgesellschaft in dem Umstand, dass die entfaltete Moderne unter Zuhilfenahme ihrer wissenschaftlichen Mittel und ihrer massenmedialen Kommunikation sich dazu gezwungen sieht, die Mega-Gefahren, die sie selbst hervorgerufen hat, in den Mittelpunkt zu rücken, obwohl klar ist, dass diese weder angemessen begrifflich beobachtet noch zurechenbar gemacht, geschweige denn „gemanagt" werden können – jedenfalls dann und so lange, wie man den institutionellen Status quo ahistorisch verabsolutiert und konstant setzt." (Beck 2007, S. 346)

Entscheidend an der BECKSCHEN Analyse ist die Tatsache, dass die Aufarbeitung der Folgen der wissenschaftlich gestützten wirtschaftlichen Innovationen (z.B. Umweltschäden durch Kunstdünger, Atom-Müll-Problematik bei der Kernenergie, etc.) seit Anfang der 1960er Jahre durch die freien zivilgesellschaftlichen Organisationen angestoßen wurde. Sie sind es, die den „Kernwiderspruch" zur Sprache bringen, und sich nicht mehr mit dem Dualismus von wirtschaftlichem Egoismus und staatlicher Regulierungsmacht zufrieden geben:

Von der Wirtschaft wird zunehmend erwartet, dass sie sich verantwortlich zeigt und für die Befriedigung menschlicher Bedürfnisse und nicht zur Gewinnmaximierung und Bereicherung einiger weniger da ist. Durch verstärkte Kommunikationsprozesse zwischen Produzenten und Konsumenten werden sozial und ökologisch nachhaltige Wirtschaftsbeziehungen entwickelt.

Dem Staat kann immer mehr auf Augenhöhe begegnet werden, er soll durch umsichtige Gesetzgebung, die sich auf eine demokratische Willensbildung stützt (z.B. durch mehr direkte Demokratie) und durch transparente Rechtsstaatlichkeit *Gleichheit* ermöglichen und durch das Gewaltmonopol *Sicherheit* gewährleisten. Er soll Kooperation und sozialen Ausgleich durch unterstützende Gesetzgebung und Absicherung der Verträge ermöglichen, das „Denken für andere" der politischen Kultur soll jedoch durch konkrete Zusammenarbeit abgelöst werden. Die heutigen sozialstaatlichen Aufgaben (Sozialversicherung, Bildung, Kultur etc.) können immer mehr von selbstverwalteten zivilgesellschaftlichen Einrichtungen übernommen werden.

Dazu aber ist es notwendig, dass die Zivilgesellschaft sich als eigenständige gesellschaftliche Sphäre ausbildet, denn nur in der rein menschlichen Sphäre freier zivilgesellschaftlicher Zusammenhänge können Impulse entstehen, die die wirtschaftlichen und (national-) staatlichen Ei-

Die Zivilgesellschaft als Organ gesellschaftlicher Sinnstiftung

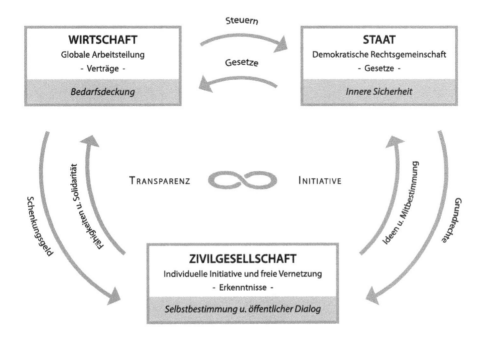

Durch Aktivitäten der Zivilgesellschaft, d.h. jedes *individuellen* Menschen, werden angeregt:

1. selbstverwaltete Einrichtungen, die zunehmend ehemals staatliche Aufgaben übernehmen (Bildung/Kultur/Soziales)
2. unmittelbare sozial ausgleichende Wirtschaftsprozesse und überinstitutionelle Assoziationen
3. mehr (direkte) Demokratie durch verstärkte Bürgerbeteiligung

geninteressen in umfassendere Handlungsziele überführen. Das bedeutet für die Entwicklung der Zivilgesellschaft eine dreifache Aufgabenstellung:

1. Solange die Bildung und – im umfassenden Sinne – die ‚Wahrheitsfrage' noch der Deutungshoheit des Staates unterliegt, ist die Zivilgesellschaft nicht zur Mündigkeit durchgedrungen. D.h., die Zivilgesellschaft erschöpft sich eben durchaus nicht in Ehrenamt und Freizeit, sondern ihre erste wirkliche Aufgabe besteht vielmehr darin, die *Freiheit für Forschung und Lehre* den Machtmechanismen abzunehmen und in die Selbstverwaltung der Menschen überzuführen.
2. Aus dieser Befreiung der geistigen Sphäre (Befreiung von Bevormundung, Normierung, etc.) entstehen dann Impulse, die das Wirtschaftsleben an seine genuin soziale Bestimmung erinnern. Eine „Gemeinwohl-Ökonomie" wird wieder denkbar (vgl. Felber 2010), wirtschaftliche Assoziationen zwischen Produzent/innen, Händler/innen und Konsument/innen werden möglich (vgl. Steiner 1965), die durch Transparenz die soziale Verantwortlichkeit fördern – und schrittweise auch freie Kultur- und Bildungseinrichtungen finanzierbar machen.
3. Als dritte Aufgabe der Zivilgesellschaft kann die Entwicklung einer wirklichen Demokratie angesehen werden, die sich nicht mit der Stimmabgabe alle vier Jahre und der Professionalisierung des politischen Amtes begnügt, sondern die demokratischen Entscheidungsprozesse selbst näher mit den Bürgerinnen und Bürgern verbinden möchte.

NEW PUBLIC MANAGEMENT ALS ‚KARIKATUR' EINER LEBENDIGEN ZIVILGESELLSCHAFT

Staatliche Verwaltung und Bürokratie kämpfen seit jeher mit den Problemen der Starrheit, Ineffizienz, der mangelnden Bürgernähe und der Unfähigkeit zu Schrumpfen.[120] Die besondere staatliche Finanzierungsform provoziert ein verdrehtes Anreizsystem, sodass beispielsweise Gelder am Jahresende schnell noch ausgegeben werden, nur damit man im nächsten Jahr nicht weniger bekommt. Schon HUMBOLDT sah das Grundproblem, dass der Staat „Wohlstand und Ruhe" möchte, der Mensch aber „Mannigfaltigkeit und Tätigkeit" braucht, um sich entwickeln zu können (Humboldt 1967, S. 31). Deshalb wollte er die Aufgaben, die mit dem Sozialwesen verbunden sind, in „Bürgerhand" sehen.

In den letzten Jahrzehnten hat sich diese Frage durch das *New Public Management* (NPM) anscheinend gelöst: Dieses aus den USA und Großbritannien stammende Konzept wandelt Verwaltungsbehörden in (private) Dienstleistungsunternehmen um und erhofft sich dadurch Flexibilität, Kostenbewusstsein und Servicequalität.

„An die Stelle bürokratischer Regeln – aber auch an die Stelle von Handeln nach Maßgabe professioneller Ethiken – treten Kontraktmanagement mit Zielvereinbarungen, Outputorientierung statt Regeltreue bzw. Berufsethik, Controlling, Kosten- und Leistungsrechnung, [...] Kundenservice [...] in die Konkurrenz mit vergleichbaren Leistungsanbietern." (Münch 2009, S. 18) So „gilt auch für NPM, dass der Erfolg seiner Einführung[121] weniger der besseren Erfüllung alter Zwecke zu verdanken ist, als vielmehr der Umstellung der Sicht auf die soziale Praxis, der Veränderung nicht nur der Mittel, sondern auch der Zwecke und der Sozialisation der nachfolgenden Generationen." (Münch 2009, S. 19)

Eine zivilgesellschaftliche Organisation hätte demgegenüber die Chance, gerade diese „professionelle Ethik" zu stärken: durch die hohe Identifikation der Beteiligten mit ihrer Aufgabe (da sie nicht zugewiesene „Beamte", sondern selbst Initiativträger sind) wird einer Bürokratisie-

---

[120] Die österreichische Kabarett-Serie *MA 24/12* lässt grüßen – wenn auch überspitzt und klischeehaft, so sind dort doch alle Schwierigkeiten der Beamten-Bürokratie versammelt.

[121] Der ‚Erfolg' von *NPM* ist dabei durchaus fragwürdig, da seine Einführung mitunter auch zu erheblichen Preissteigerungen und Abwertungen der Qualität geführt hat.

rung entgegengewirkt, wodurch die Aufgaben unmittelbarer und dadurch effektiver erfüllt werden können.[122]

Ein Selbstverständnis als Organ der kooperativen Zusammenarbeit, in dem es nicht um Ansprüche, sondern um gelebte und geleistete Solidarität geht, würde der sozial nachhaltigen Entwicklung der Gesellschaft besser dienen als die Ausweitung ökonomischer Paradigmen in die Ministerien und Magistratsabteilungen, die heute mit bunten Logos um die Aufmerksamkeit der „Kunden" buhlen. Auch GERLINDE MAUTNER reflektiert diese Entwicklung im Rahmen ihrer Studie zur Ökonomisierung der Alltagssprache kritisch und stellt einen Wandel in der Selbstdarstellung staatlicher Institutionen fest. (vgl. Mautner 2010).

---

[122] Es gab sie, die Propheten, die schon vor Jahren anmahnten, dass eine wirkliche Professionalität im pädagogischen Berufsfeld Freiheit braucht und deshalb mit der staatlichen Schulpflicht kollidiert! Ulrich Oevermann bringt dazu überzeugende Thesen, vgl. Oevermann 2002

III. 2. Entstaatlichte Bildung:
Initiativfreiheit im gesetzlichen Rahmen

> *„Du räumst dem Staate denn doch zu viel Gewalt ein. Er darf nicht fordern, was er nicht erzwingen kann. Was aber die Liebe gibt und der Geist, das lässt sich nicht erzwingen. Das lass er unangetastet, oder man nehme sein Gesetz und schlag es an den Pranger! Beim Himmel! der weiß nicht, was er sündigt, der den Staat zur Sittenschule machen will. Immerhin hat das den Staat zur Hölle gemacht, dass ihn der Mensch zu seinem Himmel machen wollte."* [123]
>
> FRIEDRICH HÖLDERLIN

Die Klärung des Verhältnisses zwischen Zivilgesellschaft und Staat ist eine notwendige Voraussetzung, um die Möglichkeit einer Selbstverwaltung des Bildungswesens begründen zu können. Einerseits ist die Zivilgesellschaft auf einen funktionierenden staatlichen Rahmen und auf eine intakte Rechtsstaatlichkeit angewiesen, andererseits erschwert eine direkte staatliche Regulierung die Entfaltung eines selbstverwalteten Kultur- und Bildungslebens. Insofern gibt es in Bezug auf dieses Verhältnis zwischen Staat und Zivilgesellschaft einiges zu bedenken.

Eine rechtsphilosophische Grundfrage ist ja: Liegt die Sittlichkeit im Staat oder im Individuum? FRIEDRICH HÖLDERLIN warnte in seinem Roman *Hyperion* davor, den Staat zur „Sittenschule" zu machen (siehe Eingangszitat). FRIEDRICH SCHILLER gab in seiner in Jena gehaltenen Geschichtsvorlesung *Die Gesetzgebung des Lykurgus und Solon*[124], einer Abhandlung über Sparta und Athen, zu bedenken:

„Der Staat selbst ist niemals Zweck, er ist nur wichtig als eine Bedingung, unter welcher der Zweck der Menschheit erfüllt werden kann, und dieser Zweck der Menschheit ist kein anderer als Ausbildung aller Kräfte des Menschen, Fortschreitung. Hin-

---

[123] Hölderlin 1989, S. 66

[124] ...aus der auch die Geschwister Scholl in ihrem ersten Flugblatt der NS-Widerstandbewegung der *Weißen Rose* zitiert hatten, vgl. Schiller, o. J., S. 74

dert eine Staatsverfassung, dass alle Kräfte, die im Menschen liegen, sich entwickeln, [...] so ist sie verwerflich und schädlich, sie mag übrigens noch so durchdacht, und in ihrer Art noch so vollkommen sein." (Schiller 1788)

SCHILLER charakterisiert den Staat als „Bedingung" für die Erfüllung von rein menschlichen Zwecken, als Rahmen, der Entwicklungen Raum geben, sie aber weder hervorbringen noch beeinflussen kann. KONRAD SCHILY spricht in seinen Ausführungen über eine zeitgemäße Form der Universitätsverwaltung von demselben Prinzip:

„Der Staat kann und soll den Rechtsraum schaffen, in dem sich die Universitäten entwickeln können. Denken und Handeln müssen die an der Universität Beteiligten selber, oder anders gesagt: Der vom Staat gebildete Freiraum kann nicht staatlich administriert werden. [...] Der Staat muss diesen Freiheitsraum geben; wenn er ihn verwaltet, löst er die gewährte Freiheit auf." (Schily 1993, S. 9.ff)

Auch LUHMANN erklärt lapidar: „Der Staat kann Schulpflicht einführen und aus Steuermitteln die Kosten von Schulen und Hochschulen tragen, er kann als Organisation des politischen Systems nicht selber erziehen." (Luhmann 2002, S. 116) Dort, wo der Staat als das höchste moralische Subjekt angesehen wird, z. B. in totalitären Regimes, werden nicht nur die Schülerinnen und Schüler, sondern auch die Lehrkräfte zum „Handlanger" – und damit ihrer selbst entfremdet. *Erziehung aber braucht Beziehung.* Der Staat kann einer guten Erziehung nur Freiraum gewähren, ein Umfeld ermöglichen, in dem die pädagogisch Tätigen mit Freude arbeiten und ihren Aufgabenbereich nach eigenen Überzeugungen gestalten können. Deshalb braucht es im pädagogischen Feld nicht nur die Wahlfreiheit zwischen diesem oder jenem Programm, sondern die volle Initiativfreiheit der Bürgerinnen und Bürger selbst!

Unterschiedliche Vorstellungen des ‚guten Bildungswesens' hängen also mit unterschiedlichen Vorstellungen des Staates zusammen. KURT SOHM präzisiert:

„Ist also die Auffassung vom Staat als der Verkörperung einer höheren sittlichen Idee, als einer *selbstzweckhaften Institution* vorherrschend, so wird damit die Unumgänglichkeit der Staatsschule propagiert, dominiert dem entgegengesetzt die Vorstellung vom Staat als einem Rechtsinstitut, das *Mittel* zur individuellen Selbstverwirklichung ist, so folgt daraus die liberale Position einer subsidiären Funktion des Staates im Bildungswesen." (Sohm 1996, S. 273, Herv. d. A.)

Dennoch, das soll hier abermals betont werden, ist die Konzeption einer *individuell selbstbestimmten und zivilgesellschaftlich selbstverwalteten Bildungslandschaft* keine bürgerlich-liberale Forderung. Sie ist in gewisser Weise eine ethisch-individualistische Position, die *nicht* den Bildungs*markt* vorantreiben, sondern den Bildungstitel „Handelsgut" abschaffen möchte. Die Entstaatlichung, die Aufhebung der mittels staatlicher Macht sanktionierten Hierarchie und Fremdbestimmung im Bildungswesen, ist *Bedingung* für eine gesamtgesellschaftliche Demokratisierung, für die Ermächtigung des individuellen Menschen gegenüber den Systemmächten. Erst, wenn die Anerkennungsverhältnisse der Ausdruck der konkreten Beziehungen zwischen den Menschen sind, kann im eigentlichen Sinn von einer mündigen Gesellschaft gesprochen werden.

Zuallererst: Kein Mensch ist „trivial"

Es ist eine interessante Begebenheit, dass gerade der österreichische Physiker HEINZ VON FOERSTER, der in den 1940er Jahren an der Universität von Illinois/USA am Aufbau des Forschungsbereichs der *Kybernetik* – also der Vergleichbarkeit der Steuerung von mechanischen und biologischen Systemen – maßgeblich beteiligt war, im weiteren Verlauf seiner Forschung zu dem Ergebnis kam, dass biologische Systeme *nie* einfach programmiert werden können. Er unterschied deshalb in der von ihm sogenannten *Kybernetik zweiter Ordnung* zwischen *trivialen* und *nicht-trivialen* Maschinen. Erstere sind berechenbar und deshalb von außen steuerbar, während zweitere (dazu zählen alle biologischen Systeme, d.h. auch und vor allem die Menschen) niemals ganz in ihrer Entwicklung „vorausberechnet" werden können, sondern sich *von innen gesteuert* entwickeln. Deshalb wurde FOERSTER (der auch eng mit IVAN ILLICH befreundet war) zu einem Verfechter eines freiheitlichen und dialogischen Verhältnisses zwischen Lehrer und Schüler:

„Wissen lässt sich nicht vermitteln, es lässt sich nicht als eine Art Gegenstand, eine Sache oder ein Ding begreifen, das man – wie Zucker, Zigaretten, Kaffee – von A nach B transferieren kann, um in einem Organismus eine bestimmte Wirkung zu erzeugen. Meine Vorstellung ist dagegen, dass das Wissen von einem Menschen selbst generiert wird, und es im Wesentlichen darauf ankommt, die Umstände herzustellen, in denen diese Prozesse der Generierung und Kreation möglich werden. Das Bild des Lernenden wird auf diese Weise ein anderes. Er ist nicht mehr passiv, er ist keine leere Kiste, kein Container, in den eine staatlich legitimierte Autorität (ein Lehrer oder ein großer, weiser Professor) Fakten und Daten und seine enorme Weisheit hineinfüllt." (Foerster/Pörsken 2006, S. 69)

Im Kern liegt hier ein erkenntnistheoretisches Zentralproblem zugrunde, nämlich die notwendige Unterscheidung in der Betrachtung naturwissenschaftlicher und geisteswissenschaftlicher Gegenstände. Auf die Unterscheidung, die HEINZ VON FOERSTER mit seiner Trennung zwischen trivialen und nicht-trivialen Maschinen macht, deutete STEINER in seiner grundlegenden erkenntnistheoretischen Schrift *Grundlinien einer Erkenntnistheorie der Goetheschen Weltanschauung* hin:

„Es ist etwas ganz anderes, wenn man von einer allgemeinen Menschheit spricht, als von einer allgemeinen Naturgesetzlichkeit. Bei letzterer ist das Besondere durch das Allgemeine bedingt; bei der Idee der Menschheit ist es die Allgemeinheit durch das Besondere." (Steiner 1960a, S 118)

Wer über Menschen nachdenkt und urteilt, muss also berücksichtigen, dass das *Allgemeine durch das Besondere bedingt* ist, – d.h. dass alle *allgemeinen* Aussagen über den Menschen an sich oder über bestimmte Gruppen von Menschen (sei es Alter, Geschlecht, ethnische oder kulturelle Zugehörigkeit etc.) niemals gewichtiger sein können als Aussagen über das konkrete Individuum in seiner *Besonderheit*.

Diese schlichte Erkenntnis hat für die Gestaltung von Bildungsräumen weitreichende Konsequenzen. Das Spezifische des Staatlichen liegt ja gerade in der Konstituierung von Gesetzen, die für alle *gleichermaßen* gelten und mittels des Gewaltmonopols auch durchgesetzt werden sollen. In der Pädagogik hingegen geht es *nicht* primär um das für alle Gleiche, sondern um die Förderung *individueller* Fähigkeitsentwicklungen (demnach um die *Wahrnehmung* des individuellen Kindes), damit jeder Mensch aus seinen Fähigkeiten auch das Mögliche machen kann. Die Aufgabe des Bildungswesens ist es ja nicht, abstrakt vorgestellte „Idealmenschen" zu generieren (denn wer kann sich das Recht herausnehmen, die Schablone des „Idealmenschen" zu formen?), sondern eine gesellschaftliche Sphäre zu bilden, in der Menschen sich im Zusammenhang mit dem sozialen und natürlichen Leben entwickeln können.

Von der Verfassungswidrigkeit des staatlichen Lehrplans

Der inzwischen als „Flow Doc"[125] bekannte GERHARD HUHN, der sich seit über 30 Jahren mit der praktischen Umsetzung von neurobiologischen Erkenntnissen beschäftigt, legte 1990 mit seiner Dissertation *Kreativität und Schule* eine Forschungsarbeit vor, welche die *Risiken derzeitiger Lehrpläne für die freie Entfaltung der Kinder* und die *Verfassungswidrigkeit staatlicher Regelungen von Bildungszielen und Unterrichtsinhalten vor dem Hintergrund neuerer Erkenntnisse der Gehirnforschung* zum Inhalt hat. HUHN kommt zu dem Ergebnis,

„dass es staatlichen Schulunterricht in der bisher üblichen Gestaltung *ohne Eingriffe auf die freie Entfaltung der Persönlichkeit* gar nicht geben kann." (Huhn 1990, S. 88, Herv. C. S.)

Als Vorraussetzung einer freien Entfaltung der Persönlichkeit hebt er die gleichberechtigte Förderung der beiden Hemisphären des Gehirns hervor; der rechten (die für das intuitive, bildhafte Denken wichtig ist) und der linken (die für das rationale und analytische Denken wichtig ist). Vor allem aber entwickelt er den Begriff der *inneren Kommunikation*. Damit bezeichnet er den gedanklichen Prozess der autonomen kreativen Problemlösung, in dem die Funktionen *beider* Hirnhälften miteinander in Verbindung gebracht werden. (vgl. ebd. S. 64) Kreativität ist also nicht einfach ein Erzeugnis der rechten Hirnhälfte, sondern entsteht erst in der *individuellen Verbindung* des Intuitiven der rechten mit dem analytischen Denken der linken Hemisphäre. Wird jedoch die Leistung der rechten Hirnhälfte systematisch vernachlässigt, so behindert das die Entwicklung einer autonomen Persönlichkeit. Und genau das tut der staatliche Lehrplan: Kognitive Leistungen werden einseitig bevorzugt, und auch die wenigen musischen Unterrichtsfächer, die bleiben, werden immer mehr „verkopft": HUHN nennt da beispielsweise die schriftlichen Tests im Werkunterricht, die einseitige Ausrichtung

---

[125] Flow, von engl. fließen, rinnen, strömen, bezeichnet das Gefühl des Aufgehens in einer Tätigkeit, ohne Stress und ohne Langeweile, vgl. www.fokusflow.de bzw. http://gerhardhuhn.com/

des Musikunterrichts auf musikalisches Faktenwissen oder die schleichende Umwandlung des Kunstunterrichtes in Kunstgeschichte.

Eine freie Persönlichkeit soll nicht „der Dominanz einer Gehirnhälfte oder bestimmter Selbstanteile" unterliegen oder „roboterhaft und automatisch auf Impulse" reagieren. Sie soll vielmehr „ständig zwischen den Funktionen der verschiedensten Hirnbereiche wählen und sich im Idealfall dieser Wahlmöglichkeit auch bewusst werden" können. (Huhn 1990, S. 62) Die Ausbildung der *inneren Kommunikation* ist laut HUHN nur als Eigenleistung des Lernenden denkbar, sie vollzieht sich individuell und kann nicht von außen herbeigeführt werden. Zum „Recht auf freie Entfaltung der Persönlichkeit" im Artikel 2 des deutschen Grundgesetzes[126] müsste nach HUHN ebenso das Recht auf die ungestörte Entwicklung der „inneren Kommunikation" gehören. Diese ist ein Schutzgut. Er schließt, dass unter diesen Voraussetzungen

„jede Regelung von Unterrichtszielen und -inhalten, die in das Schutzgut eingreift, potentiell verfassungswidrig ist [...] Angesichts der offensichtlich – jedenfalls nach bisherigem pädagogischen Verständnis – bestehenden Notwendigkeit derartiger Eingriffe, müssen nunmehr die sich daraus ergebenden Konsequenzen untersucht werden. Der bisher umfassend gewährte Gestaltungsspielraum des Gesetz- und Verordnungsgebers ist so jedenfalls nicht haltbar." (Huhn 1990, S. 88)

Insofern liefern HUHNS Forschungsergebnisse neurowissenschaftliche Argumente für die Unrechtmäßigkeit staatlicher Bildungsvorgaben.

---

[126] Artikel 2, (1) Jeder hat das Recht auf die freie Entfaltung seiner Persönlichkeit, soweit er nicht die Rechte anderer verletzt und nicht gegen die verfassungsmäßige Ordnung oder das Sittengesetz verstößt. (2) Jeder hat das Recht auf Leben und körperliche Unversehrtheit. Die Freiheit der Person ist unverletzlich. In diese Rechte darf nur auf Grund eines Gesetzes eingegriffen werden. vlg. http://www.bundestag.de/dokumente/rechtsgrundlagen/grundgesetz/gg_01.html

Vielfalt der Bildungswege statt Schulzwang!

> *„Woher diese leeren Theater? Nur durch das Ausbleiben des Publikums. Schuld daran – nur der Staat. Warum wird kein Theaterzwang eingeführt? Wenn jeder Mensch in das Theater gehen muss, wird die Sache gleich anders. Warum ist der Schulzwang eingeführt? Kein Schüler würde die Schule besuchen, wenn er nicht müsste. Beim Theater, wenn es auch nicht leicht ist, würde sich das unschwer ebenfalls doch vielleicht einführen lassen. Der gute Wille und die Pflicht bringen alles zustande. [...] Auf eine Stadt wie Berlin kämen also – ausgenommen die Säuglinge und Kinder unter acht Jahren, Bettlägerige und Greise – täglich rund zwei Millionen Theaterbesuchspflichtige, eine Zahl, die die jetzige Theaterbesucherzahl der Freiwilligen weit überschreitet."* [127]
>
> KARL VALENTIN

KARL VALENTINS „Zwangsvorstellungen" sind ein schönes Beispiel für die Absurdität kultureller Pflichtveranstaltungen. Ein ebenso erheiterndes, doch letztendlich durchaus tragisches Beispiel ist die von MATHIAS KERN ausformulierte „Kantinenpflicht":

„§ 3 Kantinenpflicht 1. Es besteht allgemeine Kantinenpflicht. (Alle Menschen müssen sich in Kantinen ernähren. Eine Auswahlmöglichkeit zwischen verschiedenen Menüs besteht nicht. Eine Ernährung außerhalb der Kantine ist nur zusätzlich zur Kantinenernährung zulässig.) [...] 3. Die Kantinenpflicht ist durch die Ernährung in einer deutschen Kantine zu erfüllen. Über Ausnahmen entscheidet die Kantinenaufsichtsbehörde. (Ausnahmen werden nur dann zugelassen, wenn durch das zuständige Gesundheitsamt eine Kantinennahrungsunverträglichkeit festgestellt wird und keine entsprechende Sonderkantine zur Verfügung steht.) [...] § 5 Kantinenzwang 1. Menschen, die ihre Kantinenpflicht nicht erfüllen, können der Kantine zwangsweise zugeführt werden. Die Zuführung wird von der für den Wohn- oder Aufenthaltsort zuständigen Polizeibehörde angeordnet. 2. Ordnungswidrig handelt, wer vorsätzlich oder fahrlässig der Kantinenpflicht nicht nachkommt. Die Ordnungswidrigkeit kann mit einer Geldbuße geahndet werden." (Kern 2007)

---

[127] aus dem Text *Zwangsvorstellungen* von Karl Valentin,
www.simnet.is/gsteinn/zwangsvorstellungen.htm

Der Autor fragt: „Erscheinen Ihnen diese Regelungen seltsam? Sehen Sie hierin gar einen Verstoß gegen die freiheitlich-demokratische Grundordnung? Wenn Sie das Wort ‚Ernährung' durch ‚Bildung' (teilweise durch ‚Ausbildung' oder ‚Erziehung'), das Wort ‚Kantine' durch ‚Schule' und das Wort ‚Menschen' durch ‚Kinder' (oder ‚Jugendliche') ersetzen, erhalten Sie (in Baden-Württemberg geltende) gesetzliche Bestimmungen, die kaum in Frage gestellt werden." (Kern 2007) ... !

An der Schulpflicht zu rütteln, d.h. darüber nachzudenken, dass es keineswegs ein naturgegebenes Gesetz ist, dass alle sechsjährigen Kinder mindestens neun Jahre lang eine ganz bestimmte Einrichtung zu besuchen haben, sondern dass „Schule" auf einer gesellschaftlichen Vereinbarung beruht, ist gegenwärtig ein äußerst „ketzerischer" Gedanke. Zwar bewahren Schulpflicht und das verpflichtende Kindergartenjahr[128] einerseits Kinder vor Vernachlässigung, es hilft ihnen, die Mehrheitssprache zu erlernen etc. – nur ist hier wiederum zu fragen, ob ein wirksamer Schutz jedes Kindes nicht auf anderen Wegen erreicht werden kann. Es gilt also das *Ziel*, die Ermöglichung von Bildungsprozessen für jedes Kind, vom *Mittel*, der staatlichen Schulpflicht, zu trennen.

Von allen europäischen Ländern hat Deutschland das schärfste Schulgesetz – das *Netzwerk Bildungsfreiheit* schrieb in einer Presseaussendung vom 30.1.2008[129]:

„Anlässlich des 75. Jahrestages der Machtübernahme Hitlers sei an eine Folge seiner Herrschaft erinnert, welche kaum bekannt ist: die rigide gesetzliche Regelung von Schulbesuchspflicht und Schulzwang. Bereits im Jahr 1934 erfolgte die Einrichtung eines Reichskultusministeriums, wodurch der Einfluss des Reiches auf die Bildung und Erziehung der Jugend gesichert wurde. Im Reichsschulpflichtgesetz vom 6. Juli 1938 wurde in § 12 der sogenannte Schulzwang geregelt: ‚Kinder und Jugendliche, welche die Pflicht zum Besuch der Volks- und Berufsschule nicht erfüllen, werden der Schule zwangsweise zugeführt. Hierbei kann die Hilfe der Polizei in Anspruch genommen werden.' Diese Regelung wurde von den meisten deutschen Bundesländern unkritisch und zum Teil nahezu im Wortlaut in die jeweiligen Schulgesetze übernommen."

---

[128] 2010 wurde in Österreich ein verpflichtendes Kindergartenjahr eingeführt – nun wird diskutiert, ob es nicht zwei Jahre sein sollten...

[129] http://www.netzwerk-bildungsfreiheit.de/html/presseerklarung_schulzwang.html

Selbst der Bildungswissenschaftler und Universitätsrektor DIETER LENZEN sprach sich kürzlich für die gesetzliche Möglichkeit des Heimunterrichtes aus, und das, obwohl er selbst noch ein Jahr zuvor als Mitglied im „Aktionsrat Bildung" einen Pflichtkindergarten für Zweijährige vorgeschlagen hatte[130]:

„Ich frage mich, warum der Staat in Deutschland die Schulpflicht mit Zähnen und Klauen verteidigt. Die Antwort ist leider nicht schmeichelhaft: Adolf Hitler führte das Verbot des Hausunterrichts 1938 aus leicht durchschaubaren Gründen ein. Er wollte keine Bereiche entstehen lassen, die der staatlichen Kontrolle entzogen wären. Und dann? Was für Ulbricht und Honecker noch gegolten haben mag, ist für das wiedervereinte Deutschland schwer verständlich. Vor welcher Freiheit hat man Angst? Machen wir uns nichts vor: Die Zahl von Politikern, die die Bevölkerung gern bevormunden, steigt, der Kampf gegen Religionsunterricht zeigt dieses ebenso wie wiederkehrende Debatten über eine Zensur des Internets. Und: Es kommt doch wohl darauf an, was Kinder gelernt haben, aber nicht durch wen. Das sollten Eltern entscheiden dürfen. Und: Während der Schüler einer Staatsschule jährlich bis zu 10 000 Euro kostet, gibt es Homeschooling kostenfrei. Schauen wir einmal, welche Chancen die Finanzkrise noch bietet." (Lenzen 2009)

Erstaunlicherweise basiert die heutige Schulpflicht also auf einer Gesetzgebung, die eine Erbschaft der Nationalsozialisten ist. Noch 1919 hatte sich demgegenüber RUDOLF STEINER noch sehr für die Freiwilligkeit des Schulbesuchs engagiert:

---

[130] *„Welche Fähigkeiten brauchen unsere Kinder, um sich in der globalisierten Welt durchzusetzen?* – Sie müssen vor allem lernen, wie man mit Unsicherheit umgeht. – *Was meinen Sie damit?* – Ich bin sechzig, meine Generation hatte noch die Gewissheit, dass sie den Rest des Lebens in ihrem erlernten Beruf verbringen wird. Das wird bei den künftigen Generationen garantiert nicht mehr so sein. Sie müssen Unsicherheiten aushalten, flexibel sein, sprachgewandt, tolerant im Umgang mit anderen... – *... und bereit, überall auf der Welt zu arbeiten. Also die eierlegende Wollmilchsau?* – Nein. Gemeint ist Flexicurity, Sicherheit durch Flexibilität. – *So viel Anpassungsbereitschaft können vielleicht noch bildungsbewusste Familien ihren Kindern vermitteln, aber wie steht es mit den übrigen?* – Natürlich fällt es der Mittelschicht leichter, ihre Kinder auf solche Anforderungen vorzubereiten, aber es hilft nicht, zu jammern, die Forderungen sind einfach da. Globalisierung ist ja nicht nur eine Bedrohung, sondern auch eine Chance. Es ist die Pflicht unseres Bildungssystems, gerade auch Kinder aus bildungsfernen Schichten fit zu machen. – *Fordern Sie deshalb eine Kindergartenpflicht mit zwei Jahren einzuführen?* – Ja, für Kinder mit schweren Sprachdefiziten, denn Sprechen lernen ist der Schlüssel für alle anderen Fähigkeiten. Die Zeit zwischen zweieinhalb und fünf Jahren ist entscheidend. Wenn ein Kind, das zu Hause wenig Ansprache hat, erst mit fünf in den Kindergarten kommt, kann es das kaum mehr nachholen... *Was, wenn Eltern ihr Kind nicht so früh in den Kindergarten geben wollen?* – Es gibt ja auch eine Schulpflicht und Möglichkeiten, diese durchzusetzen, wenn Eltern sich verweigern. – *Sollten die Kinder etwa mit der Polizei in die Kita geschafft werden?* – Polizei oder Jugendamt, das kann nur die absolute Ausnahme sein, denn Zwang bringt wenig. Besser sind Anreize – dafür ist England ein gutes Beispiel. Dort gibt es ortsnahe Familienzentren, die Eltern und Kinder auch in anderen Fragen unterstützen, beispielsweise bei Behördengängen. Wenn eine Familie spürt, das tut uns gut, dann wird sie sich dem nicht entgegen stellen. Es sind doch nicht alle verbohrt." Lenzen 2008, www.stern.de/panorama/neues-bildungsgutachten-pflichtkindergarten-fuer-zweijaehrige-613268.html

„Man braucht sich nicht vor einem solchen Geistesleben zu fürchten. Man braucht nicht einmal sich zu fürchten, wenn man eine schlechte Meinung von den Menschen hat, vielleicht dahingehend, dass sie in den alten Analphabeten-Zustand zurückfallen werden, oder dergleichen, wenn die Eltern wiederum frei sind, ihre Kinder zur Schule zu schicken oder sie draußen zu lassen, ohne staatlichen Zwang. Nein, gerade das Proletariat wird immer mehr wissen, was es der Schulbildung verdankt." (Steiner 1971a, S. 16f)

In seiner 1991 gestellten und 2008 erneut eingereichten *Petition für Freiheit und Selbstbestimmung im Bildungswesen* hat JOHANNES HEIMRATH seinen Kampf mit dem Freistaat Bayern dokumentiert:

„Über zwei Jahre hinweg habe ich als Rechtsbeistand einem jungen Menschen in meiner Familie geholfen, seinen eigenen Weg abseits des schulischen Systems zu gehen: Er wurde in der Schule krank und weigerte sich schließlich, sie weiter zu besuchen. Anstatt sich mit Misserfolg und drohendem Versagen zu belasten, wollte er lieber zuhause unterrichtet werden und sich frei von äußerem Zwang weiterbilden. Tilmann war damals, 1987, 9 Jahre alt. Nach zwei Jahren bestand er auf eigenen Wunsch und aus eigenem Antrieb die Aufnahmeprüfung für das Gymnasium und besuchte dieses sodann mit Freude und Erfolg. Die Schulbehörden verfolgten seine Eltern jedoch mit aller Härte. Während Tilmann gesundete und die Freude am Lernen wiederfand, betrieben Schul- und Jugendbehörde schließlich sogar die Entziehung des elterlichen Sorgerechts und wollten ihn in ein Heim einweisen, nur weil er sich seine Bildung anderswo als in der Schule holte! Der Fall endete im September 1989 mit einem Freispruch – dem ersten in Deutschland. Der Amtsrichter begründete sein Urteil mit einem Zitat aus Artikel 126 der Bayerischen Verfassung: ‚Gesunde Kinder sind das köstlichste Gut eines Volkes.' (Aktenzeichen 2 0Wi 46 is 32069/88) Dem Engagement für Tilmann verdanke ich ungeahnte Einblicke in die Wirklichkeit unseres bayerischen Schulsystems, was für die Schulsysteme der anderen Bundesländer in gleicher Weise gilt: Entgegen den Forderungen auf dem Papier wird die Selbstbestimmtheit der Kinder und die Freiheit der Eltern sowenig geachtet, dass die Entfaltung grundlegender Bedürfnisse und Fähigkeiten verkümmert. Die Wirklichkeit der Schule, so wurde mir leider klar, ist in der Regel nicht der Humanismus, dem sie doch verpflichtet sein will[131], sondern das Einüben jener inhumanen Eigenschaften, die unsere ‚Ellenbogengesellschaft' kennzeichnen!" (Heimrath 1991/2008)

---

[131] Aus dem *Bayerischen Gesetz über das Erziehungs- und Unterrichtswesen* (BayEUG):
Art. 1 Bildungs- und Erziehungsauftrag
(1) Die Schulen haben den in der Verfassung verankerten Bildungs- und Erziehungsauftrag zu verwirklichen. Sie sollen Wissen und Können vermitteln sowie Geist und Körper, Herz und Charakter bilden. Oberste Bildungsziele sind Ehrfurcht vor Gott, Achtung vor religiöser Überzeugung, vor der Würde des Menschen und vor der Gleichberechtigung von Männern und Frauen, Selbstbeherrschung, Verantwortungsgefühl und Verantwortungsfreudigkeit, Hilfsbereitschaft, Aufgeschlossenheit für alles Wahre, Gute und Schöne und Verantwortungsbewusstsein für Natur und Umwelt. Die Schülerinnen und Schüler sind im Geist der Demokratie, in der Liebe zur bayerischen Heimat und zum deutschen Volk und im Sinn der Völkerversöhnung zu erziehen.
(2) Bei der Erfüllung ihres Auftrags haben die Schulen das verfassungsmäßige Recht der Eltern auf Erziehung ihrer Kinder zu achten.

Bis heute ist Deutschland europaweit das einzige Land, in dem „Schulpflicht" *ausnahmslos* die Teilnahme am Unterricht an einer staatlichen Schule bzw. einer genehmigten Ersatzschule bedeutet – und im Ex-tremfall mit polizeilicher Gewalt durchgesetzt wird. Dieser Umstand bringt bis heute viele Kinder, Eltern und Polizeibedienstete in schwierige Situationen: Auch wenn nachweislich keine Gefährdung des Kindeswohls besteht, haben engagierte Eltern keine Möglichkeit, ihren schulpflichtigen Kindern außerhalb staatlicher oder staatlich genehmigter Schulen die im Rahmen der Schulpflicht festgelegte Bildung zuteil werden zu lassen. Das hat zu gerichtlichen Auseinandersetzungen, hohen Bußgeldstrafen, drohendem Entzug des Sorgerechtes und zur Emigration ganzer Familien geführt.

Deshalb wurde Deutschland für seine Auslegung der Schulpflicht als Schulzwang 2007 im Report des Sonderberichterstatters der UN-Menschenrechtskommission VERNOR MUÑOZ VILLALOBOS kritisiert: diese Rigorosität sei mit den ratifizierten internationalen Konventionen nicht in Einklang zu bringen!

Der Bildungsforscher JAN EDEL bemerkt, dass die vertrackte gesetzliche Lage nur deshalb möglich ist, weil aus dem bundesweit gültigen Grundgesetz, in dem vom Schulzwang keine Rede ist, aus Tradition und mit dem Segen des Bundesverwaltungsgerichts (BVerwG) in den Ländergesetzen eine Schulbesuchspflicht bzw. sogar der Schulzwang abgeleitet wird. Steht im Grundgesetz zu Schulfragen lediglich...

„Pflege und Erziehung der Kinder sind das natürliche Recht der Eltern und die zuvörderst ihnen obliegende Pflicht. Über ihre Betätigung wacht die staatliche Gemeinschaft." (Artikel 6 Abs. 3) bzw. „Das gesamte Schulwesen steht unter der Aufsicht des Staates." (Artikel 7 Abs. 1)

... so sind beispielsweise im Artikel 118 des bayerischen Erziehungs- und Unterrichtsgesetzes die drastischen Worte zu lesen:

„(1) Nimmt eine Schulpflichtige oder ein Schulpflichtiger ohne berechtigten Grund am Unterricht oder an den sonstigen verbindlichen Schulveranstaltungen (Art. 56 Abs. 4 Satz 2) nicht teil, so kann die Schule bei der Kreisverwaltungsbehörde die Durchführung des Schulzwangs beantragen. Die Kreisverwaltungsbehörde kann durch ihre Beauftragten die Schulpflichtige oder den Schulpflichtigen der Schule zwangsweise zuführen. Eine Vorladung der oder des Schulpflichtigen ist nicht erforderlich.

(2) Zur Durchführung des Schulzwangs dürfen die Beauftragten der Kreisverwaltungsbehörde Wohnungen, Geschäftsräume und befriedetes Besitztum betreten und unmittelbaren Zwang ausüben."

JAN EDEL sieht eine Möglichkeit zur Lockerung des Schulzwangs durch autonome Entscheidungen der einzelnen Länder, in dem sie *Bedingungen* für die Erlaubnis des häuslichen Unterrichts ausformulieren. Dazu bräuchten die einzelnen Länder weder auf die Nachbarn zu warten, noch müssten sie ihre Verfassungen ändern – eine Volksbefragung würde Grund genug sein, um die Schulgesetze zu verfeinern und Alternativen zum Schulbesuch zu formulieren. Freilich wäre das noch keine echtes Zugeständnis in dem Sinne, dass die Verantwortung für die Bildung prinzipiell an die Bürgerinnen und Bürger zurückgegeben wird, aber es wäre ein Schritt aus dem im internationalen Vergleich sonst nur in totalitären Regimes praktizierten Schulzwang.

In allen anderen europäischen Ländern ist es sehr wohl möglich, Bildungswege abseits staatlich anerkannter Bildungsinstitutionen zu gehen. In Österreich beispielsweise können schulpflichtige Kinder zum *Häuslichen Unterricht* abgemeldet werden – der österreichische Adel war es, der dieses Recht auch in der Zweiten Republik (nach 1945) verankert wissen wollte. Wer also vor Beginn des neuen Schuljahres einen entsprechenden Antrag beim zuständigen Bezirksschulrat stellt, der wird – nach einer formlosen Überprüfung der häuslichen Situation – von der Schulpflicht befreit. Die zum *Häuslichen Unterricht* abgemeldeten Schülerinnen und Schüler müssen am Ende des Schuljahres eine Prüfung zu den Lernzielen der jeweiligen Klassenstufe in einer öffentlichen Schule ablegen. Wird diese positiv bestanden, kann ein weiteres „pflichtschulfreies" Jahr folgen. Eine Anmeldung zum *Häuslichen Unterricht* während des laufenden Schuljahres ist nicht möglich.
(vgl. Eurydice 2008/2009)

Dieser Rechtsrahmen ermöglicht – neben dem Eingehen auf individuelle Situationen von Kindern und Wünschen von Eltern – eine relativ einfache Gründung freier Schulinitiativen: In diesem Sinne gibt es in Österreich eine ganze Reihe von Freien Schulen, die als Privatschulen ohne Öffentlichkeitsrecht organisiert sind. Die einzelnen Kinder sind zum Hausunterricht angemeldet, und der Lernalltag wird in kleineren Gruppen gemeinsam gestaltet. So kann die Initiative organisch wachsen und sich entfalten, weder unverhältnismäßige bautechnische Auflagen noch Vorgaben bezüglich der Ausbildung der Lehrkräfte erschweren den ohnehin arbeitsintensiven Aufbau einer freien Bildungsstätte.[132]

Ein krasses Gegenbeispiel dazu ist das Schicksal der *Landschule Lüchow*, die 2006 in Mecklenburg-Vorpommern im Zuge des Wiederaufbaus eines „vom Aussterben bedrohten" Dörfchens von engagierten Eltern (allen voran dem Architekten JOHANNES LIESS, der das Abenteuer der „Dorfrettung" in seinem Buch *Artgerecht leben* beschreibt, vgl. Liess 2011) aufgebaut worden war: Unter fadenscheinigen Begründungen wurde der aufblühenden Schule 2011 die Unterrichtsgenehmigung entzogen. Die Regierung verfolgt die bildungspolitische Strategie des Aufbaus größerer Schulzentren in den dünn besiedelten ländlichen Regionen und schließt eine kleine Schule nach der anderen. Viele Eltern wünschen sich jedoch eine Schule in der Nähe und gründen private Initiativen. Das durchkreuzt die Pläne der Regierung, und sie setzt alle Räder in Bewegung, um die privaten Schulen zur Schließung zu zwingen.[133]

---

[132] Einige Schulen werden mit der Zeit größer und suchen um das Öffentlichkeitsrecht an, einerseits um selbst Zeugnisse ausstellen zu können und somit den Kindern die jährlichen externen Prüfungen zu ersparen, andererseits um staatliche Subventionen entgegennehmen zu können. Zur Zeit sind 24 Schulinitiativen (überwiegend für den Primarschulbereich) mit insgesamt über 500 Kindern im *Netzwerk Bundesdachverband für selbstbestimmtes Lernen* zusammengeschlossen. Als Privatschulen mit und ohne Öffentlichkeitsrecht arbeiten sie unter den Gesichtspunkten: Selbstverwaltung; nichtkonfessionell; ganzheitliches, soziales, selbstbestimmtes und integratives Lernen; finanzielle Eigenständigkeit und Mitwirkung der Eltern. Vgl. www.unsereschulen.at/home/german/index.htm

[133] „Das aktuelle Vorgehen der Regierung ist es, neue Schulgründungen überhaupt nicht mehr zu genehmigen. Antragsverfahren werden so lange verschleppt und mit so hohen Hürden versehen bis die Initiativen aufgeben. Ob die aufgestellten Hürden dabei gesetzlich gedeckt sind oder nicht spielt keine Rolle. Nur vereinzelte Schulen schafften es auf dem Rechtsweg eine Betriebserlaubnis zu bekommen. Bestehende Schulen werden wieder geschlossen. Jedes Jahr wird versucht ein paar kleine Schulen zu schließen. Die Vorgehensweise ist immer die gleiche. Der Schule werden Mängel vorgeworfen und die Schulschließung angedroht. Dann werden gleichzeitig die Eltern aufgefordert ihre Kinder umzuschulen, die Medien berichten ausführlich über die Mängel und der Schule wird ein Bescheid über den sofortigen Entzug der Betriebserlaubnis zugestellt. Dann geht es oft ganz schnell, die Schüler laufen weg und noch ehe die Vorwürfe überprüft werden können muss die Schule Insolvenz anmelden." Johannes Liess, vgl. www.landschule-luechow.de/warum-soll-unsere-schule-geschlossen-werden.html

Dieses Vorgehen kann auch der bekannte Neurobiologe, Lernforscher und auch Schulkritiker GERALD HÜTHER[134] nicht nachvollziehen:

„Wenn das kleine Dorf Lüchow mit seiner wunderbaren Dorfschule [...] in Thüringen läge und nicht in Mecklenburg-Vorpommern, wäre die Schule nicht ein von Schließung bedrohter Notfall, sondern ein Vorzeigemodell für eine neue Lernkultur." (Hüther 2011, S. 65)

---

[134] *"Wenn Du einen Sumpf austrocknen willst, darfst du nicht die Frösche fragen*, heißt ein bekanntes Sprichwort. Aber dass sich die dicksten Frösche in unseren eigenen Köpfen eingenistet haben, ist eine noch recht unbekannte und auch unbequemere Erkenntnis. Die Hirnforscher haben sie im Frontallappen lokalisiert. Es sind neuronale Netzwerke, die durch am eigenen Leib gemachte oder von bedeutsamen Bezugspersonen übernommene Erfahrungen entstanden sind und sich zu Metaerfahrungen verdichtet haben, die wir innere Überzeugungen und Einstellungen nennen. Weil sie auch an Gefühle gekoppelt sind, kleben die meisten Menschen fester an ihren einmal herausgeformten Überzeugungen, als sie das zuzugeben bereit sind. Manche dieser erfahrungsabhängig ausgebildeten Einstellungen behindern die eigene Vorstellungskraft so sehr, dass es fast unmöglich ist, sich vorzustellen, dass Schulen auch anders sein könnten als so, wie sie die betreffenden Eltern, Lehrer oder Kultusbeamten selbst am eigenen Leib erlebt haben.
Wer von Schulpflicht redet und von hundertprozentiger Unterrichtsversorgung, und wer meint, dass Schüler ohne Druck nichts lernten, kann nicht glauben, dass es Schulen geben könnte, in die die Schüler so gern gehen und in denen sie so viele stärkende eigene Erfahrungen machen, dass sie weinen, wenn Ferien sind. Solchen Schulverantwortlichen ist es unvorstellbar, dass Schulen ohne Schulklassen funktionieren könnten, ohne Lehrplan und ohne Unterrichtsstunden im 45-Minutentakt. Undenkbar ist es für all jene Erwachsenen, die an den negativen Erfahrungen ihrer eigenen Schulzeit noch immer leiden, dass Schüler weder Angst vor Lehrern noch vor Lernkontrollen haben, dass sich die Schüler dort in altersgemischten Lerngruppen Themen und Inhalte selbst erarbeiten und dabei mehr voneinander lernen als von ihren Lehrern. Solche Schulen würden nicht wie Betonklötze aussehen, und die Schüler würden ihre wichtigsten Lernerfahrungen auch nicht im Schulgebäude, sondern draußen im richtigen Leben, in der Natur, in den Stadtteilen und den Gemeinden, in den benachbarten Betrieben machen." (Hüther 2011, 64), siehe außerdem http://www.gerald-huether.de und http://www.sinn-stiftung.eu/index.php

Ist autonome Selbstverwaltung im Schulwesen gesellschaftlich zu verantworten?

> *„Wir dürfen auch keine Angst davor haben, dass zum Beispiel verschiedenen Gruppen hochschulgründend auftreten würden (was gar nicht so wahrscheinlich ist). Der Staat kann vorgeben, dass bestimmte Gesetze auch in Universitäten zu achten sind; er soll und darf bestimmte Rahmenrichtlininen vorgeben. Der Staat muss ja auch nicht Unternehmer sein, um die Kinderarbeit zu verbieten; er darf und soll sogar überwachen, dass keine Kinderarbeit stattfindet."* [135]
>
> KONRAD SCHILY

Fordert man die Lockerung des engen Gestaltungskorsetts, das heute im Bereich der Schulorganisation besteht, bleibt die wichtige Frage offen: Wie ist mit „schwarzen Schafen" umzugehen? Schön und gut, dass vielfältige Initiative aufblühen wird – aber was machen wir, wenn bei zunehmender Freiheit auch radikale Gruppen ihre Schulen gründen und sich gegenüber der restlichen Gesellschaft abschließen?

An dieser Stelle ist vor allem auf den bestehenden Rechtsrahmen zu verweisen – auf dieser Grundlage sind strafbare Handlungen wie Misshandlung, Vernachlässigung, Volksverhetzung etc. bereits anklagbar. Darüber hinaus wäre eine spezifische Ausarbeitung und Verfeinerung des Gesetzesrahmens für einen sich neu entwickelnden zivilgesellschaftlichen Bildungsbereich durchaus denkbar.

Auch würde sich in einem freien Schulwesen das Problem der sogenannten „Integration" ganz anders gestalten. Wenn nicht mehr der Staat das Bildungswesen organisiert, sondern die Zivilgesellschaft selbst die ihr notwendig erscheinenden Bildungseinrichtungen aufbaut, dann hätte jede kulturelle Gruppierung, Ethnie etc. auch die Freiheit, ihre eigenen Schulen zu gründen.

Die Befürchtung vor Radikalisierungen übersieht, dass die Tendenz, sich in geschlossenen Kreisen zu sozialisieren, gerade dann steigt,

---

[135] Schily 1993, S. 144

wenn der eigene Rechtsstatus unterminiert wird, Radikalisierungen also gerade dadurch provoziert würden, dass eigene Identitäten *nicht* gelebt werden können. Insbesondere die deutsche Integrationspolitik zeigt, wie unmöglich es ist, zwanghaft zum Beispiel in die Sprachentwicklung von Kindern einwirken zu können. Die Folge ist, dass Kinder ihre Muttersprache oft nicht mehr richtig erlernen und auch in der deutschen Sprache nicht wirklich „zu Hause" sind.

„In keinem freien Land wird Integration erzwungen, schon gar nicht per Schulbesuch. Einwanderungsländer wie Spanien oder die Niederlande haben einen unverkrampften Ansatz zur Integration unangepasster neuer Mitbürger. Schulzwang ist dort nicht das Mittel der Wahl, sondern Dialog, Angebot und Teilhabe. Menschen gehen offener und vorbehaltloser aufeinander zu – unkompliziert. Wer einmal in Amerika, Kanada, oder Australien war, ist angenehm von der Freundlichkeit und Akzeptanz gegenüber Andersdenkenden, Fremden oder sonst wie Auffälligen überrascht." (Edel 2007, S. 100)

In einem freien Bildungswesen sind die Rechte des *individuellen* Menschen gestärkt. Und dadurch wird der Einzelne gerade nicht genötigt, sich über Gruppenzugehörigkeiten zu definieren, zu solidarisieren etc., sondern kann sich viel flexibler und eigenständiger im gesamten zivilgesellschaftlichen Leben orientieren.

Was die „Qualitätssicherung" der Bildungseinrichtungen betrifft, so gilt es auch da, neue zivilgesellschaftliche Organe aufzubauen, in denen wissenschaftliche Forschung, Weiterbildungen und vor allem offene Diskussionen stattfinden. Zwischen den einzelnen Bildungsinitiativen könnten sich Partnerschaften zur Zusammenarbeit und auch zur gegenseitigen kritischen Wahrnehmung bilden. „*Critical Friends*", die in *Peer-Reviews*, in der Begutachtung durch Ebenbürtige, Entwicklungen analysieren und so das Erreichen der selbstgesetzten Ziele unterstützen, müssen nichts mit der „Expertokratie" einer an Einfluss gewinnenden internationalen Wissenschaftselite zu tun haben. Das hochaktuelle Thema *Evaluation* ist ein zweischneidiges: „*Gegen das Regime der Evaluatoren wird sich die Kontrolle der Lehrer durch die Schulämter und Ministerien als ein Paradies des freien Unterrichts darstellen*" (Münch 2009, S. 80), kommentiert RICHARD MÜNCH und formuliert seine Kritik an der aktuellen Transformation der Governance-Strukturen:

„Das neue Steuerungsmodell setzt an die Stelle des Vertrauens das grundsätzliche Misstrauen, bürokratische Regelungen seien ineffektiv und die Expertenautonomie würde missbraucht. Deshalb verlangt es eine weitestmögliche ‚Transparenz' der Leistungen, über die anhand von Kennziffern detailliert Rechenschaft abgelegt werden muss. An die Stelle der autonomen Entscheidung des Experten nach bestem Wissen und Gewissen tritt die Erfüllung von vorgegebenen Parametern, an die sich eine entsprechende Entlohnung in Geld knüpft. Konditionalprogramme und autonome professionelle Entscheidungen werden in Zweckprogramme umgewandelt." (Münch 2009, S. 75)
„Professoren an Universitäten, Lehrer an Schulen verlieren ihre alte professionelle Identität und werden in einfachster Weise nach dem Modell der operanten Konditionierung auf die Erfüllung von vorgegebenen Parametern getrimmt." (Münch 2009, S. 77)

Hier soll nun folgende These gewagt werden: Die Umstellung des Steuerungsmodells und die Aushebelung der „alten professionellen Identität" war gerade wegen des in den Jahrzehnten davor praktizierten Zentralismus und des damit verbundenen Obrigkeitsdenkens so reibungslos möglich. Durch die vorgebauten, einseitig von oben nach unten wirkenden Machtstrukturen konnte der Geist des Zweckrationalismus blitzschnell und flächendeckend alle Klassenzimmer erreichen. Die janusköpfige „Schulautonomie", die bestimmte Prozeduren der „Qualitätssicherung" erzwang (vgl. Heinrich 2006, S. 220), wurde ja *staatlicherseits* verordnet. Die Ökonomisierung und damit die Degradierung der Bildung zur Ware wurde ja durch den Staat vollzogen – weshalb nun nicht der Staat, der ein Wettbewerbsstaat geworden ist, sondern die Zivilgesellschaft, d.h. wir alle als denkende Zeitgenossinnen und -genossen zur Verteidigung einer *zweckfreien* Menschenbildung aktiv werden müssen. In diesem Sinne wird hier eine Position vertreten, die sich angesichts des an Macht gewinnenden „Regimes der Evaluatoren" nicht die gute alte Zeit der „Kontrolle durch die Schulämter und Ministerien" zurückwünscht, sondern die auch in dieser staatlichen Organisationsform der Bildung entwicklungshemmende Widersprüche sieht.

Eine zivilgesellschaftliche Organisierung der Bildung, die nach dem Motto: „*Die Entscheidungskompetenz in die Hände der konkret Beteiligten!*" dezentral Bildungsprozesse gestaltet, ist ein Umraum, in dem Vielfalt leben kann. Dann könnten die lebensfeindlichen Gewohnheiten des staatlichen Bildungssystems, das Lernen für die Noten, die

Selektionserfahrung, die permanente Zerstückelung des Zusammenhanges durch die Art der sachlichen, zeitlichen, räumlichen und sozialen Organisation von „Schule" peu à peu überwunden werden.

Und dann gibt es noch eine andere Problematik – die Sorge um das weitere Auseinanderfallen von „bildungsfernen" und „bildungsbewussten" sozialen Schichten. Aber liegt hier das zentrale Problem nicht eigentlich in diesen Zuschreibungen?

Im Grunde ist das eine Frage der *Subversion der Bildung*, wie sie INGE KURZ in ihrer Magisterarbeit anhand der Begrifflichkeiten von MICHEL FOUCAULT und GERNOT KONEFFKE behandelt (vgl. Kurz 2009). Sie bespricht einerseits das emanzipatorische und damit „subversive" Potenzial von Bildungsprozessen und weist andererseits auf die Eigenart der bestehenden Bildungssysteme hin, genau diese emanzipatorischen Prozesse durch gesellschaftliche ‚Chancenzuteilung' wieder zu gefährden. Es gibt also eine Unterwanderung von Bildung in den Institutionen – und zwar einfach dadurch, dass durch Bildung zwar der Horizont erweitert und das kritische Fragen gefördert wird, die ‚Gebildeteten' aber durch den Erwerb ihrer Bildungstitel auch gleichzeitig in der gesellschaftlichen Hierarchie aufsteigen, sich von existentiellen Fragen der ‚unterdrückten' Bevölkerungsschichten ablösen und privilegierte Positionen einnehmen. Dazu sagte zum Beispiel der bedeutende ostdeutsche Dramatiker HEINER MÜLLER über die Kulturpolitik der DDR:

„Das war die kalkulierte Politik – die Trennung der Künstler von der Bevölkerung durch Privilegien." (Müller 1994, S. 77)

Trennung durch Privilegien, ein Phänomen, das nicht auf die ehemalige DDR beschränkt ist. Auch ASTRID MESSERSCHMIDT thematisiert eine beginnende „Ent-Privilegierung" als Konsequenz eines tiefer gehenden Reflexions- und Bildungsprozesses (vgl. Messerschmidt 2009). GUSTAVO ESTAVA bezeichnet sich selbst als „deprofessionalisierten Intellektuellen" – immer öfter wird die Situation, dass „Experten/innen" aus ihrem privilegierten Status heraus nicht nur Ratschläge erteilen, sondern verpflichtende Maßnahmen diktieren, als unverhältnismäßig erlebt. Aus der Trennung der Bevölkerungsschichten durch staatlich garantierte Vorrechte resultieren vielschichtige Probleme, die oft gar nicht als solche bewusst werden.[136]

Sicherlich – die Vorstellung eines plötzlichen Endes der staatlichen Kontrolle und Führung im Bildungswesen birgt ein gewaltiges Chaos- und Konfliktpotenzial in sich. Doch um ein abruptes Ende wird es sich realistischerweise ja auch nicht handeln. Auch KONRAD SCHILY ging auf diese Befürchtungen ein:

„Die deutschen Universitäten waren noch nie in der Geschichte frei, selbstständig oder ‚autonom'. Man kann sie nicht in die Freiheit stoßen, sie würden hilflos sein wie die russischen Leibeigenen, die mit der berechtigten Aufhebung der Leibeigenschaft auch den Schutz und die Versorgung durch ihre ‚Eigner' verloren. Diese überhastete Aufhebung der Leibeigenschaft stellte sich als eine Katastrophe für die betroffenen Leibeigenen dar, denn sie standen plötzlich ohne Land, ohne Einkommen und ohne jeden Schutz im Leben." (Schily 1993, S. 141f)

Mit der Entwicklung von tragfähigen zivilgesellschaftlichen Strukturen muss jedoch bereits *parallel* zum ‚laufenden Betrieb' begonnen werden.

---

[136] Tiefer betrachtet spiegelt sich in der Trennung von ‚gebildeter' und ‚arbeitender' Bevölkerung immer noch die antike Gesellschaftsordnung zwischen ‚Freien' und ‚Sklaven', wie sie Manfred Schulze aus dem philosophischen ‚Sprung' zwischen Sokrates und Aristoteles herleitet:
„Während Sokrates noch ‚mitten im Leben' auf dem Marktplatz durch seine von Platon dokumentierte Fragemethode eine Möglichkeit sah, jeden beliebigen Menschen an die vor seiner Geburt erlebten geistigen Urbilder zu erinnern, [...] so kamen mit Platon und seinem Schüler Aristoteles die ersten Selbstdenker auf den Plan. Mit dieser im Bewusstsein erlebten und philosophisch beschriebenen Loslösung von den wahren und richtigen Urbildern schuf sich die Philosophie die Probleme, als deren Lösungsversuch sie sich seither versteht: Wie kommen wir zu wahren Erkenntnissen und wie können wir eine Richtung zu sinnvollem, dem Weltfortgang dienendem, also gutem Handeln gewinnen? [...] So ist das bis heute: Der gebildete Mensch arbeitet nicht, und derjenige, der arbeitet, ist von weitergehenden Bildungsprozessen abgehalten. Damit ist die Tatwelt, die Bildung des Willens als geschickte körperliche Kraftanwendung schon früh aus dem Blick geraten. [...] Das, was in der modernen Schul- und Bildungsdebatte jetzt als aufgefächerte Kompetenzen aufgeführt [...] werden soll, ist nur die weitere Auflösung des Bildungsbegriffes, die schon in den Schulfächern ihre Lebensferne abspiegelt und konsequent das zentrale Ziel der Bildung aus dem Blick verliert: den überlegt handlungsfähigen Menschen, den aus Erkenntnis und Körperbeherrschung schaffenden, arbeitenden Menschen. Stattdessen erscheint der durch eine Vielzahl von unzusammenhängenden Einzelkompetenzen glänzende Fachidiot. [...] Das bedeutet, dass wir mit dem Wissen keine Bedeutungshierarchie mehr ab- oder zugewinnen können, keine Begriffe und Oberbegriffe bilden können und damit auch innerhalb dieses Wissens nicht mehr handlungsfähig sind, was nämlich bedeuten würde, Begriffsverbindungen herstellen zu können, also [...] zu einem Ab-Schluss des Denkvorgangs oder einem Auf-Schluss für einen Handlungsimpuls zu kommen." (Schulze 2011, S. 71)

Braucht es staatlich anerkannte Abschlüsse?

> *"Das Abitur ist sozusagen eines der großen Verhinderungsinstrumente des freien Geistes. Es ist die große Verneinung der Lebensschule und der außergewöhnlichen Biographie."* [137]
>
> KONRAD SCHILY

Der Bereich, in dem die staatliche Macht im Bildungswesen am deutlichsten zum Tragen kommt, sind die staatlich anerkannten Abschlüsse: „In die Schule aufgenommene Schüler unterwerfen sich diplomierten Lehrern, um ihrerseits wieder Diplome zu erlangen." (Illich 1973, S. 81) An diesen „Diplomen" hängt die ganze Problematik der Notengebung und der Selektionsmechanismen. D.h., würden die Abschlüsse nicht durch den Staat reglementiert, so wäre der gesamte pädagogische Prozess nicht durch eine bestimmte Zielvorgabe gebunden, sondern könnte wirklich viel individueller der Fähigkeitsentwicklung dienen. Entscheidend kann ja letztendlich nicht ein abstraktes Zertifikat sein, sondern die Frage, wie der Weg am besten gestaltet werden kann, damit die/der einzelne Schulabgänger/in einen ihr/ihm angemessenen Ausbildungs- bzw. Studienplatz finden kann. Welcher Ausbildungs- bzw. Studienplatz letztlich für jemanden der passende ist, das weiß die entsprechende weiterbildende Einrichtung gewiss besser als ein nach nur allgemeinen Kriterien bewertendes Gremium der Schule. Viel sinnvoller als ein bloßes Notenzeugnis wäre beispielsweise ein Portfolio, in dem die/der Absolvent/in durch vielfältigste Einblicke in seine erworbenen Kompetenzen mit einem individuellen Profil in Erscheinung treten könnte (siehe auch Kapitel II.1.). Für die Ausbildungsstätte sind letztlich auch nicht Daten aus der Vergangenheit interessant, sondern die Frage, wie sich der Auszubildende im konkreten Ausbildungsverlauf bewährt. Durch Aufnahmeprüfungen, mehrtägige Seminare, Praktika etc. würde die Ausbildungsstätte ein viel konkreteres Bild von den Möglichkeiten der/des Auszubildenden bekommen und hätte eine ganz andere Entscheidungsgrundlage.

---

[137] Schily 1993, S. 52f

Grundsätzlich ist jedoch in keiner Weise einzusehen, warum der Staat durch ein generalisiertes Berechtigungssystem die Bildungs- und Lebenswege lenken sollte. Denn in Fähigkeitsfragen geht es eben nicht primär um die Frage von *Berechtigung*, sondern um die Frage der *Eignung*. Was in der künstlerischen Ausbildung eine Selbstverständlichkeit ist (auch ein Abitur mit 1,0 ist noch keine Voraussetzung für ein Klavierstudium), das gilt selbstverständlich auch für alle anderen Bildungszweige (viele große Geister – wie etwa ALBERT EINSTEIN – sind Beispiele dafür, dass unser heutiges, überreglementiertes Abschlusswesen der Gesellschaft geradezu enormes Potenzial unterdrückt, denn z.B. sogar EINSTEIN war ein ‚schlechter' Schüler und bekam nur über Umwege die Möglichkeit zu studieren).

Dass das nicht gesehen wird, liegt vielleicht daran, dass insbesondere an die Studien heute Berechtigungen im Arbeitsleben gekoppelt sind, die auch nicht Ausdruck realer Kompetenz sind, sondern schlicht und einfach Vorrechte sichern.

„Jeder Rassismus ist ein Essentialismus, und der Rassismus der Intelligenz ist die charakteristische Form der Sozioidee der herrschenden Klasse, deren Macht zum Teil auf dem Besitz von [...] Bildungstiteln beruht, die als Gewähr für Intelligenz gelten" (Bourdieu 1993, S. 252), kritisiert BOURDIEU die exemplarische Koppelung von Wissen und Macht in den Bildungstiteln. Vor allem die staatliche Reifeprüfung, das Abitur oder die Matura, welche die „Studierfähigkeit" einer Person attestiert, kann als ein Machtinstrument zur Selektion der Bevölkerung durch institutionalisierte Bildung angesehen werden: „Über das Abitur sortiert der Staat seine Untertanen" (Schily 1993, S. 51), sagt KONRAD SCHILY und hält diese Einrichtung für mehr als entbehrlich.

Gerade das Ausbildungswesen zeigt die verheerende Vermischung der staatlichen Ebene mit der Ebene des Bildungswesens, dessen Aufgabe allein die Fähigkeitsbildung sein sollte. Deshalb wird gerade an der Frage der Schul- und Universitätsabschlüsse deutlich, dass das Bildungswesen selbst, d.h. die gesamte Zivilgesellschaft, der geeignetere Rahmen für die Beurteilung von Bildungsprozessen ist. Denn nicht abstrakte Standards, sondern die konkrete Kenntnis im jeweiligen Gebiet ist letztlich im Lebensprozess das Entscheidende. ILLICH hatte dafür ein konkretes Gespür:

„In einer entschulten Gesellschaft könnten Fachleute das Vertrauen ihrer Klienten nicht mehr aufgrund ihres Unterrichtsstammbaums beanspruchen". Stattdessen „sollte es jedem potenziellen Klienten möglich sein, andere erfahrene Klienten eines Fachmannes zu befragen, ob sie mit diesem zufrieden sind." (Illich 1973, S. 103)

Der renommierte Anatom JOHANNES W. ROHEN schlägt die Beibehaltung von Diplomen vor, will jedoch die Kriterien dafür allein in zivilgesellschaftlichen Händen wissen, sodass die einzelnen Diplome in ein Verhältnis zueinander treten können:

„Ein sich selbst verwaltendes Geistesleben müsste selbstverständlich auch frei sein hinsichtlich Art und Umfang der Prüfungen, der Voraussetzungen für Diplome und akademische Grade. Wer anders als der akademische Lehrer kann denn beurteilen, ob ein Lernender die Voraussetzungen für den jeweiligen Grad erfüllt oder nicht. Bei einem freien Geistesleben wird sich bald herausstellen, welches Diplom Wert hat und welches nicht." (Rohen 2006, S. 119)

Bildung: kein Projekt nationaler Parteipolitik

> *„Die Erziehung zum Weltbürger wird nicht in den Schulen des Nationalstaates erfolgen können."* [138]
> KLAUS SEITZ

Für die Herauslösung des Bildungswesens aus der direkten nationalstaatlichen Verantwortlichkeit ist es aber auch aus zwei weiteren Gründen höchste Zeit:

Erstens: „Parteipolitik muss aus der Schule!"[139] – wie es auch die Wiener Schuldirektorin und Mitbegründerin der zivilgesellschaftlichen Initiative „Bildung Grenzenlos"[140] HEIDI SCHRODT fordert. Es kann nicht angehen, dass sich parteipolitische Machtkämpfe quer durchs Schulsystem ziehen. Die organisatorische Trennung zwischen dem tagespolitischen und dem pädagogischen Verantwortungsbereich scheint längst überfällig, denn pädagogische Planung braucht langfristige Kontinuitäten und ebenso die Möglichkeit zu kurzfristiger, flexibler Reaktion auf Probleme. Da passt der vierjährige Wahlzyklus einfach nicht dazu. Dass die Entscheidung für diese oder jene Partei heute eine der wenigen Möglichkeiten für die Bevölkerung darstellt, auf die Gestaltung des Schulsystems Einfluss zu nehmen, ist auch nicht gerade ein befriedigender Zustand. Hier würde eine Verankerung des Schulwesens in der Zivilgesellschaft ganz neue Möglichkeiten der Mitgestaltung eröffnen.

Zweitens: Die Mission, mit der die staatliche Pflichtschule im 19. Jahrhundert angetreten ist, nämlich die Stärkung der nationalen Zusammengehörigkeit des gesamten Staatsvolkes (die ja an sich ein Konstrukt darstellt) durch Abgrenzung von anderen Nationen und durch die Nivellierung regionaler Besonderheiten, ist im 21. Jahrhundert obsolet geworden. Heute wollen immer mehr Menschen ihre Identität nicht

---

[138] Seitz 2002, S. 318

[139] in einem Interview mit der *Wiener Zeitung*,
http://www.wienerzeitung.at/DesktopDefault.aspx?TabID=3858&Alias=wzo&cob=528411

[140] Heidi Schrodt ist Mitinitiatorin der Initiative *Bildung Grenzenlos*, die sich auf zivilgesellschaftlicher Ebene für eine Schule, in der alle gemeinsam angstfrei lernen können, einsetzt.
www.bildunggrenzenlos.at/ziele.html

mehr auf Zugehörigkeiten zu ethischen oder gesellschaftlichen Gruppen oder Nationalstaaten gründen, sondern sie sehen sich als Weltbürgerinnen und Weltbürger, die zu ihrer jeweiligen Herkunft eine bewusste und differenzierte Beziehung aufbauen. Den demokratischen Rechtsstaat von der nationalen Identität zu lösen, auch das scheint unsere Zeit immer mehr zu fordern, wie auch KLAUS SEITZ anmerkt (vgl. Seitz 2002, S. 159).

„Die Frage ist, ob nicht in dem Maße, in dem die dominante Rolle des Nationalstaates als politische Gestaltungsmacht schwindet und transnationale politische Organisationsformen wie zivilgesellschaftliche Akteure an Bedeutung gewinnen, das Leitbild einer ‚national citizenship' durch das Leitbild einer ‚global citizenship' abgelöst werden müsste. Dies wäre allerdings nicht nur mit einer grundlegenden Revision der Bildungsziele und -inhalte der nationalen Schule verbunden, sondern zwangsläufig auch mit der Entfaltung organisatorischer Alternativen jenseits der staatlichen Pflichtschule." (Seitz 2002, S. 318)

Ein Festhalten an der nationalstaatlichen Gestaltungsmacht ist auch angesichts der vielfältigen globalen Herausforderungen schlicht nicht mehr weiterführend: Klimawandel und Finanzkrise fordern inter- und transnationale Lösungsansätze!

„Die Weltrisikogesellschaft erzwingt den Blick auf die Pluralität der Welt, die der nationale Blick ignorieren konnte. Globale Risiken eröffnen einen moralischen und politischen Raum, aus dem eine über Grenzen und Gegensätze hinweggreifende zivile Kultur der Verantwortung hervorgehen *kann*." (Beck 2007, S. 111, Herv. d. A.)

Den globalen Fragen versucht das pädagogische Konzept des *Globalen Lernens*[141] angemessen zu begegnen – und gerade im Zusammenhang mit der Entwicklung und Einführung dieses Konzeptes ist die schwerfällige staatliche Schulverwaltung (siehe erstens) keine Unterstützung: KLAUS SEITZ warnt davor, mit dem *Globalen Lernen* „ein pädagogisches Zukunftskonzept von den veränderlichen politischen Agenden abhängig zu machen, deren Zustandekommen sich einer Gemengelage von Machtverhältnissen, politischem Kuhhandel und historischen Zufällen verdankt." (Seitz 2002, S. 395)

---

[141] Das Bildungskonzept *Globales Lernen* will zu Weltoffenheit und Empathie erziehen. Es ist inhaltlich und methodisch ganzheitlich orientiert; man vermittelt fächerübergreifend Wissensinhalte und Kompetenzen zu Eine-Welt-Themen und nutzt dabei innovative, offene pädagogische Konzepte wie Projektlernen, Projektarbeit, Projektunterricht, Lernlabor, Stationenlernen und viele weitere partizipative Lernmethoden, vgl. http://de.wikipedia.org/wiki/Globales_Lernen

III. 3. Freie Bildungsräume –
Aspekte zivilgesellschaftlicher Selbstverwaltung

> *„Es ist nicht weiter verwunderlich, dass sich viele Menschen gegenwärtig noch gar nichts anderes vorstellen können, als dass bei solch freier Gestaltung der menschlichen Verhältnisse im geistigen Gliede des sozialen Organismus nur anarchische Zustände innerhalb desselben sich ergeben müssten. Wer so denkt, der weiß eben nicht, welche Kräfte der innersten Menschennatur dadurch an ihrer Entfaltung verhindert werden, dass der Mensch in die Schablonen hinein entwickelt wird, die ihn vom Staats- oder Wirtschaftsleben aus formen."*[142]
>
> RUDOLF STEINER

Eine ganz freie Gestaltung im „geistigen Gliede des sozialen Organismus", im Bildungswesen, im Kulturbereich, in der Wissenschaft erscheint angesichts der bestehenden Strukturen und Gewohnheiten erst einmal unrealistisch und wenig wünschenswert. Denn: Wer sichert dann die Qualität? Verliert das Bildungsleben nicht jeglichen inneren Zusammenhang, wenn „jeder machen kann, was er will"? Verschärft sich nicht unmittelbar die soziale Ungerechtigkeit, wenn der Staat nicht mehr für „Chancengleichheit" sorgt? Woher soll die Finanzierung kommen, wenn Bildung nicht mehr als Aufgabe des Staates betrachtet wird? Wie ist gesichert, dass aus der Zivilgesellschaft überhaupt genügend Engagement und Initiative kommt?

Die Umstülpung, die das Nachdenken über Bildungsprozesse vollzieht, sobald die Möglichkeit einer zivilgesellschaftlichen Selbstverwaltung konsequent verfolgt wird, soll hier anhand einiger Aspekte beispielhaft deutlich gemacht werden. Die umfassende Relevanz und die weitreichende Auswirkung der Frage nach der gesellschaftlichen „Zuständigkeit" für die Bildungsorganisation (Staat, Wirtschaft oder Zivilgesellschaft?) soll dadurch plastischer werden.

---

[142] Steiner 1982, S. 71f

Erziehung im zweckfreien Raum – mit welchem Menschenbild?

> *„Daher müsste, meiner Meinung zufolge, die freieste, so wenig als möglich schon auf die bürgerlichen Verhältnisse gerichtete Bildung des Menschen überall vorangehen. Der so gebildete Mensch müsste dann in den Staat treten und die Verfassung des Staates gleichsam an ihm prüfen"* [143]
>
> WILHELM V. HUMBOLDT

Spricht die Sozialwissenschaft von dem, was *ist*, dann ist sie *empirisch*; spricht sie hingegen von dem, was *sein sollte*, so bezeichnet man sie als *normativ*. Als menschliche Wesen sind wir in jedem Augenblick mit Konvergenz, mit Zukunftsoffenheit konfrontiert, sodass das heute Wirkliche immer mehreren Möglichkeiten seiner zukünftigen Wirklichkeit gegenübersteht. Wer sich mit Entwicklungsprozessen auseinandersetzt, der weiß, dass Zukünftiges grundsätzlich nicht programmatisch vorherbestimmt werden kann, sondern der wahrnehmenden Offenheit für Neues bedarf. Deshalb sagte HUMBOLDT:

> „Wenn die Statistik aufzählt, wieviel Menschen, welche Produkte, welche Mittel, sie zu verarbeiten, welche Wege, sie auszuführen u.s.f., ein Land hat, so muss die reine Theorie sie anweisen, dass man darum nur den Menschen und seinen eigentlichen Zustand fast um noch nichts besser kennt, und dass sie also das Verhältnis aller dieser Dinge als Mittel zu dem wahren Endzweck anzugeben hat. Ginge ich einmal von diesem Gesichtspunkte aus, so konnte ich nicht leicht auf etwas anderes als auf die Notwendigkeit der Begünstigung der höchsten Freiheit und der Entstehung der mannigfaltigsten Situationen für den Menschen kommen, und so schien mir die vorteilhafteste Lage für den Bürger im Staat die, in welcher er zwar durch so viele Bande als möglich mit seinen Mitbürgern verschlungen, aber durch so wenige als möglich von der Regierung gefesselt wäre. Denn der isolierte Mensch vermag sich ebenso wenig zu bilden als der in seiner Freiheit gewaltsam gehemmte." (Humboldt 1952, S. 69)

Die „reine Theorie", die zum Bereich des Normativen gehört, erinnert also daran, dass die aktuellen statistischen, empirischen Ergebnisse keinen Aufschluss über „den Menschen und seinen eigentlichen Zustand" geben. Ein statistisches Wissen über die Verhältnisse ist nütz-

---

[143] Humboldt 1999a, S. 186

lich, um die Bedingungen, die vorhandenen Mittel für die Entwicklung zum „wahren Endzweck" zu kennen. Verzichten wir aber auf die „reine Theorie" und bleiben in unseren Gedanken immer nur beim Status Quo, sozusagen bei der Statistik stehen, so entfaltet sich die *Macht des Faktischen*. Der aktuelle Zustand wird zur unabänderlichen Naturtatsache, die ihn bestimmenden Einflüsse, Zusammenhänge und Bedingungen werden ausgeblendet. Aus der bloßen Wahrnehmung kann eine Weiterentwicklung nicht hervorgehen. Deshalb spricht NOVY von der Bedeutung des utopischen Denkens:

> „Utopien, Visionen und Träume regen die Phantasie an und erlauben, sich etwas anderes als die Fortführung des Bestehenden zu erwarten. Wiewohl heute die Phantasie nicht an der Macht ist und das bestehende globale Haus als das Maß aller Dinge gilt, ist es lohnenswert, sich auch andere Häuser und Welten auszumalen. Ohne Zweifel liegt der weltweit zu beobachtende Utopieverlust wesentlich an der Weigerung, das Bestehende als etwas Gewordenes zu sehen und von der Zukunft etwas anderes als die Fortschreibung des Bestehenden zu erwarten." (Novy 2005, S. 139, Herv. d. A.)[144]

GOETHE sah in dieser Erweiterung des intellektuellen Vermögens über das nur rezeptive hin zu einem schöpferischen Denken eine wesentliche Eigenschaft des menschlichen Vorstellungsvermögens:

---

[144] Wesentlich hierbei ist die Unterscheidung Novys zwischen technokratisch-aufgesetzten und aus dem konkreten Leben entwickelten Utopien: „Ein Wissenschaftler denkt sich eine heile Welt aus, schreibt ein Buch darüber und dergestalt Utopien zu einem anzustrebenden Endzustand. Schließlich beklagt er sich dann, dass sich die Menschen nicht daran halten. Das Versagen liegt dann niemals an der Utopie, sondern immer an den UmsetzerInnen. Utopien sind dann einzig Fortsetzungen sozialtechnischer Interventionen, Objekte, die herzustellen seien. Machtstrukturen bleiben in der moralisch hoch beladenen Rhetorik großer Zukunftsentwürfe auf internationalen Konferenzen und wissenschaftlichen Tagungen zumeist ausgeblendet. [...] Eine *konkrete Vision* liefert eine konkrete Vorstellung davon, wie sich die Welt entwickeln könnte. Sie entsteht aus einem kollektiven Prozess, in und aus der Praxis von Menschen. Es ist eine Utopie, die von der Zeit, in der wir leben, ihren Problemen, Hoffnungen und Widersprüchen ausgeht. Es ist eine Utopie, die erst formuliert werden kann, nachdem eine Konjunkturanalyse vorliegt. Sie ist eine Orientierung für das eigene Handeln und Hilfe für die Bewertung des Bestehenden." (Novy 2005, S. 140)
Karl Mager wiederum beschreibt eine vergleichbare Wendung in einem Brief an einen Freund, in dem er seine sich wandelnde Beziehung zu Hegel beschreibt: „Ich selber habe mich, nachdem ich mich jahrelang mit der Hegelschen Philosophie beschäftigt habe, allmählich und nicht ohne schwere Arbeit aus derselben herausphilosophiert und denke jetzt auf eigene Faust. [...] Es hat in der Tat etwas Großartiges, Verführerisches, sich, (um mit Aristophanes zu reden) im Wolkenkuckucksheim seine spekulative Hängematte in die Luft zu hängen und von dieser zu orakeln, nicht bloß ein kleinen Fleck Erde sondern das ganze Universum zu überblicken und gleich für Himmel und Erde Gesetze zu erfinden; nur kommt nichts dabei heraus... Es ist ein anderes, die Ideen zu verachten, und ein anderes, in einer unfruchtbaren Ideologie herumzuvagieren; das Rechte ist, mit wahren Ideen die Realität zu beleben." (Mager, zitiert nach Weßler 1969, S. 40f)

„Hier [bei Kant] werden die Hauptkräfte unseres Vorstellungsvermögens Sinnlichkeit, Verstand und Vernunft aufgeführt, die Phantasie aber vergessen, wodurch eine unheilbare Lücke entsteht. Die Phantasie ist die vierte Hauptkraft unseres geistigen Wesens, sie suppliert die Sinnlichkeit, unter der Form des Gedächtnisses, sie legt dem Verstand die Welt-Anschauung vor, unter der Form der Erfahrung, sie bildet oder findet Gestalten zu den Vernunftideen und belebt also die sämtliche Menscheinheit, welche ohne sie in öde Untüchtigkeit versinken müsste." (Goethe in einem Brief an die Herzogin Maria Paulowna, Goethe 1987, S. 308)

Wenn HUMBOLDT, MAGER, STEINER, ILLICH und andere einen Rückzug des Staates aus dem Bildungswesen fordern, so haben sie die „Vision" eines selbstverwalteten Bildungswesens vor Augen. Sie bilden in diesem Sinne eine „reine Theorie" über Mensch und Gesellschaft aus, sie stellen einen „utopischen Vergleich" an (vgl. Novy 2005, S. 33), in dem sie die Gegenwart mit einer möglichen und in ihren Augen wünschenswerten Zukunft in Beziehung setzen. Ihr Ideal, das nur mit Hilfe der Phantasie gedacht werden kann, weil es bisher nur andeutungsweise verwirklicht wurde, unterscheidet sich wesentlich von der sozialliberalen Forderung einer Übernahme des Bildungswesens durch den internationalen Markt. Denn das Bildungsleben bleibt letztendlich das gleiche (die staatlich festgesetzten Standards bleiben bindend, Gewohnheiten werden kaum aufgebrochen), nur der „Betreiber" wechselt. STEINER hingegen fordert Anpassungsleistungen von Staat und Wirtschaft an den Menschen:

„Das Staats- und Wirtschaftsleben sollen die von dem selbstständigen Geistesleben herangebildeten Menschen empfangen; nicht aber sollen sie, nach ihren Bedürfnissen, deren Bildungsgang vorschreiben können. Was ein Mensch in einem bestimmten Lebensalter wissen und können soll, das muss sich aus der Menschennatur heraus ergeben. Staat und Wirtschaft werden sich so gestalten müssen, dass sie den Forderungen der Menschennatur entsprechen. [...] Da das Leben des Staates und der Wirtschaft nichts von der Menschennatur Abgesondertes ist, sondern das Ergebnis dieser Natur, so ist niemals zu befürchten, dass ein wirklich freies, auf sich selbst gestelltes Geistesleben wirklichkeitsfremde Menschen ausbildet." (Steiner 1988, S. 38)

Auch SEITZ betont die Kurzsichtigkeit einer „Erziehung für die aktuellen Strukturen":

„Und vor allem zeichnet sich ein Funktionswandel in der Erziehung ab, dem gemäß die Aufgabe der Erziehung nicht mehr als schlichte Replikation gesellschaftlicher Strukturen begriffen werden kann, erwiese sich doch ein Strukturkonservatismus für die Reproduktion einer modernen dynamischen Gesellschaft als höchst dysfunktional." (Seitz 2002, S. 285)

In diesem Sinne geht es um die verantwortungsvolle, bewusste Reflexion und Diskussion des leitenden *Menschenbildes* (eine Auseinandersetzung mit der „reinen Theorie"), nicht aber um Gehorsam gegenüber einem generellen, staatlich sanktionierten Bildungsprogramm. So wie es PAULO FREIRE wichtig ist, zwischen dem an sich hoffnungsvollen Menschen und den objektiven Gründen für seine ihn lähmende Hoffnungslosigkeit zu unterscheiden[145], so kann es für pädagogische Bemühungen sinnvoll sein, zwischen dem, was im Menschen veranlagt ist, und dem, was an Anforderungen „von außen" kommt, zu trennen.

Die Erziehenden sollen sich immer nach dem individuellen Menschen richten – natürlich immer in Vermittlung mit der Gesellschaft, mit dem sozialen Leben, aber eben *lebendig* vermittelt: Keine Anforderung soll ungeprüft, ob sie für das jeweilige Kind jetzt gerade sinnvoll ist, an es herangetragen werden. Das heißt: Je freier, je zivilgesellschaftlicher der Bildungsraum gestaltet werden kann, umso angemessener, umso besser kann einem Bildungsprozess in diesem Sinne gedient werden.

Jede Erziehung geht von einem Menschenbild und einem Gesellschaftsbild aus, auch wenn dies nicht immer explizit kommuniziert wird. In vielen Fällen stehen ganz unterschiedliche Konzepte hinter ein und demselben Bildungssystem. Es gibt einen offiziellen und einen „heimlichen" Lehrplan (vgl. Gatto 2009) – was nicht ohne pädagogisch verheerende Widersprüche bleibt.

Die Vision einer *20/80 Gesellschaft*[146], in der ein Fünftel der Menschheit zur Führungselite ausgebildet wird, während die restlichen 80 Prozent mit „Tittytainment" (Brot und Spiele, „Muttermilch" und

---

[145] „Es ist wichtig, klarzustellen, dass die Hoffnungslosigkeit keine natürliche Seinsart des Menschen ist, sondern ein Zerrbild der Hoffnung. Ich bin zunächst nicht ein hoffnungsloser Mensch, der von der Hoffnung ergriffen wird oder nicht. Ich bin vielmehr – ganz im Gegenteil – ein hoffnungsvoller Mensch, der aus vielen Gründen die Hoffnung verloren hat. Deshalb muss es uns Menschen darum gehen, die objektiven Gründe für die uns lähmende Hoffnungslosigkeit zu reduzieren." (Freire 2002, S. 68, H.d.A.)

[146] Ausdruck, der dem früheren Berater des US-Präsidenten Jimmy Carter zugeschrieben wird – Hans Peter Martin berichtet von der Versammlung zur „Zukunft der Arbeit" im September 1995 in San Franzisko, zu der M. Gorbatschov 500 führende Persönlichkeiten aus Wirtschaft, Politik und Wissenschaft einlud, in seinem Buch *Die Globalisierungsfalle*, vgl. Martin / Schumann 2003, S. 12f

Entertainment) ruhiggestellt werden sollen, kann an so manchen (seit PISA und Bologna internationalisierten) Selektionsmechanismus des Bildungssystems erinnern.

Der Künstler JOSEPH BEUYS war bestrebt, durch die ‚Erweiterung des Kunstbegriffs' das ganze soziale Leben und seine Strukturen etc. als künstlerische Gestaltungsaufgabe zu vermitteln; als *Soziale Plastik*, die aus den einzigartigen Fähigkeiten der Menschen und ihrem Zusammenwirken hervorgebracht wird. Nach dem Motto „Jeder Mensch ist ein Künstler" beginnt die Suche nach dem Kreativitätspotenzial in jedem einzelnen Menschen:

> „Die modernste Kunstdisziplin Soziale Plastik, soziale Architektur wird erst dann in vollkommener Weise in Erscheinung treten wenn der letzte lebende Mensch auf dieser Erde zu einem Mitgestalter, einem Plastiker oder Architekten am sozialen Organismus geworden ist." (Beuys, zit. n. Ermen 2007, S. 84)

Ist diese Vision zu idealistisch, ja schwärmerisch angesichts der Forderungen, die von gesellschaftlicher Seite bestehen? LUHMANNS Blick auf die Gesellschaft ernüchtert die Sache, in dem er auf die Schwierigkeit hinweist,

> „dass die Gesellschaft verlangt, dass *verschiedene* Menschen *verschieden* erzogen werden und dies nicht durch Rückgriff auf die Natur des Menschen begründet werden kann. Selbst wenn die Erziehung die vernünftig-harmonische Perfektion aller Menschen erreichen könnte, wäre dieses Ergebnis mit den Erfordernissen der Gesellschaft nicht zu vereinbaren. Will man trotzdem an humanistischen Idealen festhalten, kann das nur zu deren Ausdünnung und Verarmung führen." (Luhmann 2002, S. 17, Herv. d. A.)

Hier bleibt nur anzumerken, dass die sich globalisierende kapitalistische Konsumgesellschaft in ihrer jetzigen Form selbstzerstörerische Tendenzen zeigt und dass eine Erziehung für die vermeintlichen Erfordernisse *dieser* Gesellschaft kein Ziel mehr sein kann. Auch wenn Jede und Jeder letztendlich andere Aufgaben im gesellschaftlichen Ganzen übernimmt, so gilt: „Alle Menschen sind Intellektuelle, könnte man daher sagen; aber nicht alle Menschen erfüllen die Funktion von Intellektuellen" (Gramsci 2004, S. 64). GRAMSCI spricht die den Intellektuellen eigentümliche Unabhängigkeit prinzipiell allen Menschen zu und ruft: „Bildet euch, denn wir brauchen all eure Klugheit. Bewegt euch, denn wir brauchen eure ganze Begeisterung. Organisiert euch, denn wir brauchen eure ganze Kraft." (Gramsci 2004, S. 6) KLAUS HOLZKAMP argumentiert ebenso, dass

„die immer drängender werdenden globalen technologischen, medizinischen, ökologischen und politischen Probleme zu ihrer Lösung die radikale Erweiterung des Wissens, der Urteilsfähigkeit und geistigen Unabhängigkeit der Erdbevölkerung unabweisbar machen. Es muss begriffen werden (und wird vielleicht gelegentlich schon begriffen), dass man es sich künftig nicht mehr leisten kann, zur Durchsetzung/ Erhaltung lokaler Machtstrukturen das Lernen zu reglementieren, die Lernenden in die Defensive zu drängen und damit die für die Lösung unserer Probleme dringend notwendigen geistigen Ressourcen zu verschleudern. Die Entwicklung der Lernkultur ist so gesehen ein Teilaspekt der Entwicklung von Bedingungen, unter denen die Menschen willens und fähig sind, ihre Angelegenheiten in die eigene Hand zu nehmen, also der Entfaltung wirklich demokratischer Verhältnisse: Dies ist m.E. künftig immer weniger eine Frage der politischen Richtung und immer mehr eine Frage des Überlebens von uns allen." (Holzkamp 1996, S. 38)

Vor dem Hintergrund der Vision der *Sozialen Plastik* erscheint das fachliche Lernen als *ein* Aspekt neben Sozialem und Kreativem. Davon angeregt und durch starre Strukturen nicht ständig zum „Unterricht nach Plan" verpflichtet, würden Formen außerschulischen Lernens, die in Reformschulen seit langem praktiziert werden[147], aufblühen.

Angesichts der wachsenden sozialen Kluft in den Großstädten der Industrienationen kann die Schule als gesellschaftlicher Begegnungsraum vermittelnd wirken, wenn sie sich als solcher versteht und nicht durch schulischen Leistungsdruck zusätzliche Belastungen für benachteiligte Kinder bringt:

---

[147] „Otto Herz empfiehlt, den Fremdsprachenunterricht durch einen längeren Auslandsaufenthalt zu ersetzen. Ein Jahr in einer englischen, französischen, spanischen oder russischen etc. Gastfamilie oder Jugendeinrichtung könnte acht Jahre Sprachunterricht mehr als wettmachen. (Vortrag für die *GEW Coburg* am 20. 06. 2007) Und Hartmut von Hentig, der Begründer der *Bielefelder Laborschule*, schlägt vor, die Schüler in der Mittelstufe aller Schularten ganz vom Unterricht zu befreien und hinaus ins Leben zu schicken. In Handwerksbetrieben, bei archäologischen Grabungen, auf Bauernhöfen, in Laboren, Orchestern, Gärten könnten sie praktische Erfahrungen sammeln. Möglich wären auch längerfristige Projekte wie z. B. Feldforschung in einem Stadtteil, die Restaurierung eines alten Hauses oder eines Schiffs oder eine Weltreise mit einem Segelschiff. (Hentig, Hartmut von 2006, Bewährung. Von der nützlichen Erfahrung, nützlich zu sein, München.) Hier wird konsequent auf das fachlich-disziplinäre Lernen verzichtet und das soziale Lernen ins Zentrum gestellt. Dabei machen die Jugendlichen die fundamentale Erfahrung, selbst etwas bewirken zu können und sich zugleich nützlich für andere bzw. eine größere gemeinsame Sache zu machen." (Reheis 2007, S. 119f)

„Manche Kinder kommen schon frustriert oder bedrückt durch häusliche Probleme in die Schule. Das könnte Schule vielfach auffangen – wenn unsre Schule anders wäre. So aber gibt es bereits in der zweiten Klasse Kinder, die sich komplett verweigern. Die einfach keine Lust mehr haben, sich weiter und weiter als Versager zu erleben. [...] Wissenschaftliche Untersuchungen erklären dieses Verhalten: Nicht nur körperlicher Schmerz, sondern insbesondere auch soziale Ausgrenzung und Ablehnung lösen Aggressivität aus. Und Kinder erleben schlechte Noten und negative Rückmeldungen als Ablehnung und Ausgrenzung." (Czerny 2010, S. 83)

Die Frage ist doch, kann die Pädagogin/der Pädagoge wirklich ihrer bzw. seiner Aufgabe folgen, das Kind in seiner Entwicklung zu fördern, oder sind die staatlichen Vorgaben so bindend, dass sie eine wirkliche pädagogische Beziehung verunmöglichen? Letzteres ist heute immer mehr der Fall, und es bleibt abzuwarten, wie die gesamtgesellschaftlichen Schäden eines zunehmend normierenden Bildungssystems zutage treten. Schon jetzt bereiten die vielen Schulabbrecher/innen dem Bildungsausschuss des Europäischen Parlaments große Sorgen; viele Konferenzen, Studien und Beratungsgespräche in Brüssel sind in den letzten Jahren dem „early school leaving" gewidmet worden[148]. Die oft verdrängten steigenden hohen Zahlen von funktionalen Analphabeten in Deutschland sind ebenfalls Teil der Bildungswirklichkeit.[149] Dass Aufmerksamkeitsstörungen viel zu oft und zu schnell mit Psychopharmaka therapiert werden und der Schulalltag so nur mit Hilfe von Ritalin aufrechterhalten wird, ist ein weiterer bedenkenswerter Aspekt (vgl. Czerny 2010, S. 65). Vor dem Hintergrund all dieser ‚Schattenseiten' drängt sich die Frage auf: Ist nicht vielleicht die Selbstorganisation der Bildung weniger unrealistisch, als ein wirklich funktionierendes staatliches Schulsystem?

In einem selbstverwalteten Bildungsleben sind die pädagogisch Tätigen nicht ihrem nationalstaatlichen Bildungsministerium gegenüber verpflichtet. Sie sind nicht als Agenten von einem Prinzipal abhängig

---

[148] http://ec.europa.eu/education/school-education/doc2268_en.htm
[149] http://www.uni-hamburg.de/newsletter/Studie-14-Prozent-von-funktionalem-Analphabetismus-betroffen.html

(um den Vergleich mit der ökonomischen Principal-Agent-Theorie[150] zu wagen), sondern Prinzipal und Agent in Personalunion. Sie haben auch keine Shareholder-Interessen zu berücksichtigen, sondern im Sinne der *Sozialen Plastik* zwischen den heranwachsenden Individualitäten und dem, was an Bedürfnissen des „sozialen und ökologischen Zusammenhangs" wahrnehmbar wird, zu vermitteln.

Das von formalen Regulierungen unbehelligte Begegnungsfeld ist auch schon bei PESTALOZZI der bevorzugte Erziehungsraum. Er unterschied unsere „individuelle Existenz" von der „kollektiven". Mit letzterer sind die Zivilisationsverhältnisse gemeint, die durch die staatliche Verfassung etabliert sind: „Die kollektive Existenz unseres Geschlechts kann es nur zivilisieren, sie kann es nicht kultivieren. Auch lenkt die Tendenz der Zivilisation an sich durchaus nicht zur Veredelung unseres Geschlechts hin. Sie stellt zwar das zaumlose Leben unseres wilden Zustands mit Gewalt still, aber sie tötet seinen Geist nicht, sie gibt ihm nur eine andere, eine bürgerliche Gestalt." (Pestalozzi 1946, S. 68) Der „Bürgerlichkeit" steht PESTALOZZI also durchaus mit gemischten Gefühlen gegenüber: der Bürger, der sein „zaumloses Leben" „mit Gewalt" still gestellt hat, ist keineswegs der ideale Endpunkt einer denkbaren Entwicklung. FRIEDRICH SCHILLER entwickelt in seinen *Briefen über die ästhetische Erziehung* seine „soziopsychologischen Grundbegriffe" *Formtrieb* und *Stofftrieb*, die sich im *Spieltrieb* gegenseitig „erlösen" und auf neuer Stufe entfalten können – analog steht der *Wilde*, der einseitig dem Stofftrieb folgt und egoistisch und unvernünftig handelt, dem *Barbaren* gegenüber, dessen Formtrieb (aus der Vernunft abgeleitete Pflichtgebote) rücksichtslos auf das Leben einwirkt.

Der freie Mensch hingegen kann zu beiden Polen, zur leidenschaftlichen Begierde und zur despotischen Vernunft ein reflektierendes Verhältnis einnehmen und die beiden Kräfte in ein freies Spiel bringen:

---

[150] „Um Aufgaben nicht selbst zu erledigen, überträgt der Prinzipal Aufgaben und Entscheidungskompetenzen auf den Agenten. Die Handlungen des Agenten beeinflussen daher nicht nur sein eigenes Nutzenniveau, sondern auch das des Prinzipals. Ziel des Ansatzes ist es, durch ein Arragement von richtig gesetzten Anreizen, den Agenten dazu zu bewegen, im Interesse seines Prinzipals zu handeln. Da die Interessen des Prinzipals meist denen des Agenten entgegenstehen, bedarf es gezielter Anreizmechanismen, wie z.B. die performanceorientierte Bezahlung von Managern." http://www.manalex.de/d/prinzipal-agenten-theorie/prinzipal-agenten-theorie.php

„Der Mensch spielt nur, wo er in voller Bedeutung des Wortes Mensch ist, und er ist nur da ganz Mensch, wo er spielt." (Schiller 2000, S. 62f) So erwächst ein Menschenbild, das im freien Erziehungsraum handlungsleitend sein kann.

Unabhängige pädagogische Berufe...

> *"Die Schule wird von Menschen bestimmt, die nie aus dem Bildungssystem herausgekommen sind und deren Praxis von ihren Erfahrungen als Schüler bestimmt ist."*[151]
>
> WOLF WAGNER

„Ein unabhängiger pädagogischer Beruf würde zwar viele Leute aufnehmen, welche die Schulen ablehnen; er würde aber auch viele ablehnen, welche die Schule gutheißen." (Illich 1973, S. 104) So spricht ILLICH, der die heutigen „Schulen" ja ganz überwinden will. Er weist damit auf Veränderungen im pädagogischen Berufsfeld hin, die sich zwangsläufig ergeben werden, sobald „Lernen" entschult und entstaatlicht würde. In gewohnt direkter Weise merkt ILLICH an:

„Wer Anlagen [= Bildungsnetzwerke, Illich verwendet im englischen Original das Wort *network*, vgl. Illich 1973, S. 85, Fußnote] einrichtet und verwaltet, müsste die Begabung besitzen, den Menschen nicht im Wege zu stehen und auch andere daran zu hindern; sie müssten imstande sein, Begegnungen unter Lernenden, Lehrern von Fertigkeiten, Erziehungsberatern und Bildungsgegenständen zu erleichtern. Viele Menschen, die sich heute zum Lehrberuf hingezogen fühlen, sind von Grund aus autoritär und wären außerstande, diese Aufgabe zu übernehmen." (Illich 1973, S. 104)

Ob das auch heute noch zutrifft, sei dahingestellt – in jedem Fall aber würden sich bei zunehmend freier Gestaltung der Bildungsräume Menschen für den Lehrberuf interessieren, die für den *pädagogischen Eros* empfänglich sind, denen heute aber womöglich angesichts der einengenden Rahmenbedingungen der heutigen Schule die Lust vergeht. Gleichzeitig könnten sich durch weniger starre, d.h. von staatlicher Zulassung abhängiger Berufsbilder im pädagogischen Feld auch Möglichkeiten des Übergangs vom pädagogischen in andere Tätigkeitsfelder bieten. Dass eine individuellere und flexiblere Gestaltung der Qualität des Unterrichts keineswegs abträglich, sondern im Gegenteil hilfreich wäre, um die Tendenz zur Selbstbezüglichkeit des Bildungssystems

---

[151] Wagner 2010, S. 163

zu überwinden (siehe Eingangszitat), ist ein Grundgedanke der zivilgesellschaftlichen Bildungsorganisation.

Wie kräftig die gegenwärtige Tendenz zu Kontrolle und Vereinheitlichung ist, zeigt die aktuelle Situation der Freien Schulen in Österreich. Sie müssen nämlich gegenwärtig neben der Kürzung der staatlichen Zuwendungen auch eine Beschneidung ihrer pädagogischen Autonomie in Bezug auf die Einstellung der Lehrkräfte befürchten: Die jahrzehntelang bewährte Praxis, neben dem staatlichen Lehramtszeugnis auch „sonstige geeignete Befähigungen" anzuerkennen, wird nicht etwa endlich auch auf die staatlichen Schulen ausgeweitet, sondern sukzessive ganz eliminiert.[152]

---

[152] Aus dem Artikel *Budgetminus, strenge Lehrerauswahl: Privatschulen bangen um Existenz* vom 25.02.2011: „Das Privatschulgesetz besagt, dass Pädagogen an den nicht-konfessionellen Schulen eine Lehrbefähigung für die betreffende oder eine verwandte Schulart oder aber „eine sonstige geeignete Befähigung" nachweisen müssen. In einer Weisung an den *Landesschulrat* (LRS) Niederösterreich interpretiert das Ministerium die Regelung allerdings so, dass auf jeden Fall eine staatliche pädagogische Ausbildung nötig ist. Die Folge laut einer Sprecherin des Landesschulrats: Künftig müssen alle neu Eingestellten das Lehramt für die entsprechende Schulstufe haben." http://diepresse.com/home/bildung/schule/pflichtschulen/637362/Budgetminus_Privatschulen-bangen-um-Existenz

... und die pädagogische Dimension der Berufswelt

> *„Paedag[ogik]. Erziehung v[on] Kindern, wie Bildung eines Lehrlings – nicht durch directe Erziehung – sondern durch allmäliches Theilnehmen lassen an Beschäftigungen etc. d[er] Erwachsenen."* [153]
>
> NOVALIS

Von vielen Pädagog/innen immer wieder positiv hervorgehoben, aber durch die organisatorische Trennung im heutigen Schulsystem oft nur mühsam zu realisieren, sind Bildungsprozesse in der Berufswelt. Exkursionen und Führungen, Interviews und Begegnungen, Praktika und Kooperationen – die Möglichkeiten sind vielfältig, mit der sich NOVALIS' Gedanke (siehe Eingangszitat) realisieren lässt. Mit Phantasie und Initiative sind auch und gerade in der globalisierten Welt noch einige „pädagogische Provinzen" in den abgeschlossenen Räumen der Berufswelt zu gestalten – BERTRAND STERN ist überzeugt, dass für eine Bildung der Zukunft „alle Orte beruflicher Aktivität geöffnet werden müssten, damit sie nicht am Rande der Bildungsrealität und des Einblickes der Menschen stehen, sondern als Schauplatz von Bildung und als Bestandteil des lebendigen Alltags aller zu betrachten sind." (Stern 1991, S. 217)

Davon ist, bei (selbst-) bewusster Gestaltung und Begleitung durch die pädagogisch Tätigen, keine verstärkte Ökonomisierung der Bildung, sondern im geglückten Fall sogar eine Humanisierung der Wirtschaft zu erwarten.

Umgekehrt fordert MANFRED SCHULZE eine radikale Öffnung der Bildungsinstitutionen. Um einer Freiheitpädagogik dienen zu können müssen sie sich auf ganz andere Art mit der Gesellschaft verbinden.

"Wir fragen hier also nach einem Handlungsraum, der der Selbstbestimmung und Initiative und dem Spiel möglichen Inhalt gäbe und freien Lauf ließe. Ich nenne den Aufforderungscharakter dieser Spielräume ‚konstruktive Anarchie'. Eine die mentale und spirituelle Autonomie des Menschen achtende Lerntheorie würde also dem konstruktiven, mitgestaltenden Anteil des Lernenden hohe Aufmerksamkeit widmen. Diese

---

[153] Novalis 1789/99, S. 16

Lerntheorie würde also nicht fragen: Was müssen wir aus den Kindern machen, damit sie erfolgreich in der Welt bestehen können? Sondern: Mit welcher Intention der Verwandlung der von den Erwachsenen angefertigten und noch im Prozess befindlichen Welt kommen die Kinder zu eben dieser Welt hinzu? Es geht also darum, Willensströme zu erzeugen und zu erhalten und es den Heranwachsenden zu ermöglichen, an diesen Willensströmen teilzuhaben und, darauf aufbauend, auf sie Einfluss zu nehmen. Das macht jede Intention und Institution fragwürdig, in der erwachsene Menschen extra für Kinder einen Ort und ein Kinderprogramm gestalten, indem sie so tun, als wüssten sie von vornherein, was Kinder brauchen. Diese Anmaßung zerstört schon im Ansatz die Autonomie. [...] Man kann es auch pointiert sagen: Je mehr der Werkraum einer Schule zur Werkstatt wird, an dem nicht mit Kindern gebastelt wird, sondern für die Welt relevante Handlungen verrichtet werden, umso mehr schließe ich einen Willensstrom auf. Je mehr die Schule sich als Unternehmung des Geisteslebens versteht, die eine Bildungsaufgabe an der Welt zu verrichten hat, umso mehr entsteht eine Haltung, die auf die pädagogisch intendierte Willensüberformung der Kinder verzichten kann und dennoch eine Daseinsberechtigung hat, da sie an den Willensströmen der Welt teilhat." (Schulze 2011, S. 95 bzw. 100)

Hier trifft Schulze einen wesentlichen Punkt: die Schulen müssen auch organisatorisch wieder ins Leben zurück! Das wird sicherlich durch eine ‚bloße' Umstellung von der staatlichen Verwaltung in eine zivilgesellschaftliche Selbstverwaltung noch nicht automatisch geleistet sein, denn die alten Gewohnheiten wirken weiter. Aber durch diese Umstellung wird es die strukturelle Möglichkeit dazu geben! Demgegenüber erscheint die heutige institutionelle Lage, dass nur geprüfte Pädagoginnen und Pädagogen überhaupt organisiertermaßen mit Kindern arbeiten dürfen, mehr als absurd.

Zur globalen Relevanz zivilgesellschaftlich selbstverwalteter Bildung

> *„If you have come here to help me, you are wasting your time. But if you have come because your liberation is bound up with mine, then let us work together"*[154]
>
> LILLA WATSON

Lässt sich die dieser Arbeit zu Grunde liegende These, dass die Zivilgesellschaft eine ganzheitliche, emanzipatorische Menschenbildung besser als der Staat organisieren kann, so ohne Weiteres wirklich für alle Länder unserer globalisierten Welt aufstellen? Ist nicht vielleicht für manche Länder ein staatliches Bildungswesen vorteilhafter? Lässt sich der ‚Paradigmenwechsel' der Zuständigkeit der Bildung nicht erst dort vollziehen, wo bereits funktionierende staatliche Strukturen da sind?

Sicherlich, Korruption und Repression erschweren jegliche zivilgesellschaftliche Aktivität. Insofern kann ein funktionierender demokratischer Rechtsstaat als Vorraussetzung für eine zivilgesellschaftliche Selbstverwaltung im Bildungswesen bezeichnet werden – gleichzeitig lebt eine Demokratie aber auch von einer ‚wachen' Zivilgesellschaft! Insofern kann es nicht heißen: ‚Zuerst eine stabile Staatlichkeit, und dann mehr Freiheit für die Zivilgesellschaft'. Denn eine stabile *demokratische* Staatlichkeit wird überhaupt nur durch das Engagement der Zivilgesellschaft aufzubauen sein.

Für das Bildungswesen im Speziellen kommt noch ein weiterer Aspekt hinzu: Die globalen Verflechtungen zwischen den Kontinenten und Ländern sind im Wesentlichen durch die koloniale Vergangenheit geprägt. Ein wesentliches Instrument westlicher Kolonialisierung war die Schulbildung – und bis heute sind die Schulsysteme ehemaliger

---

[154] Die 1940 in Australien geborene Aborigine Lilla Watson ist Künstlerin und Wissenschaftlerin, sie hat u. a. an der Universität in Queensland ein interdisziplinäres Aborigine-Seminar entwickelt und war am Studiengang *Aboriginal Welfare* tätig. Das Zitat wird ihr zugesprochen (vgl. http://en.wikipedia.org/wiki/Lilla_Watson). Klaus Seitz verwendet die folgende deutsche Fassung: „Wenn sie gekommen sind, um mir zu helfen, dann können Sie wieder nach Hause gehen. Wenn Sie aber meinen Kampf als Teil ihres eigenen Überlebens begreifen sollten, dann können wir unter Umständen zusammenarbeiten." (zit. n. Seitz 2002, S. 243)

Kolonialstaaten in diese Tradition eingebunden. Sogar die Schulbücher sind oft noch unverändert übernommen, und auch wenn sie übersetzt wurden, so sind die Inhalte keineswegs an lokale Fragen angepasst, sondern die Geschichte des ehemaligen Kolonialstaates steht im Vordergrund. Lokale Inhalte in lokalen Sprachen sind nur selten zu finden (Brock-Utne 2006, S. 44).

Die US-amerikanische Filmemacherin CAROL BLACK ist in ihrem 2011 erschienenen Dokumentarfilm *Schooling the World*[155] der weltweiten Expansion des westlichen Schulsystems nachgegangen. Die eindrucksvollen Bilder vermitteln die ‚Kluft zwischen Schule und Lebenswelt' an verschiedenen Orten der Welt. Zum Beispiel in Ladakh, Nordindien: Kinder in traditionellen buddhistischen Kleidern begleiten ihre Großmütter bei der Feldarbeit. Die älteren Geschwister stehen in Uniformen in Reih und Glied am Schulhof ihrer Internatsschule – Unterrichtssprache ist Englisch, wer Ladakhi oder Hindi spricht, muss fünf Pound bezahlen. „English commands the world" erklärt der Direktor der Schule seine strikte Pädagogik. „It´s all about money, money, money", sagt eine junge Frau über die Lebenseinstellung der Jugend, die aus den Internaten zurückkommt. Der Traum vom Reichwerden in der nächsten Großstadt bleibt für die meisten unerfüllt, die über Jahrtausende gewachsene Kultur wird infrage gestellt, die traditionellen Werte bröckeln. DOLMA TSERING, Gründerin der NGO *Womans Alliance of Ladakh*[156], bemüht sich um die Stärkung des Selbstbewusstseins der Menschen in der Region (vor allem der Frauen, die oft alleine zurückgeblieben sind, während die Männer in der Stadt arbeiten). Sie erzählt den Frauen in Ladakh von ihren Reisen nach London, ihren Besuchen in Altenheimen und wie schockiert sie war, als sie sah, wie dort mit älteren Familienmitgliedern umgegangen wird. Die Internate reißen die Kinder aus ihren Lebenswelten heraus, alle wollen nach westli-

---

[155] vgl. www.schoolingtheworld.org

[156] http://womenallianceladakh.org/, die NGO unterstützt durch Bildungsprogramme und Vernetzung die wirtschaftliche Situation von Frauen in Ladakh und bemüht sich, Minderwertigkeitsgefühle gegenüber den eigenen Traditionen aufzuarbeiten. Auch der „sanfte Tourismus" spielt eine Rolle.

chem Vorbild Ärzte oder Mechaniker werden, erzählt TSERING.[157] Paradoxerweise wird so der Reichtum der *eigenen* Kultur, der eigenen medizinischen Traditionen etc. übergangen, den ‚aufgeklärte' westliche Mediziner wiederum entdecken. DOLMA TSERINGS NGO ist ein Beispiel für einen zivilgesellschaftlich selbstverwalteten Bildungsraum, der mit konkreten initiativen Menschen lebt und wächst. Das englische Internat, das viele Kinder in Ladakh besuchen, ist hingegen nach einem zentralistischen Prinzip organisiert und in diesem Sinn „staatlich" geplant, ohne die konkreten Kinder wahrzunehmen (obwohl es sogar privat geführt wird). Es geht also um Entwicklungsperspektiven, die das Kostbare des Ursprünglichen mit den technischen Errungenschaften der Moderne behutsam und kreativ verbinden.

Ein weiteres Beispiel für die Schwierigkeit im Umgang mit Tradition und Moderne sind die Schulprojekte für die Kinder der Jul'hoansi, einer ethnischen Gruppe, die im Nordosten Namibias lebt und zu den San, eine der ältesten Jäger und Sammler-Kulturen des südlichen Afrikas gehört. Anders als bisherige Entwicklungsbemühungen, die in einem Internatschulbesuch der Jul'hoansi-Kinder bestanden, versucht nun eine neue Dorfschul-Initiative seit 1994 den Kindern Bildung zu ermöglichen, ohne sie aus ihrer Umgebung herauszureißen. Das *Jul'hoansi San children* in Nyae Nyae / Namibia folgt einem ganzheitlichen pädagogischen Ansatz und begleitet ca. 220 Kinder in ihrer schulischen Ausbildung. Die Kinder werden die ersten drei Schuljahre ausschließlich in ihrer Muttersprache unterrichtet, erst dann kommt die Amtssprache Englisch dazu. Sie wohnen in der Nähe, sodass ein Internatsaufenthalt vermieden werden kann. Körperliche Strafe wird strikt abgelehnt und die älteren Familienmitglieder werden in das Schulleben integriert. In der Schule gibt es keinen Religionsunterricht, dieser Bildungsbereich wird respektvoll den verschiedenen Familien und Gemeinschaften überlassen. Die Kinder gehen gerne in die Schule und sind in ihren Basiskenntnissen ihren Alterskolleg/innen aus anderen

---

[157] "Traditionally we raised our children according to the teachings of the Buddha. Now, with development, everyone sends their children to school. Now they all think, ‚I want to be a doctor, I want to be an engineer'. The traditional ways of kindness, compassion, and helping one another are slowly dying out." Dolma Tsering, vgl. http://schoolingtheworld.org/people/dolma/

Einrichtungen voraus. (vgl. Brock-Utne 2006, S. 46) Dieses Schulprojekt zeigt wiederum eine gelungene Verbindung zwischen Lebenswelt und Bildung – und genau diese Verbindung macht die Menschenbildung aus. KLAUS SEITZ merkt dazu an,

„dass sich die formalen Bildungssysteme westlichen Ursprungs gerade deshalb in vielen Ländern des Südens als ineffizient und letztlich entwicklungshemmend erweisen, weil sie, soweit sie nicht hinreichend mit dem jeweiligen soziokulturellen Kontext vermittelt sind, die Schüler von ihrer Lebenswelt entfremden und die psychische Deprivation breiter Teile der nachwachsenden Generation herbeiführen." (Seitz 2002, S. 332)

Jeder Mensch muss in seinen kulturellen Umkreis erst einmal hineinwachsen, um später darüber hinauswachsen zu können – eine unvermittelte Trennung zwischen Lebenswelt und der ‚Institution Schule' erschwert dieses ‚freie Umgehen' mit den eigenen Wurzeln. Für das soziale Leben fruchtbare Initiativen wachsen jedoch gerade aus einem solchen „Sich-frei-ins-Verhältnis-setzen" hervor – sowohl DOLMA TSERINGS NGO als auch die *Jul'hoansi-Dorfschule* zeugen von einer solch umfassenden Perspektive.

Der türkisch-österreichische Philosoph und Politikwissenschaftler HAKAN GÜRSES betont dieses reflektierte Verhältnis des Individuums zur Kultur:

„Wir werden in ein System von Regeln, Codes, Normen und Vorstellungen hineingeboren, das uns als ‚Selbstverständlichkeit' dargestellt wird. Bereits per Geburt nehmen wir daran teil – durch den Eigennamen, die Geschlechtszuweisung, die soziale Situation etc. Doch das, was uns in der Reflexion (nicht selten aber auch im Alltag) als ‚Kultur' vorgestellt wird, macht nicht alles aus, was ‚Kultur' tatsächlich enthält. Erst dann, wenn wir beginnen, mit unserem zugeteilten, ethnisch-national konnotierten Namen, unserem zugewiesenen Geschlecht und unserer vorgefundenen Schichtzugehörigkeit umzugehen, nehmen wir an der ‚Kultur' teil, und ihrerseits beginnt die ‚Kultur' zu greifen. Kultur ist somit nicht die Pflege des als Natur Vorhandenen – denn auch die Natur ist eine kulturelle Vorstellung. Kultur ist die Pflege des als Kultur Vorgefundenen. Und dies gilt für jede einzelne ‚Kultur'. Es gibt keine ‚Kultur', der nicht diese ‚Sekundarität' innewohnt. Denn Pflege kann den musealen Schutz des Vorgefundenen ebenso bedeuten wie die gnadenlose Kritik daran." (Gürses 2003, S. 31)

Dieser Moment der „Sekundarität" kann jedoch immer nur von einzelnen Menschen geleistet werden, d.h. er kann nicht institutionalisiert werden. Insofern ist die gesellschaftliche Sphäre der Zivilgesellschaft durch ihre Anknüpfung an den einzelnen Menschen ein Ort des wechselseitigen Verständnisses der Kulturen. Durch eine zivilgesellschaftliche Selbstverwaltung wird der *individuelle* Mensch gestärkt, der sowohl von staatlichen als auch von wirtschaftlichen Interessen untergraben wird. Ob das Bildungssystem in der Hand der Regierung oder der von Unternehmen ist, das macht wenig Unterschied, das betonen auch die Initiatoren des indischen *Shikshantar-Institutes* in einem Statement.[158] Beide Fälle bedeuten eine übergriffige Invasion auf das Wissen, die Meinung, die Erfahrungen, Werte, Träume, Visionen und Lebensweisen der Menschen. Dieser Angriff von staatlicher oder privatwirtschaftlicher institutioneller Macht auf die Integrität des sozialen Lebens kann vielleicht in den Ländern des Südens durch die Diskrepanz zwischen der ‚eingeführten' Kultur und der traditionellen ‚Alltagskultur' stärker als bei uns erlebt werden. Eine Rückkopplung und direkte Anbindung des Bildungswesens an die unmittelbaren zwischenmenschlichen Beziehungen ist jedenfalls in *allen* Gesellschaften einem emanzipatorischen und ganzheitlichen Bildungsprozess dienlich.

Gerade in der Entwicklungspolitik wird Bildung oft per se als positiv und ‚entwicklungsfördernd' angesehen – in den Einleitungsworten der OECD-Studie *Bildung auf einen Blick* heißt es beispielsweise:

„Bildung ist eine Investition in die Fähigkeiten und Kenntnisse der Menschen, die zur Stärkung des wirtschaftlichen Wachstums und Steigerung der Produktivität, zur persönlichen Weiterentwicklung und zur Verringerung sozialer Ungleichheiten beitragen kann." (OECD 1997, 6)

What Education for what development? Welche Bildung für welche Entwicklung? – Mit dieser entscheidenden Frage hat der ägyptische Entwicklungsforscher SAMIR AMIN[159] schon vor 35 Jahren den ‚wunden Punkt' der Debatte identifiziert (vgl. Amin 1975). Denn wenn unter Bildung der Besuch einer staatlich anerkannten Bildungsinstitution verstanden

---

158 „...this dialogue is not only about public vs. private control of education. It makes little difference whether the-education system is in the hands of the public sector (the government) or in the hands of the private sector (multinational, transnational or national companies). For people, the result is similar: an invasive assault on their own knowledges, meanings, experiences, values, dreams, visions and practices of living." Aus der Einladung zum Dialog „McEducation for all?" des Shikshantar Institutes, http://www.swaraj.org/shikshantar/mceducationforall.htm

159 Samir Amin ist vertritt den Ansatz einer autozentrierten Entwicklung. Er ist seit 30 Jahren Direktor des *Third World Forum* und lebt in Dakar/Senegal. www.forumtiersmonde.net

wird, dann ist die obige Annahme der OECD mehr als fragwürdig. Durch den ‚Siegeszug' des nationalstaatlichen Bildungssystems und dem damit verbundenen Abschlusswesen kann davon, so SEITZ, dass „Bildung soziale Gleichheit befördert, [...] in den meisten Regionen der Welt derzeit keine Rede sein. Ein Bildungssystem, das differenzierte Abschlüsse bereitstellt, erzeugt zwangsläufig soziale Differenzierung und praktiziert soziale Selektion." (Seitz 2002, S. 334) Auch *Astrid Messerschmidt* äußert sich kritisch gegenüber Allheil-Versprechen der Bildung:

„Die Frage, wessen Bildung [zur Teilhabe] befähigen könnte, wird nicht gestellt, und der Zweifel darüber, ob nicht in der Bildung selbst eine der Ursachen für die globalen Probleme liegt, kommt erst gar nicht auf." (Messerschmidt 2009, S. 24)

In der Einleitung des dem Thema „Bildung und Entwicklung?" gewidmeten *Journal für Entwicklungspolitik* (JEP) wird auf die weltweit drohende „Subversion der Bildung" hingewiesen:

„Der technisierte Bildungsdiskurs schreibt auch die in den letzten Jahren stattgefundene Entkopplung von Bildungs- und Gesellschaftsreformbestrebungen fest und beraubt damit die Bildungsdiskussion ihres potentiell emanzipatorischen Gehaltes. Demgegenüber erscheint Freires Postulat einer Bildung als Praxis der Befreiung aktueller und notwendiger denn je. [...] Im Gegensatz zum herrschenden Diskurs zeigt die Praxis von Bildungspolitik und Bildungszusammenarbeit in den Entwicklungsländern, dass deren Möglichkeiten, selbstbestimmt über ihre Bildungspolitik zu entscheiden, zunehmend eingeschränkt werden." (Langthaler/Lichtblau 2006, S. 21)

Hier kann eine Spezifizierung hilfreich sein: Wer genau ist das Subjekt, das in Entwicklungsländern über die eigene Bildungs*politik* entscheiden soll? Die Regierung? Der demokratische Souverän? Oder die konkret in einer Bildungsinitiative verantwortlichen Lehrer/innen, Eltern und Schüler/innen? – Die Ermächtigung der letztgenannten Gruppe würde der Abschied von Bildungspolitik als solcher bedeuten. Von hier aus lässt sich – über die Kritik am Denken für andere – der Bogen zur *Post-Development-Bewegung* spannen. Neben dem Entwicklungs-Imperativ und den Menschenrechten problematisieren ESTEVA und PRAKASH die institutionalisierte Bildung als Herrschaftsinstrumente (vgl. Estava/Prakash 1998) und treten für ein autonomes Leben und Lernen mit den „Grassroot-Kulturen" ein.

Das bedeutet keineswegs, dass die traditionellen Lebensformen nicht weiterentwickelt werden sollen – die Form, das Tempo und das Ziel jeglicher Weiterentwicklung soll jedoch von den betroffenen Menschen selbst bestimmt werden. So hat GUSTAVO ESTEVA mit dem Projekt *Universidad de la Tierra* (siehe auch Kap. I.2.) einen gesellschaftlichen Raum geschaffen, in dem autonom Bestehendes reflektiert und Neues entwickelt werden kann; denn ebenso wenig, wie die westliche Gesellschaft im Hinblick auf den Ressourcenverbrauch als Entwicklungsvorbild dienlich ist, kann sich die Frage nach einer nachhaltigen Entwicklung des Bildungswesens am Leitsatz *Wie im Westen, so auf Erden* (Sachs 1993, S. 426f) orientieren.

Universität als gesellschaftlicher Forschungs- und Begegnungsraum

> *„Sie [die herrschenden Kreise] regieren natürlich auch in die hiesige Kunstakademie hinein und attackieren dadurch die freie Entfaltung des Denkens!"*
> *Frage: „Wieso? Wir können doch denken, was wir wollen!"*
> *„Ja, das ist hier unser sogenannter Freiraum. Aber was wir nicht können, ist, die Akademie nach Maßgabe unseres Denkens selbst gestalten! Wir haben keine Autonomie, keine Selbstverwaltung! Wir dürfen zwar in diesem Freiraum munter philosophieren, auch Bilder malen usw., aber es darf zu keinen wirklichen, darüber hinausgehenden Konsequenzen kommen."*[160]
>
> JOSEPH BEUYS

Die Uni brennt[161] – die Umsetzung der von allen europäischen Bildungsminister/innen 1999 in Bologna vereinbarten Richtlinien zur Vereinheitlichung des europäischen Hochschulraumes hat Anlass zur Ausarbeitung einer *Theorie der Unbildung*[162] gegeben – und Protestwellen ausgelöst. In Wien waren im Herbst 2009 über Wochen mehrere Hörsäle besetzt, die Studierenden fühlten sich von der ‚Bologna-Walze' überrollt und wollten die weitere Verschulung ihres Studiums nicht länger hinnehmen. Das Auditorium Maximum wurde zum Kommunikationsforum, auch Prominenz aus Wissenschaft, Kunst und Zivilgesellschaft kam aufs Podium und diskutierte über die Zukunft der Universitäten mit.

---

[160] Beuys, zit. n. Stüttgen 2008, S. 60

[161] http://unibrennt.at/, „Charakteristisch für die unibrennt-Bewegung war und ist ihr offen deklarierter Anspruch an das Prinzip der Basisdemokratie [...] Auch wenn Basisdemokratie ein eher ‚linkes' Konzept darstellt, setzt sich die unibrennt-Bewegung doch keineswegs aus lauter ‚gestandenen Linken' zusammen, sondern ist ein durchaus heterogenes Konglomerat, dessen Ziele und Vorstellungen nicht nur voneinander abweichen, sondern sich zum Teil auch selbst widersprechen. Allerdings wurde diese Heterogenität nie als Schwäche, sondern umgekehrt als große Stärke der Bewegung empfunden." Aus dem 2010 erschienen Sammelband *Uni brennt – Grundsätzliches – Kritisches – Atmosphärisches*, der von der „AG Buchveröffentlichung" im Zuge der Besetzung herausgegeben wurde, vlg. Heissenberger u.a. 2010, S. 14

[162] Das unterhaltsame Werk des Wiener Philosophen Konrad Paul Liessmann gibt wertvolle Einblicke in das Arbeitsfeld eines Studienprogrammleiters für Philosophie und Bildungswissenschaft zu Zeiten der Bologna-Reform, vgl. Liessmann 2006

Die Zukunft der Universitäten... ja, auch die ‚Königinnen unter den Bildungsstätten' befinden sich im Spannungsfeld vehementer staatlicher und wirtschaftlicher Interessen. Wie sehr gerade letztere an Macht gewonnen haben, hat RICHARD MÜNCH beispielhaft in seinen Studien zum „akademischen Kapitalismus" herausgearbeitet[163]. Die große Abhängigkeit der Universitäten von der Politik wird viel seltener problematisiert.

Erst kürzlich machte STEFAN HOPMANN, Professor für Schul- und Bildungsforschung an der Universität Wien, in einem Interview auf seine unbequeme Lage aufmerksam: Kürzlich wurde in Österreich die neue „Studieneingangs- und Orientierungsphase" (STEOP) eingeführt – d. h., jeder, der möchte, kann sich inskribieren (es gibt also keinen *Numerus Clausus*), weiterstudieren darf aber nur, wer die Prüfungen am Ende des ersten Semesters besteht. Dabei handelt es sich um schriftliche, teilstandardisierte Prüfungen, und die Vorbereitung dafür findet im Rahmen von Vorlesungen mit 600 Hörer/innen statt. Seminare, bei denen die neuen Inhalte auch gemeinsam diskutiert werden, gibt es erst nach positiv absolvierter STEOP.

„Didaktisch ist die neue Regelung ein Schmarren", kommentiert HOPMANN diese „versteckte Rausprüferei", die es obendrein gerade denjenigen, die nicht auf familiäre Unterstützung zurückgreifen können, besonders schwer macht.

„Die Studenten müssen die Unfähigkeiten der Politik ausbaden. [...] Wir haben uns auch dagegen gewehrt, wir wollten gerne bei unserer alten Regelung bleiben, aber die Juristen haben erklärt, dass uns die Novelle das nicht erlaubt. [...] Unsere Wissenschaft wird durch die STEOP kaputt gemacht. Für mich als Professor, der für

---

[163] Die Ökonomisierung des globalen Wissenschaftsbetriebes unter dem Diktat von McKinsey & Co. führt Richard Münch zur nüchternen Feststellung, dass ein Mechanismus der „verselbständigten zirkulären Akkumulation von monetärem und symbolischem Kapital" den Ausbau von Großforschungszentren besser erklärt als Kreativität und Produktivität. Das ist auch der Forschungsqualität abträglich: „Schließlich gibt es in den Geistes- und Kulturwissenschaften keine positiven Skaleneffekte, wie man sie von der industriellen Massenproduktion kennt. Sie sind stattdessen darauf angewiesen, dass an vielen Standorten selbstständig geforscht wird, um sich in einem breiten Diskurs erneuern zu können." Münch spricht von einer „systematischen Überforschung der Untersuchungsgegenstände, bei der in aller Regel Fragestellungen so breit ausgewalzt werden, dass die Stagnation der Erkenntnis schon in das Format selbst eingebaut ist." Oft sei „nicht abzusehen, welche revolutionären Erkenntnisse die entsprechenden, mit 6,5 Millionen Euro pro Jahr geförderten Excellenzcluster hervorbringen könnten." Das im Jahr 2007 ausgerufene „Jahr der Geisteswissenschaften" ist für ihn deshalb ein „Begräbnis erster Klasse" (Münch 2009, S. 175ff)

internationale Didaktik angesehen ist, ist das neue Format fast peinlich, aber ich darf nichts Anderes. Das ist uns schlicht und einfach verboten worden."[164]

Wo liegt hier das Problem? Hat es ‚nur' mit der Unfähigkeit der gerade amtierenden Regierung zu tun? Liegt der Skandal in der „versteckten Rausprüferei", oder nicht vielmehr darin, dass dieses „schlicht und einfach verbieten" überhaupt möglich ist? Wie kommt ein Professor, der ein sinnvolles erstes Semester gestalten möchte, dazu, sich von Juristen sagen zu lassen, die Umsetzung seiner Ideen sei leider nicht erlaubt?

Die Perspektive der zivilgesellschaftlichen Selbstverwaltung verschiebt auch auf universitärer Ebene die Argumentation. Die Frage des Hochschulzugangs dynamisiert sich, weil die Hochschulen nicht mehr als An-Sich-Bestehende Institutionen erscheinen, die möglichst vielen und möglichst den richtigen Menschen zugänglich sein sollen, sondern weil die Gründung und Erhaltung von Hochschulen als konkrete Aufgabe der Zivilgesellschaft in die Wahrnehmung kommt. Dann ändert sich der Blickwinkel grundlegend. Aus einem: „Wir wollen mehr Ressourcen für unser Institut ‚von oben' (d.h. von der Universitätsleitung, vom Ministerium etc.) damit auch alle, die hier studieren wollen, einen Platz bekommen!" wird ein: „Wir sind von der Zukunftsfähigkeit unserer Arbeit überzeugt und bemühen uns um Unterstützung aus dem Umfeld, und wenn mehr Menschen zu uns kommen, als wir aufnehmen können, so haben wir erst einmal ein Problem. Und das kann der Ausgangspunkt sein für einen kreativen Prozess, (...denn das *Problem* gehört, frei nach GOETHE, zur Kunst, so wie zur Wissenschaft das *Theorem* gehört...) Gibt es jemanden, der ein weiteres Institut mit diesem oder einem ähnlichen Arbeitsschwerpunkt aufbauen möchte? Entstehen woanders Kooperationen? Welche Initiativen sind da?"

Die Verantwortlichkeit verschiebt sich also, die Richtung, in die die Forderungen gehen, verändert sich. Die Universität erscheint als Zusammenhang des Engagements von Einzelnen, jeder trägt etwas bei, keiner ist einfach ersetzbar. Das mag sich hochidealistisch anhören, eröffnet aber eine weiterführende Perspektive. Denn gerade für die symptomatische Frage des Hochschul-Zugangs gibt es keine sozial

---

164 vgl. http://derstandard.at/1325485633796/Alles-hineinfressen-und-im-richtigen-Moment-rauskotzen

befriedigende anonyme System-Lösung. Den überfüllten Hörsälen in Österreich steht das Numerus-Klausus-System in Deutschland gegenüber, an dem Millionenfach Biographien „verbogen" werden, nur weil die Abitur-Note für den Berufsweg, dem man sich wünscht, die falsche Ziffer hinter dem Komma hat. Wo in bestimmten Seminaren nur junge Frauen und Männer sitzen, deren hauptsächlicher Lebensinhalt von 15 bis 18 das Sammeln guter Schulnoten war.

„Auf der Suche nach der Zivilgesellschaft wird heute in Österreich alles von der Freiwilligen Feuerwehr bis zum Sportverein zum Beweismittel für die Bürgergesellschaft. Nur die Universität spielt dabei keine Rolle. Dabei erfüllt sie alle Kriterien, um ein Teil der Zivilgesellschaft zu sein [...] In Österreich wird es als logisch empfunden, gesellschaftliche Interessen nicht mit einer Berufung auf die Civil Society, sondern mit einer Berufung auf den Staat zu begründen[165]. Darin – und nicht in der fehlenden Qualität von Lehre und Forschung – liegt das eigentliche Problem österreichischer Universitäten." (Brix 2002, S. 23 bzw. 25)

So plädiert der Historiker EMIL BRIX für ein zivilgesellschaftliches Selbstverständnis der Universitäten – das nicht zuletzt auch auf den Umgang mit der Wissenschaft selbst Auswirkungen hätte. Die Weltrisikogesellschaft hat uns längst mit ‚Forschungsfragen' konfrontiert, denen die akademischen Wissenschaftstraditionen nicht mehr gerecht werden können. Die Wissenschaftswelt hat sich auch sozial abgekoppelt, sie kann sich „wunderbar selbst mit theorieinternen Fragestellungen und Diskursen füttern", denn „um im wissenschaftlichen Bereich erfolgreich zu sein, ist es nicht zwingend notwendig, relevant zu sein" (Novy 2008, S. 34, Herv. d. A.), bringt Novy die Problematik auf den Punkt.

Eine zivilgesellschaftliche Selbstverwaltung würde diese Abkopplung aufbrechen. Vor allem die Sozialwissenschaft (die ja in der speziellen Lage ist, selbst drinnen zu stecken in dem „Reagenzglas", in dem sich ihr Forschungsobjekt, die Gesellschaft befindet) würde durch ein „ziviles" Selbstverständnis das gesellschaftliche Eingebundensein direkter erleben: BOURDIEU spricht deutlich aus, „dass die Sozialwis-

---

[165] Die Österreichische Rektorenkonferenz verfasste im September 2001 wegen des Vorschlages, Universitätsräte einzurichten, die teilweise vom Bildungsministerium beschickt werden, eine Protestnote, auf die sich Brix hier bezieht: „Die Bürokraten haben Eigeninteressen, das sind nicht unbedingt die gesellschaftlichen Interessen des Staates."

senschaften nur solange in der Illusion der Neutralität leben können, wie sie nicht wahrhaben wollen, dass ihre Enthüllungen oder ihr Verschweigen immer jemandem dienen: entweder den Nutznießern oder den Opfern der Sozialordnung". (Bourdieu & Passeron 1971, 15) Auch wenn – und das hebt SALVATORE LAVECCHIA hervor – eine „Entstaatlichung" und Privatisierung alleine noch kein Garant für eine *strukturelle* Erneuerung ist:

> „Mehr Hilfe bei der Befreiung von der philisterhaften Logik der ‚Akkreditierung' hätte man sich von den inzwischen vielen Bildungsanstalten ‚in freier Trägerschaft' erwartet. Wo sind aber Projekte und Gründungen, die keine Logik der Akkreditierung akzeptieren wollen? Meiner Empfindung nach ist das Ergebnis in dem Bereich bis jetzt ziemlich enttäuschend. So entsteht immer schneller eine Bildungswelt, die immer mehr die Nachteile der klassischen ‚privaten' Anstalten mit denen einer molochmäßigen Kontrolle des Staates kombiniert." (Lavecchia, zit. n. Brunner 2010, S. 19)

Ein wirklicher Neubeginn steht also noch aus... Der für seine *Theorie U* international bekannte Wirtschaftswissenschaftler und Unternehmensberater CLAUS OTTO SCHARMER (der selbst als Student der ersten Generation in der 1982 gegründeten ersten nicht-staatlichen Universität Deutschlands in Witten-Herdecke den Aufbau und den dialogischen Prozess der Ausformulierung einer Universitäts-Verfassung miterlebt und mitgestaltet hat, vgl. Scharmer 1991), formulierte in einem 2000 erschienenen Aufsatz Ideen zur *gegenwartsfähigen Universität*:

> „Der Grundcharakter dieser erneuerten Universitätsidee zielt nicht auf eine Wissenschaft, die die Welt lediglich reflektiert und spiegelt, sondern auf eine Wissenschaft, die in der Lage ist, die Wirklichkeit von ihren Grundkräften des Werdens her zu begreifen. In einer solchen Universität wandelt sich die Rolle der Lernenden und Forschenden von äußeren Beobachtern zu schöpferischen Mitgestaltern einer sich entwickelnden Praxis – zu Hebammen für das In-die-Welt-Kommen des Neuen. [...] Erstens kann die Universität restlos *abgekoppelt* sein: Wissenschaft ist dann ein autopoietisches System, dass sich nur um die Binnenwelt des eigenen Elfenbeinturms dreht. Zweitens, die Universität kann sich *transaktional* zu ihrem gesellschaftlichen Umfeld in Beziehung setzen: WissenschaftlerInnen sind Dienstleister, die Gefälligkeitsgutachter, Auftragsforscher, marktbezogene Anbieter ihrer Wissensprodukte. Drittens, die Universität kann sich *transformational* mit ihrem Umfeld in Beziehung setzen: WissenschaftlerInnen sind Aktionsforscher, die mit Haut und Haaren in die Praxis hineingehen und buchstäblich zu dem werden, was ihre Forschung untersucht; sie schafft Räume, in denen PraktikerInnen die ihrer Praxis innewohnende Theorie reflektiere und gemeinsam mit Praktikern neue Wirklichkeiten in die Welt bringen

und in Szene setzen. Je weiter die Entwicklung der Universität in die oben skizzierte ‚dritte Phase' voranschreitet, d.h. je weiter sich die Universität gegenüber der Praxis und die der Praxis innewohnenden Zukunftspotenziale öffnet, desto radikaler wird sich der Kern des Universitätsgeschehens – Forschung und Lernen – aus den Mauern der Universität hinaus in die gesellschaftlichen und individuellen Praxisräume hineinverlagern." (Käufer/Scharmer 2000, S. 127 bzw. 129)

Hier deutet SCHARMER also eine Umstülpung an: Aus einer ‚für sich' bestehenden Institution wird ein aktuell und individuell gestalteter Begegnungsraum. Forschung und Lehre sind kein staatlich sanktioniertes Privilegium mehr, sondern treten wieder als 'ur-menschliche' Gesten in Erscheinung. Das Niveau, die Relevanz, die ‚Qualität' der Arbeit kann nicht mehr durch staatlich festgesetzte Raster garantiert und geschützt werden, sondern sie muss sich ‚im Leben' entwickeln und beweisen dürfen.

III. 4. Schlüsselfrage Finanzierung: Auf dem Weg zu einer solidarischen Wirtschaftskultur

> *„Wirklich kritisches Denken muss mit der Kritik der ökonomischen und sozialen Grundlagen kritischen Denkens beginnen."* [166]
>
> PIERRE BOURDIEU

Wirklich freie Bildung muss mit der freien Bildung der ökonomischen und sozialen Grundlagen freier Bildung beginnen – so könnte man in Anlehnung an das Eingangszitat von PIERE BOURDIEU sagen. Wie soll sich das „neue" Bildungswesen, von dem bis jetzt die Rede war, zu seinen materiellen Bedürfnissen stellen? Welche gesamtgesellschaftlichen und sozio-psychologischen Zusammenhänge sollen in ein Nachdenken über sozial nachhaltige Finanzierungsformen einbezogen werden?

Jede menschliche Aktivität steht mit dem gesellschaftlichen Gewebe als Ganzem in Verbindung. Ob das, was intendiert wird, zur Geltung kommen kann, d.h. ob es *leben* kann, hängt mit dem sozialen Umraum zusammen. Es gibt keinen Bildungsprozess im „neutralen" Raum: auch „Freiraum" muss gewollt, aktiv hervorgebracht und gepflegt werden. Die sozialen und ökonomischen Bedingungen sind den Bildungsräumen nicht äußerlich, sondern sie sind für sie geradezu konstitutionell. Das Anliegen des folgenden Kapitels ist es demnach, grundlegende Überlegungen zur Bildungsfinanzierung zusammenzutragen und die Perspektive einer von staatlichen Steuermitteln unabhängigen Finanzierung, die mit dem Aufbau einer solidarischen Wirtschaftskultur einhergeht, aufzuzeigen.

---

[166] Bourdieu 1995, S. 79

Kostenlose Pflichtschulen – eine Form der ‚Zwangsbeglückung'?

Die bei uns heute übliche Form der *Angebots-* oder *Objektfinanzierung* kommt dem bis hierher entwickelten Ideal einer selbstverwalteten Bildung nur wenig entgegen: Von staatlicher Seite wird ein bestimmtes Schulsystem installiert, das dann von allen Kindern kostenlos besucht werden kann – bzw. durchlaufen werden muss. Das Bildungsangebot ist weitgehend durch die staatlichen Normvorgaben bestimmt und die Mitgestaltungsmöglichkeiten der einzelnen Lehrer, Eltern und Schüler sind dementsprechend beschränkt. Der Staat investiert in Bildung, indem er aktiv ganz bestimmte Bildungsangebote institutionalisiert, die dann, fertig verpackt, „konsumiert" werden dürfen – oder eben sogar müssen.

Gewiss kann die Einführung des *kostenlosen Schulbesuchs für alle* historisch als eine soziale Errungenschaft angesehen werden, und so gilt sie ja auch gemeinhin als Meilenstein auf dem Weg zur Sicherung der gesellschaftlichen Chancengleichheit. Wenn wir jedoch von einer mündigen Gesellschaft ausgehen wollen, so muss die Kombination aus Pflichtschule und Kostenfreiheit als ‚Zwangsbeglückung', wenn nicht gar als „Zwangsanpassung", bezeichnet werden. Durch die „automatische" Finanzierung aus dem abstrakten Steueretat wird die künstlich aufgezwungene Norm der staatlichen Pflichtschule zusätzlich zementiert. Dadurch wird nicht nur von oben herab „die richtige Art des Glückes für die anderen" ersonnen und „in Gesetzesform gegossen" (vgl. Schily 1993, S. 48), sondern das ersonnene Glück wird auch gleich in die Tat umgesetzt.

Die Bildungsinstitutionen werden also nicht nur staatlich zentral geplant, sondern – ohne den unbedingt notwendigen und alle Beteiligten einbeziehenden Kommunikationsprozess – auch gleich eingerichtet. Die Bevölkerung wird vor vollendete Tatsachen gestellt: Das ist die neue Schule, so sieht sie aus; die erste von sechs Stunden beginnt um 8 Uhr und gelehrt wird *dieser* Fächerkanon, geprüft mit *diesem* Testverfahren etc. Wir haben uns alle längst daran gewöhnt, dass Bildungsinstitutionen einfach ‚da sind', so wie Mond und Sonne eben da sind: Den Schulen haftet der Eindruck von ewig währenden Naturgewalten an. Diese zentralistische Gestaltung der Bildung erzeugt nicht nur tendenziell eine unzeitgemäße Konsumenten- und Untertanenhaltung, sondern sie wird im Grunde auch einer lebendigen Bildungsanforderung nicht gerecht. Der Schulkritiker WILLIAM GODWIN schrieb bereits im 18. Jahrhundert:

„An erster Stelle der Schäden, die sich aus einem nationalen Erziehungssystem ergeben, wäre die *Vorstellung der Dauer* zu nennen, die alle öffentlichen Einrichtungen implizieren. Sie bemühen sich möglicherweise, all das an für die Gesellschaft Vorteilhaftem zu sichern und zu verbreiten, was bereits bekannt ist, aber sie vergessen, dass es das meiste erst zu erkennen gilt. Sie mögen zur Zeit ihrer Etablierung die Verwirklichung der allergrößten Wohltaten nach sich gezogen haben, je länger sie aber dauern, desto nutzloser müssen sie unvermeidlich werden. Dabei ist, sie als nutzlos zu bezeichnen, noch ein sehr schwacher Ausdruck für ihre Mängel. Sie wirken aktiv auf eine Unterdrückung der Gedankenflüge hin und fixieren den Geist in seinem Glauben an die Irrtümer vergangener Zeiten." (William Godwin 1793, zit. nach Klemm 2002, S. 24, Herv. C. S.).

Mit dieser „Dauer" hängt die Art der Finanzierung zusammen – sie vollzieht sich anscheinend von selbst und ist (solange es keine erheblichen Kürzungen gibt) außerhalb unserer Wahrnehmung. Wie groß der Jahreshaushalt des Gymnasiums im Stadtzentrum ist, wie viel der eigene Studienplatz eigentlich kostet, wie viel in den Neubau für die Kinderkrippe investiert wurde, all diese Dinge sind aus dem öffentlichen Bewusstsein weitgehend ausgeblendet.

Die Beweislast liegt beim Veränderer – das gilt auch für unser Bildungssystem. Rechtfertigen müssen sich diejenigen, die etwas anderes als das bisher Übliche wollen. Sie müssen die „Insuffizienz des Bestehenden" erst beweisen, um neue Bildungswege freizuschlagen, wie auch KURT SOHM in seiner Dissertationsschrift im Kapitel *Staatsschule ohne Ende* betont (vgl. Sohm 1996, S. 153). „Sonderwege" sieht die Schulgesetzgebung durch das Privatschulrecht zwar vor – die Auflagen und Bedingungen zur Gründung einer Schule in nicht-staatlicher Trägerschaft sind allgemein jedoch sehr hoch[167].

---

[167] Informationen zum Privatschulrecht der EU-Länder siehe: *effe – Atlas der Freien Bildung*, www.effe-eu.org/index.php?option=com_content&view=article&id=79&Itemid=23&lang=de

Dass die staatliche „Regelschule" per se als der Normalfall angesehen wird, entspricht jedoch schlicht einem Staatsverständnis, wie es einer mündigen Bürgergesellschaft eigentlich nicht mehr angemessen ist, wie der Bochumer Rechtsanwalt und Mitbegründer des *European Forum for Freedom in Education* (effe)[168] INGO KRAMPEN zu bedenken gibt:

„Schulen in nichtstaatlicher Trägerschaft werden traditionell als Privatschulen bezeichnet. Wenn sie staatliche Zuschüsse in Anspruch nehmen wollen, müssen sie sich als ‚Ersatzschulen' genehmigen lassen. Das suggeriert, dass der Staat die ‚Originalschulen' betreibt, während die anderen nur ‚Ersatz' sind. Diese Bewertung stammt aus einem Staatsverständnis, das von der Dualität zwischen dem (natürlicherweise altruistisch handelnden) Staat und dem (natürlicherweise egoistisch handelnden) Bürger ausgeht. Heute ist ein solches Staatsverständnis überholt: Nicht deswegen, weil es soviel Korruption innerhalb der Schulbehörden gäbe – nein, einfach deswegen, weil heute der mündige Bürger des Grundgesetzes sich seiner gesellschaftlichen Verantwortung bewusst wird und daher die gesellschaftlichen Aufgaben nicht mehr allein dem Staat überlässt."[169]

Wäre es deshalb nicht viel zeitgemäßer, die Eltern selbst entscheiden zu lassen, welcher Schule sie ihre Kinder anvertrauen möchten, und demnach auch, wohin die für die Schulbildung bereitgestellten staatlichen Gelder fließen sollen? Wäre die Schulfinanzierung durch *Bildungsgutscheine* eine bessere Lösung?

---

[168] www.effe-eu.org

[169] aus dem Exposé zum *effe*-Symposium *Wir machen Schule! Das gesamte Schulwesen als eine Aufgabe der Gesellschaft*, im November 2011

Der Bildungsgutschein – ein Lösungsmodell mit Haken

Der Bildungsgutschein geht ebenfalls von einem steuerfinanzierten Bildungswesen aus, doch verliert der Staat seine *Monopolstellung* im Bildungsbereich: staatliche und nichtstaatliche Bildungseinrichtungen befinden sich in freier Konkurrenz. Eltern und Schüler/innen können genau die Schule wählen, die ihnen zusagt, und der Bildungsgutschein sorgt für die Finanzierung des jeweiligen Schulplatzes. Diese Art der Finanzierung wäre eine *nachfrage*-orientierte *Subjektfinanzierung*; nicht die Schule würde finanziert, sondern die schulische Bildung des einzelnen Kindes. Somit hätten Staatsschulen und Schulen in freier Trägerschaft einen gleichberechtigten Zugang zu staatlichen Subventionen und befänden sich endlich in freier Konkurrenz.

Dieses Modell löst die Verzerrung auf, die heute entsteht, wenn steuerzahlende Eltern für ihre Kinder eine private Alternativschule gewählt haben und dort Schulgeld bezahlen, ohne dieses von der Steuer absetzen zu können.

Der Bildungsgutschein erscheint in der Tat praktikabel und wird von einigen Vertretern der Reformschulbewegung[170] im Sinne einer gesteigerten Mitgestaltungsmöglichkeit der Bürgerschaft im Bildungswesen gefordert – denn die engagierten Eltern, die sich eine alternative Schule für ihr Kind wünschen, sind keinesfalls immer die zahlungskräftigsten.

---

[170] vgl. Maurer 1994. Aber auch von marktradikalen Denkern wie Friedrich von Hayek, die sich von der Liberalisierung des Schulwesens nicht nur mehr Effizienz und Servicequalität, sondern auch den Zugang zum unter Umständen durchaus profitablen Bildungsmarkt erhoffen. (vgl. Severinski 1993) Ebenso propagiert Milton Friedman den Bildungsgutschein in seinem Buch *Kapitalismus und Freiheit*. (vgl. Friedman 2009)
Etwas differenzierter betrachtet Kurt Sohm die Sache: Um dem Gedanken der gesellschaftlichen Gerechtigkeit in besonderer Weise nachzukommen, schlägt er das Ende der automatischen Finanzierung der Bildung für alle Bürgerinnen und Bürger vor: Gerade diejenigen, die es sich eigentlich leisten könnten, profitieren durch lange „Verweildauer" im Bildungssystem überproportional vom kostenlosen Angebot. So plädiert Sohm stattdessen für einen einkommensabhängigen Bildungsgutschein, der nicht als solcher an die Bildungseinrichtung oder die Nachfragenden ausbezahlt, sondern als Steuerabzug bzw. Gutschrift gehandhabt wird (Sohm 1996, S. 356ff). Für den Tertiärbereich (Universitäten/ Fachhochschulen etc.) schlägt er eine Kombination aus Bildungsdarlehen und Stipendium, wiederum einkommensabhängig, vor. (348ff)

Aus der Sicht eines wirklich zivilgesellschaftlichen Bildungsaufbruchs hat der Bildungsgutschein jedoch zwei entscheidende Nachteile:

1. Die Definitionsmacht, um festzulegen, was eine „anerkannte Schule" ist, liegt weiterhin beim Staat.
2. Die Gelder kommen nach wie vor aus dem Steuertopf – die Problematik der steigenden Staatsverschuldung bei gleichzeitigem Auseinanderdriften der Arm-Reich-Schere bleibt also bestehen.

ad 1.) Auch beim Bildungsgutschein – und das wird häufig übersehen – *muss* (da es sich um Steuergelder handelt, deren Vergabe allgemein gesetzlich geregelt werden muss) ganz genau definiert, d.h. festgelegt werden, bei welcher Bildungseinrichtung der Gutschein eingelöst werden kann bzw. unter welchen Bedingungen freie Initiativen als ‚Bildungsgutschein-Berechtigte' anerkannt werden. Es können also keineswegs ganz freie Verbindungen des gemeinsamen Lernens entstehen, denn es müssen genaue Kriterien erfüllt werden, welche Form der Unterricht haben muss, welche Diplome die Lehrkräfte benötigen etc., um den Bildungsgutschein entgegennehmen zu können. Im Zuge des Aufbaus einer effektiven „Output-Steuerung" mittels einheitlicher Bildungsstandards (siehe Kapitel II) ist davon auszugehen, dass auch Freie Schulen am Erreichen dieser Standards gemessen werden. Von einer „selbstverwalteten Bildung", die ihre Lernziele, Lehrmethoden, Prüfungs- und Abschlussmodalitäten eigenständig festlegt, kann dann jedoch keine Rede mehr sein (vgl. Kapitel II.2.). Deshalb trifft die grundsätzliche Problematisierung der steuerstaatlichen Bildungsfinanzierung auch auf das Bildungsgutscheinmodell zu:

„Der auf seine Weise einspringende Staat kaschiert durch die Schulgeldfreiheit die Zusammenhänge und gewinnt über die Finanzhoheit auch Einfluss auf Lehrpläne, Leistungsanforderungen und -kontrolle und über die Berechtigungen Gestaltungsmacht bis in den innersten Bereich der Pädagogik, der von Freiheit und Einsicht in die menschliche Natur bestimmt zu sein hätte; er entfremdet die Pädagogik ihrer Aufgabe." (Leber 1978, S. 92)

ad 2.) Als Hauptargument für eine flächendeckende staatliche Finanzierung des Bildungswesens wird zumeist das Schlagwort der „Chancengleichheit" angeführt. Bei näherer Betrachtung zeigt sich, dass durch die staatliche Bildungsfinanzierung das eigentliche Problem – nämlich die unterschiedliche wirtschaftliche Ausgangssituation von Kindern aus wohlhabenden oder armen Elternhäusern etc. – eigentlich ausgeblendet wird. Der Blick durch die staatlich verordnete sogenannte „Chancengleichheit" manifestiert also in gewisser Weise die Schieflage, dass auf der einen Seite die Allgemeinheit tiefgreifend generalisierend in den Bildungsraum eingreift, auf der anderen Seite aber der wirtschaftliche Egoismus als Prinzip unproblematisiert bestehen bleibt. Dadurch werden die Bildungschancen noch lange nicht angeglichen, denn das wohlhabende Elternhaus kann *neben* dem verordneten Schulunterricht auch noch weitere Bildungsangebote bieten, während – zugespitzt gesagt – in verarmten Haushalten das Geld nicht einmal fürs Pausenbrot reicht. So entsteht die vertrackte Situation, dass zunehmend die Schule Probleme kompensieren soll, die viel umfassendere gesamtgesellschaftliche, insbesondere wirtschaftliche Ursachen haben. STEINER erläuterte diesen Zusammenhang einmal drastisch:

„Es geht ja heute durch die Lande der Ruf: Unentgeltlichkeit des Schulwesens. – Ja, was soll denn das überhaupt heißen? Es könnte doch nur der Ruf durch die Lande gehen: Wie sozialisiert man, damit ein jeder die Möglichkeit hat, seinen gerechten Beitrag zum Schulwesen zu schaffen? Unentgeltlichkeit des Schulwesens ist ja nichts weiter als eine soziale Lüge, denn entweder verbirgt man dahinter auf der einen Seite, dass man erst einer kleinen Clique den Mehrwert in die Tasche liefern muss, damit die ihr Schulwesen gründet, durch das sie die Menschen beherrscht, oder man streut allen Sand in die Augen, damit sie nur ja nicht wissen, dass unter den Pfennigen, die sie aus dem Portemonnaie nehmen, auch diejenigen sein müssen, von denen die Schulen unterhalten werden. In der Formulierung unserer Sätze müssen wir schon so gewissenhaft sein, dass wir nach Wahrheit streben." (Steiner 1964, S. 145f)

Wie gestalten wir unsere wirtschaftlichen Beziehungen so, „dass ein jeder die Möglichkeit hat, seinen gerechten Beitrag zum Schulwesen zu schaffen?" Mit dieser Frage verschiebt sich der Fokus von *Chancengleichheit durch kostenlose Bildungsangebote* auf eine grundlegendere Ebene: Durch den Aufbau einer neuen Wirtschaftskultur, die nicht mehr der Gewinnmaximierung als primärem Ziel, sondern der arbeitsteiligen

Bedürfnisbefriedigung im Rahmen ökologischer und sozialer Richtlinien folgt, wird auch die Finanzierung freier Bildungsräume möglich. Die Perspektive einer zivilgesellschaftlichen Selbstverwaltung der Bildungsräume beinhaltet also ein neues, „erwachseneres" Verhältnis zum Staat – und die Einwicklung solidarischer Wirtschaftsbeziehungen. Doch dazu später mehr.

Exkurs: Staatssubvention und kritisches Denken

Bereits FRIEDRICH SCHILLER hat in seiner Antrittsvorlesung 1789 in Jena in der Figur des „Brotgelehrten" die durch die Staatsfinanzierung im Wissenschaftsbetrieb entstehenden Abhängigkeitsverhältnisse polemisiert. Er erzählt der Studentenschaft (unter der sich damals auch der junge NOVALIS befand) von zwei ganz verschiedenen ‚akademischen Typen': Dem „Brotgelehrten" und dem „philosophischen Kopf". Besonders die Beschreibung des ersteren kann auch heute noch nachdenklich stimmen:

„Anders ist der Studierplan, den sich der Brotgelehrte, anders derjenige, den der philosophische Kopf sich vorzeichnet. Jener, dem es bei seinem Fleiß einzig und allein darum zu tun ist, die Bedingungen zu erfüllen, unter denen er zu einem Amte fähig und der Vorteile desselben teilhaftig werden kann, der nur darum die Kräfte seines Geistes in Bewegung setzt, um dadurch seinen sinnlichen Zustand zu verbessern und eine kleinliche Ruhmsucht zu befriedigen, – ein solcher wird beim Eintritt in seine akademische Laufbahn keine wichtigere Angelegenheit haben, als die Wissenschaften, die er Brotstudien nennt, von allen übrigen, die den Geist nur als Geist vergnügen, auf das sorgfältigste abzusondern. [...] Jede Erweiterung seiner Brotwissenschaft beunruhigt ihn, weil sie ihm neue Arbeit zusendet, oder die vergangene unnütz macht; jede wichtige Neuerung schreckt ihn auf, denn sie zerbricht die alte Schulform, die er sich so mühsam zu eigen machte, sie setzt ihn in Gefahr, die ganze Arbeit seines vorigen Lebens zu verlieren. Wer hat über Reformatoren mehr geschrieen, als der Haufe der Brotgelehrten? Wer hält den Fortgang nützlicher Revolutionen im Reich des Wissens mehr auf, als eben diese? Jedes Licht, das durch ein glückliches Genie, in welcher Wissenschaft es sei, angezündet wird, macht ihre Dürftigkeit sichtbar; sie fechten mit Erbitterung, mit Heimtücke, mit Verzweiflung, weil sie bei dem Schulsystem, das sie verteidigen, zugleich für ihr ganzes Dasein fechten. Darum kein unversöhnlicherer Feind, kein neidischerer Amtsgehilfe, kein bereitwilligerer Ketzermacher, als der Brotgelehrte. [...] Er hat umsonst gelebt, gewacht, gearbeitet; er hat umsonst nach Wahrheit geforscht, wenn sich Wahrheit, für ihn nicht in Gold, in Zeitungslob, in Fürstengunst verwandelt." (vgl. Schiller 1996, S. 107f)

Auch PIERRE BOURDIEU sieht die Freiheit der Wissenschaft durch die staatliche Finanzierung keineswegs garantiert. In einem Gespräch mit dem Künstler HANS HAACKE zum Thema „Finanzierung von Kunst und Wissenschaft" führt er aus:

„Und hier stoßen wir auf eine andere Antinomie bzw. auf einen sehr schwer zu überwindenden Widerspruch. Forschungsarbeiten sowohl auf dem Gebiet der Kunst als auch auf dem Gebiet der Wissenschaft brauchen den Staat, damit sie nicht nur aufgenommen, sondern sorgfältig ausgeführt werden können. [...] Man kann die kulturelle Produktion nicht den Wechselfällen des Marktes oder dem Wohlwollen eines Mäzens überlassen. [...] Darum müssen die Künstler, die Schriftsteller und die Wissenschaftler, die einige der kostbarsten Errungenschaften der menschlichen Geschichte hüten, lernen, die Freiheit, die der Staat ihnen gewährt, auch gegen den Staat zu gebrauchen. Es ist in der Tat sehr wichtig, dass es staatlich besoldete Philosophieprofessoren gibt, jedoch nur unter der Bedingung, dass sie sich wirklich der Freiheit bedienen, die daraus resultiert, dass sie eine Stelle innehaben, die vom Staat garantiert wird, wozu möglicherweise auch gehört, dass sie sich, wenn es geboten ist, dem Staat, oder genauer gesagt, der Staatsideologie widersetzen. Aber sie tun es kaum einmal, jedenfalls viel seltener, als sie es vorgeben. [...] Es muss verhindert werden, dass das staatliche Mäzenatentum, das einer Logik folgt, die der des privaten Mäzenatentums sehr ähnlich ist, den Inhabern der staatlichen Macht erlaubt, sich eine Klientel zu schaffen [...] oder sich sogar einen regelrechten Hofstaat von ‚Schriftstellern,‘ ‚Künstlern‘ und ‚Forschern‘ zuzulegen. Das staatliche Mäzenatentum läuft stets Gefahr, die Mittelmäßigen zu fördern, die leichter zu lenken sind."(Bourdieu 1995, S. 74ff)

BOURDIEUS „sehr schwer zu überwindender Widerspruch" macht deutlich, dass der vom Staat gewährte ‚Freiraum‘ eben kein ideologie- und herrschaftsfreier Raum ist. *Wes Brot ich ess', des Lied ich sing* – diese alte Volksweisheit gilt demnach auch für das staatliche Subventionsbrot, auch, wenn hier eine Instrumentalisierung viel weniger offensichtlich ist als in anderen Bereichen.

„Pragmatisierte Universitätsprofessoren, die dafür bezahlt werden, ihre eigene Gesellschaft zu kritisieren, erscheinen immer mehr als Dinosaurier aus längst vergangenen Welten." (Novy 2005, S. 149), konstatiert ANDREAS NOVY und weist darauf hin, dass die goldenen Zeiten des „staatlichen Mäzenatentums", in denen den Wissenschaftler/innen wirklich Freiraum gewährt wurde, vorbei sind. NOVY hofft jedoch auf eine neue goldene Ära, in der es dann „wieder gesellschaftlich akzeptiert ist, dass es für ein Gemeinwesen sinnvoll ist, Selbstkritik zu institutionalisieren" (ebd.). Wie aber kann das angesichts des von BOURDIEU betonten Widerspruchs erreicht werden, wenn die Selbstkritik in der staatlichen Anstellung so schwer überlebt? Stellt nicht gerade die „Institutionalisierung von Selbstkritik" durch die Schaffung von „pragmatisierten Professorenstellen" eine folgenreiche soziologisch-anthropologische Illusion dar?

Forschungsarbeiten brauchen den Staat, damit sie sorgfältig ausgeführt werden können, meint BOURDIEU. Hier muss grundsätzlicher reflektiert werden: Forschungsarbeiten brauchen ein undogmatisches, nicht manipulatives Umfeld und eine kontinuierliche finanzielle Unterstützung – und warum sollte das nur durch den Staat gewährleistet werden können?

Im Gegenteil, man könnte auch gerade in der staatlich administrierten Forschung einen unfreien Charakter erkennen: Durch ihre Berechtigungshierarchie ist eine Entfremdung vom gesamtgesellschaftlichen Zusammenhang latent veranlagt. Die staatlichen Forschungsgelder können nur auf dem Weg bestimmter Verfahren, nicht etwa durch einen individuellen Nachweis bestimmter Kompetenzen beansprucht werden. Insofern ist die staatliche (Bildungs-)Sphäre per se eine vordefinierte Sphäre, die demnach eigentlich nicht als frei bezeichnet werden kann. Die Freiheit des Denkens wird durch eine offene, „fehlerfreundliche" und gleichzeitig interessierte soziale Umgebung gefördert. Und die kann nur von konkreten Menschen geschaffen und gepflegt werden. Sobald Freiheit institutionell gebunden wird, ist sie keine Freiheit mehr, sondern ein Vorrecht. Auch KONRAD SCHILY fasst die vielzitierte *Freiheit von Forschung und Lehre* als Bürgerrecht auf:

> „Das verfassungsmäßige Recht auf Freiheit von Forschung und Lehre würde erst bei einer Entstaatlichung verwirklicht sein. Denn jeder im Geltungsbereich unseres Grundgesetzes, gleichgültig, ob er an einer Universität tätig ist oder ob er nur Privatmann ist, darf dieses grundsätzlich garantierte Recht in Anspruch nehmen. Er darf dabei nur nicht, genauso wenig wie die Universitäten, gegen die Verfassung verstoßen." (Schily 1993, S. 150f)

So entpuppt sich die staatliche Vormundschaft im Bildungswesen als ein anachronistisches Relikt aus einer obrigkeitsstaatlichen Nationalwirtschaftskultur. Dadurch wird deutlich, dass der von BOURDIEU aufgezeigte Widerspruch nur dann nachhaltig gelöst werden kann, wenn für das Bildungswesen der Übergang von der staatlichen Zentral- zu einer zivilgesellschaftlichen Selbstverwaltung gefunden wird.

Privat? Staatlich? – Öffentlich!

> *„Öffentliche Erziehung scheint mir ganz außerhalb der Schranken zu liegen, in welchen der Staat seine Wirksamkeit entfalten muss."*[171]
>
> WILHELM VON HUMBOLDT

In diesem kleinen Zitat steckt ein wichtiger Hinweis: WILHELM VON HUMBOLDT verortet tatsächlich die „öffentliche Erziehung" *außerhalb* des primären Wirkungsfelds des Staates. „Öffentlich" ist bei HUMBOLDT also nicht gleich „staatlich", obwohl der heutige Sprachgebrauch mit der „öffentlichen Hand" die Staatskasse, mit dem öffentlichen Bildungswesen das staatliche Schulsystem meint. Die Sphäre des Öffentlichen, was macht sie aus?

JÜRGEN HABERMAS bezeichnet die „politische Öffentlichkeit als Resonanzboden für das Aufspüren gesamtgesellschaftlicher Probleme und zugleich als diskursive Kläranlage" (Habermas 2008, S. 144) und spricht ihr eine tragende Rolle in jeder Demokratie zu, da sie die „möglichst ungesteuerte Zirkulation öffentlicher Meinungen" (ebd.) ermöglicht. Nach dieser Beschreibung gäbe es in einem autoritären staatlichen Regime nur eine eingeschränkte Sphäre der Öffentlichkeit – das spezifisch „Öffentliche" scheint also in freien gesellschaftlichen Kommunikationsprozessen zu liegen, die mit dem Staat nur bedingt verbunden sind. Zudem spricht man ja auch von *Personen des öffentlichen Lebens*, und meint damit nicht nur diejenigen, die gerade die staatstragenden Ämter innehaben, sondern Menschen aus allen gesellschaftlichen Bereichen, die durch ihre ganz individuellen Initiativen in der öffentlichen Wahrnehmung auftauchen.

In diesem Zusammenhang soll die Kernthese dieser Arbeit so erweitert werden, dass in den zivilgesellschaftlich selbstverwalteten Bildungsinitiativen das eigentlich öffentliche Schulwesen zu suchen ist und *die Vision einer zivilgesellschaftlichen Selbstverwaltung des Bildungswesens die Überwindung des Dualismus zwischen staatlichen und privaten Bildungseinrichtungen bedeutet.*

---

[171] Humboldt 2002, S. 74

Von der Steuerfinanzierung des Gemeinwesens zur solidarischen Wirtschaft

> *„Wenn man an den Staat Forderungen richtet, bedenkt man meistens nicht, dass der Staat kein ‚Vater' ist, der Geld verdient und es an seine ‚Kinder' verteilen kann, sondern dass wir bei jeder Forderung primär selbst betroffen sind, d.h. dem Staat dasjenige Geld, (z.B. durch Steuern) selbst erst geben müssen, das dieser dann verteilt – oder anders ausgedrückt: Jede an den Staat gerichtete Forderung ist im Grunde an uns selbst bzw. unsere Mitmenschen gerichtet, die letztlich die erhobenen Forderungen begleichen müssen. Das Überborden der staatlichen Machtansprüche ist somit im Grunde nichts anderes als das Resultat falscher Begriffe."* [172]
>
> JOHANNES W. ROHEN

Seit im September 2008 durch den Zusammenbruch der *Lehman-Bank* die internationale Finanzkrise ausgelöst wurde, ist ein Schreckensszenario der Labilität der heutigen weltwirtschaftlichen Zusammenhänge deutlich geworden. Insbesondere zwei Phänomene wurden sichtbar: zum einen eine enorme, in dieser Dimension historisch einmalige Schieflage der weltweiten Vermögensentwicklungen. Immer weniger Menschen verfügen über immer mehr Geld: Im Jahre 2011 verfügten 0,1 Prozent der Weltbevölkerung über 22 Prozent, 0,9 Prozent verfügten über 39 Prozent und 10 Prozent gar über etwa 70 Prozent des Gesamtvermögens (vgl. The Boston Consulting Group BCG 2011, S. 11)!

Zum anderen haben – insbesondere die westlichen – Nationalstaaten ungeheure Schuldenberge angehäuft, wodurch einige bereits an den Rand des Bankrotts geraten. Entscheidend für eine Beurteilung dieser enormen Kluft zwischen einseitiger Privatvermögensbildung und steigender Staatsverschuldung ist die Tatsache, dass diese Kluft parallel zu einem in den letzten 50 Jahren immer höheren Steueraufkommen entstanden ist; die sozialstaatlich organisierte „Umverteilung" also offensichtlich die wachsende Kluft nicht zu schließen vermag und das eigentliche Problem kaschiert – indem sie es in gewisser Weise hin-

---

[172] Rohen 2006, S.16f

ter einem Schleier der Anonymität verbirgt. D.h., obwohl die sozialen Verhältnisse geradezu katastrophal auseinanderdriften, leben die einzelnen Bürger/innen nur im Radius ihrer subjektiven Verhältnisse und glauben weiterhin: Eigentlich müssten die Probleme doch durch den Staat gelöst werden (können)!? Das ist aber offensichtlich immer weniger möglich.

Am 10. September 2009 veröffentlichte der Philosoph PETER SLOTERDIJK in der *Frankfurter Allgemeinen Zeitung* unter dem Titel *Die Revolution der gebenden Hand* einen vieldiskutierten Artikel, in dem er die „fabelhafte Ausweitung der Besteuerungszone" mit der MARX'SCHEN „Expropriation der Exproprieteure"[173] polemisch in Zusammenhang bringt und eine „Abschaffung der Zwangssteuern" und ihre „Umwandlung in Geschenke an die Allgemeinheit" fordert. Im Vorwort zu einem Sonderband, in dem SLOTERDIJK besagten FAZ-Artikel mit einer Reihe weiterer seiner Texte zur Thematik versammelt, führt er seine Forderung einer „De-Automatisierung der fiskalischen Abläufe" (Sloterdijk 2010, S. 26) noch einmal aus und präzisiert seine These:

„Ich möchte meine konfliktträchtige These noch einmal erläutern, wonach in einer demokratischen Gesellschaft Steuern aus Zwangserhebungen in freiwillig erbrachte Bürgerspenden für das Gemeinwesen umgewandelt werden sollten – für eine Anfangszeit zu bescheidenen Prozentsätzen, später in höheren Proportionen. Nur eine solche Transformation und ein entsprechendes Umdenken, behaupte ich, könnte die in Routinen der Staatsverdrossenheit erstarrte »Gesellschaft« reanimieren und einen neuen Hauch von Gemeinwesenbewusstsein in die selbstbezüglich gewordenen Funktionssysteme tragen." (Sloterdijk 2010, S. 10)

Viele Kritiker sahen in SLOTERDIJKS Vorschlägen nichts anderes als einen Aufruf zur partiellen freiwilligen Spende und proportionalen Steuerentlastung, so wie sie zum Beispiel schon der ehemalige Ministerpräsident und spätere Zeiss-Manager LOTHAR SPÄTH angeregt hatte:

„Vielen Menschen wäre es lieber, sie müssten nur einen Teil der Abgaben tatsächlich als Steuern für die Finanzierung der staatlichen Grundaufgaben entrichten und sie würden einen weiteren Beitrag nach eigenem Gutdünken auf Gemeinwohlinitiativen verteilen. Bei Spitzenverdienern könnte das so aussehen, dass 30 Prozent vom Fiskus

---

[173] die Enteignung der Besitzer von Produktionsmitteln durch ökonomische oder politische Gewalt im Interesse einer sozialen Klasse, vgl. www.de.wikipedia.org/wiki/Enteignung#Marxismus

vereinnahmt werden, während 20 Prozent auf freiwilliger Basis in gemeinwohlorientierte Maßnahmen fließen. Dass also eine bedeutende steuerliche Entlastung folgt, die es dem Bürger ermöglicht, sich dort gezielt einzubringen, wo er seine Neigungen, den größten Bedarf und seine höchste Kompetenz sieht. Wohlgemerkt, diese 20 Prozent freiwillige Abgabe unterliegen dann auch keinerlei staatlicher Kontrolle mehr. Dennoch wird sich der Einzelne dieser Art der Partizipation nur sehr beschränkt entziehen können, weil ihm, verweigerte sich die Mehrzahl der Bürger, notwendige Komponenten der Grundversorgung fehlen, und weil die Nachbarn und Kollegen dafür sorgen werden, dass er sich nicht entzieht. Das Risiko, dass er es dennoch tut, muss eine gesunde Gesellschaft mittragen können." (Späth 1998, S. 70f)

Doch SLOTERDIJK betont in einem Interview mit dem *Handelsblatt*, dass es ihm gerade nicht um eine Steuererleichterung gehe, sondern nur um eine „*neue Sprachregelung zur Lenkung der öffentlichen Emotionen*":

„Die Spontaneität der Gabe hebt ihren Pflichtcharakter nicht auf – das geht den alteingefleischten Etatisten und Fiskalisten nicht in den Kopf. Nur von dieser Idee her, dass die gesamte Gesellschaft in Gabenströmen funktioniert und nicht mehr von Schuldsteuer her animiert wird, kann sich eine alternative Interpretation des sozialen Zusammenhangs ergeben." (Sloterdijk 2011, S. 74)

womit deutlich ist, dass SLOTERDIJK gar nicht den weltwirtschaftlichen Zusammenhang als „sozialen Zusammenhang" im Blick hat, sondern nur den einzelnen Nationalstaat. Und er begründet dieses – man muss sagen – Dilemma folgendermaßen:

„Wir leben bis auf weiteres im realen Sozialnationalismus, weil die Generationenverträge noch überwiegend im nationalen Format abgeschlossen werden [...] aber wir sind noch Lichtjahre entfernt von einem länderübergreifenden Sozialstaat." (ebd.)

Dass die heutige „soziale Frage" mehr denn je eine globale ist, d.h. vor allem mit den Dynamiken der globalisierten und liberalisierten *Wirtschaft* zusammenhängt und deshalb allein durch *staatliche* Mittel (und seien sie ‚länderübergreifend') nicht mehr befriedigend gelöst werden kann, zieht SLOTERDIJK in seiner Argumentation nicht in Erwägung.

Tiefgreifender als SPÄTH und SLOTERDIJK wendet sich der österreichische Globalisierungskritiker und Attac-Mitbegründer CHRISTIAN FELBER der internationalen Krisensituation zu. Er sieht deutlich, dass *die Wirtschaft selbst* aus sich heraus Entwicklungen anstoßen muss, wenn die zerstörerische Macht der kapitalistischen Marktwirtschaft gebändigt werden soll. Denn: „Wenn alle den eigenen Vorteil im Auge haben, behandeln sie die anderen nicht mehr als Gleiche, sondern als ‚Instrumente' und gefährden dadurch die Freiheit aller." (Felber 2010, S. 15) FELBER geht es um eine „Umpolung des Anreizrahmens" (ebd., S. 24) wirtschaftlichen Handelns:

„In Zukunft sollen auch in den Wirtschaftsbeziehungen die humanen Grundwerte, die das menschliche und gemeinschaftliche Leben gelingen lassen, gefördert und belohnt werden. Dafür müssten wir dem falschen Leitstern – Gewinnstreben und Konkurrenz – den rechtlichen Anreizrahmen ‚abschnallen' und diesen unserem mehrheitsfähigen Leitstern – Vertrauensbildung, Kooperation, Solidarität, Teilen – umschnallen. Der Anreizrahmen für die individuellen Wirtschaftakteure muss umgepolt werden von Gewinnstreben und Konkurrenz auf Gemeinwohlstreben und Kooperation." (ebd.)

Diese Umpolung sieht FELBER durch ein Belohnungssystem für gemeinwohlorientiertes Wirtschaften möglich. Durch ein Punktesystem sollen Unternehmen zum Beispiel für die Steigerung des Frauenanteils in den Leitungsgremien, für die Herstellung von biologisch abbaubaren Produkten, für die Verwendung von biologischen, fair gehandelten und regionalen Vorprodukten, für Lohngerechtigkeit, für Transparenz, für das Weitergeben von Wissen an Mitunternehmen, für Mitarbeiterfortbildungen oder die Einrichtung eines Betriebskindergartens etc. honoriert werden (ebd. S. 31). Dieses Punktesystem soll allen Kunden offen einsehbar sein und dem Unternehmen zusätzlich zur gesteigerten Kundenaufmerksamkeit verschiedene Vorteile eröffnen, z.B.: niedrigeren Mehrwertsteuersatz, günstigere Kredite bei der (ebenfalls von FELBER angeregten) *Demokratischen Bank*, Vorrang bei öffentlichem Einkauf und Auftragsvergabe, Forschungskooperationen mit Universitäten, direkte staatliche Förderungen (ebd. S. 34).

FELBERS Bewusstsein für einen die sozialen und ökologischen Zusammenhänge weckenden Ansatz stellt eine ebenso umfassende wie „praktikable" gesellschaftliche Innovation dar. Derartige das Wirtschaftsleben humanisierende Impulse gehören zu einer Überwindung des anonymen Steuerstaates dazu, denn erst unter Einbeziehung der Wirtschaftszusammenhänge in die Fragen des Gemeinwesens kann auch nach neuen Finanzierungsformen für das Bildungswesen gesucht werden.

"Haben solidarische Gesellschaften ein anderes Steuersystem als Leistungsgesellschaften?" wurde der in Villach lebende Künstler und Pädagoge WALTHER SCHÜTZ kürzlich von der SOL[174]-Redaktion gefragt (der übrigens Spenden als Basis für seine künstlerische Tätigkeit mehr Vertrauen entgegenbringt als staatlichen Subventionen, weil diese oft ganz willkürlich wieder gekürzt werden[175]). In seiner Antwort macht SCHÜTZ einmal mehr deutlich, dass sozial nachhaltige Entwicklungen von solidarischen Wirtschaftsbeziehungen ausgehen müssen:

„Staat, auch in seiner demokratischen Form, ist keineswegs der Ort, wo sich die Freiheit der Menschen manifestiert, sondern er ist von seiner ganzen Struktur darauf aufgebaut, primär einmal die Funktionsfähigkeit der Marktsphäre zu erhalten. Das heißt, zuallererst einmal die Eigentumsverhältnisse zu garantieren. Erst dann, wenn alles und alle ‚funktionieren‘, beginnt die Welt des demokratischen Diskurses, wo vielleicht auch ein Quantum ‚Solidarität‘ möglich ist. Heute, im Zeichen erreichter und überschrittener ökologischer Grenzen, ist die Frage nach der Solidarität und nach der Form des Tätigseins neu zu stellen: Es gilt zunächst einmal die Säulen des Systems zu hinterfragen und neue Formen des Wirtschaftens zu entwickeln. Solidarökonomie etwa ist so eine Idee, die es zu konkretisieren gilt. Nicht hinten herum ist nach einer privaten Produktion (vulgo ‚Leistung‘) über Steuern (‚Staat‘) die Solidarität herzustellen, sondern auf gleicher Höhe unter freien Menschen gilt es zu vereinbaren, was gebraucht wird, wie man es produziert und wie dies alles auch für zukünftige Generationen verträglich ist. That's it!" (Schütz 2010)

Nachsatz

Obwohl CHRISTIAN FELBER die Bedeutung der Erziehung für unser Sozialverhalten und damit für die „Umpolung" unserer wirtschaftlichen Beziehungen klar erkennt, kann es erstaunen, dass seiner vehementen Kritik am bestehenden Wirtschaftssystem nicht eine ebenso vehemente Kritik des staatlichen Erziehungssystems folgt. Er führt zwar sehr überzeugend aus, dass die heutigen Leistungsanforderungen an Kinder von Seiten der Schule und auch des Elternhauses eine intrinsische Motivation und eine Entdeckung der kreativen Gestaltungsfreude kaum zu-

---

[174] *SOL* (Gemeinschaft für Solidarität, Ökologie und Lebensstil): http://www.nachhaltig.at/
[175] vgl. www.kaernoel.at

lassen, mündet dann aber in einen wenig durchdachten Vorschlag: Die Einführung „fünf neuer Pflichtgegenstände in allen Schulstufen", nämlich „Gefühlskunde, Wertekunde, Kommunikationskunde, Demokratiekunde und Naturerfahrungskunde" (ebd. S. 87f), soll die heranwachsende Generation nun besser als bisher auf die Gemeinwohl-Ökonomie vorbereiten. Dass die Erziehung zu Konkurrenz, Profitstreben (Motivation durch künstliche Leistungsanreize wie gute Noten etc.) und unzureichende Verantwortlichkeit (die Kinder können den Schulalltag viel zu wenig mitgestalten) dem Schulsystem aber durch seine *strukturelle* Gestaltung immanent ist, taucht bei FELBER nicht auf. Denn schließlich – woher sollen die Impulse für ein solidarisches soziales Leben kommen, wenn durch zunehmende Zentralisation, Standardisierung und Selektion in den Bildungseinrichtungen inhumaner Konkurrenzdruck und Karrieredenken geradezu erzeugt werden?

Es gilt hier ganz klar zu erkennen, dass jegliches Konstruieren eines allgemeinen Bildungsplans – (und sei er noch so ethisch durchdacht) einer generellen staatlichen Einflussnahme in das Bildungswesen gleicht (vgl. Kapitel III.4.). Soll das Bildungswesen wirklich ein menschlicheres werden, dann gilt es, alle generalisierenden Elemente aus ihm zu entfernen, um der Entwicklung *individueller* Menschen wirklich Raum zu verschaffen und nicht wieder neue ‚Systemzwänge' zu errichten. Deshalb greifen hier FELBERS „Pflichtgegenstände" nicht nur zu kurz, sondern sie setzen vor allem ein falsches Zeichen, denn gerade Ansätze einer „vorgekauten" oder gar verordneten Ethik gilt es zu überwinden, wenn wirkliche Selbstverantwortung das gesellschaftliche Milieu bilden soll. Die Befreiung des Bildungswesens und der Aufbau solidarischer Wirtschaftsprozesse stehen in einem wechselseitigen Zusammenhang, den nicht zuletzt IVAN ILLICH ein Leben lang deutlich zu machen versuchte:

„Wir werden nicht über die Konsumgesellschaft hinausgelangen, sofern wir nicht vorher begreifen, dass die auf der allgemeinen Schulpflicht basierenden Bildungsinstitutionen unweigerlich eine solche Gesellschaft reproduzieren – was immer in ihnen gelehrt werden mag." (Illich 2003, S. 64)

Von der „Zwangsschenkung" zur Bildung freier solidarischer Beziehungen

> *„Dass das Kapital zum richtigen Zeitpunkt durch die Schenkung entwertet wird: darauf kommt zur Humanisierung des Kapitalismus alles an. Das ist Steiners Antwort auf die Marxsche Krisenzyklen-Theorie des Kapitalismus."* [176]
>
> STEPHAN EISENHUT

Wer vorbehaltlos das staatlich eingerichtete und finanzierte Bildungswesen analysiert, der muss ganz nüchtern feststellen, dass es seinen eigenen Ansprüchen immer weniger gerecht wird: Die Gesellschaft ist nicht gerechter geworden, die wirtschaftlichen Verhältnisse sind vielmehr immer weiter auseinandergerissen und von „Chancengleichheit" kann immer weniger die Rede sein. Woran liegt das? Und was sagt das über das real existierende Bildungswesen aus, wenn es offensichtlich wenig dazu beiträgt, dass die Gesellschaft demokratischer und solidarischer wird, das Bildungswesen hingegen selbst immer mehr, insbesondere durch verschärfte Reglementierungen, in Bedrängnis gerät?

Diese Fragen mögen absurd erscheinen, denn vom Bildungswesen zu erwarten, dass es Wesentliches zur Verbesserung der sozialen Verhältnisse beitragen könne, ist ja wohl reichlich naiv in einer Zeit, in der es immer offensichtlicher wird, dass das soziale Leben weitgehend durch globale Profitinteressen und eine immer weiter von der „Basis" sich abhebende Politik bestimmt wird. Warum also, und wie, sollte vom Bildungswesen ein entscheidender Impuls zur Verbesserung der sozialen Verhältnisse ausgehen können?

Zumeist wird vom Bildungswesen ja sogar etwas ganz anderes erwartet: Es soll die heranwachsende Generation für den internationalen Arbeitsmarkt „fit" machen. In diesem Verständnis spricht sich im Grunde eine doppelte Gedankenlosigkeit aus: Warum werden, erstens, die gegebenen Verhältnisse als eine unabänderliche Faktizität hingenommen? Und zweitens, warum meint man, staatlich für „Chancen-

---

[176] Eisenhut, 2005 S. 149

gleichheit" sorgen zu müssen, wenn gleichzeitig in der Wirtschaft letztendlich doch nur der Egoismus, also der Kampf aller gegen alle, als leitendes Prinzip hingenommen wird?

Bei näherer Betrachtung zeigt sich, dass die Ursache dieser Gedankenlosigkeit historisch begründet ist, nämlich in einer Denkgewohnheit, die noch in Vorstellungen aus einer Zeit festhängt, in der der Staat noch in einem ganz anderen Verhältnis zur Wirtschaft stand. Vorstellungen also, die mit der konkreten Wirklichkeit unserer Gegenwart nichts mehr zu tun haben! Noch JOHANN GOTTLIEB FICHTE konnte zu Beginn des 19. Jahrhunderts glauben, mit seiner Vision eines „geschlossenen Handelsstaates" ein durch die allseitig gerechte staatliche Verteilungsaktivität ausgeglichenes Gemeinwesen aufbauen zu können (vgl. Fichte 1977). Er konzipierte einen Staat, der durch „Abgaben" (Steuern) vielerlei öffentliche Aufgaben (z. B. allgemeine Bildung) finanzieren sollte. In vieler Hinsicht wurden FICHTES Gedanken für die Entwicklung des deutschen Nationalstaates leitend. Es könnte vielleicht sogar gesagt werden: So wie ADAM SMITHS These von der „Selbstregulierung der Märkte" durch die Eigeninteressen der Marktteilnehmer für die moderne Wirtschaft prägend wurde, so findet sich heute andererseits FICHTES Entwurf einer nationalen Sozialisierung in gewisser Weise als Grundlage der Konzeption des modernen Sozialstaates wieder. Zusammen nennt sich das dann „soziale Marktwirtschaft" (siehe auch Kapitel II.3.). FICHTES Utopie des „geschlossenen Handelsstaates" konnte jedoch schon zu seiner Zeit der sich entfaltenden Weltwirtschaft nicht mehr gerecht werden. Mit der Globalisierung, wie sie spätestens seit 1989 vollends im Gang ist, ist FICHTES Vision hinfällig geworden, denn ein geschlossener Handelsstaat hat als positive Gesellschaftsvision wohl endgültig ausgedient (und nordkoreanische Verhältnisse sind wohl niemandem zu wünschen).

Schon SCHILLER bemerkte den mangelnden Wirklichkeitsbezug in FICHTES einseitig vernunftgeleitetem System. So lehnte er in einem Brief an diesen vom 24. Juni 1795 die Veröffentlichung eines Fichteschen Aufsatzes in seiner Zeitschrift *Die Horen* mit der Begründung ab, dass „der Trieb nach Existenz oder Stoff (der sinnliche Trieb) [...] gar keine Stelle darin" habe (zit. nach Brunner 2005, S. 32). In diesem Sinne war SCHILLER einer der ersten Theoretiker des *Post-Development*, denn er wollte keinen abstrakt ausgedachten Plan, dem sich die Menschen dann unterzuordnen hätten. Dort, wo FICHTE seine Leser durch die Stringenz der Logik zum Verstehen *zwingen* möchte (er veröffentlichte 1801 seinen *Sonnenklaren Bericht an das größere Publikum über das eigentliche Wesen der neusten Philosophie – Ein Versuch die Leser zum Verstehen zu zwingen*), geht es SCHILLER um die dialogische Vermittlung durch die ästhetische Wahrheit, d.h. durch die *Kunst* und den Prozess des *Spiels*.

Wenn die Wirtschaft immer weniger nationalstaatlich ‚gefasst' werden kann, weil sie sich zunehmend den nationalstaatlichen Besteuerungsmechanismen entzieht, dann muss gefragt werden, welche Instanz in Zukunft der Wirtschaft Impulse vermitteln kann, damit diese sich trotzdem verantwortlich mit dem sozialen Leben verbindet. Es kann ja nicht sein, dass wir weiterhin von einer Spekulationsblase in die nächste stolpern und eine Korrektur des „Systems" ausschließlich von Zusammenbrüchen erwarten – ist eine solche Sichtweise des Menschen würdig? Wo ist die Instanz zu suchen, die hier sinnstiftend eintreten kann?

Diese Instanz ist die mündig werdende Bürgerin, der mündig werdende Bürger, d.h. der initiativ werdende Mensch selbst. Die Selbstverwaltung des Bildungswesens ist deshalb kein Luxus elitärer Kreise, sondern eine soziale Notwendigkeit. Man könnte sagen: im Bildungsbereich entscheidet sich sowohl inhaltlich als auch strukturell, welche Sozialkultur eine Gesellschaft prägt. Insofern steht im Verständnis darüber, wer für die Erziehung und Betreuung der Kinder, für Bildung und Wissenschaft gesellschaftlich zuständig sei, ein grundlegender *Paradigmenwechsel* an:

> „Nehmt dem Staat die Schulen ab, nehmt ihm das geistige Leben ab, gründet das geistige Leben auf sich selbst, lasst es durch sich selbst verwalten, dann werdet ihr dieses geistige Leben nötigen, den Kampf fortwährend aus seiner eigenen Kraft zu führen: Dann wird aber dieses geistige Leben auch von sich aus in der richtigen Weise zum Rechtsstaat und zum Wirtschaftsleben sich stellen können, wird zum Beispiel das geistige Leben gerade – ich habe das in meiner sozialen Schrift, die nunmehr fertig wird in den nächsten Tagen[177], ausgeführt –, dann wird das geistige Leben auch der richtige Verwalter des Kapitals sein." (Steiner 1980, S. 24)

---

[177] gemeint waren: *Die Kernpunkte der sozialen Frage*, vgl. Steiner 1996

So radikal dieser Aufruf auch anmuten mag, im Kern beschreibt er nur den notwendigen Zusammenhang von Freiheit und Verantwortung. Das heißt erstens: Niemand kann „Freiheit" fordern, ohne sich selbst um die Bedingungen dieser Freiheit zu kümmern. Und zweitens: Je mehr wirklich freie Initiative im Bildungswesen entfaltet wird, desto bewusster kann sich das individuelle Verhältnis zum Rechtsstaat und zum globalen Wirtschaftsleben entwickeln. Das Initiieren freier Bildungsräume bedeutet gleichzeitig das rechtliche Eintreten für die Bildungsfreiheit wie auch den Aufbau von ganz neuen, individuell verantworteten wirtschaftlichen Kooperationen.

Da der Übergang in die wirtschaftlich global zusammenarbeitende Menschheit bis heute aber immer noch nicht bis in die Gestaltung der sozialen Verhältnisse hinein seine konkrete Resonanz gefunden hat, sondern durch nationalwirtschaftliche Begriffe überlagert wird, ist auch eine Neu-Konzeption des Bildungswesens bisher ausgeblieben. In dem Moment aber, wo freie Bildungsinitiativen beginnen, eigene Bezüge auszubilden, werden auch gesamtgesellschaftlich Kräfte angeregt, durch die eine neue, sozial verantwortliche Wirtschaftskultur und eine wirkliche Demokratie aufgebaut werden können. Indem sich also das Bildungswesen bewusst auf eigenen – zivilgesellschaftlichen – Boden stellt, kann eine Gegenbewegung zu den sich hochschaukelnden Problemen eines überforderten (Sozial-) Staates und einer bloß an der Gewinnmaximierung orientierten Wirtschaft in Gang gesetzt werden.

Konkret: Durch die schrittweise Befreiung des Kultur- und insbesondere Bildungslebens würde sich vor allem das Verhältnis der Konsument/innen zur Wirtschaft verändern. Waren die staatlich finanzierten Kulturschaffenden und Lehrkräfte in gewisser Weise mit ‚abstraktem' Geld ausgestattet und deshalb der Wirtschaft ausschließlich als private Kund/innen gegenübergestellt, so werden sie zunehmend genauer hinschauen, welchen Wirtschaftsprozess sie mit ihrem Kauf unterstützen.

„Es ist leicht einsehbar, dass sich eine viel intensivere Beziehung zwischen Wirtschaft und Zivilgesellschaft ausbilden würde, wenn die Bildungs- und Kultureinrichtungen wirklich frei finanziert wären, denn jeder Kauf würde daraufhin geprüft, ob das jeweilige Unternehmen sozial und kulturell nachhaltig oder nur egoistisch und gewinnmaximierend wirtschaftet." (Brunner 2012, S. 41)

D.h., die bis dahin mehr oder weniger abstrakten staatlichen und wirtschaftlichen Kalkulationen würden zunehmend durch das persönliche Gespräch und konkrete, sich bildende Beziehungen durchdrungen – und dadurch transparent. Die Befreiung des Bildungswesens bringt also zugleich eine neue Wirtschaftskultur mit sich, und letztendlich auch eine verstärkte (Wieder-) Anbindung des Bürgers an die demokratischen Entscheidungsorgane. Nun beginnen zum Beispiel die pädagogisch Tätigen, nicht mehr nur „betriebsintern" im Rahmen ihrer Schule/Universität zu „wirtschaften" (bzw. ihr staatlich gewährtes Budget zu verwalten), sondern sie beginnen, ihre eigene Einrichtung in eine unmittelbare Beziehung zu den im Wirtschaftsleben Tätigen zu bringen. Sie werden zunehmend bis in die innere Verwaltung des Wirtschaftslebens ihre eigenen Interessen einzubringen bemüht sein, bis hin zu einer beratenden Mitsprache bei der Verwaltung der Gewinne – die dadurch immer weniger dem Kreislauf des sozialen Lebens entzogen, sondern wieder vermehrt durch Schenkungen in das Kultur- und Bildungsleben zurückfließen würden.

Durch den hier skizzierten Zusammenhang kann deutlich werden, welche Verantwortung gerade die bereits existierenden „freien" Initiativen haben. Denn das Wesentliche ist ja nicht damit erreicht, dass der eigenen Einrichtung eine gewisse Freiheit zugestanden wird, sie sich aber gleichzeitig in die alten Strukturen staatlicher Finanzierung einnistet. Man setzt damit ein falsches Zeichen, denn dadurch, dass man staatliche Gelder annimmt, wird der Staat in seiner Funktion als Leiter des Bildungswesens bestätigt. Ein wesentliches Problem staatlicher Finanzierung von Einrichtungen des Bildungswesens ist, dass durch die garantierte Regelmäßigkeit der Finanzierung ein Automatismus in die Einrichtung einzieht, der sich schleichend als Routine und Konvention niederschlägt – und damit neue Freiheitsimpulse unterdrückt, weil die „Routiniers" vermeintlich „unabhängig" ihre Gewohnheiten pflegen können. Dieses Institutionalisierungs-Problem, hat bereits Rudolf STEINER als grundsätzliches Problem von Organisationen des Geisteslebens thematisiert.[178] Auch der Lehrer einer „freien Schule" ist letztendlich doch nur ein Angestellter einer übergeordneten Behörde – während die sonstigen Verhältnisse der abstrakten Kalkulation des *Homo Oeconomicus* überlassen bleiben.

Da dies zu selten durchschaut wird, zeigt sich das erstaunliche Bild, dass in den letzten Jahrzehnten zwar immer mehr „Freie Schulen" gegründet, die Freiheitsrechte im Bildungswesen aber gleichzeitig zunehmend eingeschränkt wurden. Deshalb ist die staatliche Finanzierung „freier" Initiativen grundsätzlich ein nicht auflösbarer Widerspruch, der nur dadurch überwunden werden kann, dass sich die freien Initiativen grundlegender orientieren, d.h. eben: dass sie schrittweise beginnen, die staatliche Subvention durch vielfältige freie wirtschaftliche Bezüge zu ersetzen, um in eine lebendige Beziehung zum realen sozialen Leben zu treten.

Je mehr Schulen sich in dieser Weise orientieren (selbstverständlich nur im Rahmen des konkret Möglichen) und sich mit anderen verwandten Initiativen verbinden, umso breiter kann die Wirkung für eine freiheitlichere Gesetzgebung im Politischen werden. Denn natürlich geht es nicht nur darum, zur Wirtschaft neue Beziehungen aufzubauen, sondern auch darum, im Politischen mehr Verständnis für die Notwendigkeit freier Bildungskultur zu schaffen. Insofern gilt es einerseits, den von der sozialen Realität entkoppelten wirtschaftlichen Prozessen wieder eine menschliche Anbindung zu geben; und andererseits, die anmaßende Haltung vieler Politiker/innen, die immer noch meinen, für „das Volk" den Bildungsplan festlegen zu müssen, zurückzudrängen.

Der Sorge, dass durch eine Entstaatlichung gleichzeitig die Ökonomisierung der Bildung vorangetrieben würde, entgegnet THOMAS BRUNNER:

---

[178] „Lassen Sie einmal eine Generation ihr Geistesleben freier entfalten und dann dieses Geistesleben organisieren, wie sie es will: es ist die reinste Sklaverei für die nächstfolgende Generation. Das Geistesleben muss wirklich, nicht etwa bloß der Theorie nach, sondern dem Leben nach, frei sein. Die Menschen, die darinnenstehen, müssen die Freiheit erleben. Das Geistesleben wird zur großen Tyrannei, wenn es überhaupt auf der Erde sich ausbreitet, denn ohne dass eine Organisation eintritt, kann es sich nicht ausbreiten, und wenn eine Organisation eintritt, wird sogleich die Organisation zur Tyrannin. Daher muss fortwährend in Freiheit, in lebendiger Freiheit gekämpft werden gegen die Tyrannis, zu der das Geistesleben selber neigt." (Steiner 1971, S. 72)

„Die Befürchtung, dass die Bildung durch größere Autonomie in eine neue Abhängigkeit der Wirtschaft geraten könnte, übersieht, dass gerade – im Gegenteil – die staatliche Bildungsbevormundung den Effekt mit sich bringt, dass wirtschaftliche Interessen federführend werden und eine elitäre Bildungslandschaft entsteht, weil der einzelne Mensch nicht als verantwortlicher Mitgestalter zur Geltung kommen kann. Alle wahrhaft befreite Bildung würde hingegen gerade der Wirtschaft neue soziale Impulse zuführen." (Brunner 2009a, S. 27f)

Dadurch, dass zivilgesellschaftlich selbstverwaltete Bildungsräume für ihr Wachsen und Gedeihen auf lebendige Beziehungen zu ihrem konkreten sozialen Umfeld (auch wirtschaftlich) angewiesen sind, bieten sie der jungen Generation einen einmaligen Erfahrungsraum. Auch wenn die Prozesse nicht immer „wie geschmiert" laufen, so ist doch für die Kinder beispielsweise ein konkretes menschliches Bemühen, das Formulieren und Vertreten eines inneren Anliegens und der konstruktive Umgang mit sozialen Konfliktsituationen erlebbar. Sicherlich, eine echte kollegiale Selbstverwaltung erfordert ein hohes Maß an Selbstdisziplin, Ehrlichkeit und Engagement von allen Beteiligten, und auch „freie Initiativen" sind vor unschönen persönlichen Machtkämpfen nicht gefeit. Dennoch, im Verhältnis zu den vordefinierten Sozialräumen des heutigen Schulsystems, in das sich der Einzelne nur noch als Rädchen im Getriebe einfügen kann, eröffnen sie großartige Möglichkeiten und ein reiches soziales Lernfeld. Denn:

„Staatsschule ist traditionell ein Ort der Herrschaftserfahrung und der hierarchischen Kommunikation. Eine Zivil- und Bürgergesellschaft benötigt aber Partizipations- sowie Dialogerfahrungen als Sozialisationswurzeln." (Klemm 2009, S. 79)

Und schließlich ist zu fragen:

„Wie soll Mündigkeit bewerkstelligt werden, wenn die Institutionen, in denen dies statthaben soll, gerade durch das Gegenteil davon, nämlich durch bürokratische Bevormundung und Besserwisserei, durch die institutionelle Union von Macht und Wissen charakterisiert sind?" (Sohm 1996:309f)

Gerade das *soziale* Lernfeld im Rahmen selbstverwalteter Bildungsinitiativen ist ein wesentliches, wenn wir auch unsere *wirtschaftlichen* Beziehungen immer ‚sozialer' gestalten wollen. Der einseitig nach vordergründig eigenen Interessen handelnde und ständig rational kalkulierende *Homo Oeconomicus* ist ein sozialwissenschaftliches Konstrukt.

Und wenn sich heute tatsächlich einige Exemplare dieses Menschentyps auf unseren Straßen tummeln sollten, so sind sie ihrerseits von zivilisatorischen Mechanismen beeinflusst. Die Rückwirkungen der soziologischen Struktur auf unsere psychischen Eigenarten hat zum Beispiel ERICH FROMM u.a. in seinen Vorlesungen zur *Pathologie der Normalität* aufgearbeitet. Der sich heute so dreist auslebende wirtschaftliche Egoismus ist eben in gewisser Weise nur das Gegenstück zu einer abstrakten Sozialgestaltung, die den einzelnen Menschen nur noch durch Zahlen mit der sozialen Gemeinschaft verbindet, ihn psychisch aber immer mehr partikularisiert. Auch unser modernes Steuersystem wirkt aufgrund seiner Anonymität partikularisierend. STEINER bezeichnete Steuern mitunter als „Zwangschenkungen" und sprach sich in diesem Punkt einmal mehr gegen verschleierte Verhältnisse aus:

„Die Menschen machen sich nur etwas vor. Sie sagen sich: Ja, in einem gesunden sozialen Organismus[179] gibt es keine Schenkungen. Aber sie zahlen ihre Steuern. Die Steuern sind ja nur der Umweg; denn darin sind die Schenkungen, die wir an die Schulen und so weiter abgeben, das sind Schenkungen. Die Menschen sollten aber eine solche soziale Ordnung haben, wo sie immer sehen, wie die Dinge laufen." (Steiner 1922, S. 63f)

Die zentrale Bündelung der Steuergelder entspricht im Grunde einem anachronistischen Gesellschaftsmodell, in dem der Staat nicht als ein neutraler, transparenter Rechtsstaat in Erscheinung tritt, sondern als wirtschaftendes und lenkendes Subjekt. Doch seine Zuwendungen bleiben beziehungslos, sie können ein lebendiges soziales Leben nicht ersetzen und eröffnen dadurch dem Einzelnen kaum entwicklungsfähige soziale Bezüge. Dabei geben gerade diese unmittelbaren sozialen Bezüge einer Gesellschaft ihren inneren Zusammenhalt und dem individuellen Leben Sinn. So hat der Neurobiologe JOACHIM BAUER *gelingende soziale Beziehungen* als wesentliche Quelle menschlicher Motivation identifiziert: „Die beste Droge für den Menschen ist der

---

[179] Der Organismusbegriff taucht bei Steiner zwar immer wieder auf, soll aber keineswegs als selbstläufiger, quasi „natürlicher" Kreislauf verstanden werden, in den die einzelnen Menschen „eingeordnet" sind. Steiner selbst wehrte sich gegen jede Form von „Sozial-Biologismus": „Darauf kommt es aber an, dass man begreifen lernt, dass die Menschen zu höheren Begriffen noch kommen müssen, als der des Organismus ist, wenn sie die soziale Struktur begreifen wollen. Diese soziale Struktur kann niemals als Organismus begriffen werden; sie muss als Psychismus, als Pneumatismus begriffen werden, denn Geist wirkt in jedem gesellschaftlichen Zusammenleben der Menschen." (Steiner 1967, S. 358)

Mensch." (Bauer 2006, Klappentext) Ein Bildungsleben, das uns in das Bemühen um gelingende soziale Beziehungen hineinwachsen lässt, ist also ein wichtiger Baustein für eine solidarische Gesellschaft. Denn es legt unseren inneren Bezug zu ganzheitlichen Interessen, die über den kurzfristigen eigenen Vorteil hinausgehen, frei:

> „Das befreite Geistesleben wird soziales Verständnis ganz notwendig aus sich selbst entwickeln; und aus diesem Verständnis werden Anreize ganz anderer Art sich ergeben als der ist, der in der Hoffnung auf wirtschaftlichen Vorteil liegt." (Steiner 1996, S. 108)

Die Frage *„Aber wie werden sich die Kinder dann später am Arbeitsmarkt durchsetzten können?"* ist also einfach falsch gestellt – sind doch Kinder und Jugendliche nicht nur zukünftige *Objekte* des globalen Arbeitsmarktes und seiner Anforderungen, sondern auch verantwortliche *Subjekte* einer zukünftigen Gesellschaftsgestaltung. Derartige Ängste von Pädagog/innen und Bildungsexpert/innen, vor allem aber von Eltern sind ein nicht zu unterschätzendes Hindernis auf dem Weg zu einer freien Lernkultur. Das staatliche Pflichtschulsystem und die Wirtschaftsordnung des *Homo Oeconomicus* stützen sich gegenseitig – Schulkritik ist also immer auch Systemkritik, darauf wies auch ULRICH KLEMM in seiner Streitschrift *Mythos Schule* hin (vgl. Klemm 2009).

Eine volkswirtschaftliche Theorie, die diesen Zusammenhang eingearbeitet hat, liegt mit RUDOLF STEINERS Konzeption der *Sozialen Dreigliederung* vor. Er nimmt sowohl die freie individuelle Initiative als auch die freie Schenkung in seinen Gesellschaftsentwurf auf – er macht seine Rechnung also nicht ohne den individuellen Menschen. STEPHAN EISENHUT hat in diesem Zusammenhang STEINERS volkswirtschaftliche Theorie mit der von KARL MARX verglichen – und kommt zu dem Ergebnis, dass beide dem Kapitalismus eine immanente Krisenanfälligkeit attestieren, indem sich durch die gängige Vorstellung von Natur, Arbeit und Kapital, vor allem aber durch das moderne *Eigentumsrecht* die Tendenz ergibt, dass sich das Vermögen bei wenigen bündelt und Spekulationsblasen erzeugt – und so ein krisenhafter Kreislauf in Gang gesetzt wird, der den gesamten volkswirtschaftlichen Prozess schädigt. Während MARX nun eine zwangsweise „Vergesellschaftung der Produktionsmittel" und eine rigorose staatliche Umverteilung als Lösung formuliert, sieht STEINER es als

„notwendig an, dass das Kapital an einem bestimmten Zeitpunkt ins Geistesleben überführt wird und dort sozusagen sein ‚Ende' findet. Er nennt diesen Vorgang eine *Schenkung*, insofern der Begriff der Schenkung beinhaltet, dass hier durch Überführung des Kapitals aus dem Wirtschaftsleben in das Geistesleben eine Leistung erbracht wird, ohne dass von dem Beschenkten eine – hier wirtschaftliche – Gegenleistung erwartet wird. Der Beschenkte bleibt frei, die Schenkung in dem Sinne zu verwenden, wie er es für richtig erachtet. Das aber ist für Steiner eine zentrale Bedingung für die freie Entwicklung des Geisteslebens." (Eisenhut 2005, S. 148, Herv. d. A.)

„Das reine Geistesleben hat im sozialen Leben die Aufgabe, dass Fähigkeiten sich ausbilden können. Solche Fähigkeiten können im Wirtschaftsleben angewendet, nicht aber wirklich entwickelt werden. Es ist auf den Zustrom aus dem Geistesleben angewiesen, wenn es auf einer hohen Produktivität arbeiten können soll. Das Geistesleben verhält sich hingegen gegenüber dem Wirtschaftsleben so wie ein reiner Konsument. Es bringt keine Waren hervor – denn Fähigkeiten sind keine Waren –, ist aber auf den Verbrauch von Waren angewiesen. Es ist daher auf den Zustrom von Geld angewiesen, wenn es fruchtbar arbeiten soll." (Eisenhut 2005, S. 146)

Das Bildungswesen darf also in diesem Sinne als „reiner Konsument" selbstbewusst werden, es muss sich nicht dem Zwang unterwerfen, auch als ganz normaler ‚Dienstleistungsbetrieb' nach der Marktlogik zu funktionieren! Es darf seiner ‚eigenen Logik' gemäß handeln – was selbstverständlich auch Aspekte einer gesunden und nachhaltigen Wirtschaftlichkeit beinhaltet, diese aber nicht zum Selbstzweck werden lässt. Und die Wirtschaft ist letztendlich ebenso von einem kreativen Bildungswesen abhängig – und gerade eine am Gemeinwohl orientierte Wirtschaft wird nicht an konditionierten ‚Fachidioten', sondern an gesund entwickelten, intrinsisch motivierten und lernfähigen Persönlichkeiten interessiert sein.

Beispiele einer freien Bildungs- und Kulturfinanzierung

– HUMBOLDTS UNIVERSITÄTSGRÜNDUNG IN BERLIN –

Bereits in seiner Frühschrift zu den „Grenzen der Wirksamkeit des Staates"[180] problematisierte WILHELM VON HUMBOLDT die Eigenart abstrakter staatlicher Gelder für das Gemeinwesen:

> „Wie jeder sich selbst auf die sorgende Hilfe des Staats verlässt, so und noch weit mehr übergibt er ihr das Schicksal seines Mitbürgers. Dies aber schwächt die Teilnahme und macht zu gegenseitiger Hilfsleistung träger." (Humboldt 2002, S. 34)

Als er dann 1808 daran ging, die Gründung einer Universität in Berlin vorzubereiten, schrieb HUMBOLDT an den preußischen König FRIEDRICH WILHELM III. folgende Gedanken zur Finanzierung der Universität:

> „Die Kosten der Errichtung einer Universität sind in Berlin bei weitem minder bedeutend als an einem andern Orte. Allein man darf sie sich dennoch nicht zu gering denken. Unter 60 000 Taler sicherer jährlicher Einkünfte würde ich nichts Bedeutendes zu unternehmen wagen. [...] Ich bin weit entfernt Ew. Königliche Majestät zu bitten, eine solche Summe auf die Königlichen Kassen anzuweisen. Es wird vielmehr immer für mich ein Haupt-Grundsatz bei der Verwaltung des mir anvertrauten Amtes sein: mich zu bemühen, es nach und nach (weil es auf einmal freilich unmöglich ist) dahin zu bringen, dass das gesamte Schul- und Erziehungswesen nicht mehr Ew. Königlichen Majestät Kassen zur Last fallen, sondern sich durch eignes Vermögen und durch die Beiträge der Nation erhalte. – Die Vorteile dabei sind mannigfaltige. Erziehung und Unterricht, die stürmischen wie in ruhigen Zeiten gleich notwendig sind, werden unabhängig von dem Wechsel, den Zahlungen des Staates so leicht durch die politische Lage und zufällige Umstände erfahren. Auch ein unbilliger Feind schont leichter das Eigentum öffentlicher Anstalten. Die Nation endlich nimmt mehr Anteil an dem Schulwesen, wenn es auch in pecuniärer Hinsicht ihr Werk und Eigentum ist, und wird selbst aufgeklärter und gesitteter, wenn sie zur Begründung der Aufklärung und Sittlichkeit in der heranwachsenden Generation tätig mitwirkt." (Humboldt 1999 Bd. 6, S. 31f)

HUMBOLDTS Bestrebungen gingen also in die Richtung, der Universität durch vom Staat überantworteten Grundbesitz („eigenes Vermögen") und durch Zuwendungen der Bürger („Beiträge der Nation") eine wirtschaftliche Basis zu sichern. Für das Schulwesen wollte er außerdem

---

[180] siehe auch Humboldt-Kapitel im ersten Teil

Schulsozietäten einrichten, in denen Eltern, Lehrer und Freunde sich zu einer die jeweilige Schule tragenden Vereinigung verbinden (vgl. Spitta 2006, S. 40f).

Der Traum einer bürgerschaftlich finanzierten Universität sollte sich jedoch nicht erfüllen, denn bereits 1816 schrieb HUMBOLDT an seinen Freund NICOLOVIUS: „Ich sehe wie Sie, dass die Berlinische Universität mehr noch als untergeht", denn „der Geist ist aus allem gewichen." (Humboldt 1952, S. 376) – Die Universität nahm als staatlich finanzierte Institution einen ganz anderen Weg als den ursprünglich von ihm intendierten.

Im Jahr 2009 hat CHRISTOPH MARKSCHIES, der damalige Präsident der Humboldt-Universität zu Berlin (wie Humboldts Gründung von 1810 heute heißt), an die ambivalente weitere Erfolgsgeschichte dieser Institution erinnert und mit einem aktuellen Vorschlag verbunden:

„Unsere Universitäten müssen Stiftungsuniversitäten werden. Bis auf den heutigen Tag krankt die deutsche Universität an ihrer Erfolgsgeschichte im neunzehnten Jahrhundert: Während Humboldt eine von staatlichem Einfluss freie Stiftungsuniversität intendierte, übernahm der preußische Staat die Berliner Gründung in seine Verantwortung, und baute sie zur Weltgeltung aus. (...) Da der Staat heute nicht mehr in der Lage ist, die Universitäten auskömmlich zu finanzieren, muss Humboldts 200 Jahre alte Idee endlich in die Tat umgesetzt werden: die führenden deutschen Universitäten müssen in Stiftungsuniversitäten umgewandelt werden, damit zu der knappen staatlichen Förderung größeres und kleineres zivilgesellschaftliches Engagement treten kann." (Markschies 2009)

– RUDOLF STEINER UND DIE ERSTE WALDORFSCHULE IN STUTTGART –

Die erste *Freie Waldorfschule* wurde 1919 in Stuttgart als Betriebsschule für die Kinder der Arbeiter der Zigarettenfabrik Waldorf Astoria durch den Eigentümer der Fabrik EMIL MOLT unter der pädagogischen Leitung von RUDOLF STEINER begründet. Für die Kinder der Arbeiterschaft war der Schulbesuch kostenlos, d.h. EMIL MOLT kam durch persönliche Stiftungen für die gesamten Kosten der neu gegründeten Schule auf.

„Wirtschaftlich und rechtlich gesehen war die Schule ein Teil der Waldorf-Astoria-Zigarettenfabrik, von der sie ja auch ihren Namen hatte. [...] Schulgeld wie Lehrmittel waren für alle Kinder von Werkangehörigen frei. Als ‚Waldorfkind' galt aber schon, wer auch nur ‚einen näheren Verwandten in der Firma' hatte. [...] Entgegen Molts ursprünglicher Absicht kamen immer mehr Kinder in die Schule hinein, die keinerlei Zusammenhang mit der Waldorf-Astoria hatten. [...] Die Fabrik hatte keinerlei Ursache, für die werkfremden Kinder die Schulkosten zu übernehmen. Für diese musste eben – nach Selbsteinschätzung der Eltern – Schulgeld entrichtet werden." (Erich Gabert, in: Steiner 1975, S. 22f)

Da jedoch der Schulbesuch nicht von den Einkommensverhältnissen der Eltern abhängig sein sollte, wurde nach erweiterten Möglichkeiten gesucht, Spenden zu empfangen.

„Sache der Fabrik war das sicherlich nicht. Deshalb musste im Mai 1920 ein eigener Rechtsträger geschaffen werden, ein ‚Verein Freie Waldorfschule' wie er zuerst amtlich hieß." (ebd. S. 23)

Neben Vereinsmitgliedern, die regelmäßige Beiträge zahlten, gab es auch Spender und „Schulpaten", die gezielt für einzelne Kinder das Schulgeld übernahmen. Grundsätzlich sollte die Finanzierung des Bildungswesens aber „von unten" geleistet werden, wie HANS KÜHN, ein enger Mitarbeiter RUDOLF STEINERS, über dessen Finanzierungsgrundsätze schrieb:

„Eine Schule oder Hochschule zum Beispiel dürfe weder durch den Staat noch durch die Industrie oder eine Treuhand-Organisation finanziert werden, sondern stets von unten durch Schüler und Studenten, dass auch die Lehrer sich wirtschaftlich selbst erhalten würden. Wo die Mittel fehlten, müssten andere Institutionen einspringen, um die nötigen Stipendien zu geben; buchmäßig müsse der Einzelne zahlen." (Kühn 1978, S. 30)

In diesem Zusammenhang wies RUDOLF STEINER im Stuttgarter Schulgründungsprozess immer wieder darauf hin, dass es allerdings nicht genüge, einen institutionsgebundenen Förderverein zu gründen. Denn, „ein solcher Schulverein wird überwiegend doch nur für seine eigene Schule sorgen." (Erich Gabert, in: Steiner 1975, S. 25) Deshalb war STEINER bestrebt, durch einen *Weltschulverein* in viel umfassenderem Maße eine Basis für die Befreiung des Bildungswesens zu schaffen:

„Zu alledem brauchen wir das, was ich nennen möchte ein internationales Streben für jegliches Schulwesen, aber ein internationales Streben, das nicht etwa bloß jetzt in der Welt herumgeht und überall Grundsätze verbreitet, wie Schulen eingerichtet werden sollen – das wird schon geschehen, wenn vor allen Dingen die Gelder beschafft werden für solche Schulen. Was wir brauchen ist ein Weltschulverein in allen Ländern der Zivilisation, dass so schnell wie möglich die größte Summe von Mitteln herbeigeschafft werde. Dann wird es möglich sein, auf Grundlage dieser Mittel dasjenige zu schaffen, was der Anfang ist eines freien Geisteslebens. Daher versuchen Sie, die Sie irgendwo hinkommen in der Welt, zu wirken dafür, dass nicht bloß durch allerlei idealistische Bestrebungen gewirkt wird, sondern dass gewirkt werde durch ein solches Verständnis für die Freiheit des Geisteslebens, dass wirklich im weitesten Umfange für die Errichtung freier Schulen und Hochschulen in der Welt Geld beschafft werde." (Steiner 1983, S. 248f)

– MAX REINHARDTS THEATERIMPERIUM –

In seiner Abschiedsrede kurz vor seiner Emigration aus Deutschland im Jahr 1933 lässt MAX REINHARDT nicht nur den außergewöhnlichen künstlerischen Erfolg des von ihm gegründeten *Deutschen Theaters Berlin* Revue passieren, sondern er betont auch die Besonderheit in der Finanzierung des Kulturhauses:

„Das Deutsche Theater ist das einzige künstlerische Privattheater der Welt, das sich ohne jede Subvention und daher frei von jeder politischen und parteilichen Bindung aus eigenen Mitteln erhalten hat. Hier sind die Klassiker immer wieder erneuert worden. Hier sind Büchner und Lenz, Hauptmann, Ibsen, Strindberg, Wedekind, Bernard Shaw, Tolstoi, Maeterlinck, Georg Kaiser, Sternheim, Werfel, Bruckner, Zuckmayer, Brecht und Horvarth dem lebendigen Spielplan einverleibt worden. Fast alle Schauspieler von Rang und Namen und alle fortwirkenden Bewegungen sind von diesem Hause ausgegangen. Man kann sagen, es war der Spiegel und die abgekürzte Chronik seiner Zeit." (Reinhardt 1996, S. 66)

In diesem Sinne kann der Zusammenhang des hier angedeuteten Bewusstseins für die Notwendigkeit einer freien und staatsunabhängigen Organisation und Finanzierung mit der überaus erfolgreichen Theaterarbeit von Max Reinhardt (er verhalf u.a. dem Wiener *Theater in der Josephstadt* zu neuer Blüte und gründete die *Salzburger Festspiele*) bemerkenswert erscheinen.

– ALBERT SCHWEITZERS HOSPITAL IN LAMBARENE –

Dass der Friedensnobelpreisträger ALBERT SCHWEITZER sein humanitäres Spital-Projekt in Lambarene/Gabun hauptsächlich durch eigene

Benefizkonzerte und Spendengelder aus Europa finanziert hat, dürfte bekannt sein – dass SCHWEITZER in diesem Zusammenhang aber staatliche Unterstützung regelrecht ablehnte, bezeugt dessen Freund STEFAN ZWEIG in einem Bericht:

„Nur das Wichtigste fehlt noch: das Geld für ein so weitreichendes Unternehmen, denn unter keinen Umständen will Albert Schweitzer von der französischen Regierung Unterstützung nehmen. Er weiß: Unterstützung bedeutet Abhängigkeit von Beamten, Kontrolle, kleinliche Einmengerei, Überschaltung eines rein human Gedachten ins Politische. So opfert er das Honorar seiner Bücher, gibt eine Reihe von Konzerten zugunsten seiner Sache, und Gesinnungsfreunde steuern bei." (Zweig 1955, S. 13)

– LERNPROJEKT *PESTA* IN ECUADOR –

Die Pädagogin REBECA WILD, die in Ecuador die freie Pestalozzi-Schule *Pesta* aufgebaut hat, beschreibt ihren Umgang mit der Finanzierung der Lerninitiative:

„Die Finanzierung dieser Schule war keine leichte Sache, und das erklärt zum Teil unser Interesse an alternativer Wirtschaft: Einerseits weil wir keine staatliche Unterstützung in Anspruch nahmen, denn die hätte zweifellos Unterwerfung unter die bestehenden Normen bedeutet. Andererseits wollten wir auch vermeiden, dass nur zahlungskräftige Eltern sich diese Alternative zum regulären Schulsystem leisten konnten. Dieser Zwiespalt motivierte uns, alternative Wirtschaftsformen auszuprobieren: zuerst eine zinslose Sparkasse, die uns half, Mitarbeitern und Eltern in Notfällen beizustehen. Und dann die Möglichkeit, ohne offizielles Geld mit Waren und Dienstleistungen zu handeln, die wir damals in Anlehnung an das kanadische LETS-System »SINTRAL« (Sistema de Intercambios y Transacciones Locales) nannten. Samstags veranstalteten wir im »Pesta« einen Markt ohne offizielles Geld. Eltern, die sich daran beteiligten, konnten 30 Prozent, arme Eltern sogar bis zu 100 Prozent des Schulgelds in alternativer Währung bezahlen. Ebenso wie die Kinder die Atmosphäre im »Pesta«, erlebten nun auch die Erwachsenen diese Märkte als »entspannte Umgebung«. An jedem Samstagsmarkt nahmen sie gemeinsame Mahlzeiten ein, machten Musik, redeten viel miteinander..." (Wild 2010)

So wird an dieser kleinen Initiative sehr schön sichtbar, was geschieht, wenn wirklich menschliche Beziehungen das Verhältnis von Bildung und Wirtschaft bestimmen.

– INTERNATIONALE NGOs –

Die grundlegende Problematik der Abhängigkeit, die man sich mit der staatlichen Finanzierung einhandelt, ist auch im internationalen NGO[181]-Bereich virulent. *Amnesty International* beispielsweise nimmt weder von Wirtschaftskonzernen noch von Regierungen finanzielle Unterstützung an, sondern sieht die eigene Unabhängigkeit nur durch eine Vielzahl privater Spenderinnen und Spender bzw. Mitglieder gewahrt.[182] Auch das *Avaaz-Kampagnen-Netzwerk* nimmt keine Spenden von Regierungen und Unternehmen an.[183]

– MUHAMMED YUNUS UND DIE GRAMEEN BANK –

Der Friedensnobelpreisträger und Gründer der *Grameen Bank* in Bangladesh, MUHAMMED YUNUS, äußert Bedenken bezüglich der Finanzierung von Entwicklungshilfe durch staatliche Gelder. In einem Interview mit der *Berliner Zeitung* antwortete er auf die Frage: „Ihre Projekte in Ehren, aber ist staatliche Entwicklungshilfe auf Dauer nicht effizienter als das, was Sie tun?" mit den deutlichen Worten:

„Um Gottes Willen, nein! Staatliche Stellen handeln immer viel langsamer als private Organisationen. Denn sie müssen viele Interessen berücksichtigen, abwägen und brauchen deshalb ewig, bis sie zu einem Ergebnis kommen. Im Übrigen versickert Entwicklungshilfe viel zu oft im Sumpf der Korruption." (Yunus 2008, S. 15)

– UNIVERSITÄT WITTEN/HERDECKE –

Welche Schwierigkeiten, Vorurteile und Borniertheiten dem begegnen können, der sich um neue Finanzierungsformen bemüht, das berichtet

---

[181] NGO: *non-governmental Organisation*, dt. NRO: *Nicht-Regierungsorganisation*. Bezeichnung für einen zivilgesellschaftlich zustandegekommenen Interessenverband. Der Begriff wurde im Englischen von den *Vereinten Nationen* eingeführt, um die zivilgesellschaftlichen Vertreter, die sich an den politischen Prozessen der UNO beteiligen, von den staatlichen Vertretern abzugrenzen. Er wird von und für Vereinigungen benutzt, die sich sozial- und umweltpolitisch engagieren, unabhängig von einer Beziehung zur UN. vgl. http://de.wikipedia.org/wiki/Nichtregierungsorganisation

[182] https://www.amnesty.de

[183] http://www.avaaz.org/de/about.php

KONRAD SCHILY sehr eindrücklich aus der Gründungszeit der Universität Witten/Herdecke[184]:

„Die Regierung sagte, dass unter der Voraussetzung von Studiengebühren in Witten/Herdecke eine Anerkennung nicht zu erwarten sei. Denn: Studiengebühren seien unsozial. Man habe dann nur noch die Kinder reicher Leute, und man wolle keine „Eliteuniversität". [...] Geld vom Staat sei natürlich auch nicht zu erwarten, denn wir seien ja privat und öffentliches Geld sei schließlich öffentlich und nicht privat. Als wir dann sagten: Wir gehen zur Industrie und werden dort um Geld bitten, kam der Deutsche Gewerkschaftsbund und schmähte: ‚Industrie- und Konzernuniversität'. Und auch heute noch fragen mich viele [...] unter welcher Auflage und mit welchem Druck die Mittel aus der Industrie uns gegeben würden. Sechshundert Jahre staatliches System, zweihundert Jahre Kulturverwaltungsetat und fast fünfzig Jahre Sozialstaat haben die Geister völlig in Verwirrung gebracht." (Schily 1993, S. 76f)

---

[184] Deutschlands erste anerkannte nicht staatliche Universität, gegründet 1983. „Nicht die Privatheit war das vordergründig zu Erreichende, aber die Privatheit wurde gesucht, um zum Beispiel die Erneuerung durch ein *Studium Fundamentale* auch tatsächlich durchführen zu können." (Schily 1993, S. 199) *Studium Fundamentale*: Allgemeinbildendes Begleitstudium (Kultur- und Gesellschaftswissenschaften, Philosophie, Kunst sowie Schulung kommunikativer Fähigkeiten) an einem Tag pro Woche, während der gesamten Studienzeit, vgl. www.uni-wh.de/studium/studium-fundamentale/

„Und was heisst das jetzt?"

Zusammenfassung und Ausblick

> *„In der Erziehung entscheidet sich, ob wir die Welt genug lieben, um die Verantwortung für sie zu übernehmen und sie gleichzeitig vor dem Ruin zu retten, der ohne Erneuerung, ohne die Ankunft von Neuen und Jungen, unaufhaltsam wäre. Und in der Erziehung entscheidet sich auch, ob wir unsere Kinder genug lieben, um sie weder aus unserer Welt auszustoßen und sich selbst zu überlassen, noch ihnen ihre Chance, etwas Neues, von uns nicht Erwartetes zu unternehmen, aus der Hand zu schlagen, sondern sie für ihre Aufgabe der Erneuerung einer gemeinsamen Welt vorzubereiten."* [185]
>
> HANNAH ARENDT

„Ich wünsche mir, dass es im Jahr 2040 kein Bildungsministerium mehr gibt" sagte kürzlich MARION WALDMANN, Direktorin eines Wiener Gymnasiums in einer Podiumsdiskussion zum Thema *Schule der Zukunft*. Es könne nicht sein, „dass jede Schule Versuchskaninchen für einen Reformkuddelmuddel ist, dem die Lehrer dann nachhecheln."[186] Die Diskussion über das richtige Bildungssystem und den besten Weg dorthin hat also Hochkonjunktur. Der von globalen Dynamiken (Bologna, PISA) bestimmte Umbau der über Jahrzehnte gewachsenen staatlichen Schul- und Universitätstradition sorgt für viele Fragen und noch mehr Antworten – Bildungsexperten sind gefragt wie nie.

Dass die gegenwärtigen zentralisierten und bürokratischen Strukturen erfolgreichen Bildungsprozessen im Weg stehen und „alternative" Lernmethoden mitunter effizienter zum Ziel führen, ist dabei immer öfter zu hören – dass Bildungsstandards und zentralisierte Prüfungen für die Qualitätssicherung unverzichtbar sind, jedoch genauso. Die Position, wie sie beispielsweise der Bildungsökonom LUDGER WÖßMANN vertritt, beherrscht zunehmend den Diskurs: mehr Autonomie in den einzelnen Schulen, gleichberechtigte staatliche Finanzierung der Privatschulen (und damit eine verstärkte Konkurrenz zwischen verschie-

---

[185] Arendt 1994, S. 276

[186] http://diepresse.com/home/bildung/schule/hoehereschulen/637770/Podiumsdiskussion_Schule-der-Zukunft, *Die Presse*, 28.2.2011 – Waldmann spricht stattdessen von einem Expertenteam, das auch über mehrere Legislaturperioden die Bildungsgeschicke leitet, und bleibt damit in ihren Zukunftsentwürfen leider im gewöhnten nationalstaatlichen und politischen Rahmen...

denen Bildungskonzepten), sowie gleichzeitig verpflichtende externe Evaluationen und zentralisierte (Abschluss-) Prüfungen. Es herrscht der Grundtenor, dass „Bildung der langfristig allerwichtigste Faktor für das volkswirtschaftliche Wachstum" sei (Wößmann 2011). „Was PISA misst, sollte nicht leichtfertig zur Seite geschoben werden, denn es hat empirisch gesehen große Auswirkung auf das Wirtschaftswachstum." (ebd.)

Dass *beide* Aspekte, die kulturtechnischen Basiskompetenzen der breiten Bevölkerung und das wirtschaftliche Wachstum, für die gesellschaftliche Entwicklung eines Landes *Faktoren unter anderen* sind, dass das Wachstum des Brutto-Inlands-Produktes alleine jedoch nicht als absoluter Entwicklungsindikator angesehen werden kann, durfte ich im Laufe des IE-Studiums mehr als einmal reflektieren. PISA folgt zudem einem absolut verengten Bildungsbegriff, der sich gerade für die globalen Herausforderungen des 21. Jahrhunderts als verheerend erweisen wird. Und zwar, nicht nur weil er einseitig auf rasch und standardisiert messbares Wissen und eine „Problemlösungsfähigkeit" im Rahmen erfundener und schlecht übersetzter „Knobelaufgaben" reduziert ist, sondern weil er junge Menschen ausschließlich als „Rädchen" im globalen Wirtschaftsgetriebe, nicht aber als Persönlichkeiten und zukünftige Mitgestalterinnen und Mitgestalter unserer Gesellschaft anfragt, die möglicherweise etwas Neues, von uns noch gar nicht Erwartetes einbringen wollen (wie es HANNAH ARENDT im Eingangszitat zur Sprache bringt).

Dass die Bildungsreformen immer noch in den abstrakten Kategorien eines anachronistisch gewordenen „Standort-Darwinismus" gedacht sind, lässt zur längst überfälligen *Globalisierung der Bildungsfrage* aufrufen: Auf globaler Ebene gibt es keine zentrale Schaltstelle mehr, sondern sie verlangt eigenständige Orientierungsleistungen von jedem und jeder Einzelnen von uns. Man könnte sagen, die Globalisierung verlangt uns allen die Fähigkeit zur Selbstbestimmung, zur Mitbestimmung und zur Solidarität regelrecht ab. Wir werden den Herausforderungen der Weltgesellschaft nicht gerecht, wenn wir das Bildungswesen weiterhin an überkommene nationalwirtschaftliche Strukturen binden!

Das pseudo-autonome und zwangs-evaluierte Bildungssystem eines Herrn WÖßMANN unterscheidet sich grundlegend von den in dieser Arbeit skizzierten zivilgesellschaftlich selbstverwalteten Bildungsräumen (auch wenn so mancher „Freund der Bildungsfreiheit" darin womöglich einen Fortschritt wähnen wird – schließlich werden die Freien Schulen ja endlich den staatlichen Schulen finanziell „gleichgestellt", und die Überprüfung nach nationalen Bildungsstandards, die müsse man eben aushalten, was vielleicht sogar als Gelegenheit gesehen wird, die eigene Qualität „unter Beweis" zu stellen...). *Ein freies Bildungswesen kann erst in realer Selbstverwaltung sein ganzes Potenzial entfalten – die pädagogisch Tätigen müssen die Rahmenbedingungen ihrer Arbeit selbst festlegen und auch jederzeit ändern können!*

Das Argument, dass die pädagogische Selbstverwaltung nicht zu verantworten sei, entlarvte STEINER schon vor beinahe hundert Jahren als schwerwiegendes *Vorurteil*:

„Allein woraus fließen diese Vorurteile? Man wird ihren antisozialen Geist erkennen, wenn man durchschaut, dass sie im Grunde aus dem unbewussten Glauben hervorgehen, die Erziehenden müssen lebensfremde, unpraktische Menschen sein. Man könne ihnen gar nicht zumuten, dass sie Einrichtungen von sich aus treffen, welche den praktischen Gebieten des Lebens richtig dienen. Solche Einrichtungen müssen von denjenigen gestaltet werden, die im praktischen Leben drinnen stehen, und die Erziehenden müssen gemäß den Richtlinien wirken, die ihnen gegeben werden." (Steiner 1996, S. 12f)

Damit ist in treffender Weise die PISA-Mentalität beschrieben, die nichts anderes tut, als immer mehr Richtlinien und immer präzisere Bildungsstandards auszuarbeiten, um den „praxisfernen" Lehrkräften Orientierung zu geben und ihnen etwas von den „echten" Anforderungen, die das Leben und der Arbeitsmarkt heute stellt, zu vermitteln. An dieser Stelle verweist STEINER auf einen wesentlichen sozio-psychologischen Zusammenhang:

„Wer so denkt, der sieht nicht, dass Erziehende, die sich nicht bis ins Kleinste hinein und bis zum Größten hinauf die Richtlinien selber geben können, erst dadurch lebensfremd und unpraktisch werden." (ebd.)

Sich bis ins ‚Kleinste hinein und bis zum Größten hinauf die Richtlinien selber geben' – man Stelle sich Bildungsorganisation einmal unter dieser Prämisse vor! Das würde nicht nur den Unterrichtsalltag verwandeln (wenn dann überhaupt noch von einem solchen die Rede sein könnte), sondern vor allem das Selbstverständnis der Lehrkräfte enorm verändern. Es würde den Lehrberuf viel attraktiver machen, Pädagoginnen und Pädagogen könnten zu wirklichen *Social Entrepreneurs* werden und sich so aus der Klemme zwischen den abstrakten Vorgaben von oben und den Anforderungen, die die konkreten Kinder und Jugendlichen an sie stellen, befreien. Das würde nicht nur dem Bildungswesen selbst, sondern der Gesellschaft insgesamt eine sozialeres Miteinander ermöglichen:

„Die antisozialen Zustände sind dadurch herbeigeführt, dass in das soziale Leben nicht Menschen hineingestellt werden, die von ihrer Erziehung her sozial empfinden. Sozial empfindende Menschen können nur aus einer Erziehungsart hervorgehen, die von sozial Empfindenden geleitet und verwaltet wird. Man schafft Antisoziales nicht bloß durch wirtschaftliche Einrichtungen, sondern auch dadurch, dass sich die Menschen in diesen Einrichtungen antisozial verhalten. *Und es ist antisozial, wenn man die Jugend von Menschen erziehen und unterrichten lässt, die man dadurch lebensfremd werden lässt, dass man ihnen von außen her Richtung und Inhalt ihres Tuns vorschreibt.*" (ebd., Herv. C.S.)

In diesem Sinne stehen Richtlinien, Rankings und Bildungsstandards, egal ob sie von der OECD oder von nationalen Regierungen kommen, mit dem Anspruch ganzheitlicher Menschenbildung grundsätzlich in einem nicht auflösbaren Widerspruch.

Beantwortung der Forschungsfragen

Im Folgenden wird der Versuch unternommen, die drei in der Einleitung gestellten Forschungsfragen zu beantworten:

Inwieweit kann die Konzeption, dass der Nationalstaat das Bildungswesen für seine Bürgerinnen und Bürger organisiert, vor dem Hintergrund der Herausforderungen einer globalisierten Welt als Anachronismus bezeichnet werden?

Die staatliche Vormundschaft über das Bildungswesen kann insofern als Anarchronismus bezeichnet werden, als...

...die Bürgerinnen und Bürger im Bildungswesen keine Mitgestaltungsmöglichkeit hinsichtlich der Lehrinhalte und -methoden haben (vgl. Sohm 1996)

...der *Heimliche Lehrplan* der Anpassung durch die hierarchische, zentralistische Struktur und den Selektionsmechanismus weiter wirkt, und das in einer Zeit, wo Dialog- und Partizipationserfahrungen immer wichtiger werden (vgl. Gatto 2009, Klemm 2000 bzw. 2009)

...die nationalstaatliche Bildungsorganisation mit einem kosmopolitischen Bildungshorizont zunehmend in Friktion gerät (vgl. Seitz 2002)

...die aufgehende Arm-Reich-Schere bei gleichzeitig steigender Staatsverschuldung eine neue zivilgesellschaftliche Verantwortlichkeit für den Bildungsbereich fordert (vgl. Brunner 2009a bzw. 2009c)

Wo lassen sich ideengeschichtlich Konzepte einer zivilgesellschaftlichen Selbstverwaltung der Bildungsräume finden, die sowohl die Ökonomisierung des Bildungsbereichs als auch die staatliche Zuständigkeit für Bildungsfragen überwinden wollen?

Die Frage nach der ideengeschichtlichen Aufarbeitung von Selbstverwaltungs-Konzepten ist im Wesentlichen mit der Darstellung der „Protagonisten" im Kapitel I.2. beantwortet.

Das Thema der Selbstverwaltung des Bildungsbereiches brachte es mit sich, dass insbesondere solche Persönlichkeiten berücksichtigt wurden, die bisher im akademischen Wissenschaftsbetrieb kaum oder nur ausschnitthaft rezipiert wurden. Hier wird die These der Arbeit auf die Forschungslage selbst anwendbar, indem bemerkt werden kann, wie wenig die vielen Ansätze zu einer zivilgesellschaftlichen Selbstverwaltung bisher wissenschaftlich aufgearbeitet wurden. Viele der besprochenen Persönlichkeiten haben eben nicht nur anders als der Mainstream *gedacht*, sondern eben auch in anderen gesellschaftlichen Feldern als den akademisch etablierten *gewirkt*. Selbst PESTALOZZI und HUMBOLDT, die Klassiker unter ihnen, besitzen zwar klingende Namen, werden aber kaum mit einem staatsfreien Selbstverwaltungs-Impuls in Verbindung gebracht. Hier zeichnet sich also ein Forschungsfeld ab, in dem noch ‚Schätze zu heben' sind.

Welche Vorteile haben Formen der Bildungsorganisation, die sich auf freie, dezentrale zivilgesellschaftliche Initiative stützen, angesichts der Herausforderungen der globalisierten Weltgesellschaft?

Die Frage, ob eine dezentrale Bildungsorganisation angesichts der Herausforderungen der Weltgesellschaft gegenüber der staatlich verwalteten Bildung Vorteile aufweist, lässt sich – wie die allermeisten sozialwissenschaftlichen Fragestellungen – nicht abstrakttheoretisch, also ausschließlich mit logischen Schlüssen beantworten. Denn Veränderungen im Sozialen hängen immer mit konkreten Entwicklungsleistungen individueller Menschen zusammen. Deshalb kann es hier nicht um eine wissenschaftlich fundierte positive oder negative Antwort gehen, sondern vielmehr darum, Zusammenhänge aufzuzeigen, die dann auf ihre Plausibilität, ihre *Denkbarkeit* hin individuell geprüft werden können.

Positive Korrelationen zwischen den Herausforderungen der Weltgesellschaft und den durch die zivilgesellschaftliche Selbstverwaltung angesprochenen Fähigkeiten konnten in mehrerer Hinsicht aufgezeigt werden. Grundlegend dafür ist die Einsicht, dass die größte

Herausforderung, welche die Weltgesellschaft an uns stellt, in der *Überwindung der Systemlogik durch Individualität* liegt. Genau dieses Moment ist aber das Herzstück eines zivilgesellschaftlich selbstverwalteten Bildungswesens, dass frei von einer durch staatliche Macht gestützten Systemlogik dem individuellen Menschen neue Handlungsfelder eröffnet.

Grundlegend-Methodisches zum Aufbau eines freien Bildungswesens

> *"Daher ist die soziale Frage in ihrem tiefsten Sinne zuallererst eine geistige Frage: Wie breiten wir eine einheitlich wirkende Geistigkeit unter den Menschen aus? Dann werden wir auf wirtschaftlichem Gebiete uns in Assoziationen zusammenfinden können, aus denen heraus sich erst die soziale Frage in einer konkreten Weise wird gestalten und partiell – muss ich immer sagen – lösen lassen."* [187]
>
> RUDOLF STEINER

Wer die Notwendigkeit der Befreiung des Bildungswesens erkannt hat, sieht sich insbesondere zwei Herausforderungen gegenüber gestellt: Zum einen gibt es bis heute kaum einen Staat, der Bildungsfreiheit überhaupt gewährt. Zum anderen fehlen zumeist die nötigen finanziellen Mittel für die Verwirklichung konkreter Initiativen. Daraus ergibt sich einerseits die Frage: „Wie kann wirksam auf die staatliche Gesetzgebung eingewirkt werden?" und andererseits: „Wie kann im Wirtschaftlichen die notwendige Unterstützung mobilisiert werden?"

An der Art und Weise, wie diese beiden Fragen im konkreten Leben bewegt werden, entscheidet sich letztendlich, ob sich ein entwicklungsfähiger Weg eröffnet. Die hiermit angesprochene Problematik ist schwerwiegender als zumeist angenommen, denn insofern das Ziel der Initiative die Befreiung des Bildungswesens ist, muss die *Methode* selbst den Kriterien der Freiheit entsprechen. Ein wesentliches Moment des Freiheitsbegriffs ist in ROSA LUXEMBURGS berühmt gewordener – im Gefängnis geschriebener – Aussage: „Freiheit ist immer die Freiheit des Andersdenkenden"[188] ausgesprochen, denn der Freiheitsbegriff beinhaltet ja den Begriff der Selbstbestimmung. Soll also das Bildungsle-

---

[187] Steiner 1959, S. 218

[188] „Freiheit nur für die Anhänger der Regierung, nur für Mitglieder einer Partei – mögen sie noch so zahlreich sein – ist keine Freiheit. Freiheit ist immer Freiheit der Andersdenkenden. Nicht wegen des Fanatismus der »Gerechtigkeit«, sondern weil all das Belebende, Heilsame und Reinigende der politischen Freiheit an diesem Wesen hängt und seine Wirkung versagt, wenn die »Freiheit« zum Privi-legium wird." (Luxemburg 1983, S. 359, Anm. 3)

ben wirklich auf die Freiheit gestellt werden, dann ist das Projekt nicht dadurch voranzubringen, dass für einzelne Initiativen eine Berechtigung erwirkt wird (denn damit würden Vorrechte manifestiert), oder für eine bestimmte Einrichtung Geld organisiert wird (denn damit wäre eine wirtschaftliche Exklusivität begründet). Ist es also – realistisch betrachtet – überhaupt möglich, ein freies Bildungswesen zu begründen, da doch nie der Idealzustand erreicht werden kann, der allen Menschen die selben freien Vorraussetzungen gewährt?

THOMAS BRUNNER hat kürzlich in seinem Aufsatz *Revolutionieren wir die Welt so, dass alles beim Alten bleibt?* über den Umgang mit der Differenz zwischen erkanntem Ideal und real Umsetzbaren Folgendes zu Bedenken gegeben:

„Diese Kluft zwischen Idee und Wirklichkeit führt im sozialen Leben dann entweder dazu, dass abstrakte Ideen gebildet werden, die zur Ideologie erstarren, weil sie letztendlich nicht als ‚umsetzbar' erscheinen und immer aufs Neue ein Scheitern verursachen, oder dass ein wirklich produktives Wissenschaftsleben einfach aufgegeben wird, weil die eigentliche Aufgabe des Erkennens verkannt wird. Das führt dann dazu, dass nur noch Halbheiten im Ideellen entstehen und andererseits ein Pragmatismus im Konkreten, der sich mit dem Einnisten in die ‚faktischen Gegebenheiten' begnügt. Für eine wirkliche Sozialentwicklung kommt es eben nicht auf die *Angleichung* des Notwendigen an das Mögliche an, sondern vielmehr auf die bewusst aufgebaute *Spannung*. Denn nur durch diese ‚Spannung' kann dem (sozialen) Leben eine wirklich entwicklungsfähige *Richtung* gegeben werden." (Brunner 2011, S. 38, Herv. d. A.)

Die Bemühungen für ein freies Bildungswesen dürfen sich demnach nicht im Engagement für einzelne freie Bildungs-Oasen und auch nicht im nur-politischen Kampf für freiheitlichere Gesetze (die außerdem nur ein begrenztes Gebiet betreffen) erschöpfen, sondern es gilt, wie es FRIEDRICH SCHILLER in seinen *Briefen über die ästhetische Erziehung des Menschen* schon so befreiend aussprach: „aus dem Bunde des Möglichen [der Wirklichkeit] mit dem Notwendigen [der Idee] das Ideal zu erzeugen" (Schiller 2000, S. 35). D.h., die „Spannung" zwischen Idee und Wirklichkeit kann fruchtbar werden, wenn solche öffentlichen sozialen (Begegnungs-) Räume entstehen, in denen durch Forschung, Gespräch, Argumentationen und Austausch die Idee eines freien Bildungswesens immer plastischer in Erscheinung treten kann – und andererseits konkrete Versuche aus dem „wirklichen Leben" dargestellt, wahrgenommen und aufmerksam begleitet werden können. D.h. die erste Aufgabe wäre es, freie, überbetriebliche Zusammenhänge zu bilden, deren *primäres* Anliegen die Schaffung einer neuen Öffentlichkeit ist. Soll Freiheit tatsächlich der tragende Begriff sein, dann geht es darum, die „Freiheit des Andersdenkenden, sich zu äußern" tatsächlich als konkrete soziale Realität anzustreben.

„Die Entwicklung eines freien Geisteslebens hängt primär eben gar nicht von der – immer nur partiell möglichen – Umgestaltung der bestehenden Institutionen und Strukturen ab, sondern von der Frage, ob rein menschliche Zusammenhänge entstehen, in denen sich freie geistige Erkenntnisprozesse ereignen und Resonanz finden können. Dass solche Zusammenhänge entstehen können, hängt wiederum von der Fähigkeit jedes einzelnen Menschen ab, ob er es nämlich vermag, ein Interesse für ein Erkenntnisleben um der Erkenntnis willen – neben den Bedingtheiten seines persönlichen Schicksals, seines Berufs und seiner wirtschaftlichen Situation – auszubilden. Denn nicht die Erkenntnis soll von den jeweilig subjektiven Bedingtheiten bestimmt werden, sondern umgekehrt: die sich befreiende Erkenntnis soll die konkreten Lebenssituationen beleuchten. Wo dieses Interesse an wirklichen Erkenntnisprozessen zu leben beginnt, wird andererseits zunehmend eine Bescheidung auf das konkret Gestaltbare die Folge sein, denn in ganz neuer Weise tritt der andere Mensch als Mensch (und nicht nur als Kunde, Geschäftspartner oder Kollege etc.) in den unmittelbaren Wahrnehmungskreis. Doch diese ‚Bescheidung' eröffnet zugleich ein wirklich menschheitliches Handlungsfeld, denn dort, wo wirklich die unmittelbare Menschlichkeit zur Erfahrung wird, treten betriebsgebundene oder nationale Interessen zurück." (Brunner 2011, S. 39f)

Man könnte also sagen, es sind drei aufeinander aufbauende Impulse nötig, wenn die Forderung nach der Befreiung des Bildungswesens zu einer wirklichen gesellschaftlichen Bewegung werden soll:

1. Die erste Aufgabe liegt im *Aufbau einer zivilgesellschaftlichen neuen Öffentlichkeit*, die nicht irgendeine zentral ausgearbeitete Programmatik, sondern die Wahrnehmung der Erkenntnisse, Impulse und Initiativen individueller Menschen zum Inhalt hat. Es geht also um eine freiheitliche Gesellschaftsbildung, um die Einrichtung offener Foren, die allen Interessierten offen stehen. Eine solche Öffentlichkeit muss gewollt, die Offenheit muss „geleistet", es muss Raum und Zeit dafür organisiert werden. Solch ein freies Feld ist die Bedingung dafür, dass neue Sichtweisen überhaupt auftauchen und besprochen werden

können. JOSEPH BEUYS hatte in diesem Sinne den Aufbau einer *Freien Internationalen Universität*, der *FIU* angeregt, in der eine *permanente Konferenz* zu den Bedingungen gesellschaftlicher Entwicklung stattfinden sollte. Auch die *Weltsozialforen* haben im Grunde das selbe Motiv, in dem sie einen Begegnungsraum organisieren und kein einheitliches Programm ausarbeiten wollen (siehe Kap. III. 1.). Auch die *Occupy-Bewegung* folgt diesem Prinzip, indem sie keine neuen Delegierten-Komitees gründen möchte, sondern an dem Grundsatz „Jeder ist für sich selbst hier" festhält. Auch die *Freie Bildungsstiftung* wurde in diesem Sinne begründet (siehe auch das nachfolgende Unterkapitel).

2. Auf der Basis dieser öffentlichen Wahrnehmung und Verständigung können *assoziative wirtschaftliche Zusammenhänge* aufgebaut werden (eine erwähnenswerte Initiative auf dem Weg dorthin ist die Spendenplattform *Betterplace*[189], die das Element des offenen Forums unmittelbar mit der gegenseitigen wirtschaftlichen Unterstützung verbindet). Geht es im offenen Forum primär um die Wahrnehmung individueller Initiative, so geht es auf dieser zweiten Ebene um die gemeinsame Urteilsbildung, um ein Zusammendenken und um den Aufbau überbetrieblicher wirtschaftlicher Kooperationen.

Ein freies Bildungswesen wird nur in dem Maße Fuß fassen können, wie auch konkrete Schritte in eine assoziative Wirtschaftskultur (von lat. *associare* = vereinigen, verbinden, verknüpfen, vernetzen) verwirklicht werden. Grundlage dafür ist das Einverständnis, dass die Aufgabe der Wirtschaft in der arbeitsteiligen Befriedigung der menschlichen Bedürfnisse liegt, und dass der beste Weg dahin keineswegs durch eine ominöse „Selbstregulation der Märkte" führt, sondern durch das assoziative Gespräch aller am Wirtschaftsprozess Beteiligten.[190] Neben der

---

[189] Die 2007 in Berlin gegründete offene Spendenplattform ermöglicht es gemeinnützigen Organisationen ebenso wie Individualprojekten auf ihrer Website um Geld-, Sach- oder Zeitspenden zu werben. *Betterplace* ist selbst eine gemeinnützige Aktiengesellschaft und kann so 100 Prozent der Spenden an die jeweiligen Projekte weiterleiten. Bis Januar 2012 haben sich 197.995 Spender für 3.284 Projekte in 132 Ländern engagiert und insgesamt über 2,5 Millionen Euro gespendet, vgl. www.betterplace.org

[190] „Was bisher theoretisch nicht lösbar schien, nämlich die Zusammenarbeit zwischen den ‚Teuer-verkaufen-Bestrebungen' des Produzenten und den ‚Billig-einkaufen-Bestrebungen' des Konsumenten, ist gerade Ausgangspunkt assoziativen Wirtschaftens." (Hermannstorfer 1987, S. 80) Die globale Dimension dieser Problematik hat nicht zuletzt die *Fair-Trade-Bewegung* aufgegriffen.

Möglichkeit gegenseitiger Kreditierung, gemeinsamer Preisgestaltung etc. kann die Assoziation bis zu einem neuen, an der sinnvollen Nutzung orientierten Umgang mit den „Produktionsmitteln" führen, was hier nur angedeutet werden kann (siehe hierzu u. a. Herrmannstorfer 1997).

An den „runden Tischen" der Assoziation wird dann auch der konkrete wirtschaftliche Bedarf der Bildungsinitiativen zur Sprache kommen können. Wesentlich für diese Art der überbetrieblichen gegenseitigen wirtschaftlichen Wahrnehmung ist aber, dass hier Menschen aus freiem Entschluss zusammenkommen, und die Ziele ihrer Zusammenarbeit selbst vereinbaren. In welcher Form letztendlich gegenseitige Zuwendungen getätigt werden, ist ganz von den konkreten Begegnungen abhängig. Die Assoziation entsteht erst aus der Wirklichkeit konkreter menschlicher Beziehungen, sie ist also keine abstrakt festgelegte Vorgehensweise. Der Gefahr, einer sich abschließenden „Vetternwirtschaft" wird dadurch begegnet, dass sich alle in der Assoziation verbundenen zugleich aktiv für die weitere Ausbildung der oben skizzierten freien und öffentlichen Begegnungsräume engagieren.

3. Durch die sich intensivierende wirtschaftlich-zivilgesellschaftliche Zusammenarbeit wird die Unzulänglichkeit des bestehenden rechtlichen Rahmens in Bezug auf ein freies Bildungswesen immer mehr erlebt – und dadurch auch immer besser gesellschaftlich kommuniziert werden können. In anderen Bereichen, wie zum Beispiel den Frauenrechten oder der Umweltfrage, hat sich gezeigt, dass Themen, die in der Zivilgesellschaft wirklich *leben*, früher oder später auch auf den politischen Agenden erscheinen. Die zivilgesellschaftliche Bildungsbewegung, die zuerst eine reine „Erkenntnisbewegung" ist, sich im Weiteren im Rahmen realer Möglichkeiten auch eine wirtschaftliche Basis ausbildet, wird letztendlich auch zu einer politischen Bewegung, die für eine *konkrete Erweiterung der Freiheitsrechte* aktiv eintritt. Ob in Gesprächen mit Politikern, durch Petitionen und Bürgerinitiativen etc. in verschiedener Weise wird im Rahmen demokratischer Verfahren auf die Gesetzgebung einzuwirken versucht. Vor allem die Direkte Demokratie ist eine solche Möglichkeit. Für den Ausbau der direkt-demokratischen Möglichkeiten setzten sich in Deutschland vor allem die

zivilgesellschaftlichen Initiativen *Omnibus für direkte Demokratie* in Deutschland und *Mehr Demokartie e.V.*, in Österreich deren Schwesterinitiative *Mehr Demokratie* sowie die Aktion *Volksgesetzgebung jetzt!* ein[191] und arbeiten so an der Erweiterung der Möglichkeiten demokratischer Mitbestimmung, die ja gerade in Bildungsfragen mehr als überfällig ist.

Grundlegend für die sozialgestalterische Methodik des Aufbaus eines freien Bildungswesens ist also die *Geste der Assoziation*, des Sich-Verbindens mit dem, was da ist – eine Geste also, die jegliche zentralistische Planung und Durchführung überwindet. *Assoziieren statt organisieren* muss das Motto also lauten! Das Leben lässt sich nicht von oben organisieren, es ist (glücklicherweise) gar nicht möglich, *die eine* richtige Form der Organisation zu finden, diese dann einzuführen, damit dann ‚endlich alles läuft'.

Wir müssen aufhören, am Schreibtisch „Allheilmittel" und Lösungsmodelle für die Welt zu entwerfen, die dann mit politischer Macht zu generellen Handlungsanweisungen für andere gemacht werden – was wir „in der Hand" haben, ist das „in Gemeinschaften eintreten", Zusammenhänge bilden, *Gesellschaft leisten*, um unsere „Lösungsideen" ins konkrete Gespräch zu bringen, eine umfassende Sicht auf Probleme zu erarbeiten und gemeinsam für die jeweilige Situation die beste Lösung zu finden.

---

[191] vgl. www.mehr-demokratie.de, www.omnibus.org bzw. www.mehr-demokratie.at, www.volksgesetzgebung-jetzt.at

Die *Freie Bildungsstiftung* – das Projekt zum Buch

> *„Gerade in einer sich wirtschaftlich immer weiter globalisierenden Welt bedarf es der zur Verantwortlichkeit erwachenden menschlichen Individualität und entsprechender überinstitutioneller Begegnungs- und Erkenntnisräume. Denn die Fragen der Bildung, der Kultur und des gesamten sozialen Lebens sind Fragen, die alle Menschen unmittelbar betreffen, die also nicht der Abstraktion staatlicher Verwaltung oder wirtschaftlicher Kalkulation überlassen werden dürfen."*[192]
>
> AUS DEN PRINZIPIEN DER FREIEN BILDUNGSSTIFTUNG

Die *Freie Bildungsstiftung* wurde von THOMAS BRUNNER und mir initiiert und im Februar 2008 von einem Kreis von Pädagog/innen und Kulturschaffenden aus Deutschland, Österreich und der Schweiz als überregionale freie zivilgesellschaftliche Initiative begründet. Durch die Organisation öffentlicher Bildungsforen und Tagungen, durch freie Grundlagenforschung und den Aufbau einer Stiftungsgesellschaft (aktuell 70 Mitglieder), an die sich interessierte Persönlichkeiten aus allen beruflichen Feldern jederzeit anschließen können, soll eine immer breitere öffentliche Wahrnehmung für das Thema der zivilgesellschaftlichen Selbstverwaltung von Bildung und Kultur aufgebaut werden.

Bei der Gründung der *Freien Bildungsstiftung* war die Idee *vor* dem Stiftungsvermögen da – durch viele größere und kleinere Spenden aus der Stiftungsgesellschaft wurde quasi „aus dem Nichts" ein Kapitalgrundstock gebildet. Durch dieses Stiftungsvermögen soll im Grunde nur eine Aufgabe erfüllt werden, nämlich: einen sozialen Zusammenhang freier Kommunikation und Begegnung aufzubauen. Es geht also gar nicht darum, „Millionen" im Stiftungsfonds zu konzentrieren, sondern darum, einen Grundstock zu bilden, der die Kontinuität der sich erweiternden Arbeit gewährleistet.

Das eigentliche Initiativfeld der *Freien Bildungsstiftung* ist die Stiftungsgesellschaft – allen Mitgliedern steht es frei, zu Arbeitstref-

---

[192] vgl. www.freiebildungsstiftung.de/stiftungsgesellschaft.html

fen im Namen der *Freien Bildungsstiftung* einzuladen, sowie eigene Initiativen darzustellen. Zwischen den Mitgliedern der Stiftungsgesellschaft können vielerlei direkte wirtschaftliche Kooperationen entstehen. Durch die überregionale Vernetzung sind in den letzten Jahren nicht nur in Wien, Berlin und Heidelberg, sondern auch in Görlitz, Münster, Cottbus, Dresden, Chemnitz und Stuttgart, ja sogar im niederländischen Twello und in der rumänischen Metropole Bukarest öffentliche Tagungen und Vortragsabende durchgeführt worden. In die vorliegende Arbeit sind nicht zuletzt Argumentationsstränge aus den vielen – oft auch kontroversen – Diskussionen bei diesen Veranstaltungen eingeflossen ...

Die *Freie Bildungsstiftung* ist außerdem Mit-Initiatorin der Veranstaltungsreihe *Sozialwissenschaftliches Forum Berlin*. An wechselnden Orten hat in einem ersten Teil ein/e Referent/in die Möglichkeit, Thesen zu einer philosophischen, sozialen oder wirtschaftlichen Fragestellung ins Gespräch zu bringen; nach einer Pause gibt es dann ein offenes Initiativenforum, an dem jede/r Beteiligte die Möglichkeit hat, eine Initiative vorzustellen und um Unterstützung oder Mitarbeit anzufragen. Inzwischen wurden auch in Leipzig *Sozialwissenschaftliche Foren* durchgeführt (www.sozialwissenschaftliches-forum.de).

Für mich sind die Veranstaltungen im Rahmen der *Freien Bildungsstiftung* nicht zuletzt erfreuliche Gelegenheiten, den Menschen, die beim Recherchieren zur „freien Bildung" auftauchen, auch persönlich zu begegnen und eine inhaltliche Zusammenarbeit zu beginnen. So tauchen im Archiv des Veranstaltungskalenders der *Freien Bildungsstiftung* gut ein Dutzend Namen auf, die auch in diesem Buch wieder zu finden sind. Dabei handelt es sich keineswegs um einen eingeschworenen „Zitierzirkel", sondern um eine sich langsam intensivierende Verständigung zwischen Zeitgenoss/innen, die eine zivilgesellschaftliche Selbstverwaltung unserer Bildungsräume nicht nur für denkbar, sondern auch für wünschenswert, ja vielleicht sogar für dringend notwendig halten.

Dieses Buch ist auch als nützliches Werkzeug für die Weiterführung dieser Verständigung gedacht. Darum möchte ich Sie, geschätzte Leserin, geschätzter Leser an dieser Stelle herzlich einladen: Kommen wir ins Gespräch – ich freue mich über Zusendungen und Anrufe, und mein Interesse für die Gedanken, Hoffnungen und Bedenken, die sich für Sie an die hier vorgestellten Thesen anschließen, ist groß. Besuchen Sie eine Veranstaltung der *Freien Bildungsstiftung*, unterstützen Sie unsere weitere Arbeit, werden Sie Mitglied der Stiftungsgesellschaft! Organisieren wir gemeinsam Vortragsabende und Kongresse in Universitäten, Schulen, Cafes und Wohnzimmern! Bleiben wir gemeinsam an diesen Fragen dran, arbeiten wir mit an einer transnationalen Bildungsbewegung, die der anachronistischen staatlichen Bevormundung des Bildungswesens eine wirkliche Alternative an die Seite stellt und selbst an neuen öffentlichen Bildungsräumen baut!

„Wüchsen die Kinder in der Art fort wie sie sich andeuten, so hätten wir lauter Genies."

(J. W. v. Goethe)

Kontakt:
Clara Steinkellner
Schwedter Str. 5 / 10119 Berlin
(+49) 0178 - 6152189
stonewaitress@freiebildungsstiftung.de
www.freiebildungsstiftung.de

Bankverbindung:
GLS Treuhand e.V.
Kontonummer: 13 022 710
Bankleitzahl: 430 609 67
Verwendungszweck:
41050 Freie Bildungsstiftung
(bitte immer angeben!)
BIC: GENODE M1 GLS
IBAN: DE63 4306 0967 0013 0227 10

FREIE BILDUNGSSTIFTUNG

Anhang

Wissenschaftliches Gutachten von Dr. Helmuth Hartmeyer

Clara Steinkellner geht in ihrer Literatur- und Theoriearbeit der Frage nach, wie Bildung organisiert werden kann, damit weder staatliche noch privatwirtschaftliche Interessen beeinträchtigend auf die Räume einwirken, die Bildung braucht, wenn sie frei entfaltet werden soll. Ein nationalstaatlich verfasstes Bildungskonzept sei, so die Autorin, in einer weitgehend globalisierten Welt nicht mehr zeitgemäß. Ebenso wenig dürfe Bildung allein dem gängigen Rentabilitätsdenken im Ökonomischen überantwortet werden. Clara Steinkellner plädiert für eine aktive Gestaltung von Bildungsräumen durch die Betroffenen selbst, die sie vorrangig als Zivilgesellschaft verortet. Diese wäre als freier gesellschaftlicher Zusammenschluss, unabhängig von Herkunft, Geschlecht, Alter oder sozialer Prägung, am besten geeignet, die für eine Menschenbildung in der globalisierten Welt erforderlichen innovativen und nachhaltigen Bildungsräume zu gestalten.

Aufbau und Methodik der Arbeit

Clara Steinkellner gibt zunächst einen Überblick zur Entwicklung des europäischen Bildungsverständnisses seit dem 18. Jahrhundert, soweit es sich mit Fragen von Weltentwicklung auseinandersetzt. Die Autorin zeichnet die historische Entwicklung seit dem Zeitalter der Aufklärung an relevanten Vordenkern und Reformern wie Pestalozzi, Humboldt, Grundtvig und Steiner nach. Sie rezipiert auch relevante Einflüsse auf den europäischen Diskurs von außerhalb Europas wie jene von Ivan Illich und Gustavo Esteva.

Im zweiten Teil analysiert sie aktuelle Entwicklungen auf globaler Ebene und welche Auswirkungen diese auf das Bildungsverständnis und die Entwicklung des Bildungssystems erkennen lassen. Dies bildet die Grundlage für den Hauptteil der Arbeit, in welcher Clara Steinkellner ihre Kernthese herausarbeitet, dass Zivilgesellschaft „als Organ gesellschaftlicher Sinnstiftung" durch ihren Anspruch auf Selbstverwaltung sowie durch ihre Initiativfreiheit, der bestgeeignete Träger von Bildungsorganisation sei. Dies gelte in lokaler, nationaler wie globaler Perspektive.

Kritische Würdigung der Arbeit

Frühere und aktuelle PISA-Ergebnisse, Proteste von Studierenden gegen negative Entwicklungen an den österreichischen Universitäten, Konflikte in der Bundesregierung um geeignete Formen der Schulverwaltung und anderes mehr haben Inhalte und Organisation von Bildung in die öffentliche Aufmerksamkeit gerückt. Die vorliegende Arbeit schließt an den aktuellen Diskurs an und führt diesen vor dem Hintergrund globaler Entwicklungen weiter. Dies gibt der Arbeit einerseits Aktualität, andererseits thematisiert Clara Steinkellner Fragestellungen, die in einer rein nationalstaatlichen bzw. auf marktwirtschaftliche Interessen hin ausgerichteten Bildungsdebatte zu kurz kommen. Es ist ein besonderer Verdienst der Autorin, Räume für Bildung auszuloten die es erlauben das moderne Paradigma der Machbarkeit von Bildung kritisch zu hinterfragen und zu untersuchen, wie Betroffene von Bildung zu Gestaltenden ihrer eigenen Bildungsprozesse werden können. Unter dem Motto „Freie Schulen für alle!" plädiert Clara Steinkellner für ein Verständnis von Pädagogik, welches auf Dialog, Vielfalt und Eigenständigkeit setzt. Sie verschließt in ihrem Ansatz von Selbstorganisation aber auch nicht die Augen vor der stets relevanten Finanzierungsfrage.

Es handelt sich insgesamt um eine sehr fundierte und vor allem auch persönlich engagierte Arbeit, deren Lektüre für den Diskurs um Bildung in einer zunehmend globalisierten Gesellschaft eine Impulse gebende wertvolle Bereicherung darstellt.

Die Arbeit wird mit der Note *Sehr Gut* begutachtet.

Universität Wien im April 2011

Der Abdruck erfolgte mit der freundlichen Genehmigung des Autors

Abstract in englisch

(englische Zusammenfassung der Diplamarbeit)

„Education in a globalized world" – in the *World-Risk-Society* of our 21st century, individual and societal responsibility, as well as a thinking which is inter-relational, are extremely important. Which social structures can best support an educational process that does not aim to assimilate individual abilities to norms but to emancipate their development? Can the national government, which has evolved as custodian of public education systems (often criticized as being selective), protect the claim for a holistic education against its economization, which can be observed worldwide today?

In this paper, the following thesis will be introduced: Pedagogical autonomy can evolve best within decentralized networks of civil society, in a room free from both economic and governmental interests. Thereby, the call for a denationalization and liberalization of the educational system stands together with a demand for a socially inclusive and non-selective learning, which centers on the learning individual. A civil-societal organization of educational processes permits the involved persons to shape their own structures, thus allowing diversity. Although the national government's control of the educational system has rarely been questioned by social science, *„perspectives of a decentralized self administration of Education by civil-society in the area of conflict between market and state"* create a continuing – albeit often hidden – thread through the history of ideas. J. H. Pestalozzi, and later, more explicitly, W. v. Humboldt expressed their distance towards the state, regarding questions of education – at the same time emphasizing their commitment to an inclusive and emancipatory education for all. Although largely avoided by academic social science, R. Steiner, the founder of Waldorf Education, has in his theory of *social threefolding* presented a comprehensive explanation for a *free cultural life*, for an educational system independent from the national government (also financially), connecting – as did I. Illich – the humanisation of capitalism with the liberation of education. In this case, an education based on freedom and responsibility without *hidden curriculums* of national schools are hoped for as well as a strengthening of societal cooperation and solidarity.

With a systematic presentation of this societal alternative the paper at hand wishes to contribute to trans-disciplinary development studies.

Namensregister

Adorno, Theodor W. 32f
Altvater, Elmar 145
Amin, Samir 217
Arato, Andrew 158
Arendt, Hannah 263
Augustinus 81

Bacon, Francis 31, 81
Bartholomew, James 36f
Bauer, Bruno 56
Bauer, Joachim 251f
Bauerkämper, Arnd 160
Beck, Ulrich 154ff, 167f, 198
Beuys, Joseph 204, 220, 273
Böhm, Franz 142
Bourdieu, Pierre
  110ff, 164, 195, 223f,
  226, 234ff
Brix, Emil 223
Brock-Utne, Birgit 216ff
Brunner, Thomas
  31, 47f, 161f, 247, 249f,
  267, 271f, 276
Buddemeier, Heinz 78f
Bulmahn, Edelgart 126

Calvin, Johannes/Jean 81, 159
Campe, Joachim Heinrich 48
Churchill, Winston 37
Cohen, Jean-Luis 158
Comenius 31
Czerny, Sabine
  101, 109ff, 115f, 206

Dahrendorf, Ralf 10

Daniel, John 128
Delekat, Friedrich 137
Dickens, Charles 66
Diesterweg, Adolph 61, 66
Dörpfeld, Friedrich Wilhelm 39

Eisenhut, Stephan 244, 252f
Erasmus von Rotterdam 30, 87
Esteva, Gustavo 83ff, 130, 218f
Eucken, Walter 142

Farenga, Patrick 80, 129f
Felber, Christian 171, 240ff
Fichte, Immanuel Hermann 39
Fichte, Johann Gottlieb
  31, 53, 245f
Fischer, Chrisoph 159
Foerster, Heinz von 177
Foucault, Michel 192
Freire, Paulo
  41, 76, 92, 203, 218
Friedman, Milton 50, 230
Friedrich II von Preußen 35
Friedrich Wilhelm III von Preußen
  50, 254
Fröbel, Friedrich 66
Fromm, Erich 49, 251
Füller, Christian 109

Gabert, Erich 256
Gandhi, Mahatma 84, 86, 155
Gatto, John Taylor
  80ff, 203, 267
Genschel, Philipp 143
Gentz, Friedrich von 155

George, Lloyd 37
Glattauer, Nikolaus 124
Godwin, William 228
Goethe, Johann Wolfgang von
 29, 53, 69f, 138ff, 201f, 222
Goodman, Paul 80
Gorbatschov, Mihail 161, 203
Gorz, André 78
Gramsci, Antonio
 18, 41, 90, 94, 97, 204f
Greenberg, Daniel 80
Grundtvig, Nicolaj Frederik
 Severin 52ff
Grünewald, Lars 125, 127
Gürses, Hakan 216

Haacke, Hans 234
Habermas, Jürgen 86, 237
Hamm-Brücher, Hildegard 11
Hartmeyer, Helmuth 127
Hegel, Georg W. Friedrich
 56, 89, 159, 201
Heimrath, Johannes 184
Heinrich, Martin 38f, 127, 191
Hentig, Hertmut 74, 205
Herbart, Johann Friedrich 62
Herder, Johann Gottfried
 32, 44
Hermann, Ulrich 124
Herrmannstorfer, Udo 273
Herz, Otto 205
Hobbes, Thomas 81, 154, 159
Hölderlin, Friedrich 174
Holt, John 80
Holzkamp, Klaus 92, 106, 205
Hopmann, Stefan 221
Horkheimer, Max 32f
Huhn, Gerhard 179f
Humboldt, Alexander von
 46, 61

Humboldt, Caroline von 47, 51
Humboldt, Wilhelm von
 46ff, 63, 101, 136, 141, 172,
 200, 237, 254f, 265
Hüther, Gerald 188

Illich, Ellen Rose 75
Illich, Ivan
 74ff, 84, 106, 177, 194,
 196, 209, 243

Jacotot, Jean 61

Kant, Immanuel 31, 202
Käufer, Katrin 225
Kaunitz-Riedberg, Wenzel 35
Kern, Mathias 181f
Kirchhof, Paul 144
Klafki, Wolfgang 88f
Klemm, Ulrich
 10ff, 59, 65, 66,
 250, 252, 267
Kold, Kirsten 55
Koneffke, Gernot 192
Krautz, Jochen 93, 124
Kronig, Winfried 104, 109
Krüsi, Hermann 63
Kues, Nikolaus von 154
Kühn, Hans 256
Kurz, Inge 192

Langthaler, Margarita 218
Lang-Wojtasik, Gregor 131f
Largo, Remo 106f
Leber, Stefan 34, 39f, 231
Leinhas, Emil 146, 149
Lenzen, Dieter 183
Leppert, Ursula 107
Lichtblau, Pia 218

Liess, Johannes 187
Liessmann, Konrad Paul
  121, 160, 162
Luhmann, Niklas
  92, 104, 110f, 132, 164,
  166f, 167, 175, 204
Lüpke, Geseko von 138
Luther, Martin 30, 154, 159
Luxemburg, Rosa 270

Mackay, John Henry 57
Mager, Karl 37, 60ff, 97, 201f
Maria Theresia 35
Markschies, Christoph 255
Martin, Hans-Peter 203
Marx, Karl 239, 244, 252
Maurer, Mathias 230
Mautner, Gerlinde 173
Meister Eckhart 87
Melanchton, Philipp 30, 159
Messerschmidt, Astrid
  90, 192, 218
Messner, Rudolf 118f, 121, 125f
Moewes, Günter 144
Molt, Emil 255f
Mosmann, Johannes 142
Mugerauer, Roland 87
Müller-Armack, Alfred 142
Müller, Carsten 64, 97
Müller, Heiner 192
Münch, Richard
  94, 117, 119, 120, 122f, 127, 138,
  140, 164, 172, 190f, 205, 221
Munoz Villalobos, Vernor 185

Neubauer, Aljoscha 112
Novalis (Friedrich von Hardenberg)
  32, 211, 234
Novy, Andreas
  139, 153, 165, 201f, 223, 235

Oevermann, Ulrich 122
Osterhammel, Jürgen 29f

Paur, Theodor 37f
Perlas, Nicanor 162
Pestalozzi, Johann Heinrich
  32, 43ff 59, 137, 207, 268
Pfeiffer, Ehrenfried 75
Picht, Georg 10
Pouds, John 36
Prakash, Madhu Suri
  83, 85, 218

Regenstreif, Paul 75
Reheis, Fritz 91, 205
Reinhardt, Max 257
Rifkin, Jeremy 155, 157
Rittelmeyer, Friedrich 75
Ritzer, George 127f
Rixen, Thomas 143
Rohen, Johannes W. 196, 238
Rosenstrauch, Hazel 47
Rousseau, Jean-Jaques 31f, 66
Rüstow, Alexander 142

Sachs, Wolfgang 219
Sadofski, Mimsy 80
Scharmer, Claus Otto 224f
Scheunpflug, Anette 165
Schelling, Friedrich W. Joseph 53
Schiller, Friedrich
  32, 47f, 155, 174f, 207f,
  234, 245f, 271
Schily, Konrad
  131, 138, 175, 189, 193ff,
  227, 236, 260
Schleiermacher, Friedrich 56
Schulze, Manfred 71, 193, 211f
Schütz, Walther 242

Schweitzer, Albert 257f
Seitz, Klaus
  22, 30ff, 86, 132f, 138, 161ff,
  197ff, 213, 216ff, 267
Severinski, Nikolaus 230
Shiva, Vandana 33, 41, 138
Sloterdijk, Peter 239f
Sohm, Kurt
  35, 39f, 101, 119, 175,
  228, 230, 250, 267
Späth, Lothar 239f
Spitta, Dietrich 50, 255
Stein, Walter Johannes 75
Steiner, Rudolf
  69ff, 91, 94, 97, 113, 155,
  160ff, 171, 177f, 183f, 199,
  202, 232, 244ff, 251f, 256f, 270
Stern, Bertrand 211
Stirner, Max 56ff
Strunk, Gerhard 11
Stüttgen, Johannes 220

Tolstoi, Leo Nikolajewitsch
  65ff, 257

Tolstoja, Sofia Andrejewna 67
Troxler, Ignaz Paul Vital 91f

Valentin, Karl 181
Vester, Frederic 104
Vierlinger, Rupert
  103, 105, 107, 113ff

Wachsmuth, Guenther 75
Wagner, Wolf 29
Wallerstein, Immanuel 29
Weizsäcker, Ernst Ulrich von 78
Wild, Rebeca 258
Wimmer, Thomas 73
Windlin, Sabine 107
Wößmann, Ludger 263ff

Xiaobo, Liu 157f

Yunus, Muhammed 259

Ziai, Aram 22, 85
Ziegler, Jean 160
Zweig, Stefan 258

Abkürzungen

ECTS   European Credit Transfer and Accumulation System
EZA   Entwicklungszusammenarbeit
NGO   Non Governmental Organization, Nichtregierungsorganisation
NPM   New Public Management
OECD   Organisation for Economic Cooperation and Development
PISA   Programme for International Student Assessment
STEOP Studieneingangs und -orientierungsphase

H. d. A.   Hervorhebungen des Autors / der Autorin
H. C.S.   Hervorhebung Clara Steinkellner

Quellenverzeichnis

Altrichter, Herbert/**Posch**, Peter (2004): Die Diskussion um Bildungsstandards in Österreich. In: journal fürschulentwicklung, 8 (2004) 4, 29-38.
Altvater, Elmar (2010): Öffentliche Schulden. Geschröpfte Schweine. WOZ Die Wochenzeitung, Ausgabe vom 4. März 2010 http://www.woz.ch/artikel/rss/19041.html
Altzinger, Wilfried/Beirat für Gesellschafts-, Wirtschafts- und Umweltpolitische Alternativen BEIGEWUM (2005): Mythen der Ökonomie. Anleitung zur geistigen Selbstverteidigung in Wirtschaftsfragen. Hamburg: VSA-Verlag
Amin, Samir (1975): What Education for what Development? In: Prospects V (1) 48-53
Arendt, Hannah (1994): Zwischen Vergangenheit und Zukunft. Übungen im politischen Denken I, München: o.V.
Barlösius, Eva (2006): Pierre Bourdieu. Frankfurt a.M.: Campus (Campus Einführungen)
Bartholomew, James (2006): Schulbildung ohne den Staat. Privat- und Armenschulen in Grossbritannien des 19. Jahrhunderts und danach. Berlin: Comdok Education without the State – British private and charitable schooling in the 19th century and beyond. medienbibliothek.fnst. de/uploads/medienbibliothek/26-OP_Education.pdf
Bauer, Joachim (2006): Prinzip Menschlichkeit. Warum wir von Natur aus kooperieren. Hamburg
Bauerkämper, Arnd, **Gosewinkel**, Dieter & **Reichardt**, Sven (2006): Paradox oder Perversion? Zum historischen Verhältnis von Zivilgesellschaft und Gewalt. In: Mittelweg 36, Heft 1, 15. Jg. (2006), Hamburger Edition HIS Verlag, S. 22-32
Beck, Ulrich (2007): Weltrisikogesellschaft. Auf der Suche nach der verlorenen Sicherheit. Frankfurt a. M.: Suhrkamp
Beuys, Joseph (1992): Kunst ist Kapital. Wangen: FIU-Verlag
Bourdieu, Pierre/Passeron, Jean-Claude (1971): Die Illusion der Chancengleichheit. Stuttgart
Bourdieu, Pierre (1993): Soziologische Fragen. Frankfurt a. M.: Suhrkam
Bourdieu, Pierre/**Haacke**, Hans (1995): Freier Austausch. Für die Unabhängigkeit der Phantastie und des Denkens. Frankfurt a. M., Fischer
Bourdieu, Pierre (Hrsg.) (1997): Das Elend der Welt: Zeugnisse und Diagnosen alltäglichen Leidens an der Gesellschaft. Konstanz: Univ.-Verlag Konstanz
Brater, Michael/**Hemmer-Schanze**, Christiane/**Schmelzer**, Albert (2009): Interkulturelle Waldorfschule. Evaluation zur schulischen Integration von Migrantenkindern. Wiesbaden: VS Verlag für Sozialwissenschaften
Brix, Emil/**Nautz**, Jürgen (Hg.) (2002): Universitäten in der Zivilgesellschaft. (Reihe Civil Society der Österreichischen Forschungsgemeinschaft). Wien.
Brock-Utne, Birgit (2006): Development Cooperation in the field of Education – between Neoliberal Economics and Alternatov Educational Models. In: Journal für Entwicklungspolitik (JEP), vol. XXII 4-2006, S. 27-52
Brotbeck, Kurt (1982): Durchbruch zur Menschenschule. Entwicklungswege zur Waldorf-Pädagogik. Schaffhausen: Novalis Verlag
Brunner, Thomas (2005): Friedrich Schilller. Die Kunst als Weg zur menschenwürdigen Gesellschaft. Wangen – Cottbus – Leipzig: Edition Immanente im FIU-Verlag.
Brunner, Thomas (2009a): Das bedingungslose Grundeinkommen und die Notwendigkeit einer Befreiung des Geisteslebens aus staatlicher Vormundschaft. Ein kritischer Kommentar. Berlin: Edition Immanente
Brunner, Thomas (2009b): Die Banken als Organe des Geisteslebens. Berlin: Edition Immanente

Brunner, Thomas (2009c): Zur Aktualität des Bildungsideals Wilhelm von Humboldts. Berlin: Edition Immanente
Brunner, Thomas (2010): Bildung nach Bologna. Ein Kommentar. Berlin: Edition Immanante
Brunner, Thomas (2012): Revolutionieren wir die Welt so, dass alles beim Alten bleibt? In: Sozialimpulse. Nr. 4, Dez. 2011, Seite 38-41.
Buddemeier, Heinz (2003): Askese bedeutet Übung – zum Tode von Ivan Illich. In: Wege 2003-4, S. 1-12
Bulmahn, Edelgart (2003): Bildungspolitik in der Wissenschgesellschaft. Rede anlässlich der ver.di-Fachtagung „Wissensmanagement: Wissen ist was wert." am 11. Februar 2003
Cohen, Jean-Luis und **Arato**, Andrew (1994): Civil Society and Political Theory (Studies in Contemporary German Social Thought), Cambirdge, MA, MITPress, Reprint Edition, S.ix,. deutsche Übersetzung: Ulrich Morgenthaler, Rundbrief Dreigliederung des Sozialen Organismus 2003-3, S. 12
Czerny, Sabine (2010): Was wir unseren Kindern in der Schule antun – und wie wir das ändern können. München: EuroSüdwest
Dietrich, Wolfgang (2004): Zivilgesellschaft und Menschenwürde als Schlüsselbegriffe der Entwicklungspolitik. In: Fischer, Karin / Irmi Maral-Hanak / Gerald Hödl / Christoph Parnreiter (Hrsg.): Entwicklung und Unterentwicklung. Eine Einführung in Probleme, Theorien und Strategien. Wien: Mandelbaum
Dietz, Karl-Martin (2008): Produktivität und Empfänglichkeit. Das unbeachtete Arbeitsprinzip des Geisteslebens. Heidelberg: Menon
Duden Deutsches Universal-Wörterbuch. Mannheim: Dudenverlag 1989
Duden, Barbara/**Samerski**, Silja (2002): Zum Tod des Kulturkritikers Ivan Illich. Der Freitag, 13.12.2002 http://www.freitag.de/2002/51/02511801.php
Ehmann, Christoph (2001): Bildungsfinanzierung und soziale Gerechtigkeit. Bielefeld: Bertelsmann
Ehret, Hermann (1997): Der Philosoph Immanuel Hermann Fichte. Der Erbe und Weiterbildner des Idealismus und der Klassik. Tellingstedt: Lohengrin.
Eisenhut, Stephan (2005): Die materialistische Kapitalauffassung bei Karl Marx und in der neoliberalen Wirtschaftskultur der Gegenwart im Vergleich mit der postmaterialistischen Kapitaltheorie Rudolf Steiners. In: Benedikter, Roland (2005) [Hrsg.]: Postmaterialismus. 5. Das Kapital. Wien: Passagen-Verlag
Engelbrecht, Helmut (1984): Geschichte des österreichischen Bildungswesens, Erziehung und Unterricht auf dem Boden Österreichs. Bd 3. Von der frühen Aufklärung bis zum Vormärz. Wien
Englert, Birgit [Hrsg.] (2006): Nord-Süd-Beziehungen. Kolonialismen und Ansätze zu ihrer Überwindung. Wien, Mandelbaum
Ermen, Reinhard (2007): Joseph Beuys. Reinbek bei Hamburg: Rowohlt Monographie
Esteva, Gustavo (1995): Fiesta – jenseits von Entwicklung, Hilfe und Politik. Frankfurt am Main/Wien: Brandes & Apsel/ Südwind
Esteva, Gustavo/**Prakash**, Madhu Suri: Escaping education : living as learning within grassroots cultures, New York [etc.]: Peter Lang, 1998
Esteva, Gustavo (2002): Rupturas. Turning Points. From Gustavo Teráns Doctoral Disertation "Conversations with Mexican Nomadic Storyteller, Gustavo Esteva: Learning from Lives on the Margins", 2002. http://gustavoesteva.com/english_site/turning_points-version_june_15_04.htm#_ftn1
Eurydice-DE – Bericht der Europäischen Kommission über die Organisation des Bildungssytems in der Bundesrepublik Deutschland. 2009/2010. http://ec.europa.eu/dgs/education_culture/index_en.htm

Eurydice-AT – Bericht der Europäischen Kommission über die Organisation des Bildungssytems in Österreich. 2008/2009. http://ec.europa.eu/dgs/education_culture/index_en.htm
Faschingeder, Gerald (Hg.) (2005): Ökonomisierung der Bildung. Tendenzen, Strategien, Alternativen. Wien: Mandelbaum
Felber, Christian (2009): Kooperation statt Konkurrenz. 10 Schritte aus der Krise. Wien: Deuticke im Paul Zsolnay Verlag
Felber, Christian (2010): Gemeinwohl-Ökonomie. Das Wirtschaftsmodell der Zukunft. Wien: Deuticke im Paul Zolnay Verlag
Fischer, Knut / Smerling, Walter (1989): Joseph Beuys im Gespräch mit Knut Fischer und Walter Smerling. In: Kunst heute, Nr.1, Köln: Kiebenheuer & Witsch 1989
Foerster, Heinz von / **Pörsken**, Bernhard (2006): Wahrheit ist die Erfindung eines Lügners. Heidelberg: Carls- Auer-Verlag
Forrester, Viviane (1997): Der Terror der Ökonomie, München
Freire, Paulo (1974): Erziehung als Praxis der Freiheit. Beispiele zu einer Pädagogik der Unterdrückten. Stuttgart: Kreuz
Freire, Paolo (2008): Pädagogik der Autonomie. Notwendiges Wissen für die Bildungspraxis. Münster: Waxmann
Friedman, Milton (2009): Kapitalismus und Freiheit. München: Piper
Fromm, Erich (2005): Die Pathologie der Normalität: Zur Wissenschaft vom Menschen. Ullstein
Füller, Christian (2009): Strafversetzt wegen guter Noten. Grundschul-Rebellin erhält Courage-Preis. Spiegel-Online vom 04.06.2009. http://www.spiegel.de/schulspiegel/wissen/0,1518,628411,00.html
Gatto, John Taylor (2009):Verdummt noch mal! Dumbing As Down, Der unsichtbare Lehrplan oder was Kinder in der Schule wirklich lernen, Bremen: Genius Verlag, Bremen
Genschel, Philipp; Rixen, Thomas; Uhl, Susanne (2008). Die Ursachen des europäischen Steuerwettbewerbs. In: Tömmel, Ingeborg (Hrsg.). Die Europäische Union. Governance und Policy-Making. Politische Vierteljahresschrift, Sonderheft 40/2008
Goethe, Johann Wolfgang von (1795/1982): Wilhelm Meisters Lehrjahre. Stuttgart. Reclam
Goethe, Johann Wolfgang von (1987): Goethes Werke, Weimarer Ausgabe, Sophienausgabe. Band. 22. München: Deutscher Taschenbuch Verlag
Goethe, Johann Wolfgang von (1987a): Goethes Werke, Weimarer Ausgabe, Sophienausgabe. Band. 27. München: Deutscher Taschenbuch Verlag
Goethe, Johann Wolfgang von (1987b): Goethes Werke, Weimarer Ausgabe, Sophienausgabe. Band. 132. München: Deutscher Taschenbuch Verlag
Gomes, Bea de Abreu Fialho [Hrsg.] (2006): Entwicklungszusammenarbeit. Akteure, Handlungsmuster und Interessen. Wien: Mandelbaum
Gramsci, Antonio (2004): Erziehung und Bildung. Herausgegeben im Auftrag des Instituts für kritische Theorie von Andreas Merkens. Gramsci Reader. Hamburg: Argument
Grünewald, Lars (2010): Schule ohne Abschluss. Gedanken zu einer zukunftsorientierten Pädagogik. Verschriftlichter Vortrag vom 12. Februar 2010 in Pforzheim. Books on demand, Eigenverlag
Gürses, Hakan (2003): Funktionen der Kultur. Zur Kritik des Kulturbegriffs. In: Nowotny, Stefan / Staudigl, Michael (Hg.): Grenzen des Kulturkonzepts. Meta-Genialogien. Wien: Verlag Turia + Kant, Seite 13-34
Habermas, Jürgen (2008): „Hat die Demokratie noch eine epistemische Dimension? Empirische Forschung und normative Theorie", in: „Ach, Europa", Orig.-Ausg., 1. Aufl., Frankfurt am Main: Suhrkamp.
Hartmeyer, Helmuth (2007): Die Welt in Erfahrung bringen. Globales Lernen in Österreich. Entwicklung – Entfaltung – Entgrenzung. Frankfurt a. M.: IKO
Heimrath, Johannes (Hrsg.) (1991): Die Entfesselung der Kreativität. Das Menschenrecht auf Schulvermeidung. Wolfratshausen: Drachen Verlag

Heimrath, Johannes (1991/2008): Petition für Freiheit und Selbstbestimmung im Bildungswesen. www.aba-fachverband.org/.../10%20Petition%20J.%20Heimrath.pdf
Heinrich, Martin (2006): Autonomie und Schulautonomie. Die vergessenen ideengeschichtlichen Quellen der Autonomiedebatte der 1990er Jahre. Münster: Monsenstein & Vannerdat.
Heissenberger, Stefan / **Mark**, Viola / **Schramm**, Susanne / **Sniesko**, Peter / **Süß**, Rahel Sophia (2010): Uni brennt. Grundsätzliches, Kritisches, Atmosphärisches. Wien: Turia+Kant
Hentig, Hartmut von: Vorwort in Illich 1973
Hermann, Ulrich (2003): „Bildungsstandards" – Erwartungen und Bedingungen, Grenzen und Chancen. In: Zeitschrift für Pädagogik, Heft 5, 625-639.
Herrmannstorfer, Udo (1987): Assoziatives Wirtschaften – die Suche nach sozialer Gerechtigkeit. In: Die wirtschaftlichen Assoziationen. Beiträge zur Brüderlichkeit im Wirtschaftsleben. Sozialwissenschaftliches Forum, Band 2. Stuttgart: Verlag Freies Geistesleben, Seite 57-101
Herrmannstorfer, Udo (1997): Schein-Marktwirtschaft. Arbeit, Boden, Kapital und die Globalisierung der Wirtschaft. Stuttgart: Verlag Freies Geistesleben
Hölderlin, Friedrich (1989): Hyperion oder der Eremit in Griechenland. Bibliothek deutscher Klassiker. Hölderlins Werke Bd. 2. Berlin – Weimar: Aufbau-Verlag
Hollesen, Kirsten spricht mit Traneas, Flemming (1990): Die Freien Schulen in Dänemark (Interview). In: Flensburger Hefte Nr. 29 2-1990 „Freie Schule", S. 55-88
Holzkamp, Klaus (1992): Die Fiktion administrativer Planbarkeit schulischer Lernprozesse. In: Klaus Holzkamp: Schriften I. Normierung. Ausgrenzung. Widerstand. Hamburg: Argument-Verlag. 1997. S. 215-234
Holzkamp, Klaus (1993): Lernen. Subjektwissenschaftliche Grundlegung. Frankfurt a.M.
Holzkamp, Klaus (1996): Wider den Lehr-Lern-Kurzschluss. Interwiew mit Rolf Arnold. In: Arnold, Rolf (1996): Lebendiges Lernen. Hohengehren: Schneider-Verlag
Horkheimer, Max / **Adorno**, Theodor W. (1996): Dialektik der Aufklärung. Philosophische Fragmente. Frankfurt a. M.: Fischer
Huhn, Gerhard (1990): Kreativität und Schule. Risiken derzeitiger Lehrpläne für die freie Entfaltung der Kinder. Verfassungswidrigkeit staatlicher Regelungen von Bildungszielen und Unterrichtsinhalten vor dem Hintergrund neuerer Erkenntnisse der Gehirnforschung. Berlin: VWB-Verlag
Humboldt, Wilhelm v. (1952): Briefe. München: Hanser
Humboldt, Wilhelm von (1999a): Sämtliche Werke, Bd. 1. Essen; Mundus
Humboldt, Wilhelm von (1999b): Sämtliche Werke, Bd. 6. Essen: Mundus
Humboldt, Wilhelm von (1999c): Sämtliche Werke, Bd. 4. Essen: Mundus
Humboldt, Wilhelm von (2002): Ideen zu einem Versuch, die Grenzen der Wirksamkeit des Staates zu bestimmen. Stuttgart: Reclam
Hüther, Gerald (2011): Zukunftswerkstatt Schule? In: Oya – anders denken, anders leben. 07/2011, S. 62-64
Illich, Ivan (1968): To hell with good intentions. Ivan Illichs Rede zur „Conference on InterAmerican Student Projects (CIASP)" in Cuernavaca, Mexico, 20. April 1968 http://www.swaraj.org/shikshantar/illich_hell.htm
Illich, Ivan (1973): Entschulung der Gesellschaft. Entwurf eines demokratischen Bildungssystems. Reinbeck bei Hamburg: Rowolt
Illich, Ivan (1998): Selbstbegrenzung – eine politische Kritik der Technik. München: Beck (Becksche Reihe 1167)
Illich, Ivan (2003): Entschulung der Gesellschaft. Eine Streitschrift. München: C.H. Beck
Jappe, Georg (1996): Beuys packen. Dokumente 1968-1996. Regensburg: Lindinger und Schmidt
Kalthoff, Herbert (1996): Das Zensurenpanoptikum. Eine ethnografische Studie zur schulischen Bewertungspraxis. In: Zeitschrift für Soziologie, H.2, S. 106-129

Katschnig-Fasch, Elisabeth (2003): In der Spirale der Auflösung – Zur Krise der Schule. In: Katschnig-Fasch Elisabeth (Hg.): Das ganz alltägliche Elend. Begegnungen im Schatten des Neoliberalismus. Wien (Seite 125ff)

Käufer, Katrin/**Scharmer**, Claus Otto (2000): Universität als Schauplatz für den unternehmenden Menschen. Hochschulen als "Landestationen" für das In-die-Welt-Kommen des Neuen. In: Laske, Stephan u.a. (Hg.) (2000): Universität im 21. Jahrhundert. Zur Interdependenz von Begriff und Organisation der Wissenschaft. (Universität und Gesellschaft 1). München: Hampp

Kern, Mathias (2007) : Kantinengesetz. Regelungen zur Sicherung der Ernährung der Bevölkerung. www.menschenskinder2000.de/modules.php?name=News&file=print&sid=72

Kiersch, Johannes (Hrsg.) (2004): Texte zur Pädagogik aus dem Werk von Rudolf Steiner. Anthoposophie und Erziehungswissenschaft. Dornach, Rudolf Steiner Verlag, Quelltexte für die Wissenschaften, Bd 2

Kirchhof, Paul (2008): Das Gesetz der Hydra. Gebt den Bürgern ihren Staat zurück! München: Knaur

Klafki, Wolfgang (1994): Neue Studien zur Bildungstheorie und Didaktik. Zeitgemäße Allgemeinbildung und kritisch-konstruktive Didaktik. Weinheim/Basel: Beltzs

Klemm, Ulrich (2001): Lernen ohne Schule. Argumente gegen Verschulung und Verstaatlichung von Bildung. Neu-Ulm: AG SPAK Bücher

Klemm, Ulrich (2002): Anarchisten als Pädagogen. Profile libertärer Pädagogik. Frankfurt am Main: Verlag Edition A V

Klemm, Ulrich (2009): Mythos Schule. Warum Bildung entschult und entstaatlicht werden muss. Eine Streitschrift. Lich/Hessen: Verlag Edition AV

Klemm, Ulrich (2011): Libertäre Pädagogik. Eine Einführung. Pädagogik und Politik Bd. 4. Baltmannsweiler: Schneider Verlag Hohengehren

Kock, Renate (2005): Unterricht und Erziehung in der Globalen Bürgergesellschaft. Anpassung – Widerstand – Ichstärkung. Frankfurt a. M.: Peter Lang.

Krautz, Jochen (2007): Ware Bildung. Schule und Universität unter dem Diktat der Ökonomie. München: Diederichs, Kreuzlingen

Kronig, Winfried: Die Irrtümer der Selektion. Über die Tücken eines hierarchisch gestuften Bildungssystems. In: Bildungspolitik vpod, Sonderheft, Bildung für alle (2005). Chancengleichheit und Selektion in Schule und Berufsbildung, 12ff. www.theol.unibe.ch/apparat/.../kronig_die_irrtuemer_der_selektion.pdf

Kühn, Hans (1978): Dreigliederungszeit. Dornach: Rudolf Steiner Verlag

Kurz, Inge (2009): Zur Subversion der Bildung bei Koneffke und bei Foucault. In: Sic et Non. Zeitschrift für Philosophie und Kultur. Im Netz. www.sicetnon.org/content/pdf/zur_subsersion_der_bildung.pdf

Kuss, Stefan (2003): Eine Zensur findet doch statt. In: FAZ, 6. Juli 2003

Langthaler, Margarita / **Lichtblau**, Pia (2006): Einleitung: Bildung und Entwicklung. In: Journal für Entwicklungspolitik XXII 4-2006, S. 4-26

Lang-Wojtasik, Gregor: Schule in der Weltgesellschaft. Herausforderungen und Perspektiven einer Schultheorie jenseits der Moderne. München: Juventa 2008 (Beiträge zur pädagogischen Grundlagenforschung)

Largo, Remo (2010): Bildungspolitiker sollen entmachtet werden – Interview mit Remo Largo im Spiegel Online vom 16.11. 2010 http://www.spiegel.de/schulspiegel/wissen/0,1518,728539,00.html

Laske, Stephan u.a. (Hg.) (2000): Universität im 21. Jahrhundert. Zur Interdependenz von Begriff und Organisation der Wissenschaft. (Universität und Gesellschaft 1). München: Hampp

Leinhas, Emil (1947): Vom Wesen der Weltwirtschaft. Stuttgart: Alfons Bürger-Verlag

Leber, Stefan (1978): Die Sozialgestalt der Waldorfschule. Stuttgart: Verlag Freies Geistesleben

Leber, Stefan (1990): Zur Problematik von Schule und Staat. In: Flensburger Hefte Nr. 29 2-1990 „Freie Schule", S. 140-148

Lenzen, Dieter (2008): Neues Bildungsgutachten: Pflichtkindergarten für Zweijährige. Interview mit Dieter Lenzen 6. März 2008, 07:42 Uhr, stern.de, http://www.stern.de/panorama/neues-bildungsgutachten-pflichtkindergarten-fuer-zweijaehrige-613268.html
Lenzen, Dieter (2009): Freie Sicht. Heimunterricht muss erlaubt sein. Tagesspiegel, 25.05.2009. http://www.tagesspiegel.de/wissen/heimunterricht-muss-erlaubt-sein/1520628.html
Lerche-Petersen, Dan (1990): Nicolaj Frederik Severin Grundtvig. Ein Skizze seines Lebenslaufes. In: Flennsburger Hefte Nr. 29 2-1990 „Freie Schule", S. 47-53
Leppert, Ursula (2010): Ich hab eine Eins! Und du? Von der Notenlüge zur Praxis einer besseren Lernkultur. München: Uni Online Press
Liess, Johannes (2011): Artgerecht leben. Von einem der auszog ein Dorf zu retten. München: Irisiana Verlag
Liessmann, Konrad Paul (2006): Theorie der Unbildung. Wien: Zsolnay
Luhmann, Niklas (1997): Die Gesellschaft der Gesellschaft, Bd.2. Frankfurt a. M.: Suhrkamp
Luhmann, Niklas (2002): Das Erziehungssystem der Gesellschaft. Herausgegeben von Dieter Lenzen. Frankfurt a. M.: Suhrkamp
Lüpke, Geseko von / **Shiva**, Vandana: Alles Globale hat lokale Wurzeln. Geseko von Lüpke im Gespräch mit der indischen Physikerin Dr. Vandana Shiva. http://www.humonde.de/artikel/10002
Luxemburg, Rosa (1983): Gesammelte Werke. Band 4. Berlin: Dietz Verlag Berlin
Mager, Karl; Kronen, Kronen, Heinrich [Hrsg.] (1989) :Gesammelte Werke. 7. Beiträge aus der "Pädagogischen Revue": Fachdidaktik. Baltmannsweiler : Pädagog. Verl. Burgbücherei Schneider
Mager, Karl; Kronen, Heinrich [Bearb.], Kronen, Heinrich [Hrsg.] (1989): Gesammelte Werke. 8 . Beiträge aus der "Pädagogischen Revue" : Scholastik. Schule und Staat. Baltmannsweiler : Pädagog. Verl. Burgbücherei Schneider
Markschies, Christoph In: CICERO, 11-2009, S. 80
Martin, Hans-Peter / **Schumann**, Harald (2003): Die Globalisierungsfalle. Der Angriff auf Demokratie und Wohlstand. Reinbeck bei Hamburg: Rowohlt
Maurer, Mathias (1994): Der Bildungsgutschein. Finanzierungsverfahren für ein freies Geistesleben. Stuttgart: Verlag Freies Geistesleben
Mautner, Gerlinde (2010): Language and the Market Society. Critical Reflections on Discourse and Dominance. London and New York: Routledge
McEducation for all? (2003) Opening a dialogue around UNESCO□s vision for commoditizing learning. August 2003. http://www.swaraj.org/shikshantar/mceducationforall.htm
Menasse, Robert (2009): Permanente Revolution der Begriffe. Vorträge zur Kritik der Abklärung. Frankfurt am Main: Suhrkamp
Messerschmidt, Astrid (2009): Weltbilder und Selbstbilder. Bildungsprozesse im Umgang mit Globalisierung, Migration und Zeitgeschichte. Frankfurt a. M.: Brandes und Apsel
Messner, Rudolf (2004): Was Bildung von Produktion unterscheidet – oder die Spannung von Freiheit und Objektivierung und das Projekt der Bildungsstandards https://kobra.bibliothek.uni-kassel.de/.../MessnerBildung.pdf, letzter Zugriff 23.1.2011
Moewes, Günter (2005): Alle Staatsschulden sind Reichenbedienung. Artikel vom 1.2.2005, http://www.humonde.de/artikel/10051, letzter Zugriff 15.3.2011. Zusammenfassung aus dem Buch: Moewes, Günter (2004): Geld oder Leben: Umdenken und unsere Zukunft nachhaltig sichern. o.O.: Signum Verlag
Mosmann, Johannes (2010): Die neoliberale Dialektik und das anthroposophische Wirtschaftsmodell. Öffentlicher Vortrag, gehalten am 04.03.10, Sinnewerk e.V., Berlin. http://www.dreigliederung.de/essays/2010-03-001.html
Mugerauer, Roland (2011): Meister Eckhart – Stifter des Deutschen Bildungsgedankens: Eine Studie zu Perspektiven skeptisch-kritischer Bildung und problemerschlossener Vernunft. GRIN Verlag

Müller, Carsten (2005): Sozialpädagogik als Erziehung zur Demokratie. Ein problemgeschichtlicher Theorieentwurf. Kempten: Klinkhardt

Müller, Heiner (1994): Gesammelte Irrtümer 3. Texte und Gespräche. Frankfurt a. M.: Verlag der Autoren

Münch, Richard (1998): Globale Dynamik, lokale Lebenswelten: Der schwierige Weg in die Weltgesellschaft. Frankfurt a.M.: o.V.

Münch, Richard (2009): Globale Eliten, Lokale Autoritäten. Bildung und Wissenschaft unter dem Regime von PISA, McKinsey & Co. Frankfurt a.M.: Suhrkamp

Neubauer, Aljoscha; **Stern**, Elsbeth (2007): Lernen mach intelligent. Warum Begabung gefördert werden muss. München: Goldmann

Netzwerk Bildungsfreiheit, Pressemitteilung zum 30. Januar 2008 http://www.netzwerk-bildungsfreiheit.de/html/presseerklarung_schulzwang.html

Novalis (1798/99): Das Allgemeine Brouillon. Materialien zur Enzyklopädistik. Bd. I, o.O.

Novy, Andreas (2005): Entwicklung gestalten. Gesellschaftsveränderung in der Einen Welt. Frankfurt a. M.: Brandes und Apsel

Novy, Andreas / **Beinstein**, Barbara / **Voßemer**, Christiane (2008): Methodologie transdisziplinärer Entwicklungsforschung (= Aktion & Reflexion. Texte zur transdisziplinären Entwicklungsforschung und Bildung; Heft 2). Herausgegeben vom Paulo Freire Zentrum. Wien, Oktober 2008.

OECD: Bildung auf einen Blick – OECD-Indikatoren. Paris 1997

Oevermann, Ulrich (2002): Professionalisierungsbedürftigkeit und Professionalisiertheit pädagogischen Handelns. In: Kraul, Margret [Hrsg]: Biographie und Profession. Bad Heilbronn: Klinkhardt S. 19-63

Osterhammel, Jürgen / **Petersson**, Niels P. (2007): Geschichte der Globalisierung. Dimensionen, Prozesse, Epochen. München: C. H. Beck (Becksche Reihe: Wissen)

Pechar, Brigitte (2010): Parteipolitik muss aus der Schule. AHS-Direktorin Schrodt wehrt sich gegen eine Verländerung der Lehrer und fordert Autonomie der Schulen. Montag, 22. November 2010, Wiener Zeitung, http://www.amtsblatt.at/DesktopDefault.aspx?TabID=3858&Alias=wzo&cob=528411&Page11982=1

Perlas, Nicanor (2000): Die Globalisierung gestalten. Zivilgesellschaft, Kulturkraft und Dreigliederung. Info-3-Verlag

Pestalozzi, Johann Heinrich (1946): An die Unschuld, den Ernst und den Edelmut meines Zeitalters und meines Vaterlandes. Bern: Die Heimkehr

Pestalozzi, Johann Heinrich (1960): Mich füllet das Bild der Menschenerziehung. Rede an mein Haus. Stuttgart: Freies Geistesleben

Pestalozzi, Johann Heinrich (1993): Ausgewählte Schriften, Hrsg. Wilhelm Flitner, Frankf./M., Berlin, Wien: Klett-Cotta

Pestalozzi, Johann Heinrich (1998): Sämtliche Werke. Kritische Ausgabe. Band 13. Zürich: Verlag Neue Zürcher Zeitung

Rauthe, Wilhelm (1960): Das Abitur – eine Notwendigkeit? Zur Geschichte, Problematik und Zukunft der Reifeprüfung. Herausgegeben vom Bund der Freien Waldorfschulen e. V., Stuttgart

Reheis, Fritz (2007): Bildung contra Turboschule! Freiburg im Breisgau: Herder

Reinhardt, Max (1996): Max Reinhardts Rede zur Übergabe des Deutschen Theaters, In: Christoph Funke: Max Reinhardt. Berlin: o.V.

Rifkin, Jeremy (2004): Das Ende der Arbeit und ihre Zukunft. Neue Konzepte für das 21. Jahrhundert. Frankfurt / NewYork.

Ritzer, George (2011): The McDonaldization of society. 6th ed. USA: Pine Forge Press

Rohen, Johannes W. (2006): Die funktionale Struktur von Mensch und Gesellschaft. Elementare Funktionsprinzipien im menschlichen und sozialen Organismus. Stuttgart: Freies Geistesleben.

Rosenstrauch, Hazel (2009): Wahlverwandt und ebenbürtig. Caroline und Wilhelm von Humboldt. Die andere Bibliothek. Frankfurt a. M.: Eichborn-Verlag

Rösner, Ernst: (1966) Bildung – Third Power, In: Synopsys für moderne Schulmathematik / hrsg. vom Delegierten d. Ständigen Konferenz d. Kultusminister bei d. OECD [hrsg. Heinrich Schoene] 1966 Frankfurt am Main: Diesterweg

Roubini, Nouriel / **Mihm**, Stephen (2010): Das Ende der Weltwirtschaft und ihre Zukunft – Crisic Economics. Frankfurt/New York: Campus Verlag

Rousseau, Jean-Jaques (1995): Emil oder über die Erziehung. In neuer deutscher Fassung besorgt von Ludwig Schmidts. Paderborn: Schöning

Sachs, Wolfgang (Hg.) (1993): Wie im Westen so auf Erden. Ein polemisches Handbuch zur Entwicklungspolitik. Reinbeck bei Hamburg.

Scharmer, Claus Otto (1991): Ästhetik als Kategorie strategischer Führung. Stuttgart, Urachhaus

Scheel, Kurt (2010): Stolz und Freiheit des Bürgers. Wilhelm von Humboldts „Ideen zu einem Versuch, die Grenzen des Wirksamkeit des Staates zu bestimmen". In: Sonderheft Merkur. Deutsche Zeitschrift für europäisches Denken. Heft 9/10, 64. Jahrgang Sept./Okt. 2010, Klett-Cotta, Stuttgart

Schiller, Friedrich (1788): Die Gesetzgebung des Lykurgus und Solon. In: Friedrich Schiller: Historische Schriften. Essen: Phaidon Verlag, http://www.wissen-im-netz.info/literatur/schiller/histor/14.htm#1%29

Schiller, Friedrich (1996): Was heißt und zu welchem Ende studiert man Universalgeschichte? Die akademische Antrittsrede von 1789. Herausgegeben von Volker Wahl. Jena: Bussert

Schiller, Friedrich (2000): Über die ästhetische Erziehung des Menschen. Stuttgart: Reclam

Schily, Konrad (1993): Der staatlich bewirtschaftete Geist. Wege aus der Bildungskrise Düsseldorf, Wien, New York, Moskau: Econ

Schily, Konrad (2011): Das Individuum entwickelt sich am konkreten Objekt, nicht am Standard. Bildungsfragen: Im Gespräch mit Konrad Schily. In: Die Drei. Zeitschrift Anthroposophie in Wissenschaft, Kunst und Sozialem Leben. 2011-1. S. 15-22

Schmidt, Jürgen (2007): Zivilgesellschaft. Bürgerschaftliches Engagement von der Antike bis zur Gegenwart. Texte und Kommentare. Hamburg: Rowohlt

Schneider, Peter (1985): Einführung in die Waldorfpädagogik. Stuttgart: Klett-Cotta (Konzepte der Humanwissenschaften)

Schulze, Manfred (1991): Von der Erziehungswissenschaft zur Erziehungskunst. Ein wissenschaftlicher Zugang zur Waldorfpädagogik über die pädagogische Dimension des Denkens. Würzburg: Königshausen & Neumann

Schulze, Manfred (2011): Spielräume. Wille, Spiel und Arbeit. In: Vinzens, Albert (Hsg.) (2011): Lasst die Kinder spielen. Stuttgart: Verlag Freies Geistesleben

Schütz, Walther (2010): Mit Solidarität sollte kein Staat zu machen sein. Überlegungen zu einer sonderbar verqueren Frage. Artikel für SOL vom 28.11.2010, http://www.kaernoel.at/cgi-bin/kaernoel/comax.pl?page=page.std;job=CENTER:articles.single_article;ID=2946

Seitz, Klaus (2002): Bildung in der Weltgesellschaft. Gesellschaftstheoretische Grundlagen globalen Lernens. Frankfurt a. M.: Brandes und Apsel

Severinski, Nikolaus: Schulautonomie durch Deregulation und Entstaatlichung. In: Ordensnachrichten, Amtsblatt und Informationsorgan der österreichischen Superiorenkonferenz, 32 (1993), H.4, S 50-57

Shiva, Vandana (2006): Erd-Demokratie. Alternativen zur neoliberalen Globalisierung. Zürich: Rothpunktverlag

Sloterdijk, Peter (2010): Die nehmende Hand und die gebende Seite. Beiträge zu einer Debatte über die demokratische Neubegründung von Steuern. Sonderduck. Berlin: Suhrkamp.

Sloterdijk, Peter (2011): Nicht mehr die Kanone ist die Ultima Ratio der Staaten, sondern der Bankrott. Interview mit Torsten Riecke und Gabor Steingart. Handelsblatt Nr. 244, 16./17. Dezember 2011. S. 71-77

Sohm, Kurt (1996): Staat und Schule – ein immerwährendes, den Markt ausschließendes Verhältnis? Historische, bildungspolitische und bildungsökonomische Untersuchungen zur Obsoleszenz der Staatsschule und zur Etablierung eines staatlich geordneten Bildungsmarktes. Dissertation Universität Wien

Spitta, Dietrich (2004): Die Staatsidee Wilhelm von Humboldts. Berlin: Duncker und Humblot Verlag

Spitta, Dietrich (2006): Menschenbildung und Staat: das Bildungsideal Wilhelm von Humboldts angesichts der Kritik des Humanismus. Stuttgart: Mayer

Späth, Lothar/**Michels**, Günter/**Schily**, Konrad (1998): Das PPP-Prinzip. Public-Private-Partnership. Die Privatwirtschaft als Sponsor öffentlicher Interessen. München: Droemer Statistik Austria, Öffentlicher Schuldenstand, BIP 1980-2009 Erstellt am: 30.09.2010. Anmerkung: Daten gemäß ESVG 95 bzw. EU-Rats-VO Nr. 475/2000. http://www.statistik.at/web_de/statistiken/oeffentliche_finanzen_und_steuern/maastricht-indikatoren/oeffentlicher_schuldenstand/019895.html

Steiner, Rudolf (1957): Vom Menschenrätsel. GA 20. Dornach: Rudolf Steiner Verlag

Steiner, Rudolf (1960): Die Erziehung des Kindes vom Gesichtspunkte der Geisteswissenschaft. GA 34. Dornach: Rudolf Steiner Verlag

Steiner, Rudolf (1960a): Grundlinien einer Erkenntnistheorie der Goetheschen Weltanschauung. GA 02. Dornach: Rudolf Steiner Verlag

Steiner, Rudolf (1961): Aufsätze zur Dreigliederung des sozialen Organismus. GA 24. Dornach: Rudolf Steiner Verlag

Steiner, Rudolf (1962): Die Philosophie der Freiheit. Grundzüge einer modernen Weltanschauung. GA 4. Rudolf Steiner Verlag, Dornach

Steiner, Rudolf (1963): Neugestaltung des sozialen Organismus. GA 330. Dornach: Rudolf Steiner Verlag

Steiner, Rudolf (1964): Geisteswissenschaftliche Behandlung sozialer und pädagogischer Fragen. GA 192. Dornach: Rudolf Steiner Verlag

Steiner, Rudolf (1965): Nationalökonomischer Kurs. GA 340. Dornach: Rudolf Steiner Verlag

Steiner, Rudolf (1967): Erdensterben und Weltenleben. GA 181. Dornach: Rudolf Steiner Verlag

Steiner, Rudolf (1971): Anthroposophie, soziale Dreigliederung und Redekunst. GA 339. Dornach: Rudolf Steiner Verlag

Steiner, Rudolf (1971a): Gedankenfreiheit und soziale Kräfte. GA 333. Dornach: Rudolf Steiner Verlag

Steiner, Rudolf (1973): Goethes naturwissenschaftliche Schriften. GA 1. Dornach: Rudolf Steiner Verlag

Steiner, Rudolf (1975): Konferenzen mit den Lehrern I. GA 300a. Dornach: Rudolf Steiner Verlag

Steiner, Rudolf (1975): Die pädagogische Zielsetzung der Waldorfschule in Stuttgart, Vorträge über Erziehung – Konferenzen mit den Lehrern III. GA 300c. Dornach: Rudolf Steiner Verlag

Steiner, Rudolf (1979): Die geistig-seelischen Grundkräfte der Erziehungskunst. GA 305. Dornach: Rudolf Steiner Verlag

Steiner, Rudolf (1980): Vergangenheits- und Zukunftsimpulse im sozialen Geschehen. GA 190. Dornach: Rudolf Steiner Verlag

Steiner, Rudolf (1980a): Rudolf Steiner in der Waldorfschule. GA 298. Dornach: Rudolf Steiner Verlag

Steiner, Rudolf (1982a): Die pädagogische Praxis vom Gesichtspunkte geisteswissenschaftlicher Menschenerkenntnis. GA 306. Dornach: Rudolf Steiner Verlag
Steiner, Rudolf (1983): Soziale Ideen – Soziale Wirklichkeit – Soziale Praxis. GA 337b. Dornach: Rudolf Steiner Verlag
Steiner, Rudolf (1988): Staatspolitik und Menschheitspolitik. GA 24. Dornach: Rudolf Steiner Verlag
Steiner, Rudolf (1992): Die Philosophie der Freiheit. GA 4. Dornach: Rudolf Steiner Verlag
Steiner, Rudolf (1997): Erneuerungs-Impulse für Kultur und Wissenschaft. Berliner Hochschulkurs. GA 81. Dornach: Rudolf Steiner Verlag
Steiner, Rudolf (1996): Die Kernpunkte der sozialen Frage. GA 23. Dornach: Rudolf Steiner Verlag
Steinfeld, Thomas (2004): Strebermann, geh Du voran. Was die Weisen messen: Kulturtechniken als nationale Ressource. In: Süddeutsche Zeitung, 07.12.2004. http://www.sueddeutsche.de/karriere/zur-pisa-studie-strebermann-geh-du-voran-1.559480,
Stern, Bertrand (1991): Stell Dir vor, es ist Schule – und niemand geht hin! In: Heimrath, Johannes (Hrsg.) (1991): Die Entfesselung der Kreativität. Das Menschenrecht auf Schulvermeidung. Wolfratshausen: Drachen Verlag
Stirner, Max (1834): Über Schulgesetze. In: Stirner, Max (1996): Dokumente. Berlin: Antiquariat Reprint Verlag
Stirner, Max (1972): Der Einzige und sein Eigentum. Stuttgart: Verlag Philipp Reclam jun. (Universalbibliothek Nr. 3057)
Stirner, Max (1997): Das unwahre Prinzip unserer Erziehung – oder der Humanismus und Realismus, Dornach: Verlag am Goetheanum
Stüttgen, Johannes (2008): Der ganze Riemen. Der Auftritt von Joseph Beuys als Lehrer; die Chronologie der Ereignisse an der Staatlichen Kunstakademie Düsseldorf 1966 - 1972 . hrsg. vom Hessischen Landesmuseum Darmstadt. Köln: König
The Boston Consulting Group (BCG) (2011): Shaping a New Tomorrow. How to Capitalize on the Momentum of Change. Global Wealth. May 2011
Tolstoi, Leo N. (1960): Ausgewählte, pädagogische Schriften. Besorgt von Th. Rutt. Paderborn.
Tolstoi, Leo N. (1968): Der Bär auf dem Wagen. 48 der schönsten Fibelgeschichten, die ein Dichter für Kinder schrieb. Ravensburg: Otto Maier Verlag
Tolstoi, Leo N. (1978): Tagebücher. 3 Bde. Gesammelte Werke in 20 Bänden, Bd. 18/19/20 Berlin
Tolstoi, Leo N. (1985): Über Volksbildung. Berlin
Troxler, Ignaz Paul Vital (1936): Fragmente. St. Gallen
Ulrich, Heiner (1998): Freie Waldorfschulen. In: D. Kerbs / J. Reulecke (Hrsg.) (1998): Handbuch der deutschen Reformbewegungen 1880 – 1933). Wuppertal: Peter Hammer Verlag
Valentin, Karl: Zwangsvorstellungen. http://www.simnet.is/gsteinn/zwangsvorstellungen.htm
Vierlinger, Rupert (2010): Leistungsgruppen für schwache Schüler eine Katastrophe. Interview mit Rupert Vierlinger auf standard.at vom 02.08.10 http://derstandard.at/1277339280009/Noten-Leistungsgruppen-fuer-schwache-Schueler-eine-Katastrophe
Wagner, Wolf (2010): Tatort Universität. Vom Versagen deutscher Hochschulen und ihrer Rettung. Stuttgart: Klett-Cotta
Weßler, Robert (1969): Karl Mager und seine Strukturtheorie des Bildungswesens. Weinheim: Julius Beltz. Marburger Pädagogische Studien. Neue Folge 5. Herausgegeben von Leonhard Froese und Wolfgang Klafki
Wild, Rebeca (2010): Für ein Paradigma des Lebens. Ein ermutigendes Projekt in Ecuador zeigt neue Wege der Bildung und Wirtschaft. In: oya - anders denken, anders leben. 03/2010 http://www.oya-online.de/article/read/111-Fuer_ein_Paradigma_des_Lebens.html

Wimmer, Thomas (1992): Der anthroposophische Sozialimpuls unter besonderer Berücksichtigung des Erziehungs- und Bildungslebens, Freie Wissenschaftliche Arbeit für die Diplomprüfung für Pädagoginnen und Pädagogen an der Eberhard Karls Universität Tübingen, 10. März 1992

Windlin, Sabine (2010): Wenn Smileys heulen. Brauchen Schüler Noten, um besser zu lernen? In der Leistungsgesellschaft verschärft sich die Debatte um die Leistungsmessung an Schulen. NZZ ; 07.06.2010 http://www.sabinewindlin.ch/html/texte/art_wenn_smileys_heulen.html

Wößmann, Ludger (2011): „Staat soll Privatschulen finanzieren". Im Interview mit Julia Neuhauser, Die Presse vom 28.02.2011, http://lehrer.diepresse.com/home/pflichtschulen/638001/Staat-soll-Privatschulen-finanzieren

Xiaobo, Liu (1990): Heutige chinesische Intellektuelle und die Politik, Taibei, Zitiert und übersetzt: Damm, Jens (1994): Liu Xiaobo – Ein moderner Ikonoklast in der Tradition des vierten Mai, Magisterarbeit im Fachbereich Sinologie der Universität Trier

Xiaobo, Liu (2010): Es gibt Hoffnung auf ein freies China. Süddeutsche Zeitung online, 11. Oktober 2010 http://www.sueddeutsche.de/politik/essay-von-liu-xiaobo-es-gibt-hoffnung-auf-ein-freies-china-1.1010445

Yunus, Muhammed (2008): Das Gegenteil von dem, was konventionelle Banken machen – Friedensnobelpreisträger Muhammad Yunus über Mikrokredite und Sozialunternehmen in Zeiten der Finanzkrise. Interview mit der Berliner Zeitung, Nummer 255 4./5. Oktober 2008, S. 15

Ziai, Aram (2001): Post-Development: Perspektiven für eine afrikanische Debatte? Focus Afrika IAK-Diskussionsbeiträge 18. Institut für Afrika-Kunde Hamburg

Ziai, Aram (2005): Gustavo Esteva (* 1936). Selbstbestimmte Gemeinwesen statt Entwicklung. in: eins. Entwicklungspolitik. Information Nord Süd, No. 23/24, 2005, 48-50

Zweig, Stefan (1955): Unvergessliches Erlebnis. Ein Tag bei Albert Schweitzer. In: Zweig, Stefan; Feschotte, Jaques; Grabs, Rudolf: Albert Schweitzer. Genie der Menschlichkeit. Hamburg: Fischer

THOMAS BRUNNER

Zur Aktualität des Bildungsideals Wilhelm von Humboldts

Wilhelm von Humboldt ist ein Vorbote der erwachenden Zivilgesellschaft, denn er erkannte wie nur wenig andere, dass eine wirkliche Kultur nur aus einem achtungsvollen, unmittelbaren, menschlichen Zusammenwirken hervorgehen kann, wo die Menschen sich gegenseitig den notwendigen Besinnungs- und Entwicklungsraum zugestehen, zur Entfaltung ihrer ganzen Individualität. Doch diese Zivilgesellschaft kann nur zu ihrer ganzen Aufgabe erwachen, wenn der anachronistische Begriff der nationalen Staatsgemeinschaft wirklich durch den Menschheitsbegriff der Individualität abgelöst wird.

Öffentlicher Vortrag vom 26. Mai 2007 im Amerlinghaus, Wien, im Rahmen der Tagung: *Die Aufgaben der der Zivilgesellschaft im Zeitalter der wirtschaftlichen Globalisierung* • Nr. 8 • Broschüre, 45 Seiten • € 5,-

THOMAS BRUNNER

Friedrich Schillers künstlerisch-soziale Innovation

Und Schiller sagt einfach nur: Langsam! Das was Du den Urstaat nennst, kannst Du nicht einfach nur durch den Vernunftstaat ersetzen. Du kannst nicht einfach die Ur-Staatsverhältnisse auslöschen durch die Vernunft, wie Du sie tatsächlich als Idee schon erfasst. Mit der Begrifflichkeit, wie sie in den *Briefen über die ästhetische Erziehung des Menschen* entwickelt wird, hieße das dann: Du kannst nicht durch den Formtrieb einfach den Stofftrieb zu beseitigen suchen.

Vortrag vom 29. Okt. 2005, Berlin, sowie Beitrag zur Podiumsdiskussion vom 6. Okt. 2007, Dornach zum Thema: *Rudolf Steiner und der Wissenschaftsbegriff* im Rahmen der Akademietage »Was ist an der Zeit?« • Nr. 4 • Broschüre, 33 Seiten • € 5,-

www.edition-immanente.de

THOMAS BRUNNER
Die Banken als Organe des Geisteslebens

Die Bank ist die neue Kirche, sie verwaltet nämlich das gesellschaftliche Kapital, und sie verhindert, dass es freies Fähigkeitenkapital werden kann. Diesen Prozess verhindert sie. Weil dieser Prozess hieße: die Bank hat nicht Interesse am Gewinn, den sie nur erzeugt durch Anonymität, sondern die Bank hat nur das Interesse die Dienstleistung auszubilden zur Ermöglichung der Begegnung.

Vortrag vom 2. Mai 2009 in Wien im Rahmen der Tagung: *Grundlagen zur Entwicklung eines zeitgemäßen Geisteslebens angesichts der internationalen Finanzkrise* • Nr. 10 • Broschüre, 18 Seiten • € 3,50

FELIPE GONZÁLEZ VICEN:

(1908-1990)

Gehorsam und Ungehorsam gegenüber dem Recht

"Das "ethische Individuum" kennt, ob durch Nachsinnen oder weil es ihm der natürlich praktische Verstand vermittelt hat, das Geheimnis seines "Sein auf der Welt". Und in diesem "Sein auf der Welt" findet man jeden ethischen Impuls und seinen Drang nach Außen. Deswegen kann der "ethische Mensch" sich selber sein eigenes Leben gestalten: ein Leben voll Gewissheit, Haltungen, Behauptungen und Aphorismen und alle kompatibel unter sich und sich gegenseitig stützend; der "ethische Mensch" zweifelt nie an sich, mit einem Wort, er spürt den "ethischen Drang" seiner Persönlichkeit als Mittelpunkt seines Seins."

Einige letzte Überlegungen des renommierten spanischen Rechtsgelehrten. Mit einem Aufsatz von Thomas Brunner über den Friedensnobelpreisträger Liu Xiaobo
Nr. 12 • ISBN 978-3-942754-01-9 • Broschüre, spanisch/deutsch, 51 Seiten • € 5,00

www.edition-immanente.de

Weitere Titel aus der EDITION IMMANENTE:

THOMAS BRUNNER:

- **Kapitalverwaltung durch das Geistesleben**
- **Abstraktion und soziale Wirklichkeit**
  Rudolf Steiners Geisteswissenschaft und die
  soziale Frage der Gegenwart
- **Das offenbare Geheimnis des Fußballspiels**
- **Erich Fromm und seine Sozialpsychologie**
  in ihrem Verhältnis zur Anthroposophie R. Steiners betrachtet
- **Das bedingungslose Grundeinkommen**
  und die Notwendigkeit einer Befreiung des Geisteslebens
  aus staatlicher Vormundschaft / Ein kritischer Kommentar
- **Die Weihnachtszeit und das 21. Jahrhundert**
  Eine etwas andere Weihnachtsbetrachtung –
  Gedanken zu Mozarts Oper *Die Entführung aus dem Serail*
- **Bildung nach Bologna / Ein Kommentar**

THOMAS BRUNNER / RALF GLEIDE:

- **Jakob Böhme**
  Ein Osterereignis des Geisteslebens / Das Wesen der
  menschlichen Freiheit im Leben und Werk Jakob Böhmes

CORINNA GLEIDE

- **Denken und Hellsehen**
  Zur Individualisierung der Anthroposophie

SASCHA SCHOLZ

- **Zur Tragödie im Gutenberg-Gymnasium**
  Ein Bericht

www.edition-immanente.de

Thomas Brunner

Vom EinweihungsCharakter der Liederzyklen Franz Schuberts

Franz Schubert war alles andere, als der kleinbürgerliche Schulmeister und brav-gemütliche Biedermeiermusikant, als den ihn seine Nachwelt gerne sehen wollte. Schuberts sensibel-gehaltvolle und menschlich-intelligente Textbehandlung zeigt, wie wenig er sich von politischen oder individual-psychologischen Tendenzen vereinseitigen ließ. Selbst dort, wo seine Vorlage ihm anderes suggeriert erringt er immer den Ton einer umfassenden Menschlichkeit. Insbesondere seine beiden Liederzyklen *Die schöne Müllerin* und *Winterreise* haben ihn auf diesem Wege in die Tiefe der menschlichen Seele geführt…

„Wollte ich Liebe singen, ward sie mir zum Schmerz.
Und wollte ich wieder Schmerz nur singen, so ward er mir zur Liebe."
Franz Schubert

ISBN 978-3-942754-03-3 • gebundene Ausgabe • 103 Seiten • € 16,80
(incl. Beilage der Liedtexte *Die Schöne Müllerin* und *Winterreise*)

Ulja Novatschkova
Schwedter Str. 5, 10119 Berlin
Tel.: + 49(0)30 - 809 29 781
bestellung@edition-immanente.de
www.edition-immanente.de

Folgende Veröffentlichungen der EDITION IMMANENTE sind im FIU-Verlag erschienen und dort zu beziehen:
(www.fiu-verlag.com / FIU-Verlag@t-online.de)

PAUL ASMUS (1842 - 1876)

Das Ich und das Ding an sich
Geschichte ihrer begrifflichen Entwicklung in der neuesten Philosophie

"Wer die kleine Schrift Paul Asmus' "Das Ich und das Ding an sich" liest und versteht, der wird mehr gewinnen, als er durch das Studium dickleibiger philosophischer Werke von Autoren gewinnen könnte, die über die Grundfragen der Erkenntnis sprechen und nie die Grundbedingung für solches Mitsprechen erworben haben: ein sich streng kontrollierendes, intuitives, produktives Denken." (R. Steiner 1904)

Herausgegeben und eingeleitet durch Thomas Brunner.

ISBN 3-928780-60-3 • gebundene Ausgabe • XVII, 141 Seiten • € 28,-

THOMAS BRUNNER

Friedrich Schiller
Die Kunst als Weg zur menschenwürdigen Gesellschaft

Die Aktualität des Lebenswerkes Friedrich Schillers – in seinem 200. Todesjahr – gründet auf der Außergewöhnlichkeit, mit der er sich den brennend-sten Fragen seiner eigenen Zeit widmete. Streitbar, doch klar, trat er allen politisch-utopischen Bestrebungen entgegen, um auf die umfassende Frage nach dem Menschsein im angehenden industriellen Zeitalter mit einer neuen Perspektive zu antworten: dem Entwurf einer geisteswissenschaftlich fundierten Methode der Kunst.

ISBN 3-928780-61-1   88 Seiten • € 15,-

Mein besonderer Dank gilt

... den vielen lieben Menschen, die mich mit unermüdlichem Einsatz und achtungsvollem Verständnis durch meine eigene Kindheit und Jugend begleitet haben; allen voran meinen Eltern, die jegliche Sorge, was denn einmal aus mir werden soll, immer wieder neu durch das aufrichtige Interesse, wer ich bin, überwunden und mich so immer ganz auf meinem Weg unterstützt haben

... den Kindern und Jugendlichen, denen ich im Sozialzentrum *Sv. Lazar* in Bukarest begegnet bin und die mich gelehrt haben, dass *Menschenbildung* vor allem menschliche Anerkennung und umfassende Begeisterung braucht

... meiner kleinen Geigenschülerin Mirika, die mich ahnen lässt, was „inspirierte Pädagogik" sein kann

... Dr. Helmuth Hartmeyer für sein *globales* Verständnis von Lernen und die menschlich präsente Begleitung meiner Forschungsarbeit durch das ‚System Universität' und darüber hinaus

... Anke Caspar-Jürgens, Thomas Keil, Prof. Dr. Salvatore Lavecchia, Prof. Dr. Johannes W. Rohen, Dr. Dietrich Spitta, Barbara Steinmann und den vielen anderen, von denen ich weiterführende inhaltliche Anregungen und hilfreiche Hinweise bekommen habe

... Prof. Dr. Ulrich Klemm für die ermutigende Rückmeldung auf die Zusendung der Diplomarbeit und die Bereicherung dieser Veröffentlichung durch das aufschlussreiche Geleitwort

... Ulja Novatschkova von der *Edition Immanente* für 304 übersichtlich und fein gesetzte Buchseiten und die großartige Zusammenarbeit von der ersten Idee bis zur letzten Formatierung

.. Ralf Sonnenberg für das professionelle Korrektorat des Textes sowie Stefan Böhme, Ricarda Brunner, Berthold Deckert, Janet Gillette, Bijan Kafi, Viola Köster, Alexa Kuenburg, Edo Marinkov, Madelain Neumayer, Gerhard Rohde und Teo Vadersen für das Engagement beim letzten Korrekturlesen und anderen Handreichungen

... meiner italienischen Freundin Lora Vanetti für die eigens entworfene Cover-Zeichnung

... Gottfried Guggi aus Graz für die entgegenkommende Vorfinanzierung der Druckkosten sowie den Mitgliedern des *Initiativkontos*, die das Buchprojekt finanziell unterstützt haben

... den vielen Menschen aus dem Arbeitszusammenhang der *Freien Bildungsstiftung*, die die Veröffentlichung durch ihr Interesse wesentlich mitgetragen haben, vor allem Kathrin Brunner, Corinna Gleide, Ralf Gleide, Sascha Houben, Maria Kleo, Conny Lehmann, Johannes Mosmann, Fabian Roschka, Laura Ruscher und Sascha Scholz

... Thomas Brunner, der mich für die Vision der Bildung als Aufgabe der Zivilgesellschaft begeistert und den gesamten Schreibprozess mit wertvollen Hinweisen und tatkräftiger Unterstützung begleitet hat